PART 4

기출 국가시험 사례문제와 답안작성요령

Administrative LAW

Contents

차 례

SECTION 2　행정쟁송법

SECTION 3　행정법각론(특별행정법)

[1-1] 제 3 회 변호사시험(2014년) 평등의 원칙(행정의 자기구속의 원칙), 비례원칙

〈제 1 문〉 갑은 2013. 3. 15. 전 영업주인 을로부터 등록대상 석유판매업인 주유소의 사업 일체를 양수받고 잔금지급액에 다소 이견이 있는 상태에서, 2013. 3. 28. 석유 및 석유대체연료 사업법(이하 '법'이라 함) 제10조 제 3 항에 따라 관할 행정청인 A시장에게 성명, 주소, 및 대표자 등의 변경등록을 한 후 2013. 4. 5. 부터 '유정주유소'라는 상호로 석유판매업을 영위하고 있다.

그런데 A시장이 2013. 5. 7. 관할구역 내 주유소의 휘발유 시료를 채취하여 한국석유관리원에 위탁하여 검사한 결과 '유정주유소'와 인근 '상원주유소'에서 취급하는 휘발유에 경유가 1% 정도 혼합된 것으로 밝혀졌다.

한편, A시장은 취임과 동시에 "A시 관할구역 내에서 유사석유를 판매하다가 단속되는 주유소는 예외없이 등록을 취소하여 주민들이 믿고 주유소를 이용하도록 만들겠다."라고 공개적으로 밝힌 바 있다. 이에 A시장은 2013. 6. 7. 갑에 대하여 청문 절차를 거치지 아니한 채 법 제13조 제 3 항 제12호에 따라 석유판매업등록을 취소하는 처분(이하 '당초처분'이라 함)을 하였고, 갑은 그 다음 날 처분이 있음을 알게 되었다.

갑은 당초처분에 불복하여 2013. 8. 23. 행정심판을 청구하였으며, 행정심판위원회는 2013. 10. 4. 당초처분이 재량권의 범위를 일탈하거나 남용한 것이라는 이유로 당초처분을 사업정지 3개월로 변경하라는 내용의 변경명령재결을 하였고, 그 재결서는 그날 갑에게 송달되었다. 그렇게 되자, A시장은 청문 절차를 실시한 후 2013. 10. 25. 당초처분을 사업정지 3개월로 변경한다는 내용의 처분(이하 '변경처분'이라 함)을 하였고, 그 처분서는 다음날 갑에게 직접 송달되었다.

그런데 갑은 "유정주유소는 X정유사로부터 직접 석유제품을 공급받고, 공급받은 석유제품을 그대로 판매하였으며, 상원주유소도 자신과 마찬가지로 X정유사로부터 직접 석유제품을 구입하여 판매하였는데 그 규모와 판매량이 유사한데다가 갑과 동일하게 1회 위반임에도 상원주유소에 대하여는 사업정지 15일에 그치는 처분을 내렸다. 또한 2013. 5. 초순경에 주유소 지하에 있는 휘발유 저장탱크를 청소하면서 휘발유보다 값이 싼 경유를 사용하여 청소를 하였는데 그때 부주의하여 경유를 모두 제거하지 못하였고, 그러한 상태에서 휘발유를 공급받다 보니 휘발유에 경유가 조금 섞이게 된 것으로, 개업한 후 처음 겪는 일이고 위반의 정도가 경미하다."라고 주장하면서 행정소송을 제기하여 다투려고 한다.

한편, 법 제13조 제 4 항은 "위반행위별 처분기준은 산업통상자원부령으로 정한다."라고 되어 있고, 법 시행규칙 [별표 1] 행정처분의 기준 중 개별기준 2. 다목은 "제29조 제 1 항 제 1 호를 위반하여 가짜석유제품을 제조·수입·저장·운송·보관 또는 판매한 경우"에 해당하면 '1회 위반 시 사업정지 1개월, 2회 위반 시 사업정지 3개월, 3회 위반 시 등록취소 또는 영업장 폐쇄'로 규정되어 있다고 가정한다.

4) 위 사안에서 밑줄 친 갑의 주장이 사실이라고 전제할 때, 갑이 본안에서 승소할 수 있는지 여부를 검토하시오. (다만, 위 산업통상자원부령 [별표 1] 행정처분의 기준의 법적 성질에 관하여는 대법원 판례의 입장을 따르되, 절차적 위법성 및 소송요건의 구비 여부의 검토는 생략한다.)

참고조문

석유 및 석유대체연료 사업법

제13조(등록의 취소 등) ① 산업통상자원부장관은 석유정제업자가 다음 각 호의 어느 하나에 해당하면 그 석유정제업의 등록을 취소하거나 그 석유정제업자에게 영업장 폐쇄(신고한 사업자에 한한다. 이하 이 조에서 같다) 또는 6개월 이내의 기간을 정하여 그 사업의 전부 또는 일부의 정지를 명할 수 있다. 다만, 제1호 또는 제3호부터 제5호까지의 어느 하나에 해당하는 경우에는 그 등록을 취소하거나 영업장 폐쇄를 명하여야 한다.

행정기본법

제9조(평등의 원칙) 행정청은 합리적 이유 없이 국민을 차별하여서는 아니 된다.

답안작성요령

1. 문제의 제기

(1) 갑에 대한 3개월 사업정지처분은 석유 및 석유대체연료 사업법 위반이 아니다.

(2) 판례입장에서 산업통상자원부령 [별표 1] 행정처분기준은 행정규칙으로 이해된다.

(3) 여건이 유사한 갑과 상원주유소를 달리 취급한 것을 「평등의 원칙」 또는 평등의 원칙을 구체화한 「행정의 자기구속의 원칙」의 관점에서 검토할 필요가 있다.

(4) 갑의 비행과 갑에 대한 3개월 사업정지처분을 「비례원칙」의 관점에서 검토할 필요가 있다.

2. (제1안) 평등의 원칙의 위반 여부

(1) 평등의 원칙의 의의

(2) 평등의 원칙의 인정근거(행정기본법 제9조)

(3) 평등의 원칙의 내용

(4) 합리적 차별

(5) 설문에 적용

3. (제2안) 행정의 자기구속의 원칙 위반 여부

(1) 행정의 자기구속 원칙의 의의

(2) 행정의 자기구속 원칙의 인정근거(학설, 판례)

(3) 행정의 자기구속 원칙의 적용 요건

– 행정의 자기구속은 법적으로 비교할 수 있는 생활관계에서 문제된다

– 행정청이 창조한 법적 상황과 결정이 의미와 목적에 있어서 동일하여야 한다

– 행정의 자기구속은 처분청에만 적용된다.

– 행정의 자기구속은 근거되는 행정관행이 적법한 경우에만 적용된다.

(4) 행정의 자기구속 원칙의 한계

(5) 행정의 자기구속 원칙의 위반

(6) 설문에 적용

4. 비례원칙 위반 여부

(1) 비례원칙의 의의

(2) 비례원칙의 인정근거(행정기본법 제10조)

(3) 비례원칙의 내용

– 적합성의 원칙, 필요성의 원칙, 협의의 비례원칙

– 3원칙의 단계적 관계

⑷ 비례원칙의 위반

⑸ 설문에 적용

5. 문제의 해결

A시장의 3개월의 사업정지처분은 평등의 원칙 또는 행정의 자기구속원칙 및 비례원칙에 위반되는 위법한 처분이므로 소송요건이 구비되어 있다면 갑은 본안에서 승소할 수 있다.

[1-2] 제53회 사법시험(2011년) 가스충전소 건축허가취소와 신뢰보호의 원칙

〈제1문〉 X시장은 개발제한구역의 지정 및 관리에 관한 특별조치법 제12조 제1항 제1호 마목과 동법 시행령 및 동법 시행규칙의 관련 규정에 의거하여, 개발제한구역 내의 간선도로 중 특정 구간에 고시된 선정 기준에 따라 사업자 1인을 선정하여 자동차용 액화석유가스충전소(이하 '가스충전소'라고 한다) 건축을 허가하기로 하는 가스충전소의 배치 계획을 고시하였다. 이에 A와 B는 각자 자신이 고시된 선정 기준에 따른 우선순위자임을 주장하며 가스충전소의 건축을 허가해 줄 것을 신청하였다. 이에 X시장은 각 신청 서류를 검토한 결과 B가 고시된 선정 기준에 따른 우선순위자라고 인정하여 B에 대한 가스충전소 건축을 허가하였다.

4) X시장이 B에게 가스충전소 건축허가를 한 후 B가 허위, 기타 부정한 방법으로 건축허가 신청을 하였다는 것을 발견하고 건축허가를 취소하였다. 이에 B는, X시장의 허가를 신뢰하여 가스충전소 신축공사계약 체결을 비롯한 새로운 법률관계를 형성하였기 때문에 취소할 수 없다고 주장한다. B의 주장은 타당성이 있는가?

답안작성요령

1. 문제의 제기

B가 허위 기타 부정한 방법으로 건축허가를 받았음에도 불구하고 시장의 허가를 신뢰하고 새로운 법률관계를 형성하였다는 주장이 정당한가를 쟁점으로 한다. 이 문제는「신뢰보호의 원칙」의 관점에서 검토할 필요가 있다.

2. 신뢰보호의 원칙 위반 여부

[참고조문]「행정기본법」제8조(법치행정의 원칙) 행정작용은 법률에 위반되어서는 아니 되며, 국민의 권리를 제한하거나 의무를 부과하는 경우와 그 밖에 국민생활에 중요한 영향을 미치는 경우에는 법률에 근거하여야 한다.
제12조(신뢰보호의 원칙) ① 행정청은 공익 또는 제3자의 이익을 현저히 해칠 우려가 있는 경우를 제외하고는 행정에 대한 국민의 정당하고 합리적인 신뢰를 보호하여야 한다.

(1) 신뢰보호원칙의 의의
(2) 신뢰보호원칙의 인정 근거$\binom{\text{행정기본법 제}}{\text{12조 제1항}}$
(3) 신뢰보호원칙의 요건
(가) 행정청의 선행조치$\binom{\text{의의와 사}}{\text{례에 적용}}$
(나) 보호가치 있는 사인의 신뢰$\binom{\text{의의와 사}}{\text{례에 적용}}$
(다) 신뢰에 기한 사인의 처리$\binom{\text{의의와 사}}{\text{례에 적용}}$
(라) 인과관계$\binom{\text{의의와 사}}{\text{례에 적용}}$
(4) 행정의 법률적합성의 원칙$\binom{\text{행정기본}}{\text{법 제8조}}$과의 관계
(5) 위 반
(6) 소 결

3. 문제의 해결

B는 허위 기타 부정한 방법으로 건축허가를 받았으므로 B의 신뢰는 보호가치가 없다. 따라서 X시장의 허가를 신뢰하여 가스충전소 신축공사계약 체결을 비롯한 새로운 법률관계를 형성하였기 때문에 취소할 수 없다는 B의 주장은 타당하지 않다.

[1-3] 제59회 사법시험(2017년) 영업제한을 않겠다는 약속위반과 신뢰보호의 원칙

〈제1문〉 A도 B군의 군수 乙은 대형마트를 유치하기 위하여 대규모점포를 개설등록하면 법률상 재량을 행사하여 일체의 영업시간 제한이나 의무휴업일 지정을 하지 않겠다고 甲에게 약속하였다. 이 말을 믿은 甲은 乙에게 대규모점포의 개설등록을 신청하였고, 개설등록이 되었다. 그런데 개설등록 이후 乙은 오전 0시부터 오전 8시까지 영업시간을 제한하고 매월 둘째 주와 넷째 주 일요일을 의무휴업일로 지정하는 내용의 처분(이하 '제1차 처분'이라 한다)을 하였다. 이에 甲은 이 처분에 대해 취소소송을 제기하였다. 그런데 취소소송의 계속 중에 乙이 영업제한시간을 오전 0시부터 오전 10시까지로 변경하되, 의무휴업일은 종전과 동일하게 유지하는 것을 내용으로 하는 처분(이하 '제2차 처분'이라 한다)을 하였다.

1. 생략 – PART 4 [1 – 10]을 보라
2. 乙이 사전약속을 위반하였으므로 제1차 처분이 위법하다는 甲 주장의 당부를 검토하시오.
3. 생략 – PART 4 [2 – 12]를 보라
4. 생략 – PART 4 [1 – 10]을 보라

참고조문

「유통산업발전법」(※ 가상의 법률임)
제8조(대규모점포의 개설등록 및 변경등록) ① 대규모점포를 개설하려는 자는 영업을 시작하기 전에 산업통상자원부령으로 정하는 바에 따라 상권영향평가서 및 지역협력계획서를 첨부하여 특별자치시장·시장·군수·구청장에게 등록하여야 한다.

행정기본법
제12조(신뢰보호의 원칙) ① 행정청은 공익 또는 제3자의 이익을 현저히 해칠 우려가 있는 경우를 제외하고는 행정에 대한 국민의 정당하고 합리적인 신뢰를 보호하여야 한다.

답안작성요령

(1) 문제의 제기
이 문제는 행정기본법 제12조 제1항에서 규정하는 신뢰보호의 원칙의 적용이 문제된다는 것을 기술하고, 구청장 확약의 당부 여부를 기술한다.

(2) 신뢰보호원칙의 요건
㈎ 행정권의 행사에 관하여 신뢰를 주는 선행조치
㈏ 보호가치 있는 신뢰
㈐ 신뢰에 입각한 사인의 조치
㈑ 신뢰에 반하는 행정권 행사
㈒ 인과관계
㈓ 공익 또는 제3자의 이익을 해하지 않을 것

(3) 사안의 해결
– 군수의 언약이 공적 견해표명으로 파악될 수 있다.
– 그러한 언약에 대한 신뢰와 사인의 조치, 신뢰에 반하는 행정권 행사 요건 모두 충족한다.
– 다만 설문에 설시되지 않았지만 소상공인보호의 공익을 어떻게 볼 것이냐에 따라 신뢰보호원칙의 적용 가부가 결정된다(이에 관한 수험자의 견해를 기술한다).
– 제3자의 이익보호와는 무관하다.

[1-4] 제34회 입법고시(2018년) 건축적합성통보에 반하는 처분과 신뢰보호의 원칙

〈제1문〉 A시 토지소유자인 甲은 자신의 대지 위에 숙박시설을 건축하고자 계획을 하였다. 우선 甲은 2018년 1월 「건축법」 제10조 제1항에 근거하여 해당 대지에 숙박시설을 건축하는 것이 법령에 의하여 허용되는지 여부를 결정해달라고 A시 乙시장에게 신청하였다. 乙시장은 이에 대한 회신으로 현행 법령상 건축이 허용된다고 통보하였다. 이에 따라 甲은 건축사에게 의뢰하여 건축물의 설계도를 작성하고 건물외벽 마감재를 외국에서 수입하는 계약을 체결한 후, 2018년 6월 당해 숙박시설의 건축허가를 신청하였다. 이에 대하여 선거에서 새로 당선된 A시 丙시장은 건축위원회의 심의 결과 위 건축물이 주변 교육환경에 적합하지 않다는 이유로 불가를 결정하고 이를 甲에게 통보하였다.
3. 甲은 丙시장의 건축허가 거부처분을 전임 乙시장의 대지에 대한 건축적합성 통보에 반하여 신뢰보호의 원칙에 위반된다고 주장한다. 甲의 주장의 타당성과 신뢰보호의 내용에 대해 서술하시오.

🔐 답안작성요령

1. 문제의 제기
(1) 甲 주장의 타당 여부는 甲 주장이 신뢰보호의 원칙의 적용요건을 구비하는가의 문제인바, 신뢰보호의 원칙에 관해 검토할 필요가 있다.
(2) 신뢰보호의 내용은 신뢰보호의 원칙의 적용요건의 한 부분으로 살필 필요가 있다.

2. 신뢰보호의 원칙 일반론

[참고조문] 「행정기본법」 제12조(신뢰보호의 원칙) ① 행정청은 공익 또는 제3자의 이익을 현저히 해칠 우려가 있는 경우를 제외하고는 행정에 대한 국민의 정당하고 합리적인 신뢰를 보호하여야 한다.

(1) 의　　　　의
(2) 근　　　　거$\left(\substack{\text{행정기본법 제} \\ \text{12조 제1항}}\right)$
(3) 요　　　　건

3. 건축허가 거부처분의 신뢰보호원칙 위반 여부$\left(\substack{\text{각 요건의 의의 설} \\ \text{명. 설문에 적용}}\right)$
(1) 행정청의 선행조치$\left(\substack{\text{건축적합성} \\ \text{의 통지}}\right)$
(2) 보호할 가치 있는 사인의 신뢰$\left(\substack{\text{건축허가를 위한 건축적} \\ \text{합성 통지에 대한 신뢰}}\right)$
(3) 사인의 처리$\left(\substack{\text{건축허가에 대비한 설계도 작성,} \\ \text{건물외벽 마감재 수입계약 체결}}\right)$
(4) 인과관계$\left(\substack{\text{건축적합성 통지에 따} \\ \text{른 설계도 작성 등}}\right)$
(5) 선행조치에 반하는 후행처분$\left(\substack{\text{건축불} \\ \text{허가}}\right)$

4. 문제의 해결

[1-4a] 제36회 입법고시(2020년) 행정개입청구권

〈제 3 문〉 A는 환경부장관에게 배출시설 가동개시 신고를 한 후 시멘트 공장을 운영하는 사업자이다. 인근에서 양봉업을 하던 甲은 A의 공장에서 배출되는 분진으로 인해 자신이 기르던 꿀벌들의 절반 가량이 죽고, 나머지 꿀벌들도 폐사할 위기에 처하였다. 조사 결과, A의 공장에서 배출되는 분진은 「대기환경보전법」 제16조의 배출허용기준을 초과하고 있음이 밝혀졌다. 甲이 환경부장관에게 A에 대하여 「대기환경보전법」 제33조의 개선명령을 발령할 것을 청구할 수 있는가?

참고조문

대기환경보전법
제 1 조(목적) 이 법은 대기오염으로 인한 국민건강이나 환경에 관한 위해(危害)를 예방하고 대기환경을 적정하고 지속가능하게 관리·보전하여 모든 국민이 건강하고 쾌적한 환경에서 생활할 수 있게 하는 것을 목적으로 한다.
제16조(배출허용기준) ① 대기오염물질배출시설(이하 "배출시설"이라 한다)에서 나오는 대기오염물질(이하 "오염물질"이라 한다)의 배출허용기준은 환경부령으로 정한다.
제30조(배출시설 등의 가동개시 신고) ① 사업자는 배출시설이나 방지시설의 설치를 완료하거나 배출시설의 변경(변경신고를 하고 변경을 하는 경우에는 대통령령으로 정하는 규모 이상의 변경만 해당한다)을 완료하여 그 배출시설이나 방지시설을 가동하려면 환경부령으로 정하는 바에 따라 미리 환경부장관 또는 시·도지사에게 가동개시 신고를 하여야 한다.
제33조(개선명령) 환경부장관 또는 시·도지사는 제30조에 따른 신고를 한 후 조업 중인 배출시설에서 나오는 오염물질의 정도가 제16조나 제29조 제 3 항에 따른 배출허용기준을 초과한다고 인정하면 대통령령으로 정하는 바에 따라 기간을 정하여 사업자(제29조 제 2 항에 따른 공동 방지시설의 대표자를 포함한다)에게 그 오염물질의 정도가 배출허용기준 이하로 내려가도록 필요한 조치를 취할 것(이하 "개선명령"이라 한다)을 명할 수 있다.

 답안작성요령

1. 문제의 제기
甲이 환경부장관에게 A에 대하여 대기환경보전법 제33조의 개선명령을 발령할 것을 청구할 수 있는가의 문제는 사인이 행정청에 대하여 행정권의 발동을 구할 수 있는가의 문제로서 강학상 행정개입청구권의 문제가 된다.

2. 행정개입청구권 일반론
(1) 의　　의
(2) 인정여부(학설, 판례, 검토)
(3) 성　　질
(4) 성립요건(① 법규상 행정청에 공권력 발동의무가 있을 것, 대기환경보전법 제31조의 개선명령은 재량행위이지만, 사안의 경우에 재량이 0으로 수축된다고 볼 수 있다. 말하자면 개선명령 발령은 기속행위이다. 또한 ② 근거규정 등이 사익보호도 목적으로 하고 있을 것. 대기환경보전법 제31조는 공익목적을 위한 것이나 사익보호 목적을 위한 면도 있는 것으로 본다)

3. 문제의 해결
(1) 개선명령 발령을 청구할 수 있다. 그러나, 환경부장관이 거부하는 경우, 법원이 환경부장관에게 개선명령을 발령할 것을 명하는 소송, 즉 이행소송은 행정소송법상 인정되지 아니하므로, 직접적인 소송수단은 없다.
(2) 간접적인 방식으로, A는 환경부장관에게 대기환경보전법 제33조의 개선명령의 발령을 신청하고, 환경부장관이 이를 거부하거나 부작위하면 의무이행심판을 제기할 수 있고, 그럼에도 환경부장관이 거부·방치하면 A는 취소소송·부작위위법확인소송을 제기할 수 있고, 승소하면 간접강제제도에 의해 권리를 실현할 수 있게 된다. 무명항고소송의 한 종류로 의무이행소송을 인정하여 법원이 환경부장관에게 개선명령을 발령할 수 있게 하는 것이 행정개입청구권을 실현시키는 바람직한 방법이다.

[1-5] 제 7 회 변호사시험(2018년) 공법상 부당이득반환의 청구방법

〈제 2 문〉 법무법인 甲, 乙 및 丙은 2015. 3. 3. 정기세무조사의 대상이 되어 2014 사업연도의 법인세 신고 및 납부내역에 대한 세무조사를 받았다. 정기세무조사는 매년 무작위로 대상자를 추출하여 조사하는 것으로 세무조사로 인한 부담을 덜어주기 위하여 동일한 과세기간에 대해서는 원칙적으로 재조사를 금지하고 있다. 그러나 관할 세무서장은 甲, 乙 및 丙의 같은 세목 및 같은 과세기간에 대하여 재조사 결정 및 이에 따른 통지 후 2016. 5. 20. 재조사를 실시하면서, 재조사 이유에 대해 과거 위 각 법인에서 근무하던 직원들의 제보를 받아 법인세 탈루혐의를 입증할 자료가 확보되었기 때문이라고 밝혔다. 관할 세무서장은 재조사 결과 甲, 乙 및 丙의 법인세 탈루사실이 인정된다고 보아 甲과 乙에 대해서는 2017. 1. 10, 丙에 대해서는 2017. 11. 3. 증액경정된 조세부과처분을 각각 발령하였다. 한편, 甲, 乙 및 丙은 세무조사로서의 재조사에 대하여 제소기간 내에 취소소송을 제기하였다.
5. 丙은 위 조세부과처분에 따라 부과금액을 납부하였다. 丙이 재조사의 근거 조항에 대한 헌법재판소의 2017. 12. 29. 위헌결정 이후 이미 납부한 금액을 돌려받기 위하여 제기할 수 있는 소송에 관하여 논하시오(단, 제소시점은 2018. 1. 4.로 하며, 국가배상청구소송과 헌법소송은 제외함).

답안작성요령

1. 문제의 제기
(1) 근거조항의 위헌결정으로 조세부과처분의 근거법률이 무효가 되었다.
(2) 조세부과처분의 근거법률이 사후적으로 무효가 된 경우, 조세부과처분이 취소할 수 있는 행위인지 아니면 무효행위인지 여부에 따라 부당이득청구방법이 달라진다.
(3) 설문상 丙의 납부일자는 불명하다.

2. 위헌법률에 근거한 조세부과처분의 효력(PART 1, 제 4 장 행정의 행위형식, 제 3 절 행정행위, 제 6 항 행정행위의 하자, Ⅲ. 5. (3) 부분 참조)

3. 부당이득반환을 구하는 소송형식
(1) 조세부과처분을 취소할 수 있는 행위로 보는 경우
(가) 취소소송과 취소소송의 승소를 대비하여 부당이득반환청구의 소를 병합하여 제기한다.
(나) 취소소송의 제기에는 제소기간이 준수되어야 한다(PART 2, SECTION 02, 제 2 장 항고소송, 제 1 절 취소소송, 제 5 부분 참조).
- 제소기간 경과 후의 제소라면 부당이득의 반환을 구할 수 없다.
- 설문상 제소기간이 경과한 것으로 보이지 아니한다.
(2) 조세부과처분을 무효행위로 보는 경우
(가) 무효를 사유로 하는 부당이득반환청구소송의 제기
(나) 학설은 이러한 경우의 부당이득반환청구소송을 당사자소송으로 보나, 판례는 민사소송으로 본다(PART 2, SECTION 02, 제 3 장 당사자소송, Ⅰ. 2. (1) 1) 부분 참조).

[1-6] 제56회 5급공채(일반행정)(2012년) 사인의 공법행위의 하자

〈제3문〉 갑은 단기복무 부사관으로서 복무기간만료시점이 다가옴에 따라 복무기간연장을 신청하고자 한다. 그러나 복무기간연장을 위한 지원자심사에서 탈락하는 경우에 대비하여 전역지원서를 아울러 제출하도록 한 육군참모총장 을의 방침에 따라 갑도 복무연장지원서와 전역지원서를 함께 제출하였다. 그런데 을은 군인사법시행령 제4조에 근거하여, 갑의 전역지원서를 수리하여 전역처분을 하였다. 이에 대하여, 갑은 자신이 제출한 전역신청서는 을이 복무연장신청과 동시에 제출하게 한 서류로서 복무연장의 의사를 명백히 한 의사와 모순되어 전역신청으로서의 효력이 없는 것이므로 전역처분은 위법하다고 주장한다. 갑의 주장의 당부를 검토하시오(단, 강박에 의한 의사표시의 쟁점은 논외로 한다).

참고조문

군인사법

제6조(복무의 구분) ⑧ 단기복무 부사관으로서 장기복무를 원하거나 복무기간을 연장하려는 사람은 대통령령으로 정하는 바에 따라 전형을 거쳐야 한다.

제44조(신분보장) ② 군인은 이 법에 따른 경우 외에는 그 의사에 반하여 휴직되거나 현역에서 전역되거나 제적되지 아니한다.

군인사법시행령

제3조(장기복무 장교등의 전형) ① 법 제6조 제4항·제6항 및 제8항에 따라 단기복무 장교 또는 단기복무 부사관으로서 장기복무 또는 복무기간 연장을 원하는 사람은 장기복무지원서 또는 복무기간 연장지원서를 제출하고 정해진 전형을 거쳐야 한다. 이 경우 단기복무자의 복무 연장기간은 의무복무기간의 만료일을 기준으로 하여 1년 단위로 정할 수 있다.

민법

제107조(진의 아닌 의사표시) ① 의사표시는 표의자가 진의아님을 알고 한 것이라도 그 효력이 있다. 그러나 상대방이 표의자의 진의아님을 알았거나 이를 알 수 있었을 경우에는 무효로 한다.

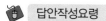

답안작성요령

1. 문제의 제기

⑴ 갑은 전역의 의사 없이 육군참모총장의 방침에 따라 전역지원서를 제출하였고, 이에 따라 육군참모총장이 행한 전역처분이 위법하다는 갑의 주장의 당부가 쟁점이다.

⑵ 쟁점의 해결을 위해 전역처분의 사유인 갑의 전역지원서제출(전역신청)의 의미에 대한 검토가 필요하다. 이것은 사인의 공법행위의 문제이다.

⑶ 사인의 공법행위에 관한 일반법이 없는바, 이에 적용할 법규, 민법 제107조의 적용의 가부에 대한 검토가 필요하다.

2. 사인의 공법행위의 적용법규

⑴ 민법규정의 유추적용 가능성 논술

⑵ 민법 제107조 제1항의 적용가능성 논술

3. 사인의 공법행위와 비진의 의사표시와 전역처분의 관계

행정요건적 사인의 공법행위의 하자와 행정행위의 효력에 관한 이론과 판례 서술

[1-7] 제57회 사법시험(2015년) 영업양도양수에 따른 사인의 신고의 처분성 유무

〈제1문〉 갑은 을로부터 2014. 10. 7. A시 B구 소재 이용원 영업을 양도받고 관할 행정청인 B구 구청장 X에게 영업자 지위승계신고를 하였다. 그런데 갑은 위 영업소를 운영하던 중, 2014. 12. 16. C경찰서 소속 경찰관에 의해 「성매매알선 등 행위의 처벌에 관한 법률」 위반으로 적발되었다. 구청장 X는 2014. 12. 19. 갑에 대하여 3월의 영업정지 처분을 하였다. 한편 을은 이미 같은 법 위반으로 2014년 7월부터 9월까지의 2월의 영업정지처분을 받은 바 있었다. 그 후 2015. 5. 6. B구청 소속 공무원들은 위생관리 실태를 검사하기 위하여 위 영업소에 들어갔다가 갑이 여전히 손님에게 성매매알선 등의 행위를 하는 것을 적발하였다. 이에 구청장 X는 이미 을이 제1차 영업정지처분을 받았고 갑이 제2차 영업정지처분을 받았음을 이유로, 2015. 5. 6.에 적발된 위법행위에 대하여 갑에게 「공중위생관리법」 제11조 제1항 및 제2항, 같은 법 시행규칙 제19조 [별표 7] 행정처분기준에 따라 적법한 절차를 거쳐서 가중된 제재처분인 영업소 폐쇄명령을 내렸다.
(2) 갑의 영업소 바로 인근에서 이용업을 행해온 병은 갑이 이전에 「성매매알선 등 행위의 처벌에 관한 법률」을 위반하여 폐쇄명령을 받은 전력이 있음에도 불구하고 구청장 X가 갑의 영업자 지위승계신고를 받아주었음을 이유로 하여 이를 취소소송으로 다투고자 한다. 구청장 X가 갑의 영업자 지위승계신고를 받아들인 행위는 병이 제기하는 취소소송의 대상이 되는가?

참고조문

공중위생관리법
제3조의2(공중위생영업의 승계) ① 공중위생영업자가 그 공중위생영업을 양도하거나 사망한 때 또는 법인의 합병이 있는 때에는 그 양수인·상속인 또는 합병 후 존속하는 법인이나 합병에 의하여 설립되는 법인은 그 공중위생영업자의 지위를 승계한다.
　②~③〈생략〉
　④ 제1항 또는 제2항의 규정에 의하여 공중위생영업자의 지위를 승계한 자는 1월 이내에 보건복지부령이 정하는 바에 따라 시장·군수 또는 구청장에게 신고하여야 한다.

행정기본법
제34조(수리 여부에 따른 신고의 효력) 법령등으로 정하는 바에 따라 행정청에 일정한 사항을 통지하여야 하는 신고로서 법률에 신고의 수리가 필요하다고 명시되어 있는 경우(행정기관의 내부 업무 처리 절차로서 수리를 규정한 경우는 제외한다)에는 행정청이 수리하여야 효력이 발생한다.

답안작성요령

1. 문제의 제기
(1) 병이 「구청장 X가 갑의 영업자 지위승계신고를 받아들인 행위」에 대한 취소소송을 제기하려고 하는데, 지위승계신고를 받아들인 행위가 취소소송의 대상인가를 쟁점으로 하고 있다.
(2) 쟁점의 해결을 위해서는 이용원 영업지위승계신고의 성질에 대한 검토가 필요하다.

2. 이용원영업자 지위승계신고의 성질
(1) 행정기본법 제34조
(2) 수리를 요하지 않는 신고

3. 이용원영업자 지위승계신고 수리의 성질(사실행위)

4. 문제의 해결
이용원영업지위승계신고는 수리를 요하지 않는 신고로서 도달로 효과발생. 수리는 사실행위이며 처분성이 없다. 취소소송 대상이 아니다.

[1-8] 제35회 입법고시(2019년) 미용업자지위 승계신고의 성격, 행정절차법 적용 여부 등

〈제 1 문〉 甲은 「민사집행법」에 따른 강제경매절차를 통하여 乙이 소유·경영하던 지상 건물 1동과 같은 건물에 설치된 「공중위생관리법」상 공중위생영업으로서 신고업인 X미용업시설(이하 "미용업소"라 함) 일체를 경락받아 2018. 5. 3. 대금을 완납하고, 같은 달 10일 관할시장 A에게 미용업자 지위승계신고를 하여 같은 달 14일자로 수리되었으며, A는 수리된 그 다음날 甲에게 그 사실을 통지하였다. 그런데 乙이 2018. 5. 2. 자신이 경영하던 X미용업소 내에서 「공중위생관리법」 제 4 조에서 금하는 공중위생업자의 위생관리의무 위반행위에 해당하는 점빼기·문신 등을 시술하던 중 단속 공무원에게 적발되어 A는 乙의 지위승계를 이유로 같은 달 30일 甲에게 「공중위생관리법」제11조 제 1 항 제 4 호 및 동법 시행규칙 제19조에 근거하여 영업정지처분(2개월)을 하였다. 그러자 乙은 이 기회에 영업지위승계 그 자체의 위법성을 주장하여 甲으로부터 일정한 금전을 편취할 목적으로, 그리고 甲은 X미용업소의 계속성을 유지하기 위해, 乙과 甲은 각각 A를 상대로 법적 쟁송수단을 준비하고 있다.

(1) A가 甲에 대하여 영업정지처분을 할 수 있는지 여부를 검토하시오.

(2) 한편, A는 甲의 지위승계신고에 응한 수리행위를 함에 있어서 乙에 대해 「행정절차법」제21조 및 제22조상의 사전통지·의견제출 절차를 밟아야 하는지 여부를 법리적으로 검토하시오.

(3) 甲이 「공중위생관리법」제11조 제 1 항에 따른 미용업 영업정지처분에 대한 취소쟁송을 통해 그에 갈음하는 동법 제11조의2 제 1 항에 규정된 과징금처분을 받으려고 할 경우 어떠한 취소쟁송을 선택하여야 할지에 관해 검토하시오.

참고조문

공중위생관리법

제 3 조의2(공중위생영업의 승계) ① (생략)

② 민사집행법에 의한 경매, 「채무자 회생 및 파산에 관한 법률」에 의한 환가나 국세징수법·관세법 또는 「지방세징수법」에 의한 압류재산의 매각 그 밖에 이에 준하는 절차에 따라 공중위생영업 관련시설 및 설비의 전부를 인수한 자는 이 법에 의한 그 공중위생영업자의 지위를 승계한다.

제11조(공중위생영업소의 폐쇄등) ① 시장·군수·구청장은 공중위생영업자가 다음 각 호의 어느 하나에 해당하면 6월 이내의 기간을 정하여 영업의 정지 또는 일부 시설의 사용중지를 명하거나 영업소폐쇄등을 명할 수 있다. (단서 생략)

1.~3. (생략)

4. 제 4 조에 따른 공중위생업자의 위생관리의무등을 지키지 아니한 경우

제11조의2(과징금처분) ① 시장·군수·구청장은 제11조 제 1 항의 규정에 의한 영업정지가 이용자에게 심한 불편을 주거나 그 밖에 공익을 해할 우려가 있는 경우에는 영업정지처분에 갈음하여 1억원 이하의 과징금을 부과할 수 있다. (단서 생략)

행정기본법

제34조(수리 여부에 따른 신고의 효력) 법령등으로 정하는 바에 따라 행정청에 일정한 사항을 통지하여야 하는 신고로서 법률에 신고의 수리가 필요하다고 명시되어 있는 경우(행정기관의 내부 업무 처리 절차로서 수리를 규정한 경우는 제외한다)에는 행정청이 수리하여야 효력이 발생한다.

답안작성요령

I. A가 甲에 대하여 영업정지처분을 할 수 있는지 여부

1. 문제의 제기

설문은 乙에게 발생한 제재사유^(법위반)가 공중위생관리법 제 3 조의2 제 2 항에서 말하는 승계되는 "공중위생영업자의 지위"에 포함되는가를 쟁점으로 한다. 설문에는 표현이 없으나, 甲은 미용사임을 전제로 기술한다.

2. 공중위생관리법 제 3 조의2 제 2 항의 "지위를 승계한다"의 의미

공중위생관리법 제 3 조의2 제 2 항은 "그 공중위생영업자의 지위를 승계한다"고 규정하고 있을 뿐, 제재사유($^{법위반}_{행위}$)가 승계되는지 여부에 관해서는 언급하는 바가 없다.

(1) 학 설

긍정설($^{내용은}_{본문 참조}$) 부정설($^{내용은}_{본문 참조}$) 절충설($^{내용은}_{본문 참조}$)

(2) 판 례

긍정설($^{내용은}_{본문 참조}$)

3. 문제의 해결

Ⅱ. 미용업자 지위승계신고 수리의 성질과 행정절차법의 적용 여부

1. 문제의 제기

행정절차법 제21조와 제22조는 처분절차에 적용되는 규정이다. 따라서 설문은 甲의 지위승계신고에 대한 관할시장 A의 수리행위가 행정절차법의 적용대상인 처분에 해당하는가를 쟁점으로 한다. 이것은 甲의 지위승계신고의 성질과 관련한다.

2. 甲의 지위승계신고의 성질

(1) 수리를 요하는 신고 여부의 판단기준($^{행정기본}_{법 제34조}$)

(2) 공중위생관리법은 "공중위생영업자의 지위를 승계한 자는 1월 이내에 보건복지부령이 정하는 바에 따라 시장·군수 또는 구청장에게 신고하여야 한다"고 규정할 뿐($^{동법 제 3 조}_{의2 제 4 항}$). 수리 여부에 관해 언급하는 바가 없다. 수리를 요하지 않는 신고이다.

(3) 공중위생관리법 시행규칙 제 3 조 제 4 항이 영업신고증의 교부에 관해 규정하고 있어도, 그것은 신고가 도달되었다는 것, 그리하여 신고의무를 이행하였다는 것을 사실로써 확인해주는 의미만 갖는다고 볼 것이다.

3. 문제의 해결

(1) 공중위생관리법 제 3 조 제 2 항에 따른 공중위생영업자 지위승계의 신고는 수리를 요하지 아니하는 신고이므로, 행정청에 의한 법적 행위로서 수리행위가 요구되지 아니한다. 따라서 甲의 지위승계신고에 대한 관할시장 A의 수리행위에 행정절차법 제21조 및 제22조의 사전통지·의견제출 절차가 적용되지 아니한다.

(2) 만약 공중위생관리법 제 3 조 제 2 항에 따른 공중위생영업자 지위승계의 신고를 수리를 요하는 신고로 본다면, 관할시장 A의 수리행위에 행정절차법 제21조 및 제22조의 사전통지·의견제출 절차가 적용된다.

Ⅲ. 甲이 과징금처분을 원하는 경우, 선택하여야 할 취소쟁송의 형식

1. 문제의 제기($^{기술의}_{순서}$)

「미용업 영업정지처분을 과징금부과처분으로 변경을 구하는 행정쟁송」의 형태를 행정기본법상 취소쟁송, 행정심판법상 행정심판($^{취소}_{심판}$)과 행정소송법상 행정소송으로 나누어서 살펴보기로 한다.

2. 행정기본법상 취소쟁송

(1) 이의신청과 처분의 변경

 - 행정기본법 제36조 검토
 - 소결($^{미용업 영업정지처분을 과징}_{금부과처분으로 변경 가능}$)

(2) 처분의 재심사와 처분의 변경

 - 행정기본법 제37조 검토
 - 소결($^{미용업 영업정지처분을 과징}_{금부과처분으로 변경 가능}$)

3. 행정심판법상 행정심판(취소 심판)

(1) 취소심판과 처분의 변경

행정심판법 제5조 제1호는 취소심판을 "행정청의 위법 또는 부당한 처분을 취소하거나 변경하는 행정심판"으로 정의하고 있다. 행정심판법 제5조 제1호의 변경은 적극적 변경으로 이해되고 있으며, 이론은 없다. 따라서 甲은 취소심판의 제기를 통해 미용업 영업정지처분을 과징금부과처분으로 변경을 구할 수 있다.

(2) 인용요건

甲의 취소심판청구가 인용되기 위해서는 취소심판의 청구요건과 본안요건을 모두 구비하여야 한다. 설문의 경우에는 특히 본안과 관련하여 ① 甲에 대한 영업정지처분이 위법 또는 부당하다는 점을 주장·입증하고, 아울러 ② 공중위생관리법 제11조 제1항이 정하는 과징금부과처분의 요건인 영업정지가 이용자에게 심한 불편을 주거나 그 밖에 공익을 해할 우려가 있는 점을 주장·입증하여야 한다.

(3) 인용재결

甲이 제기한 취소심판이 앞의 (2)에서 언급한 요건을 구비한다면, 행정심판위원회는 스스로 영업정지처분을 과징금부과처분으로 변경할 수도 있고, 관할시장 A에게 변경을 명할 수도 있다(행정심판법 제 43조 제3항).

4. 행정소송법상 행정소송(취소 소송)

(1) 취소소송과 처분의 변경

행정소송법 제4조 제1호는 취소소송을 "행정청의 위법한 처분등을 취소 또는 변경하는 소송"으로 규정하고 있다. 행정소송법 제4조 제1호의 "변경"의 의미를 둘러싸고 학설은 적극적 변경을 의미한다는 견해(적극 설)와 일부취소를 의미한다는 견해(소극 설)로 나뉘고 있다. 적극적 변경의 견해를 취한 판례는 찾아보기 어렵다.

(2) 적극설을 취하는 경우

甲은 취소소송의 제기를 통해 미용업 영업정지처분을 과징금부과처분으로 변경을 구할 수 있다. 甲의 취소소송에서 승소하기 위해서는 취소소송의 소송요건과 본안요건을 모두 구비하여야 한다. 설문의 경우에는 특히 본안과 관련하여 ① 甲에 대한 영업정지처분이 위법하다는 점을 주장·입증하고, 아울러 ② 공중위생관리법 제11조 제1항이 정하는 과징금부과처분의 요건인 영업정지가 이용자에게 심한 불편을 주거나 그 밖에 공익을 해할 우려가 있는 점을 주장·입증하여야 한다. 요건이 구비된 경우, 법원은 영업정지처분을 과징금부과처분으로 변경하는 판결을 할 수 있다. 그러나 판례는 이러한 판결을 인정하지 아니한다.

(3) 소극설을 취하는 경우

① 甲은 먼저 A의 영업정지처분에 대한 취소소송을 제기할 수 있다. 甲의 제소에 인용요건이 구비되어 있다면, 법원은 취소판결을 할 것이다. 취소판결은 기속력을 갖는다(행정소송 법 제30조). ② 확정판결에 甲의 주장사실이 판결이유의 한 부분으로 되어있다면, 관할시장 A는 취소판결의 기속력에 근거하여 미용업 영업정지처분을 과징금부과처분으로 변경할 수도 있다.

[1-9] 제54회 사법시험(2012년) 건축신고와 건축허가의 차이

〈제2문의 1〉 A는 갑시에 소재하는 「국토의 계획 및 이용에 관한 법률」에 따른 관리지역 내 110m² 토지(이하 '이 사건 토지'라 한다) 위에 연면적 29.15m²인 2층 건축물을 건축하기 위한 신고를 관할 X행정청에 하였다. 그런데 이 건물을 신축하면 이 사건 토지에 위치하고 있는 관정(管井)이 폐쇄됨으로써 인근주민의 유일한 식수원 사용관계에 중대한 위해가 있게 된다. 따라서 관할 X행정청은 A가 신청한 건축물이 건축될 경우 보건상 위해의 염려가 있음을 이유로 당해 건축신고의 수리를 거부하였다.

(1) A가 행한 건축신고의 법적 성질은 무엇이며 건축허가와는 어떻게 다른가?

참고조문

건축법

제11조(건축허가) ① 건축물을 건축하거나 대수선하려는 자는 특별자치시장·특별자치도지사 또는 시장·군수·구청장의 허가를 받아야 한다. 다만, 21층 이상의 건축물 등 대통령령으로 정하는 용도 및 규모의 건축물을 특별시나 광역시에 건축하려면 특별시장이나 광역시장의 허가를 받아야 한다.

⑤ 제1항에 따른 건축허가를 받으면 다음 각 호의 허가 등을 받거나 신고를 한 것으로 보며, 공장건축물의 경우에는 「산업집적활성화 및 공장설립에 관한 법률」 제13조의2와 제14조에 따라 관련 법률의 인·허가등이나 허가등을 받은 것으로 본다.

3. 「국토의 계획 및 이용에 관한 법률」 제56조에 따른 개발행위허가

제14조(건축신고) ① 제11조에 해당하는 허가 대상 건축물이라 하더라도 다음 각 호의 어느 하나에 해당하는 경우에는 미리 특별자치시장·특별자치도지사 또는 시장·군수·구청장에게 국토교통부령으로 정하는 바에 따라 신고를 하면 건축허가를 받은 것으로 본다.

2. 「국토의 계획 및 이용에 관한 법률」에 따른 관리지역, 농림지역 또는 자연환경보전지역에서 연면적이 200제곱미터 미만이고 3층 미만인 건축물의 건축. 다만, 「국토의 계획 및 이용에 관한 법률」 제51조 제3항에 따른 지구단위계획구역에서의 건축은 제외한다.

② 제1항에 따른 건축신고에 관하여는 제11조 제5항 및 제6항을 준용한다.

③ 특별자치시장·특별자치도지사 또는 시장·군수·구청장은 제1항에 따른 신고를 받은 날부터 5일 이내에 신고수리 여부 또는 민원 처리 관련 법령에 따른 처리기간의 연장 여부를 신고인에게 통지하여야 한다. 다만, 이 법 또는 다른 법령에 따라 심의, 동의, 협의, 확인 등이 필요한 경우에는 20일 이내에 통지하여야 한다.

행정기본법

제34조(수리 여부에 따른 신고의 효력) 법령등으로 정하는 바에 따라 행정청에 일정한 사항을 통지하여야 하는 신고로서 법률에 신고의 수리가 필요하다고 명시되어 있는 경우(행정기관의 내부 업무 처리 절차로서 수리를 규정한 경우는 제외한다)에는 행정청이 수리하여야 효력이 발생한다.

답안작성요령

1. A가 행한 건축신고의 성질(수리를 요하는 신고 여부)
(1) 수리를 요하는 신고 여부의 판단기준(행정기본법 제34조)
(2) 건축법 제14조 제3항(수리가 필요하다고 명시되어 있는 경우에 해당 여부가 쟁점)
(3) 건축법 제14조 제1항의 신고는 수리를 요하지 않는 신고로 판단된다.

2. 본래적 의미의 건축허가와의 차이
(1) 논점의 정리

건축법 제14조 제1항 제2호의 의제되는 건축허가와 본래적 의미의 건축허가의 비교문제가 된다. 이것은 인·허가의제의 특수성의 문제이다. 인·허가의제 법리에 대한 서술이 필요하다.

(2) 인·허가의제 법리(행정기본법 제24조, 제25조)
(3) 결 론

[1-10] 제59회 사법시험(2017년) 등록

〈제1문〉 A도 B군의 군수 乙은 대형마트를 유치하기 위하여 대규모점포를 개설등록하면 법률상 재량을 행사하여 일체의 영업시간 제한이나 의무휴업일 지정을 하지 않겠다고 甲에게 약속하였다. 이 말을 믿은 甲은 乙에게 대규모점포의 개설등록을 신청하였고, 개설등록이 되었다. 그런데 개설등록 이후 乙은 오전 0시부터 오전 8시까지 영업시간을 제한하고 매월 둘째 주와 넷째 주 일요일을 의무휴업일로 지정하는 내용의 처분(이하 '제1차 처분'이라 한다)을 하였다. 이에 甲은 이 처분에 대해 취소소송을 제기하였다. 그런데 취소소송의 계속 중에 乙이 영업제한시간을 오전 0시부터 오전 10시까지로 변경하되, 의무휴업일은 종전과 동일하게 유지하는 것을 내용으로 하는 처분(이하 '제2차 처분'이라 한다)을 하였다.

1. 「유통산업발전법」상 대규모점포 개설등록의 법적 성격을 검토하시오.

2. 생략 - PART 4 [1-10]을 보라.

3. 생략 - PART 4 [2-12]를 보라

4. 생략 - PART 4 [1-10]을 보라

참고조문

「유통산업발전법」(※ 가상의 법률임)

제8조(대규모점포의 개설등록 및 변경등록) ① 대규모점포를 개설하려는 자는 영업을 시작하기 전에 산업통상자원부령으로 정하는 바에 따라 상권영향평가서 및 지역협력계획서를 첨부하여 특별자치시장·시장·군수·구청장에게 등록하여야 한다.

제13조(대규모점포개설자의 지위승계) ① 다음 각 호의 어느 하나에 해당하는 자는 종전의 대규모점포개설자의 지위를 승계한다.

1. 대규모점포개설자가 대규모점포를 양도한 경우 그 양수인

제13조의4(영업정지) 특별자치시장·시장·군수·구청장은 다음 각 호의 어느 하나에 해당하는 경우에는 1개월 이내의 기간을 정하여 영업의 정지를 명할 수 있다.

1. 영업시간제한명령을 1년 이내에 3회 이상 위반하여 영업제한시간에 영업을 한 자 또는 의무휴업명령을 1년 이내에 3회 이상 위반하여 의무휴업일에 영업을 한 자. 이 경우 영업시간제한명령 위반과 의무휴업명령 위반의 횟수는 합산한다.

답안작성요령

(1) 문제의 소재

- 개인의 사적 영역에 대한 국가개입 차원에서 유통산업발전법상의 대규모점포개설등록이 강학상의 허가제나 신고제와 관련하여 어떤 법적 성격을 가지는지가 문제된다는 취지를 기술한다.

(2) 행정법상 등록제에 대한 일반적 논의

(가) 전제(공중에 해당하는 등록과 구별)

(나) 학설

- 수리를 요하는 신고로 접근하는 입장

- 변형된(완화된) 허가제로 접근하는 입장

(3) 사안에서 판례의 입장

- 수리를 요하는 신고로 접근(대판 2015. 11. 19. 2015두295).

(4) 소결(행정기본법 제34조 반영)

[1-10a] 제39회 입법고시(2023년) 법규명령의 근거와 한계, 예방적 소송

甲은 화약류 제조 및 판매업 등을 목적으로 하는 회사로서 乙협회의 회원이다. 乙협회는 총포·화약류·
분사기·전기충격기·석궁(이하 '총포·화약류 등'이라 한다)으로 인한 위험과 재해의 예방을 위한 안전기술의 연구·개발과
행정기관이 위탁하는 총포·화약류 등의 안전에 관한 교육 등을 수행하기 위하여 「총포화약법」 제48조에
의해 설립된 특수공법인이다. 甲은 乙협회의 회원이 된 이래 「총포화약법」 제58조, 「총포화약법 시행령」
제78조 제1항 제4호, 「乙협회 정관」 제33조 제2호에 근거하여 매년 전년도 매출액의 1,000분의 0.75
에 해당하는 금액을 납부하였다.
(1) 총포화약법령은 乙협회가 징수할 수 있는 회비의 액수를 직접 정하지 않고 乙협회의 정관으로 정하도
록 규정하고 있다. 이는 위임입법의 한계에 비추어 적법한지 검토하시오.
(2) 丙은 총포·화약류 등의 수입업을 하려고 하는 업자이다. 丙은 乙협회를 대상으로 장래의 회비 납부
통지의 금지를 구하는 소송을 제기하고자 한다. 이러한 소송이 현행 행정소송법상 인정되는지를 검토하
시오.

참고조문 현행법령 및 정관을 사례해결에 적합하도록 수정하였음

「총포화약법」
제1조(목적) 이 법은 총포·도검·화약류·분사기·전자충격기·석궁의 제조·판매·임대·운반·소지·사용과 그 밖에
안전관리에 관한 사항을 정하여 총포·도검·화약류·분사기·전자충격기·석궁으로 인한 위험과 재해를 미리 방지함으
로써 공공의 안전을 유지하는 데 이바지함을 목적으로 한다.
제48조(총포·화약안전기술협회의 설립) ① 총포·화약류·분사기·전자충격기·석궁으로 인한 위험과 재해를 예방하기
위한 안전기술의 연구·개발과 행정관청이 위탁하는 총포·화약류·분사기·전자충격기·석궁의 안전에 관한 교육, 그
밖의 업무를 수행하기 위하여 총포·화약안전기술협회(이하 "협회"라 한다)를 설립한다.
제52조(사업) 협회는 다음 각 호의 사업을 한다.
2. 총포·분사기·전자충격기·석궁 안전검사 및 화약류 안정도 시험
제58조(재정) ① 협회의 운영 및 사업에 드는 경비는 다음 각 호의 재원으로 충당한다.
2. 행정안전부령으로 정하는 총포의 안전검사, 화약류의 안정도시험 및 교육 등의 수수료
3. 회원 중 대통령령으로 정하는 자의 회비
② 제1항 제3호에 따른 회비의 부담방법·부담비율과 그 밖에 회비에 관하여 필요한 사항은 대통령령으로 정한다.

「총포화약법 시행령」
제78조(회비) ① 협회는 법 제58조 제1항 제3호에 따른 회비를 다음 각 호에서 정한 금액의 범위에서 정관이 정하는
바에 따라 징수한다.
3. 총포·화약류·분사기·전자충격기·석궁의 수입허가를 받은 사람은 수입원가의 100분의 1에 해당하는 금액
4. 화약류 제조업자·판매업자는 매년 전년도 매출액의 1,000분의 0.75에 해당하는 금액

「乙협회 정관」
제33조(수수료·회비 및 기술지원비 등) 수수료, 회비, 기술지원비 및 교육비는 다음 각 호에서 정하는 금액 또는 비율
로 한다.
2. 회 비
회원의 회비는 「총포화약법 시행령」 제78조에서 정한 상한액으로 한다. 다만 화약류 사용자에 대하여는 이사회의 의결
을 거쳐 회비를 면제할 수 있다.
제35조(수수료 및 회비의 징수) ③ 화약류 제조·판매업자에 대한 회비는 허가관청과 협조하여 분기마다 제조·판매량
에 대한 자료를 수집하고, 제조·판매업자로부터 매출액에 대한 자료를 다음연도 3월말까지 인수하여 4월에 회비를 산
정, 부과하여 징수한다.

답안작성요령

1. 제 1 문(공법상 단체인 총포·화약안전기술협회에 포괄적 위임이 가능한지 여부)

⑴ 문제의 제기

위임입법상 위임입법의 한계 문제는 포괄적 위임의 가능 여부의 문제가 된다.

설문에서는 회비의 액수를 법률에서 직접 정하지 않고 협회의 정관으로 정하도록 하는 포괄적 위임의 가능 여부를 쟁점으로 한다.

⑵ 포괄적 위임 금지 원칙의 의의

⑶ 설문의 경우(총포·화약안전기술협회와 그 정관의 법적 성질과 포괄적 위임)

총포·화약안전기술협회는 공법상 일종의 자치단체이다. 총포·화약안전기술협회의 정관은 일종의 자치법에 해당한다. 총포·화약안전기술협회에 자치의 이념이 존중되어야 한다. 따라서 위임입법의 경우, 포괄적 위임이 허용될 필요가 있다.

⑷ 판례의 견해

⑸ 소   결

2. 제 2 문(예방적 소송의 인정 여부)

⑴ 문제의 제기

설문은 무명항고소송으로서 예방적 소송의 인정 여부를 쟁점으로 한다.

⑵ 행정소송법상 행정소송의 유형

⑶ 예방적 소송의 인정 여부

㈎ 예방적 부작위소송의 인정 여부

㈏ 예방적 확인소송의 인정 여부

⑷ 소   결

[1-11] 제 8 회 변호사시험(2019년) 법령보충규칙, 고시의 처분성, 원고적격, 제소기간, 소급입법

〈제 2 문〉 2017. 12. 20. 보건복지부령 제377호로 개정된 「국민건강보험 요양급여의 기준에 관한 규칙」 (이하 '요양급여규칙'이라 함)은 비용 대비 효과가 우수한 것으로 인정된 약제에 대해서만 보험급여를 인정해서 보험재정의 안정을 꾀하고 의약품의 적정한 사용을 유도하고자 기존의 보험 적용 약제 중 청구실적이 없는 미청구약제에 대한 삭제제도를 도입하였다. 개정 전의 요양급여규칙은 품목허가를 받은 모든 약제에 대하여 보험급여를 인정하였으나, 개정된 요양급여규칙에 따르면 최근 2년간 보험급여 청구실적이 없는 약제에 대하여 요양급여대상 여부에 대한 조정을 할 수 있다. 보건복지부장관은 위와 같이 개정된 요양급여규칙의 위임에 따라 사단법인 대한제약회사협회 등 의약관련단체의 의견을 받아 보건복지부 고시인 '약제급여목록 및 급여상한금액표'를 개정하여 2018. 9. 23. 고시하면서, 기존에 요양급여대상으로 등재되어 있던 제약회사 甲(이하 '甲'이라 함)의 A약품(1998. 2. 1. 등재)이 2016. 1. 1.부터 2017. 12. 31.까지의 2년간 보험급여 청구실적이 없는 약제에 해당한다는 이유로 위 고시 별지4 '약제급여목록 및 급여상한금액표 중 삭제품목'란(이하 '이 사건 고시'라 함)에 아래와 같이 A약품을 등재하였다. 요양급여대상에서 삭제되면 국민건강보험의 요양급여를 받을 수 없어 해당 약제를 구입할 경우 전액 자기부담으로 구입하여야 하고 해당 약제에 대해 요양급여를 청구하여도 요양급여청구가 거부되므로 해당 약제의 판매 저하가 우려된다.

보건복지부 고시 제2018-○○호(2018. 9. 23.)

약제급여목록 및 급여상한금액표

제 1 조(목적) 이 표는 국민건강보험법 …… 및 국민건강보험요양급여의 기준에 관한 규칙 ……의 규정에 의하여 약제의 요양급여대상기준 및 상한금액을 정함을 목적으로 한다.
제 2 조(약제급여목록 및 상한금액 등) 약제급여목록 및 상한금액은 [별표1]과 같다.

[별표1]
　별지4 삭제품목
　연번 17. 제조사 甲. 품목 A약품. 상한액 120원/1정

제약회사들을 회원으로 하여 설립된 사단법인 대한제약회사협회와 甲은 이 사건 고시가 있은 지 1개월 후에야 고시가 있었음을 알았다고 주장하며 이 사건 고시가 있은 날로부터 94일째인 2018. 12. 26. 이 사건 고시에 대한 취소소송을 제기하였다.

1. 보건복지부 고시인 '약제급여목록 및 급여상한금액표'의 법적 성질과 이 사건 고시의 취소소송의 대상 여부를 논하시오.
2. 사단법인 대한제약회사협회와 甲에게 원고적격이 있는지 여부를 논하시오.
3. 사단법인 대한제약회사협회와 甲이 제기한 이 사건 소가 제소기간을 준수하였는지를 검토하시오.
4. 甲은 "개정 전 요양급여규칙이 아니라 개정된 요양급여규칙에 따라 A약품을 요양급여대상에서 삭제한 것은 위법하다."라고 주장한다. 이러한 甲의 주장을 검토하시오.

참고조문 (아래 법령은 현행 법령과 다를 수 있음)

국민건강보험법
제41조(요양급여) ① 가입자와 피부양자의 질병. 부상. 출산 등에 대하여 다음 각 호의 요양급여를 실시한다.

1. 진찰·검사

2. 약제·치료재료의 지급

3. 〈이하 생략〉

② 제1항에 따른 요양급여의 방법·절차·범위·상한 등의 기준은 보건복지부령으로 정한다.

「국민건강보험 요양급여의 기준에 관한 규칙」(보건복지부령 제377호, 2017. 12. 20. 공포)

제8조(요양급여의 범위 등)　① 법 제41조 제2항에 따른 요양급여의 범위는 다음 각 호와 같다.

1. 법 제41조 제1항의 각 호의 요양급여(약제를 제외한다): 제9조에 따른 비급여대상을 제외한 것

2. 법 제41조 제1항의 2호의 요양급여(약제에 한한다): 제11조의2, 제12조 및 제13조에 따라 요양 급여대상으로 결정 또는 조정되어 고시된 것

② 보건복지부장관은 제1항의 규정에 의한 요양급여대상을 급여목록표로 정하여 고시하되, 법 제41조 제1항의 각 호에 규정된 요양급여행위, 약제 및 치료재료(법 제41조 제1항의 2호의 규정에 의하여 지급되는 약제 및 치료재료를 말한다)로 구분하여 고시한다.

제13조(직권결정 및 조정)　④ 보건복지부장관은 다음 각 호에 해당하면 이미 고시된 약제의 요양급여대상여부 및 상한금액을 조정하여 고시할 수 있다.

1.～5. 〈생략〉

6. 최근 2년간 보험급여 청구실적이 없는 약제 또는 약사법령에 따른 생산실적 또는 수입실적이 2년간 보고되지 아니한 약제

부칙

이 규칙은 공포한 날로부터 시행한다.

행정기본법

제2조(정의)　이 법에서 사용하는 용어의 뜻은 다음과 같다.

1. "법령등"이란 다음 각 목의 것을 말한다.

가. 법령: 다음의 어느 하나에 해당하는 것

1) 법률 및 대통령령·총리령·부령

2) 국회규칙·대법원규칙·헌법재판소규칙·중앙선거관리위원회규칙 및 감사원규칙

3) 1) 또는 2)의 위임을 받아 중앙행정기관(「정부조직법」 및 그 밖의 법률에 따라 설치된 중앙행정기관을 말한다. 이하 같다)의 장이 정한 훈령·예규 및 고시 등 행정규칙

제5조(다른 법률과의 관계) ① 행정에 관하여 다른 법률에 특별한 규정이 있는 경우를 제외하고는 이 법에서 정하는 바에 따른다.

② 행정에 관한 다른 법률을 제정하거나 개정하는 경우에는 이 법의 목적과 원칙, 기준 및 취지에 부합되도록 노력하여야 한다.

제14조(법 적용의 기준) ① 새로운 법령등은 법령등에 특별한 규정이 있는 경우를 제외하고는 그 법령등의 효력 발생 전에 완성되거나 종결된 사실관계 또는 법률관계에 대해서는 적용되지 아니한다.

🖐 **답안작성요령**

I. '약제급여목록 및 급여상한금액표'의 법적 성질과 취소소송 대상 여부

1. 문제의 소재

「약제급여목록 및 급여상한금액표」의 법적 성질의 규명을 위해서는 그 근거법령인 보건복지부령 「국민건강보험 요양급여의 기준에 관한 규칙」과의 관계(법률보충규칙 해당 여부)에 대한 검토가 필요하고, 취소소송 대상 여부를 판단하기 위해서는 「약제급여목록 및 급여상한금액표」가 행정소송법 제2조의 처분 개념에 해당하는가의 여부에 대한 검토가 필요하다.

2. '약제급여목록 및 급여상한금액표'의 법적 성질

(1) 행정기본법 등이 규정하는 훈령·예규 및 고시 등 행정규칙의 의의

(개) 행정기본법 제1조 제1호 가목 3)

(나) 행정규제기본법 제 4 조 제 2 항 단서

(2) 행정기본법이 규정하는 훈령·예규 및 고시 등 행정규칙의 성질$\binom{\text{법규명령, 법}}{\text{령보충규칙}}$

(3) '약제급여목록 및 급여상한금액표'의 행정기본법 제 1 조 제 1 호 가목 3) 해당 여부

(4) 소   결

3. '약제급여목록 및 급여상한금액표' 고시의 취소소송 대상 여부$\binom{\text{처분성}}{\text{유무 관련}}$

(1) 행정소송법 제 2 조 제 1 항 제 2 호

(가) 규정 내용

동 조항은 처분을 "행정청이 행하는 구체적 사실에 관한 법집행으로서의 공권력의 행사 또는 그 거부와 그 밖에 이에 준하는 행정작용"으로 정의하고 있다.

(나) 강학상 행정행위와 관계

• 학설$\binom{\text{일원론,}}{\text{이원론,}}$

• 판례   판례는 행정청의 행정작용이 사인의 권리를 제한하거나 의무를 부과하는 것이면 대체로 '처분'으로 본다.

(2) 처분의 요건

행정소송법 제 2 조 제 1 항 제 2 호가 정하는 요건$\binom{\text{행정청, 구체적 사실, 법집행, 공권력의 행사}}{\text{또는 그 거부, 그 밖에 이에 준하는 행정작용}}$을 구비하고, 판례가 정하는 요건$\binom{\text{권리 제한,}}{\text{의무 부과}}$을 모두 구비하면, 처분성을 갖는다.

(3) 사례에 적용

(가) 보건복지부 고시인 '약제급여목록 및 급여상한금액표'는 행정청인 보건복지부장관이 약제급여목록 포함 여부 등 구체적 사실에 관하여 직접 법 집행을 하는 것으로서 제약회사의 영업의 자유 등 법률관계에 직접적으로 영향을 미치는 것인바, 행정소송법 제 2 조 제 1 항 제 1 호의 처분에 해당하고, 따라서 취소소송의 대상이 된다.

(나) 고시는 형식상 행정입법의 형태이나, 현행 행정소송법 하에서는 이에 대한 적합한 통제수단이 부재한데, 판례는 처분성을 긍정하여 사인의 권익구제를 도모하고 있다.

4. 문제의 해결

보건복지부 고시인 '약제급여목록 및 급여상한금액표'는 법령보충규칙에 해당하여 법규성이 있으며, 처분성도 인정되어 취소소송의 대상이 된다.

Ⅱ. 사단법인 대한제약회사협회와 제약회사 甲의 원고적격 유무

1. 문제의 소재

사단법인 대한제약회사협회와 제약회사 甲의 원고적격 유무는 이들이 "취소소송은 처분등의 취소를 구할 법률상 이익이 있는 자가 제기할 수 있다"고 규정하는 행정소송법 제12조 제 1 항 제 1 문이 정하는 자에 해당하는지 여부의 문제가 된다.

2. 행정소송법 제12조 제 1 항의 이해를 위한 전제로서 취소소송의 취지

(1) 학   설

권리구제설, 법률상 보호이익설, 보호가치 있는 이익설, 적법성 보장설

(2) 판   례

원고적격을 지나치게 확대하는 것은 주관소송을 원칙으로 하는 취소소송체계에 부합하지 않으므로 법률상 보호이익설을 따른다.

(3) 검   토
법률상 쟁송을 기본으로 하는 사법제도의 기본 틀을 감안할 때 판례의 견해가 타당하다.

3. 법률상 이익

(1) 의   의
법률이 보호하는 이익을 말한다. 반사적 이익과 구분된다.

(2) 주   체
자연인, 법인, 법인격 없는 사단, 지방자치단체, 국가기관 등

(3) 내용과 범위
• 학설   법률상 이익의 내용과 범위를 정하는 방법과 관련하여 학설은 ① 해당처분의 근거법률의 규정과 취지를 고려하는 견해, ② 근거법률 이외의 관련 법률의 규정과 취지도 고려하는 견해, ③ 근거·관련 법률 외에 헌법상 기본권규정까지 고려하는 견해로 구분할 수 있으나, 오늘날에는 ③의 견해가 일반적으로 지지되고 있다.

• 판례   판례는 근거·관련 법률 외에 기본권규정까지 고려하여 해당 처분과 관련되는 법률, 기본권 규정이 있는 한 넓게 원고적격을 인정하고 있다.

4. 협회와 甲의 원고적격$\binom{\text{법률상}}{\text{이익}}$ 존부 검토

(1) 甲은 요양급여대상 여부에 따라 직접 영업이익에 영향을 받는 등 헌법상 재산권에 침해를 받는 바, 법률상 이익을 인정할 수 있고 원고적격이 인정된다고 볼 것이다.

(2) 제약회사 甲에 대한 재산권 침해를 협회에 대한 직접적인 침해로 간주하기 어려우므로, 협회에 대해서는 재산권에 근거한 법률상 이익의 침해를 인정하기 어렵다. 그러나 설문에 명시된 협회의 의견제출권 등 절차 참여권에 근거해서 절차상의 법률상 이익의 침해를 주장하여 원고적격을 인정할 수는 있다고 볼 것이다.

5. 문제의 해결
협회에도 원고적격이 인정되고, 甲에게도 원고적격이 인정된다고 볼 것이다.

Ⅲ. 취소소송의 제소기간 준수여부

1. 문제의 소재
고시일$\binom{2018.}{9.\ 23.}$의 익일부터 기산하여 94일째 날$\binom{2018.}{12.\ 26.}$에 취소소송을 제기하였으나, 고시가 있은 지 1개월 이후에 고시가 있었음을 알았다고 주장하고 있는바, 제소기간 산정 시 안 날의 기산점을 어디로 하는지의 문제된다.

2. 제소기간 준수 여부

(1) 의   의
행정소송법 제20조 분설$\binom{\text{내용 분}}{\text{문 참조}}$

(2) 고시·공고의 경우

(개) 상대방이 불특정다수인 경우
상대방이 불특정다수이고, 처분의 효력이 일률적으로 적용되는 것이므로 현실적으로 알았는지와 상관없이 고시가 효력을 발생한 날에 행정처분이 있음을 알았다고 본다$\binom{\text{판}}{\text{례}}$.

(나) 상대방이 특정인인 경우
특정인의 주소불명으로 관보 등에 공고한 경우는 상대방이 처분등을 현실적으로 안 날을 처분이 있음을 알았다고 본다$\binom{\text{판}}{\text{례}}$.

3. 사례에의 적용

이 사건 고시는 불특정다수를 상대방으로 하는 것으로서 고시가 있은 날에 행정처분이 있음을 알았다고 보아야 하는바, 2018년 12월 22일이 90일이 되는 날이므로 94일째 제시한 취소소송은 제소기간을 도과하여 부적법하다고 볼 것이다.

4. 문제의 해결

사단법인 대한제약회사협회와 제약회사 甲이 제기한 이 사건 취소소송은 제소기간을 준수하지 않았기에 부적법하다.

Ⅳ. 개정 요양급여규칙에 따른 요양급여대상에서 삭제의 위법 여부(甲 주장의 당부)

1. 문제의 소재

A약품을 개정 요양급여규칙에 따라 요양급여대상에서 삭제한 것은 소급입법 금지와 관련하여 문제될 수 있다. 이와 관련하여 소급입법금지의 원칙을 검토할 필요가 있다.

2. 소급입법금지의 원칙과 예외

(1) 소급입법의 유형(진정소급입법과 부진정소급입법)
(2) 진정소급(원칙적 금지)(행정기본법 제14조 제1항)
(3) 부진정소급
(가) 일반적으로 허용
(나) 예외적 금지(소급입법으로 침해되는 사익과 달성하려는 공익을 비교형량하여 사익이 큰 경우)

3. 甲 주장의 타당성 검토

(1) 부진정소급입법

개정 요양급여규칙은 효력발생 당시, 이전에 완성된 사실관계를 규율하는 것이 아니라, 개정 요양급여규칙 효력발생 당시, 그리고 이후에도 청구실적이 없는, 미청구약제를 정하여 규율하는 것, 즉, 과거부터 현재 그리고 미래까지 진행중인 사실관계를 규율하는 부진정소급입법에 해당한다고 볼 것이다.

(2) 공익과 사익의 비교형량(공익우선)

개정 요양급여규칙의 시행은 보험재정의 안정과 의약품의 적정한 사용을 유도하는 공익적 목적 달성을 위한 것으로 개정 요양급여규칙으로 인하여 침해되는 사익보다 공익이 우선시되는 것으로 원칙적으로 허용됨이 마땅하다. 헌법재판소와 대판원의 입장도 동일하다.

(3) 사례에 적용

개정 요양급여규칙(2017. 12. 20. 시행)에 근거하여 2016. 1. 1.부터 2017. 12. 31.까지 보험급여 청구실적이 없는 A약품을 요양급여대상에서 삭제한 것은 부진정소급입법에 근거한 조치로 보험재정의 안정이라는 공익적 목적을 위한 조처이므로 위법하다고 보기 어렵다고 하겠다.

4. 문제의 해결

개정 전 요양급여규칙이 아니라 개정된 요양급여규칙에 따라 A약품을 요양급여대상에서 삭제한 것이 위법하다는 甲의 주장은 타당하지 않다.

[1-11a] 제11회 변호사시험(2022년)   고시의 법적 성격

〈제2문〉 甲은 A군 소재 농지에서 농업경영을 하던 중 양돈업을 시작하고자 한다. A군의 군수 乙은 2021. 5.경 「가축분뇨의 관리 및 이용에 관한 법률」 제8조 제1항 및 「A군 가축사육 제한에 관한 조례」(이하 '이 사건 조례'라 한다) 제3조 제2항에 의거하여 「A군 가축사육 제한구역 지정 고시」(이하 '이 사건 고시'라 한다)를 발령하였다. 이 사건 고시 제4조 제3호에 의하면, "도로(고속국도, 일반국도, 지방도, 군도)나 철도, 농어촌도로 경계선으로부터 가축 사육 시설 건축물 외벽까지 직선거리 200m 이내 지역"을 가축사육 제한구역의 하나로 정하고 있다.

축사 예정지로 삼고 있는 甲의 토지는 주거 밀집지역인 농가에서 1km 이상 벗어나 있는데 甲이 짓고자 하는 축사의 외벽은 지방도 경계선으로부터 직선거리 200m 이내에 소재하고 있어 가축사육 제한구역에 편입되게 되었다.

甲은 2021. 11. 30. 돼지를 사육하려고 乙에게 축사 건축허가를 신청하였다. 그러나 乙은 2021. 12. 15. 이 사건 조례 제3조 및 이 사건 고시 제4조 제3호에 의거하면 축사 예정지가 가축사육 제한구역에 해당하여 여기에 축사를 건축할 수 없다는 이유로 허가를 거부하는 처분(이하 '이 사건 처분'이라고 한다)을 하였다.

乙은 이 사건 처분을 함에 있어서 「행정절차법」에 따른 사전통지를 하지 않았고, 「행정심판법」상 처분의 상대방에게 알려야 하는 행정심판 청구가능성, 그 절차 및 청구기간도 알리지 않았다.

1. 甲은 이 사건 고시 제4조 제3호가 법령의 위임한계를 벗어났다고 주장한다. 이와 관련하여 이 사건 고시의 법적 성격을 논하시오. (단, 고시의 처분성 논의는 제외함)

2. 생략─PART 4 [2-0a]를 보라

3. 생략─PART 4 [3-2b]를 보라

4. 생략─PART 4 [3-3a]를 보라

참고조문

가축분뇨의 관리 및 이용에 관한 법률

제8조(가축사육의 제한 등) ① 시장·군수·구청장은 지역주민의 생활환경보전 또는 상수원의 수질보전을 위하여 다음 각 호의 어느 하나에 해당하는 지역 중 가축사육의 제한이 필요하다고 인정되는 지역에 대하여는 해당 지방자치단체의 조례로 정하는 바에 따라 일정한 구역을 지정·고시하여 가축의 사육을 제한할 수 있다. 다만, 지방자치단체 간 경계지역에서 인접 지방자치단체의 요청이 있으면 환경부령으로 정하는 바에 따라 해당 지방자치단체와 협의를 거쳐 일정한 구역을 지정·고시하여 가축의 사육을 제한할 수 있다.
1. 주거 밀집지역으로 생활환경의 보호가 필요한 지역
2. 「수도법」 제7조에 따른 상수원보호구역, 「환경정책기본법」 제38조에 따른 특별대책지역, 그 밖에 이에 준하는 수질환경보전이 필요한 지역
3. 「한강수계 상수원수질개선 및 주민지원 등에 관한 법률」 제4조 제1항, 「낙동강수계 물관리 및 주민지원 등에 관한 법률」 제4조 제1항, 「금강수계 물관리 및 주민지원 등에 관한 법률」 제4조 제1항, 「영산강·섬진강수계 물관리 및 주민지원 등에 관한 법률」 제4조 제1항에 따라 지정·고시된 수변구역
4. 「환경정책기본법」 제12조에 따른 환경기준을 초과한 지역

A군 가축사육 제한에 관한 조례

제1조(목적) 이 조례는 「가축분뇨의 관리 및 이용에 관한 법률」 제8조에 따라 일정한 지역 안에서 가축 사육을 제한함으로써 주민의 생활환경보전과 상수원의 수질보전에 기여함을 목적으로 한다.

제2조(정의) 이 조례에서 사용하는 용어의 뜻은 다음과 같다.
1. "가축"이란 「가축 분뇨의 관리 및 이용에 관한 법률」(이하 "법"이라 한다) 제2조 제1호에 따른 소·젖소·돼지·말·양(염소 등 산양을 포함)·사슴·개·닭·오리·메추리를 말한다.
2. "가축사육 제한구역"이란 가축사육의 일부 또는 전부를 제한하는 구역을 말한다.

3. "주거 밀집지역"이란 주택과 주택 사이 직선거리가 50미터 이내로 10가구 이상 모여 있는 지역을 말한다.

제 3 조(가축사육의 제한 등) ① 법 제 8 조에 따른 가축사육 제한구역은 다음 각 호와 같다.

1. 「국토의 계획 및 이용에 관한 법률」에 따른 도시지역의 주거지역, 상업지역, 공업지역, 녹지지역 안의 취락지구

2. 「수도법」에 따른 상수원 보호구역

3. 「환경정책기본법」에 따른 환경기준을 초과한 지역

4. 「수산자원관리법」에 따른 수산자원 보호구역

5. 「교육환경 보호에 관한 법률」에 따른 교육환경 보호구역

6. 주거 밀집지역 최근접 인가 부지경계에서 가축을 사육하는 부지경계까지 직선거리로 개는 1,000미터 이내, 닭·오리·메추리·돼지는 600미터 이내, 말·양$\binom{염소\ 등\ 산양}{을\ 포함한다}$·사슴은 300미터 이내, 젖소·소는 200미터 이내의 지역

② 군수는 가축사육 제한구역을 지정할 경우에 이를 고시하여야 한다.

A군 가축사육 제한구역 지정 고시

제 4 조 (가축사육 제한구역)

3. 도로$\binom{고속국도,\ 일반국}{도,\ 지방도,\ 군도}$나 철도, 농어촌도로 경계선으로부터 가축사육시설 건축물 외 벽까지 직선거리 200미터 이내 지역

 답안작성요령

1. 문제의 제기

이 사건 고시의 법적 성격은 법률과 조례에 근거하여 발령된 고시의 법적 성격의 문제가 된다. 이와 관련하여 행정규칙형식의 법규명령$\binom{고시·훈령형식의\ 법}{규명령,\ 법률보충규칙}$에 대한 검토가 필요하다.

2. 행정규칙형식의 법규명령의 의의$\binom{상세는\ 본책\ 중\ 행정규칙형}{식의\ 법규명령\ 부분을\ 보라}$

3. 소　　결$\binom{행정기관뿐만\ 아니라\ 국민에게}{도\ 구속력을\ 갖는\ 법규범이다}$

[1-12] 제54회 행정고시(2010년) 고시형식의 법규명령(행정규칙형식의 법규명령)

〈제1문〉 약사법 제23조 제6항은 "한약사가 한약을 조제할 때에는 한의사의 처방전에 따라야 한다. 다만, 보건복지부장관이 정하는 한약처방의 종류 및 조제 방법에 따라 조제하는 경우에는 한의사의 처방전 없이도 조제할 수 있다."고 규정하고 있다. 이 조항에 근거하여 보건복지부장관은 한약사가 임의로 조제할 수 있는 한약처방의 종류를 100가지로 제한하는 보건복지부고시('한약처방의 종류 및 조제방법에 관한 규정')를 제정하였다. 그런데 한약사 갑은 보건복지부고시를 위반하여 한약을 조제하였다는 사실이 적발되어 약사법에 따라 을 시장으로부터 약국업무정지 1개월에 갈음하여 2,000만원의 과징금을 납부하라는 통지서를 받았다. 이에 갑은 보건복지부고시가 위헌이며, 따라서 과징금부과처분도 위법이라고 생각한다. 갑이 주장할 수 있는 법적 논거와 그에 대한 자신의 견해를 논술하고 권리구제수단을 설명하시오.

참고조문

행정기본법 제2조(정의) 이 법에서 사용하는 용어의 뜻은 다음과 같다.
1. "법령등"이란 다음 각 목의 것을 말한다.
가. 법령: 다음의 어느 하나에 해당하는 것
1) 법률 및 대통령령·총리령·부령
2) 국회규칙·대법원규칙·헌법재판소규칙·중앙선거관리위원회규칙 및 감사원규칙
3) 1) 또는 2)의 위임을 받아 중앙행정기관(「정부조직법」 및 그 밖의 법률에 따라 설치된 중앙행정기관을 말한다. 이하 같다)의 장이 정한 훈령·예규 및 고시 등 행정규칙
제5조(다른 법률과의 관계) ① 행정에 관하여 다른 법률에 특별한 규정이 있는 경우를 제외하고는 이 법에서 정하는 바에 따른다.
② 행정에 관한 다른 법률을 제정하거나 개정하는 경우에는 이 법의 목적과 원칙, 기준 및 취지에 부합되도록 노력하여야 한다.

답안작성요령

1. 문제의 제기

2. 과징금부과처분의 위법을 주장할 수 있는 사유와 그에 대한 비판

⑴ 보건복지부 고시가 과징금부과처분의 근거인지 여부

㈎ 문제상황

– 사례에 적시된 보건복지부 고시가 법규명령이면, 과징금부과처분의 근거가 된다. 따라서 보건복지부 고시가 위헌이라면, 위법(위헌)의 보건복지부 고시에 근거한 과징금부과처분의 위법을 주장할 수 있다.

– 한편, 보건복지부 고시가 행정규칙이면, 보건복지부 고시는 과징금부과처분의 근거가 되지 아니한다. 따라서 과징금부과처분이 위법(위헌)의 보건복지부 고시에 근거하였다고 하여도 보건복지부 고시의 위법(위헌)을 근거로 과징금부과처분의 위법을 주장할 수 없다.

㈏ 보건복지부 고시의 법적 성질

– 행정기본법 제2조 제1호 가목 3)의 훈령·예규 및 고시 등 행정규칙의 의의

– 행정기본법 제2조 제1호 가목 3)의 훈령·예규 및 고시 등 행정규칙의 법적 성질(법규명령)

– 사례에 적시된 보건복지부 고시가 훈령·예규 및 고시 등 행정규칙에 해당하는지 여부

㈐ 소 결(법규명령)

(2) 위임입법의 법리를 준수하였는지 여부

㈎ 문제상황

– 보건복지부 고시가 법규명령이므로 과징금부과처분의 근거가 되는바, 보건복지부 고시가 위임입법의 한계를 준수하였는지 여부를 검토할 필요가 있다.

– 위임입법의 한계는 기본적으로 포괄적 위임의 금지법리와 관련한다.

㈏ 소　　결

3. 권리구제수단(보건복지부고시가 위법함을 전제로 한다)

(1) 위법여부, 위법의 효과

(2) 과징금부과처분에 대한 행정기본법상 이의신청과 재심사, 행정심판법상 행정심판

(3) 과징금부과처분에 대한 항고소송과 집행정지

(4) 보건복지부고시에 대한 헌법소원

(5) 부당이득반환청구

[1-13] 제4회 변호사시험(2015년)   행정규칙형식의 법규명령(고시형식의 법규명령)

〈제2문의 1〉   甲은 'X가든'이라는 상호로 일반음식점을 운영하는 자로서, 식품의약품안전처 고시인 「식품 등의 표시기준」에 따른 표시사항의 전부가 기재되지 아니한 'Y참기름'을 업소 내에서 보관·사용한 사실이 적발되었다. 관할 구청장 乙은 「식품위생법」 및 「동법 시행규칙」에 근거하여 甲에게 영업정지 1개월과 해당제품의 폐기를 명하였다.

甲은 표시사항의 전부가 기재되지 않은 제품을 보관·사용한 것은 사실이나, 표시사항이 전부 기재되지 아니한 것은 납품업체의 기계작동 상의 오류에 의한 것으로서 자신은 그 사실을 알지 못하였고, 이전에 납품받은 제품에는 위 고시에 따른 표시사항이 전부 기재되어 있었던 점, 인근 일반음식점에 대한 동일한 적발사례에서는 15일 영업정지처분과 폐기명령이 내려진 점 등을 고려할 때, 위 처분은 지나치게 과중하다고 주장하면서, 관할 구청장 乙을 상대로 영업정지 1개월과 해당제품 폐기명령의 취소를 구하는 소송을 제기하였다.

(1) 위 식품의약품안전처 고시인 「식품 등의 표시기준」의 법적 성질은?

참고조문

식품위생법

제10조(표시기준) ① 식품의약품안전처장은 국민보건을 위하여 필요하면 다음 각 호의 어느 하나에 해당하는 표시에 관한 기준을 정하여 고시할 수 있다.

1. 판매를 목적으로 하는 식품 또는 식품첨가물의 표시

② 제1항에 따라 표시에 관한 기준이 정하여진 식품등은 그 기준에 맞는 표시가 없으면 판매하거나 판매할 목적으로 수입·진열·운반하거나 영업에 사용하여서는 아니 된다.

제72조(폐기처분 등) ① 식품의약품안전처장, 시·도지사 또는 시장·군수·구청장은 영업을 하는 자가 제4조부터 제6조까지, 제7조 제4항, 제8조, 제9조 제4항, 제10조 제2항, 제12조의2 제2항 또는 제13조를 위반한 경우에는 관계 공무원에게 그 식품등을 압류 또는 폐기하게 하거나 용도·처리방법 등을 정하여 영업자에게 위해를 없애는 조치를 하도록 명하여야 한다.

제75조(허가취소 등) ① 식품의약품안전처장 또는 특별자치도지사·시장·군수·구청장은 영업자가 다음 각 호의 어느 하나에 해당하는 경우에는 대통령령으로 정하는 바에 따라 영업허가 또는 등록을 취소하거나 6개월 이내의 기간을 정하여 그 영업의 전부 또는 일부를 정지하거나 영업소 폐쇄(제37조 제4항에 따라 신고한 영업만 해당한다. 이하 이 조에서 같다)를 명할 수 있다.

1. 제4조부터 제6조까지, 제7조 제4항, 제8조, 제9조 제4항, 제10조 제2항, 제11조 제2항 또는 제12조의2 제2항을 위반한 경우

④ 제1항 및 제2항에 따른 행정처분의 세부기준은 그 위반 행위의 유형과 위반 정도 등을 고려하여 총리령으로 정한다.

식품위생법 시행규칙

제89조(행정처분의 기준) 법 제71조, 법 제72조, 법 제74조부터 법 제76조까지 및 법 제80조에 따른 행정처분의 기준은 별표 23과 같다.

[별표 23] 행정처분 기준(제89조 관련)

Ⅱ. 개별기준

3. 식품접객업

위반사항	근거법령	행정처분기준		
		1차 위반	2차 위반	3차 위반
법 제10조 제2항을 위반하여 식품·첨가물의 표시사항 전부를 표시하지 아니한 것을 사용한 경우	법 제75조	영업정지 1개월과 해당 제품의 폐기	영업정지 2개월과 해당 제품의 폐기	영업정지 3개월과 해당 제품의 폐기

식품 등의 표시기준(식품의약품안전처 고시)

제 1 조(목적) 이 고시는 식품위생법 제10조의 규정에 따라 식품, 식품첨가물, 기구 또는 용기·포장(이하 "식품등"이라 한다)의 표시기준에 관한 사항 및 같은 법 제11조 제 1 항의 규정에 따른 영양성분 표시대상 식품에 대한 영양표시에 관한 필요한 사항을 규정함으로써 식품등의 위생적인 취급을 도모하고 소비자에게 정확한 정보를 제공하며 공정한 거래의 확보를 목적으로 한다.

제 3 조(표시대상) 표시대상 식품등은 다음과 같다.

  1. 식품 또는 식품첨가물

제 4 조(표시사항) 식품등의 표시사항은 다음과 같다.

  1. 제품명(기구 또는 용기·포장은 제외한다)

  2. 식품의 유형(따로 정하는 제품에 한한다)

  3.~8. (생략)

  9. 성분명 및 함량(성분표시를 하고자 하는 식품 및 성분명을 제품명 또는 제품명의 일부로 사용하는 경우에 한한다)

  10. 영양성분(따로 정하는 제품에 한한다)

  11. 기타 식품등의 세부표시기준에서 정하는 사항

📋 답안작성요령

1. 문제의 제기

식품의약품안전처가 식품위생법 제10조의 위임에 따라 제정한 「식품등의 표시기준(식품의약품안전처 고시)」의 성질이 법규명령인지 행정규칙인지에 대한 검토가 필요하다.

2. 사안의 검토

(1) 행정기본법 제 2 조 제 1 호 가목 3)의 훈령·예규 및 고시 등 행정규칙의 의의

(2) 행정기본법 제 2 조 제 1 호 가목 3)의 훈령·예규 및 고시 등 행정규칙의 법적 성질(법규명령)

(3) 식품 등의 표시기준(식품의약품안전처 고시)이 행정기본법이 규정하는 훈령·예규 및 고시 등 행정규칙에 해당하는지 여부(해당)

3. 결 론

[참고판례] 구 축산물 위생관리법(2016. 2. 3. 법률 제14025호로 개정되기 전의 것) 제31조 제 2 항 제 6 호, 구 축산물 위생관리법 시행규칙(2015. 12. 31. 총리령 제1233호로 개정되기 전의 것) 제51조 제 1 항, [별표 12] 제 4 호 (바)목은 축산물가공업 및 식육포장처리업 영업자의 준수사항으로 냉장제품을 냉동제품으로 전환하려는 경우에는 사전에 영업허가를 한 시·도지사 또는 시장·군수·구청장에게 전환 품목명, 중량, 보관방법, 유통기한, 냉동으로 전환하는 시설의 소재지 및 냉동전환을 실시하는 날짜를 보고하고 축산물 위생관리법 제 6 조 제 1 항에 따른 축산물의 표시기준을 준수하도록 규정하고 있고, 이를 위반하면 축산물 위생관리법 제45조 제 4 항 제11호에 해당하여 형사처벌의 대상이 된다(대판 2017. 9. 21, 2015다256374, 256381).

[1-14] 제 3 회 변호사시험(2014년) 법규명령형식의 행정규칙(부령형식의 법규명령)

〈제 1 문〉 갑은 2013. 3. 15. 전 영업주인 을로부터 등록대상 석유판매업인 주유소의 사업 일체를 양수받고 잔금지급액에 다소 이견이 있는 상태에서, 2013. 3. 28. 석유 및 석유대체연료 사업법(이하 '법'이라 함) 제10조 제 3 항에 따라 관할 행정청인 A시장에게 성명, 주소, 및 대표자 등의 변경등록을 한 후 2013. 4. 5. 부터 '유정주유소'라는 상호로 석유판매업을 영위하고 있다.

그런데 A시장이 2013. 5. 7. 관할구역 내 주유소의 휘발유 시료를 채취하여 한국석유관리원에 위탁하여 검사한 결과 '유정주유소'와 인근 '상원주유소'에서 취급하는 휘발유에 경유가 1% 정도 혼합된 것으로 밝혀졌다.

한편, A시장은 취임과 동시에 "A시 관할구역 내에서 유사석유를 판매하다가 단속되는 주유소는 예외없이 등록을 취소하여 주민들이 믿고 주유소를 이용하도록 만들겠다."라고 공개적으로 밝힌 바 있다. 이에 A시장은 2013. 6. 7. 갑에 대하여 청문 절차를 거치지 아니한 채 법 제13조 제 3 항 제12호에 따라 석유판매업등록을 취소하는 처분(이하 '당초처분'이라 함)을 하였고, 갑은 그 다음 날 처분이 있음을 알게 되었다.

갑은 당초처분에 불복하여 2013. 8. 23. 행정심판을 청구하였으며, 행정심판위원회는 2013. 10. 4. 당초처분이 재량권의 범위를 일탈하거나 남용한 것이라는 이유로 당초처분을 사업정지 3개월로 변경하라는 내용의 변경명령재결을 하였고, 그 재결서는 그날 갑에게 송달되었다. 그렇게 되자, A시장은 청문 절차를 실시한 후 2013. 10. 25. 당초처분을 사업정지 3개월로 변경한다는 내용의 처분(이하 '변경처분'이라 함)을 하였고, 그 처분서는 다음날 갑에게 직접 송달되었다. … 한편, 법 제13조 제 4 항은 "위반행위별 처분기준은 산업통상자원부령으로 정한다."라고 되어 있고, 법 시행규칙 [별표 1] 행정처분의 기준 중 개별기준 2. 다목은 "제29조 제 1 항 제 1 호를 위반하여 가짜석유제품을 제조·수입·저장·운송·보관 또는 판매한 경우"에 해당하면 '1회 위반 시 사업정지 1개월, 2회 위반 시 사업정지 3개월, 3회 위반 시 등록취소 또는 영업장 폐쇄'로 규정되어 있다고 가정한다.

1) 위 산업통상자원부령 [별표1] 행정처분의 기준에 대한 법원의 사법적 통제 방법은?

참고조문

석유 및 석유대체연료 사업법
제 7 조(석유정제업자의 지위 승계) ① 다음 각 호의 어느 하나에 해당하는 자는 석유정제업자의 지위를 승계한다.
  1. 석유정제업자가 그 사업의 전부를 양도한 경우 그 양수인
  2. 석유정제업자가 사망한 경우 그 상속인
  3. 법인인 석유정제업자가 합병한 경우 합병 후 존속하는 법인이나 합병으로 설립되는 법인
제10조(석유판매업의 등록 등) ① 석유판매업을 하려는 자는 산업통상자원부령으로 정하는 바에 따라 특별시장·광역시장·도지사·특별자치도지사(이하 "시·도지사"라 한다) 또는 시장·군수·구청장(자치구의 구청장을 말한다. 이하 "시장·군수·구청장"이라 한다)에게 등록하여야 한다. 다만, 부산물인 석유제품을 생산하여 석유판매업을 하려는 자는 산업통상자원부장관에게 등록하여야 한다.
  ③ 제 1 항 및 제 2 항에 따른 등록 또는 신고를 한 자가 등록 또는 신고한 사항 중 시설 소재지 등 대통령령으로 정하는 사항을 변경하려는 경우에는 산업통상자원부령으로 정하는 바에 따라 등록 또는 신고를 한 산업통상자원부장관이나 시·도지사 또는 시장·군수·구청장에게 변경등록 또는 변경신고를 하여야 한다.
  ④ 제 1 항 및 제 2 항에 따라 시·도지사 또는 시장·군수·구청장에게 등록하거나 신고하여야 하는 석유판매업의 종류와 그 취급 석유제품 및 제 1 항에 따른 석유판매업의 시설기준 등 등록 요건은 대통령령으로 정한다.
  ⑤ 석유판매업자의 결격사유, 지위 승계 및 처분효과의 승계에 관하여는 제 6 조부터 제 8 조까지의 규정을 준용한다.

이 경우 제6조 각 호 외의 부분 중 "석유정제업"은 "석유판매업"으로 보고, 같은 조 제6호 중 "제13조 제1항"은 "제13조 제3항"으로, "석유정제업"은 "석유판매업"으로 보며, 제7조 중 "석유정제업자"는 "석유판매업자"로, "석유정제시설"은 "석유판매시설"로 보고, 제8조 중 "석유정제업자"는 "석유판매업자"로, "제13조 제1항"은 "제13조 제3항"으로 본다.

제13조(등록의 취소 등) ③ 산업통상자원부장관, 시·도지사 또는 시장·군수·구청장은 석유판매업자가 다음 각 호의 어느 하나에 해당하면 그 석유판매업의 등록을 취소하거나 그 석유판매업자에게 영업장 폐쇄 도는 6개월 이내의 기간을 정하여 그 사업의 전부 또는 일부의 정지를 명할 수 있다. 다만, 제1호, 제4호부터 제6호까지 및 제9호의 어느 하나에 해당하는 경우에는 그 등록을 취소하거나 영업장 폐쇄를 명하여야 한다.

12. 제29조 제1항 제1호를 위반하여 가짜석유제품을 제조·수입·저장·운송·보관 또는 판매한 경우

④ 제1항부터 제3항까지의 규정에 따른 위반행위별 처분기준은 산업통상자원부령으로 정한다.

제29조(가짜석유제품 제조 등의 금지) ① 누구든지 다음 각 호의 가짜석유제품 제조 등의 행위를 하여서는 아니 된다.

1. 가짜석유제품을 제조·수입·저장·운송·보관 또는 판매하는 행위

제40조(청문) 산업통상자원부장관, 시·도지사 또는 시장·군수·구청장은 다음 각호의 어느 하나에 해당하는 처분을 하려는 경우에는 청문을 하여야 한다.

1. 제13조 제1항부터 제3항까지, 같은 조 제5항 또는 제34조에 따른 등록 취소 또는 영업장 폐쇄

석유 및 석유대체연료 사업법 시행령

제13조(등록 또는 신고 대상 석유판매업의 종류) 법 제10조 제1항·제2항 및 제4항에 따라 등록하거나 신고하여야 할 석유판매업의 종류와 그 취급 석유제품은 [별표 1]과 같다.

[별표 1] 석유판매업 및 석유대체연료판매업의 종류 등

등록대상	주유소	휘발유·등유·경유

제14조(석유판매업의 변경등록 및 변경신고 대상) 법 제10조 제3항에서 "시설 소재지 등 대통령령으로 정하는 사항"이란 다음 각 호의 사항을 말한다.

1. 성명 또는 상호
2. 대표자(법인인 경우만 해당한다)
3. 주된 영업소의 소재지
4. 등록하거나 신고한 시설의 소재지 또는 규모

※ 일부 조항은 현행법과 불일치할 수 있으며 현재 시행 중임을 전제로 할 것

🔋 답안작성요령

1. 문제의 제기

(1) 산업통상자원부령 [별표1] 행정처분기준에 대한 법원의 사법적 통제방법은 그 기준이 행정규칙인지 법규명령인지에 따라 다르다.

(2) 법원의 사법적 통제방법으로는 구체적 규범통제와 추상적 사법통제를 생각할 수 있다.

2. 산업통상자원부령 [별표1] 행정처분기준의 법적 성질

(1) 훈령·예규 및 고시 등 행정규칙$\binom{행정기본법 제2조}{제1호 가목 3)}$의 의의

(2) 훈령·예규 및 고시 등 행정규칙$\binom{행정기본법 제2조}{제1호 가목 3)}$의 법적 성질$\binom{법규}{명령}$

(3) 식품 등의 표시기준$\binom{식품의약품}{안전처 고시}$이 훈령·예규 및 고시 등 행정규칙$\binom{행정기본법 제2조}{제1호 가목 3)}$에 해당하는지 여부$\binom{해}{당}$

(4) 결 론

3. 산업통상자원부령 [별표1] 행정처분기준에 대한 법원의 사법적 통제

(1) 구체적 규범통제$\binom{행정처분기준에 근거한 사업}{정지처분 등을 다투는 경우}$

(2) 추상적 규범통제

[1-15] 제34회 입법고시(2018년) 예비결정(사전결정)의 법적 성질과 효력

〈제1문〉 A시 토지소유자인 甲은 자신의 대지 위에 숙박시설을 건축하고자 계획을 하였다. 우선 甲은 2018년 1월 「건축법」 제10조 제1항에 근거하여 해당 대지에 숙박시설을 건축하는 것이 법령에 의하여 허용되는지 여부를 결정해달라고 A시 乙시장에게 신청하였다. 乙시장은 이에 대한 회신으로 현행 법령상 건축이 허용된다고 통보하였다. 이에 따라 甲은 건축사에게 의뢰하여 건축물의 설계도를 작성하고 건물외벽 마감재를 외국에서 수입하는 계약을 체결한 후, 2018년 6월 당해 숙박시설의 건축허가를 신청하였다. 이에 대하여 선거에서 새로 당선된 A시 丙시장은 건축위원회의 심의 결과 위 건축물이 주변 교육환경에 적합하지 않다는 이유로 불가를 결정하고 이를 甲에게 통보하였다.

1. 乙시장의 위 대지에 대한 건축적합성 통보의 법적 성질과 효력에 대하여 설명하시오.

참고조문

건축법

제10조(건축 관련 입지와 규모의 사전결정) ① 제11조에 따른 건축허가 대상 건축물을 건축하려는 자는 건축허가를 신청하기 전에 허가권자에게 그 건축물의 건축에 관한 다음 각 호의 사항에 대한 사전결정을 신청할 수 있다.

1. 해당 대지에 건축하는 것이 이 법이나 관계 법령에서 허용되는지 여부
2. 이 법 또는 관계 법령에 따른 건축기준 및 건축제한, 그 완화에 관한 사항 등을 고려하여 해당 대지에 건축 가능한 건축물의 규모
3. 건축허가를 받기 위하여 신청자가 고려하여야 할 사항

답안작성요령

1. 문제의 제기

건축법 제10조 제1항에 따른 건축적합성 통보는 강학상 예비결정(사전결정)에 해당하는바, 건축허가와 관련한 예비결정(사전결정)의 법리를 검토한다.

2. 예비결정(사전결정)의 법리

(1) 예비결정(사전결정)의 의의

(2) 예비결정(사전결정)의 성질

(3) 예비결정(사전결정)의 효과

3. 예비결정(사전결정)으로서 건축적합성 통보

(1) 건축적합성 통보는 예비결정(사전결정)의 전형적인 예에 해당한다.

(2) 건축적합성 통보는 건축법 제10조 제1항에서 명시적으로 인정되고 있다.

(3) 건축적합성 통보는 乙시장이 재량행위인 숙박시설의 설치허가의 「요건과 효과」 모두 검토한 후에 이루어진 것으로 볼 것이다.

(4) 건축적합성 통보는 완결된 행위이다. 따라서 건축적합성 통보 후 새로운 시장이 선출되었다고 하여도 새로 선출된 시장은 종전의 건축적합성 통보의 내용과 상충되는 결정을 할 수는 없다.

(5) 종전의 건축적합성 통보 자체에 직권취소나 철회의 사유가 있어서 종전의 건축적합성 통보를 취소 또는 철회할 수 있는가의 여부는 별개의 문제이다.

[1-15a] 제10회 변호사시험(2021년) 건강진단 및 예방접종명령의 성질

〈제2문〉 甲은 A시 보건소에서 의사 乙로부터 폐렴구균 예방접종을 받았는데, 예방접종을 받은 당일 저녁부터 발열증상과 함께 안면부의 마비증상을 느껴 병원에서 입원 치료를 받았다. 이에 甲은 「감염병의 예방 및 관리에 관한 법률」(이하 '감염병예방법')제71조에 따라 진료비와 간병비에 대한 예방접종 피해보상을 청구하였는데, 질병관리청장 B는 2020. 9. 15. 이 사건 예방접종과 甲의 증상 사이에 인과관계가 불분명하다는 이유로 예방접종 피해보상 거부처분(이하 '제1처분')을 하였다. 그러나 甲은 이 사건 예방접종을 받기 이전에는 안면마비 증상이 없었는데 예방접종 당일 바로 발열과 함께 안면마비 증상이 나타났으며 위 증상은 乙의 과실에 따른 이 사건 예방접종에 의하여 발생한 것이라고 주장하면서 피해보상을 재신청하였고, B는 2020. 11. 10. 재신청에 대하여서도 거부처분을 하였다(이하 '제2처분'). 그리고 위 각 처분은 처분 다음날 甲에게 적법하게 송달되었다.

한편 A시 보건소는 丙회사로부터 폐렴예방접종에 사용되는 의약품을 조달받아 왔다. 그런데 A시장은 丙회사가 위 의약품을 관리·조달하면서 조달계약을 부실하게 이행하였음을 이유로 丙회사에 의약품조달계약 해지를 통보하였다.

4. B는 A시에 제1급감염병이 급속하게 확산되자 이를 저지하기 위한 조치의 일환으로 감염병예방법 제46조 제2호에 근거하여 감염병 발생지역에 출입하는 사람으로서 감염병에 감염되었을 것으로 의심되는 사람이라는 이유로 丁에게 감염병 예방에 필요한 건강진단과 예방접종을 받도록 명하였다. 그러나 丁은 예방접종으로 인한 부작용을 우려하여 건강진단과 예방접종을 받기를 거부하고 있다. 이에 대하여 B는 일부 부작용이 있을 수도 있으나, 관계 법률이 정하는 절차에 따라 효과가 검증된 예방접종을 행하는 것은 감염병 확산을 막기 위하여 반드시 필요하며, 건강진단을 거부할 경우 감염병예방법에 의하여 형사처벌을 받을 수 있다고 하면서 그 불가피성을 주장한다.

丁은 B의 건강진단 및 예방접종명령에 대해서 취소소송을 제기하고 소송 중에 건강진단 및 예방접종명령의 근거가 되는 감염병예방법 제46조와 처벌규정인 제81조 각 해당 조항에 대하여 위헌법률심판제청을 신청하고자 한다.

(1) B가 丁에게 행한 건강진단 및 예방접종명령의 법적 성질을 검토하시오.

참고조문

감염병의 예방 및 관리에 관한 법률(약칭: 감염병예방법)
제46조(건강진단 및 예방접종 등의 조치) 질병관리청장, 시·도지사 또는 시장·군수·구청장은 보건복지부령으로 정하는 바에 따라 다음 각 호의 어느 하나에 해당하는 사람에게 건강진단을 받거나 감염병 예방에 필요한 예방접종을 받게 하는 등의 조치를 할 수 있다.
　2. 감염병 발생지역에 거주하는 사람 또는 그 지역에 출입하는 사람으로서 감염병에 감염되었을 것으로 의심되는 사람
제81조(벌칙) 다음 각 호의 어느 하나에 해당하는 자는 200만원 이하의 벌금에 처한다.
　10. 제46조 또는 제49조 제1항 제3호에 따른 건강진단을 거부하거나 기피한 자

🎯 **답안작성요령**

1. 행정행위로서 건강진단 및 예방접종명령
(1) 행정청인 질병관리청장 B가 명한 행위이다.
(2) 丁에게 특정한 행위인 건강진단과 예방접종을 받을 것을 명하는 행위, 즉 구체적 사실에 관한 행위이다.

⑶ 공법인 감염병의 예방 및 관리에 관한 법률을 집행하는 행위이다.

⑷ 권력적 행위이다. 불이행시 벌칙이 따른다.

2. 수인하명으로서 건강진단 및 예방접종명령

⑴ 수인하명이다.

⑵ 丁에게 수인의무, 즉 건강진단 및 예방접종명령에 응할 의무가 발생한다.

3. 침익적 행위로서 건강진단 및 예방접종명령

⑴ 신체에 침해가 따르는 침익적 행위이다.

⑵ 법률의 유보의 원칙이 적용된다$\binom{\text{행정기본법 제 8 조,}}{\text{감염병예방법 제46조}}$.

4. 보건경찰목적의 행위로서 건강진단 및 예방접종명령

⑴ 국민 개개인의 생명·신체·건강에 대한 위험을 방지하기 위한 작용이다$\binom{\text{사익}}{\text{목적}}$.

⑵ 전체로서 모든 국민의 생명·신체·건강에 대한 위험을 방지하기 위한 작용이다$\binom{\text{공익}}{\text{목적}}$

[1-16] 제34회 입법고시(2018년) 숙박시설허가의 성질

〈제1문〉 A시 토지소유자인 甲은 자신의 대지 위에 숙박시설을 건축하고자 계획을 하였다. 우선 甲은 2018년 1월 「건축법」 제10조 제1항에 근거하여 해당 대지에 숙박시설을 건축하는 것이 법령에 의하여 허용되는지 여부를 결정해달라고 A시 乙시장에게 신청하였다. 乙시장은 이에 대한 회신으로 현행 법령상 건축이 허용된다고 통보하였다. 이에 따라 甲은 건축사에게 의뢰하여 건축물의 설계도를 작성하고 건물외벽 마감재를 외국에서 수입하는 계약을 체결한 후, 2018년 6월 당해 숙박시설의 건축허가를 신청하였다. 이에 대하여 선거에서 새로 당선된 A시 丙시장은 건축위원회의 심의 결과 위 건축물이 주변 교육환경에 적합하지 않다는 이유로 불가를 결정하고 이를 甲에게 통보하였다.

2. 위 숙박시설 건축허가의 법적 성질에 관하여 행정청의 재량권의 유무와 범위라는 관점에서 논하시오.

참고조문

건축법

제11조(건축허가) ① 건축물을 건축하거나 대수선하려는 자는 특별자치시장·특별자치도지사 또는 시장·군수·구청장의 허가를 받아야 한다. 다만, 21층 이상의 건축물 등 대통령령으로 정하는 용도 및 규모의 건축물을 특별시나 광역시에 건축하려면 특별시장이나 광역시장의 허가를 받아야 한다.

④ 허가권자는 제1항에 따른 건축허가를 하고자 하는 때에 「건축기본법」 제25조에 따른 한국건축규정의 준수 여부를 확인하여야 한다. 다만, 다음 각 호의 어느 하나에 해당하는 경우에는 이 법이나 다른 법률에도 불구하고 건축위원회의 심의를 거쳐 건축허가를 하지 아니할 수 있다.

1. 위락시설이나 숙박시설에 해당하는 건축물의 건축을 허가하는 경우 해당 대지에 건축하려는 건축물의 용도·규모 또는 형태가 주거환경이나 교육환경 등 주변 환경을 고려할 때 부적합하다고 인정되는 경우

2. 「국토의 계획 및 이용에 관한 법률」 제37조 제1항 제4호에 따른 방재지구(이하 "방재지구"라 한다) 및 「자연재해대책법」 제12조 제1항에 따른 자연재해위험개선지구 등 상습적으로 침수되거나 침수가 우려되는 지역에 건축하려는 건축물에 대하여 지하층 등 일부 공간을 주거용으로 사용하거나 거실을 설치하는 것이 부적합하다고 인정되는 경우

답안작성요령

1. 문제의 제기

(1) 건축법 제11조는 일반건축물의 허가를 규정하는 건축법 제11조 제1항과 달리 위락시설·숙박시설의 허가를 규정하는 건축법 제11조 제4항은 「건축허가를 하지 아니할 수 있다」라고 규정하고 있다. 이러한 규정 방식의 차이를 전제로 하면서 「위락시설·숙박시설의 허가」가 재량행위임을 밝힌 후, 재량권의 유무와 범위를 살피기로 한다.

(2) 일반건축물의 건축허가의 성질

(가) 규정형식

일반건축물의 건축허가를 규정하는 건축법 제11조 제1항은 일반건축물의 건축허가가 기속행위인지 재량행위인지 밝히고 있지 않다.

(나) 학   설

기속행위로 본다(기속행위와 재량행위의 구별기준에 관한 본문 참조).

(다) 판   례

기속행위로 본다(대판 2018. 6. 28, 2015두47737).

2. 위락시설·숙박시설의 건축허가의 성질

(1) 규정형식

위락시설·숙박시설의 허가를 규정하는 건축법 제11조 제4항은 「건축허가를 하지 아니할 수 있다」고 규정하고 있다.

(2) 학　설

「건축허가를 하지 아니할 수 있다」고 하는 것이 허가권자에게 선택권을 부여한 것으로 보아 재량행위로 본다.

(3) 판　례

재량행위로 본다(대판 2004. 3. 25, 2003두12837).

(4) 소　결

위락시설·숙박시설의 허가는 재량행위이므로 허가청은 재량권을 갖는다.

3. 위락시설·숙박시설의 건축허가에서 허가청의 재량권의 범위

(1) 재량권의 범위

건축법 제11조 제4항의 규정형식상 허가청은 위락시설이나 숙박시설에 해당하는 건축물의 건축을 허가하는 경우, "다만 해당 대지에 건축하려는 건축물의 용도·규모 또는 형태가 주거환경이나 교육환경 등 주변환경을 고려할 때 부적합하다고 인정되는 경우"에만 건축허가를 거부할 수 있는 재량권을 갖는다. 주변 환경과 무관한 사유로 건축허가를 거부할 수 있는 재량권을 갖는 것은 아니다.

(2) 영으로의 재량수축

한편, 건축법 제11조 제4항이 "… 주변 환경을 고려할 때 부적합하다고 인정되는 경우에 건축허가를 거부할 수 있다"고 규정하고 있지만, 위락시설·숙박시설의 허가가 인근주민의 삶에 중대한 침해를 가져오는 것이 명백하여 허가를 거부하지 아니할 자유가 없는 경우도 있을 수 있다. 이러한 경우에는 기속행위의 경우와 다를 바 없게 된다(영으로의 재량 수축 부분 참조).

(3) 재량하자

건축허가청이 위락시설이나 숙박시설에 해당하는 건축물의 건축허가에 재량권을 갖는다고 하여도, 그 재량권의 행사는 하자 없는 것이어야 한다(재량하자 부분을 간략히 옮긴다).

[참고] 일반건축물 건축허가에 관한 판례 견해 검토
- 판례는 일반건축물의 건축허가(건축법 제11조 제1항 관련)의 성질과 관련하여 "건축행정청은 건축허가신청이 건축법 등 관계 법령에서 정하는 어떠한 제한에 해당되지 않는 이상 같은 법령에서 정하는 건축허가를 하여야 하고, 중대한 공익상의 필요가 없음에도 요건을 갖춘 자에 대한 허가를 관계 법령에서 정하는 제한사유 이외의 사유를 들어 거부할 수는 없다"는 견해를 취하고 있다(대판 2018. 6. 28, 2015두47737; 대판 2006. 11. 9, 2006두1227).
- 학자들은 이러한 판시사항에 비추어 「판례는 일반건축물의 건축허가를 기속행위로 본다」고 정리하고 있다. 저자도 마찬가지이다.
- 그러나 엄밀히 보면, 판례가 일반건축물의 건축허가를 언제나 기속행위로 본다고 말하기 어렵다. 왜냐하면 위의 판시사항에서 보는 바와 같이 법령에서 정함이 없다고 하여도 중대한 공익상의 필요가 있다면 예외적으로 허가를 거부할 수 있다는 것이 판례의 견해이기 때문이다. 따라서 「일반건축물의 건축허가는 일반적으로 기속행위이지만, 예외적으로 재량행위일 수 있다」는 것이 판례의 견해라 하는 것이 보다 적확한 표현일 것이다.

[1-17] 제56회 5급공채(2012년) 허가의 법적 근거

〈제3문〉 갑은 위치정보의 보호 및 이용 등에 관한 법률에 의한 위치정보사업을 하기 위하여 위치정보
사업 허가신청서에 관련 서류를 첨부하여 방송통신위원회에 허가신청을 하였다. 방송통신위원회는 갑의
위치정보사업 관련 계획의 타당성 및 설비규모의 적정성 등을 종합 심사한 후에 허가기준에 미달되었음
을 이유로 이를 거부하였다.
(1) 방송통신위원회가 설정·공표한 위 사업의 허가기준에 적합함에도 불구하고 갑의 허가신청이 거부되
었다면 이에 대하여 갑은 어떠한 주장을 할 수 있겠는가?

참고조문

「위치정보의 보호 및 이용 등에 관한 법률」
제5조(개인위치정보를 대상으로 하는 위치정보사업의 허가 등) ① 개인위치정보를 대상으로 하는 위치정보사업을 하
려는 자는 상호, 주된 사무소의 소재지, 위치정보사업의 종류 및 내용, 위치정보시스템을 포함한 사업용 주요 설비 등
에 대하여 대통령령으로 정하는 바에 따라 방송통신위원회의 허가를 받아야 한다.
③ 방송통신위원회가 제1항의 규정에 의한 허가를 할 때에는 다음 각호의 사항을 종합적으로 심사하여야 한다.
1. 위치정보사업계획의 타당성
2. 개인위치정보 보호 관련 기술적·관리적 조치계획
3. 위치정보사업 관련 설비규모의 적정성
4. 재정 및 기술적 능력
5. 그 밖에 사업수행에 필요한 사항

답안작성요령

1. 문제의 제기
갑이 위법을 주장할 수 있는 내용은 위치정보사업 허가의 근거규정인 위치정보의 보호 및 이용 등에 관한
법률(이하 '위치정보법'으로 부르기로 한다) 제5조가 정하는 허가의 요건부분과 효과부분의 분석을 통해 정해질 수 있다.

2. 위치정보사업 허가의 요건부분과 위법 주장 가부
(1) 의 의
위치정보사업 허가를 받기 위해서는 위치정보법 제5조 제1항이 정하는 설비 등을 구비하여야 하고(설비·요건),
아울러 위치정보법 제5조 제3항이 정하는 심사요건(심사기준, 허가의 실질적 요건)을 구비하여야 한다.
(2) 성 질(재량개념과 불확정개념)
위치정보법 제5조 제3항이 정하는 심사요건이 불확정개념인지 아니면 재량개념인지 학설상 다툼이 있다(양자의 구별에 관한 부분을 보라).
(3) 설문에 적용(설문에서 갑의 허가신청이 허가기준에 적합하다고 하였으니, 허가기준과 관련하여 위법을 주장하기는 어렵다)

3. 위치정보사업 허가의 효과부분과 위법 주장 가부
(1) 기속행위와 재량행위의 구분(의의, 위치정보사업의 허가의 성질을 기술한다)
(2) 기속행위로 보는 경우(허가신청내용이 허가기준에 적합하다면, 허가신청 거부는 법규위반으로서 위법하다)
(3) 재량행위로 보는 경우(허가신청내용이 허가기준에 적합하다고 하여도, 재량권 남용이 위법의 사유일 수 있다. 재량권남용의 사유로 비례위반을 주장할 수 있다)

4. 문제의 해결

[1-18] 제54회 사법시험(2012년) 허가거부(신고수리거부)의 법적 근거

〈제2문의 1〉 A는 갑시에 소재하는 「국토의 계획 및 이용에 관한 법률」에 따른 관리지역 내 110m² 토지(이하 '이 사건 토지'라 한다) 위에 연면적 29.15m²인 2층 건축물을 건축하기 위한 신고를 관할 X행정청에 하였다. 그런데 이 건물을 신축하면 이 사건 토지에 위치하고 있는 관정(管井)이 폐쇄됨으로써 인근주민의 유일한 식수원 사용관계에 중대한 위해가 있게 된다. 따라서 관할 X행정청은 A가 신청한 건축물이 건축될 경우 보건상 위해의 염려가 있음을 이유로 당해 건축신고의 수리를 거부하였다.

(2) X행정청이 건축법상 명문의 규정이 없음에도 불구하고 인근주민의 식수사용관계 등 보건상 위해를 이유로 한 건축신고 수리거부는 적법한가?

참고조문

건축법

제11조(건축허가) ① 건축물을 건축하거나 대수선하려는 자는 특별자치도지사 또는 시장·군수·구청장의 허가를 받아야 한다. 다만, 21층 이상의 건축물 등 대통령령으로 정하는 용도 및 규모의 건축물을 특별시나 광역시에 건축하려면 특별시장이나 광역시장의 허가를 받아야 한다.

⑤ 제1항에 따른 건축허가를 받으면 다음 각 호의 허가 등을 받거나 신고를 한 것으로 보며, 공장건축물의 경우에는 「산업집적활성화 및 공장설립에 관한 법률」 제13조의2와 제14조에 따라 관련 법률의 인·허가등이나 허가등을 받은 것으로 본다.

3. 「국토의 계획 및 이용에 관한 법률」 제56조에 따른 개발행위허가

제14조(건축신고) ① 제11조에 해당하는 허가 대상 건축물이라 하더라도 다음 각 호의 어느 하나에 해당하는 경우에는 미리 특별자치도지사 또는 시장·군수·구청장에게 국토교통부령으로 정하는 바에 따라 신고를 하면 건축허가를 받은 것으로 본다.

2. 「국토의 계획 및 이용에 관한 법률」에 따른 관리지역, 농림지역 또는 자연환경보전지역에서 연면적이 200제곱미터 미만이고 3층 미만인 건축물의 건축. 다만, 「국토의 계획 및 이용에 관한 법률」 제51조 제3항에 따른 지구단위계획구역에서의 건축은 제외한다.

② 제1항에 따른 건축신고에 관하여는 제11조 제5항을 준용한다.

답안작성요령

1. 문제의 제기

건축신고수리거부의 적법여부 판단을 위해 근거법인 건축법상 거부사유가 있는지 여부, 관련법률인 국토의 계획 및 이용에 관한 법률("토용법")상 거부사유가 있는지 여부를 나누어 살펴볼 필요가 있다.

2. 건축법상 거부사유가 있는지 여부

⑴ 건축법상 건축신고가 수리를 요하는지 여부

⑵ 수리를 요한다고 보는 경우, 수리가 기속행위인지 재량행위인지 여부

  ㈎ 기속행위로 보는 경우, 중대한 공익침해를 이유로 거부할 수 있는지 여부(학설·판례)

  ㈏ 재량행위로 보는 경우, 재량하자가 있는지 여부

3. "토용법"상 거부사유가 있는지 여부

⑴ 건축법상 허가 여부 판단에 "토용법"상 요건도 고려하여야 하는지 여부(이 책의 「허가」 부분 중 「인·허가의제」 부분 참조)

⑵ 고려하여야 한다고 보는 경우, "토용법"에 보건상 위해가 거부사유인지 여부

4. 문제의 해결

[1-19] 제62회 5급공채(2018년) 민원이 허가거부의 사유인지 여부

〈제1문〉 가구제조업을 운영하는 甲은 사업상 필요에 의해 자신이 소유하는 산림 50,000㎡ 일대에서 입목을 벌채하고자 「산림자원의 조성 및 관리에 관한 법률」 제36조 및 같은 법 시행규칙 제44조의 규정에 따라 관할 행정청 乙시장에게 입목벌채허가를 신청하였다. 이에 대해서 인근 A사찰의 신도들은 해당 산림의 입목벌채로 인하여 사찰의 고적하고 엄숙한 분위기가 저해될 것을 우려하여 乙시장에게 당해 허가를 내주지 말라는 민원을 강력히 제기하였다. 그러나 乙시장은 甲의 입목벌채허가신청이 관계 법령이 정하는 허가요건을 모두 갖추었음을 이유로 입목벌채허가를 하였다. 다음 물음에 답하시오(각 문항들은 상호 독립적임).

3) 만약, 위 사례에서 乙시장이 A사찰 신도들의 민원을 이유로 甲에 대한 입목벌채허가를 거부하였다면, 乙시장의 불허가처분은 적법한가?

참고조문

(현행 법령을 사례해결에 적합하도록 수정하였음)

「산림자원의 조성 및 관리에 관한 법률」

제36조(입목벌채등의 허가 및 신고 등) ① 산림 안에서 입목의 벌채, 임산물의 굴취·채취를 하려는 자는 농림축산식품부령으로 정하는 바에 따라 특별자치시장·특별자치도지사·시장·군수·구청장이나 지방산림청장의 허가를 받아야 한다.

② 특별자치시장·특별자치도지사·시장·군수·구청장이나 지방산림청장은 국토와 자연의 보전, 문화재와 국가 중요시설의 보호, 그 밖의 공익을 위하여 산림의 보호가 필요한 지역으로서 대통령령으로 정하는 지역에서는 제1항에 따른 입목벌채등의 허가를 하여서는 아니 된다. 다만, 병해충의 예방·구제 등 대통령령으로 정하는 사유로 입목벌채등을 하려는 경우에는 이를 허가할 수 있다.

③ 특별자치시장·특별자치도지사·시장·군수·구청장이나 지방산림청장은 제1항에 따른 입목벌채등의 허가신청을 받은 경우 벌채 목적과 벌채 대상의 적정성 등 농림축산식품부령으로 정하는 사항을 고려하여 그 타당성이 인정되면 입목벌채등을 허가하여야 한다.

「산림자원의 조성 및 관리에 관한 법률 시행규칙」

제44조(입목벌채의 허가) ② 특별자치시장·특별자치도지사·시장·군수·구청장 또는 지방산림청국유림관리소장은 제1항에 따른 신청을 받은 경우에는 다음 각 호의 사항을 조사·확인하여 허가를 하는 것이 타당하다고 인정되는 때에는 별지 제35호 서식에 따른 허가증을 발급하여야 한다.

1. 벌채구역의 경계표시의 적정성 여부
2. 대상목의 선정 및 표시의 적정성 여부
3. 잔존시킬 입목의 선정 및 표시의 적정성 여부(모수작업만 해당한다)
4. 별표 3에 따른 기준벌기령, 벌채·굴취기준 및 임도 등의 설치기준에 적합한지 여부

🧰 답안작성요령

1. 문제의 제기

⑴ 먼저, 「A사찰 신도들의 민원」이 입목벌채허가의 요건인지 여부를 살펴볼 필요가 있다.

⑵ 다음으로, ⑴의 결론을 전제로 하면서, 입목벌채허가의 근거규정인 「산림자원의 조성 및 관리에 관한 법률(이하 '산림법'으로 부르기로 한다)」 제36조가 정하는 허가의 성질(기속행위·재량행위)별로 乙시장의 甲에 대한 입목벌채불허가의 적법 여부를 살펴볼 수 있다.

2. 「A사찰 신도들의 민원」의 성격$\binom{\text{허가요}}{\text{건여부}}$

(1) 강학상 허가제로서 입목벌채허가

산림 안에서 무분별한 입목의 벌채, 임산물의 굴취·채취는 산사태 등의 위험을 야기할 수 있으므로, 산림법 제36조는 사인의 자유로운 입목벌채를 금지한 후, 일정한 요건을 갖춘 자에게 입목벌채를 허가하는 제도를 도입하고 있다. 따라서 산림법상 입목벌채허가는 피허가자에게 권리를 설정하는 행위가 아니라 경찰목적상 금지된 행위$\binom{\text{산사태 방지 등을 위해 입목}}{\text{의 무단벌채행위는 금지된다}}$를 해제하는 행위, 즉 강학상 허가에 해당한다.

(2) 법률에 근거 없는 제한사유로서 민원

산림법 제36조 제1항이 정하는 일반적인 입목벌채허가를 받기 위해서는 산림법 제36조 제3항에 따라 산림법 시행규칙 제44조 제2항이 정하는 요건을 구비하여야 한다. 그런데 산림법 시행규칙 제44조 제2항을 보면, 민원이 불허가사유임을 규정하는 바가 없다. 따라서 민원은 입목벌채불허가의 요건이 될 수 없다.

3. 민원을 불허가처분 사유로 한 것이 적법한지 여부

(1) 기속행위와 재량행위의 구분

민원의 의미는 산림벌채허가가 기속행위인지, 재량행위인지 여부에 따라 논리를 달리한다.
산림벌채허가가 기속행위인지 아니면 재량행위인지를 기술한다.

(2) 기속행위로 보는 경우 – 불허가처분의 요건으로서 민원

허가신청내용이 산림법 시행규칙 제44조 제2항이 정하는 허가기준에 적합하다면 乙시장은 허가를 반드시 내주어야 하는바, 산림법 시행규칙 제44조 제2항이 규정하지 아니하는 사유, 즉 A사찰 신도들의 민원을 이유로 한 乙시장의 거부처분은 위법하다.

(3) 재량행위로 보는 경우 – 재량권 행사시 고려사항으로서 민원

허가신청내용이 산림법 시행규칙 제44조 제2항이 정하는 허가기준에 적합하다고 하여도 중대한 공익상 침해의 발생이 우려되는 경우에는 거부처분을 할 수 있다. 그러나 A사찰 신도들의 민원의 발생이 「입목벌채허가로 인해 중대한 공익상 침해의 발생을 가져오는 경우」에 해당한다고 볼만한 것이 아니므로, A사찰 신도들의 민원을 이유로 한 乙시장의 거부처분은 재량권남용의 위법한 행위가 된다.

4. 문제의 해결

(1) 산림 안에서 사인의 임의로운 입목의 벌채, 임산물의 굴취·채취를 제한하기 위해서는 법률의 근거가 필요하고, 그 근거 법률로서 산림법 제36조가 있으나, 같은 규정 제3항에 따른 산림법 시행규칙 제44조 제2항을 보면, 민원이 불허가사유임을 규정하는 바가 없다. 따라서 민원은 입목벌채불허가의 요건이 될 수 없다.

(2) 산림벌채허가를 기속행위로 보면, 甲의 허가신청이 산림법 시행규칙 제44조 제2항이 정하는 허가기준에 적합한 경우, 산림벌채허가의 요건이 아닌 「A사찰 신도들의 민원」을 이유로 불허가처분을 하는 것은 위법하다.

(3) 산림벌채허가를 재량행위로 보면, 甲의 허가신청이 산림법 시행규칙 제44조 제2항이 정하는 허가기준에 적합하다고 하여도 중대한 공익상 침해의 발생이 우려되는 경우에는 거부처분을 할 수 있다. 그러나 A사찰 신도들의 민원이 「입목벌채허가로 인해 중대한 공익상 침해의 발생을 가져오는 경우」에 해당하지 아니하므로 A사찰 신도들의 민원을 이유로 한 입목벌채허가 거부처분은 위법하다.

(4) 물론 산림법 제36조 제2항 단서에 해당하는 경우, 乙시장이 A사찰 신도들의 민원을 이유로 입목벌채허가 거부처분을 하였다면 그 거부처분도 위법하다.

[1-19a] 제65회 5급공채(2021년) 인허가의제 – 관련 인허가의 요건심사

〈제1문〉 A군의 군수($\frac{이하}{A군수}$)는 甲주식회사에게 「중소기업창업 지원법」 제33조 및 제35조에 따라 관할 행정청과의 협의를 거쳐 산지전용허가 등이 의제되는 사업계획을 승인하였다. 산지전용허가가 의제되는 부지 인근에 거주하고 있는 주민 乙은 해당 사업이 실시될 경우 산에서 내려오는 물의 흐름이 막혀 지반이 약한 부분에서 토사유출 및 산사태 위험이 있다며 해당 산지전용허가에 반대하고 있다. 관할행정청은 이후 「산지관리법」 제37조에 따라 재해위험지역 일제점검을 하던 중 甲의 시설공사장에서 토사유출로 인한 산사태 위험을 확인하고, 甲에게 시설물철거 등 재해의 방지에 필요한 조치를 할 것을 명하였다. 다만, 甲에게 통지된 관할행정청의 처분서에는 甲이 충분히 알 수 있도록 처분의 사유와 근거가 구체적으로 명시되지는 않았다.

1) 甲의 신청이 산지전용허가요건을 완비하지 못한 경우에도, A군수가 사업계획승인을 할 수 있는지를 검토하시오.

참고조문

중소기업창원 지원법

제33조(사업계획의 승인) ① 제조업을 영위하고자 하는 창업자는 대통령령으로 정하는 바에 따라 사업계획을 작성하고, 이에 대한 시장·군수 또는 구청장(자치구의 구청장만을 말한다. 이하 같다)의 승인을 받아 사업을 할 수 있다. 사업자 또는 공장용지의 면적 등 대통령령으로 정하는 중요 사항을 변경하려는 경우에도 또한 같다.

제35조(다른 법률과의 관계) ① 제33조제1항에 따라 사업계획을 승인할 때 다음 각 호의 허가, 인가, 면허, 승인, 지정, 결정, 신고, 해제 또는 용도폐지(이하 이 조에서 "허가등"이라 한다)에 관하여 시장·군수 또는 구청장이 제4항에 따라 다른 행정기관의 장과 협의를 한 사항에 대하여는 그 허가등을 받은 것으로 본다.

6. 「산지관리법」 제14조 및 제15조에 따른 산지전용허가, 산지전용신고, 같은 법 제15조의2에 따른 산지일시사용허가·신고 및 같은 법 제21조에 따라 산지전용된 토지의 용도변경 승인과 「산림자원의 조성 및 관리에 관한 법률」 제36조 제1항 및 제4항에 따른 입목벌채 등의 허가와 신고

④시장·군수 또는 구청장이 제33조에 따른 사업계획의 승인 또는 「건축법」 제11조 제1항 및 같은 법 제22조 제1항에 따른 건축허가와 사용승인을 할 때 그 내용 중 제1항부터 제3항까지에 해당하는 사항이 다른 행정기관의 권한에 속하는 경우에는 그 행정기관의 장과 협의하여야 하며, 협의를 요청받은 행정기관의 장은 대통령령으로 정하는 기간에 의견을 제출하여야 한다. 이 경우 다른 행정기관의 장이 그 기간에 의견을 제출하지 아니하면 의견이 없는 것으로 본다.

산지관리법

제14조(산지전용허가) ① 산지전용을 하려는 자는 그 용도를 정하여 대통령령으로 정하는 산지의 종류 및 면적 등의 구분에 따라 산림청장등의 허가를 받아야 하며, 허가받은 사항을 변경하려는 경우에도 같다. 다만, 농림축산식품부령으로 정하는 사항으로서 경미한 사항을 변경하려는 경우에는 산림청장등에게 신고로 갈음할 수 있다.

④ 관계 행정기관의 장이 다른 법률에 따라 산지전용허가가 의제되는 행정처분을 하기 위하여 산림청장등에게 협의를 요청하는 경우에는 대통령령으로 정하는 바에 따라 제18조에 따른 산지전용허가기준에 맞는지를 검토하는 데에 필요한 서류를 산림청장등에게 제출하여야 한다.

행정기본법

제24조(인허가의제의 기준)

③ 주된 인허가 행정청은 주된 인허가를 하기 전에 관련 인허가에 관하여 미리 관련 인허가 행정청과 협의하여야 한다.

⑤ 제3항에 따라 협의를 요청받은 관련 인허가 행정청은 해당 법령을 위반하여 협의에 응해서는 아니 된다. 다만, 관련 인허가에 필요한 심의, 의견 청취 등 절차에 관하여는 법률에 인허가의제 시에도 해당 절차를 거친다는 명시적인 규정이 있는 경우에만 이를 거친다.

답안작성요령

1. 문제의 제기

설문은 산지관리법 제15조의 산지전용허가(권한 행정청은 산림청장 등)가 의제되는 중소기업창업 지원법 제33조의 제조업 사업계획승인(권한 행정청은 시장·군수 또는 구청장) 처분을 함에 있어 시장·군수 또는 구청장이 산지전용허가요건을 심사할 수 있는지 여부를 논점으로 한다.

2. 실체적 요건 심사 가부

⑴ 행정기본법 제24조 제5항 본문은 "제3항에 따라 협의를 요청받은 관련 인허가 행정청은 해당 법령을 위반하여 협의에 응해서는 아니 된다"고 규정하고 있다.

⑵ 행정기본법 제24조 제5항 본문은 해당 법령에 따른 실체적 요건을 충족하여야 함을 의미한다.

⑶ 따라서 중소기업창업 지원법 제33조의 제조업 사업계획승인을 위해서는 산지관리법 제15조의 산지전용허가의 요건을 구비하여야 한다.

3. 절차적 요건 심사 가부

⑴ 행정기본법 제24조 제5항 단서는 "관련 인허가에 필요한 심의, 의견 청취 등 절차에 관하여는 법률에 인허가의제 시에도 해당 절차를 거친다는 명시적인 규정이 있는 경우에만 이를 거친다"고 규정하고 있다.

⑵ 행정기본법 제24조 제5항 단서는 해당 법령에 따른 절차적 요건을 충족하여야 함을 의미한다.

⑶ 주어진 참조 조문에서 심의, 의견 청취 등 절차에 관한 규정은 보이지 아니하므로, 절차적 요건이 특별히 문제되지 아니한다.

⑷ 중소기업창업 지원법 제33조의 제조업 사업계획승인을 위해서는 시장·군수 또는 구청장이 산림청장 등과 협의하여야 한다(중소기업창업 지원법 제35조 제1항 제6호, 행정기본법 제24조 제5항).

4. 문제의 해결

甲의 신청이 산지전용허가요건을 완비하지 못한 경우, A군수는 관련인허가인 산지전용허가의 실체적 요건의 미비로서 행정기본법 제24조 제5항 본문에 위반되는바, A군수는 중소기업창업 지원법 제33조의 사업계획승인을 할 수 없다.

[1-19b] 제65회 5급공채(2021년) 관련 인허가의 대상적격

〈제1문〉 A군의 군수(^{이하}'A군수')는 甲주식회사에게 「중소기업창업 지원법」 제33조 및 제35조에 따라 관할 행정청과의 협의를 거쳐 산지전용허가 등이 의제되는 사업계획을 승인하였다. 산지전용허가가 의제되는 부지 인근에 거주하고 있는 주민 乙은 해당 사업이 실시될 경우 산에서 내려오는 물의 흐름이 막혀 지반이 약한 부분에서 토사유출 및 산사태 위험이 있다며 해당 산지전용허가에 반대하고 있다. 관할행정청은 이후 「산지관리법」 제37조에 따라 재해위험지역 일제점검을 하던 중 甲의 시설공사장에서 토사유출로 인한 산사태 위험을 확인하고, 甲에게 시설물철거 등 재해의 방지에 필요한 조치를 할 것을 명하였다. 다만, 甲에게 통지된 관할행정청의 처분서에는 甲이 충분히 알 수 있도록 처분의 사유와 근거가 구체적으로 명시되지는 않았다.

2) 이해관계인 乙이 산지전용허가를 대상으로 취소소송을 제기할 수 있는지를 검토하시오. (^{원고적격은 논}
하지 않는다)

참고조문

중소기업창원 지원법

제33조(사업계획의 승인) ① 제조업을 영위하고자 하는 창업자는 대통령령으로 정하는 바에 따라 사업계획을 작성하고, 이에 대한 시장·군수 또는 구청장(자치구의 구청장만을 말한다. 이하 같다)의 승인을 받아 사업을 할 수 있다. 사업자 또는 공장용지의 면적 등 대통령령으로 정하는 중요 사항을 변경하려는 경우에도 또한 같다.

제35조(다른 법률과의 관계) ① 제33조 제1항에 따라 사업계획을 승인할 때 다음 각 호의 허가, 인가, 면허, 승인, 지정, 결정, 신고, 해제 또는 용도폐지(이하 이 조에서 "허가등"이라 한다)에 관하여 시장·군수 또는 구청장이 제4항에 따라 다른 행정기관의 장과 협의를 한 사항에 대하여는 그 허가등을 받은 것으로 본다.

6. 「산지관리법」 제14조 및 제15조에 따른 산지전용허가, 산지전용신고, 같은 법 제15조의2에 따른 산지일시사용허가·신고 및 같은 법 제21조에 따라 산지전용된 토지의 용도변경 승인과 「산림자원의 조성 및 관리에 관한 법률」 제36조 제1항 및 제4항에 따른 입목벌채 등의 허가와 신고

답안작성요령

1. 문제의 제기

설문은 원처분인 사업계획승인이 아니라 의제된 행위인 산지전용허가를 대상으로 취소소송을 제기할 수 있는지를 묻고 있다.

2. 의제된 행위의 성질

(1) 의제된 행위는 행정청이 발급한 것이 아니라 법률의 규정에 의한 것이므로 강학상 행정행위는 아니지만, 내용상 행정행위와 동일시 할 수 있다.

(2) 의제된 행위는 그 자체가 독립적 행위이다(^판_례).

3. 제소 가부

의제된 산지전용허가는 독립의 행정행위(^처_분)이므로, 의제된 산지전용허가로 법률상 이익이 침해된 자는 본래의 권한행정청(^{산림청}_{장등})을 피고로 행정소송법이 정하는 바에 따라 취소소송을 제기할 수 있다(^판_례).

[1-20] 제60회 5급공채(2016년) 제재의 승계, 신뢰보호원칙, 비례원칙, 행정행위의 부관의 적법성

〈제1문〉 갑은 2001. 1. A광역시장으로부터 「여객자동차 운수사업법」상 개인택시운송사업면허를 취득하여 영업을 하던 중 2010. 5. 음주운전을 한 사실이 적발되어 관할 지방경찰청장으로부터 2010. 6. 「도로교통법」상 운전면허의 취소처분을 받았다. 그러나 위 운전면허취소의 사실이 A광역시장에게는 통지되지 않아 개인택시운송사업면허의 취소나 정지는 별도로 없었다. 갑은 2011. 7. 운전면허를 다시 취득하여 영업을 하다가 2014. 8. 을에게 개인택시운송사업을 양도하는 계약을 체결하였고, 이에 대해 2014. 9. A광역시장의 인가처분이 있었다. A광역시장은 인가 심사 당시에는 위 운전면허취소의 사실을 모르고 있다가 2016. 5. 관할 지방경찰청장으로부터 통지를 받아 알게 되었고, 2016. 6. 을에게 위 운전면허취소의 사실을 이유로 개인택시운송사업면허의 취소처분을 하였다(이하 '이 사건 처분'이라 한다). 을은 이 사건 처분에 대해서 취소소송을 제기하였다. 다음 물음에 답하시오.

(1) 을은 양도·양수 계약 당시에 갑의 운전면허취소 사실을 전혀 알지 못하였으므로 이 사건 처분은 위법이라고 주장한다. 그 주장의 당부에 관하여 설명하시오.

(2) 을은 개인택시운송사업면허 취소사유가 발생한 날로부터 6년이나 경과한 시점에서 그 취소를 처분하는 것은 신뢰에 반하는 점. A광역시장으로서는 인가 심사 당시에 음주운전으로 운전면허가 취소된 사실이 있는지 여부를 조사해서 그 사실이 확인되었을 때에는 인가처분을 해서는 안 되는 것인데 이를 게을리한 잘못이 있는 점. 갑이 개인택시운송사업면허를 취득하여 그 사업을 양도하기까지 약 15년 동안 당해 음주운전을 제외하고는 교통 법규를 위반한 적 없는 점까지 종합적으로 고려한다면 이 사건 처분은 위법하다고 주장한다. 그 주장의 당부에 관하여 설명하시오.

(3) 만약 A광역시장이 "양도자 및 양수자가 운전면허가 취소되었거나 취소사유가 있는 것으로 확인되었을 때에는 본 인가처분을 취소한다."는 부관을 붙여서 양도·양수 인가처분을 하였다면, 그 부관의 적법성 여부를 부관의 가능성 측면에서 설명하시오.

참고조문

(현행 법령을 사례해결에 적합하도록 수정하였음)
여객자동차 운수사업법
제4조(면허 등) ① 개인택시운송사업을 경영하려는 자는 사업계획을 작성하여 국토교통부령으로 정하는 바에 따라 특별시장·광역시장·특별자치시장·도지사·특별자치도지사(이하 "시·도지사"라 한다)의 면허를 받아야 한다.
　② 시·도지사는 제1항에 따라 면허하는 경우에 필요하다고 인정하면 국토교통부령으로 정하는 바에 따라 운송할 여객 등에 관한 업무의 범위나 기간을 한정하여 면허를 하거나 여객자동차운송사업의 질서를 확립하기 위하여 필요한 조건을 붙일 수 있다.
제14조(사업의 양도·양수 등) ① 개인택시운송사업은 사업구역별로 사업면허의 수요·공급 등을 고려하여 관할 지방자치단체의 조례에서 정하는 바에 따라 시·도지사의 인가를 받아 양도할 수 있다.
　② 제1항에 따른 인가를 받은 경우 개인택시운송사업을 양수한 자는 양도한 자의 운송사업자로서의 지위를 승계한다.
제85조(면허취소 등) ① 시·도지사는 개인택시운송사업자가 다음 각 호의 어느 하나에 해당하면 면허를 취소하거나 6개월 이내의 기간을 정하여 사업의 전부 또는 일부를 정지하도록 명할 수 있다.
　1.~36. (생략)
　37. 개인택시운송사업자의 운전면허가 취소된 경우
여객자동차 운수사업법 시행령
제43조(사업면허·등록취소 및 사업정지의 처분기준 및 그 적용) ① 처분관할관청은 법 제85조에 따른 개인택시운송사업자에 대한 면허취소 등의 처분을 다음 각 호의 구분에 따라 별표 3의 기준에 의하여 하여야 한다.
　1. 사업면허취소 : 사업면허의 취소

[별표 3] 사업면허취소·사업등록취소 및 사업정지 등의 처분기준(제43조 제1항 관련)
1. 일반기준
　　가. 처분관할관청은 다음의 어느 하나에 해당하는 경우에는 제2호의 개별기준에 따른 처분을 가중하거나 감경할
　　　수 있다.
　　　　1) 감경 사유
　　　　　가) 위반 행위자가 처음 해당 위반행위를 한 경우로서, 5년 이상 여객자동차 운수사업을 모범적으로 해 온 사
　　　　　　실이 인정되는 경우
　　나. 처분관할관청은 가목에 따라 처분을 가중 또는 감경하는 경우에는 다음의 구분에 따른다.
　　　　1) 개인택시운송사업자의 사업면허취소를 감경하는 경우에는 90일 이상의 사업정지로 한다.
2. 개별기준
　　가. 여객자동차운송사업 및 자동차대여사업

위반내용	근거 법조문	처분내용		
		1차 위반	2차 위반	3차 이상 위반
35. 개인택시운송사업자의 운전면허 가 취소된 경우	법 제85조 제1항 제37호	사업면허취소		

여객자동차 운수사업법 시행규칙
제35조(사업의 양도·양수신고 등) ① 관할관청은 개인택시운송사업의 양도·양수 인가신청을 받으면 관계기관에 양도
자 및 양수자의 운전면허의 효력 유무를 조회·확인하여야 한다.
② 관할관청은 제1항에 따른 조회·확인 결과 양도자 및 양수자가 음주운전 등 「도로교통법」 위반으로 운전면허가 취
소되었거나 취소사유가 있는 것으로 확인되었을 때에는 양도·양수인가를 하여서는 아니 된다.

 답안작성요령

■[제1문] ⑴의 답안작성요령

1. 문제의 제기
⑴ 여객자동차 운수사업법 제14조(사업의 양도·양수 등) 제2항의 지위승계의 의미가 논점이다.
⑵ 동 조항은 제재사유까지 승계됨을 규정한다는 견해, 승계됨을 규정하는 것은 아니라는 견해로 나누어 검
토할 필요가 있다.

2. 제재사유까지 승계됨을 규정한다는 견해
처분은 적법, 관련 판례의 태도 서술(대판 2010. 4. 8, 2009두17018)

3. 제재사유까지 승계됨을 규정하는 것은 아니라는 견해
⑴ 학　　설
⑵ 판　　례
⑶ 검　　토

4. 문제의 해결

■[제1문] (2)의 답안작성요령

1. 문제의 제기

⑴ 6년이나 경과한 시점에서의 취소가 부당하다는 첫 번째 주장을 검토한다.

⑵ 애초에 인가처분을 해서는 안 될 인가처분을 한 잘못이 있는 두 번째 주장을 검토한다.

⑶ 사업 양도까지 약 15년 동안 당해 음주운전을 제외하고는 교통 법규를 위반한 적 없는 세 번째 주장을 검토한다.

2. 첫 번째 주장의 당부에 관하여

⑴ 이 주장은 취소하지 아니한 행정청에 대한 신뢰보호의 문제가 된다.

⑵ 행정기본법 제12조 제1항이 규정하는 신뢰보호의 원칙에 대한 검토가 필요하다.

3. 두 번째 주장의 당부에 관하여

⑴ A광역시장의 과오를 탓할 수 있는가?

⑵ 여객자동차 운수사업법 시행규칙 제35조에 비추어 을의 주장이 정당한 것으로 사료됨.

4. 세 번째 주장의 당부에 관하여

⑴ 을의 이익의 보호와 공익 실현($^{법치행정}_{의 확보}$)의 이익 사이에서 이익형량.

⑵ 행정기본법 제10조가 규정하는 비례원칙의 적용이 가능하여야할 것

5. 문제의 해결

■[제1문] (3)의 답안작성요령

1. 문제의 제기

⑴ 양도·양수 인가처분에 부관을 붙일 수 있는지 여부에 대한 검토가 필요하다.

⑵ 붙일 수 있다고 보는 경우, 그 요건에 대한 검토가 필요하다.

2. 부관을 붙일 수 있는지 여부

[참고조문] 행정기본법 제17조(부관) ① 행정청은 처분에 재량이 있는 경우에는 부관(조건, 기한, 부담, 철회권의 유보 등을 말한다. 이하 이 조에서 같다)을 붙일 수 있다.
② 행정청은 처분에 재량이 없는 경우에는 법률에 근거가 있는 경우에 부관을 붙일 수 있다.

3. 부관의 요건 구비 여부

[참고조문] 행정기본법 제17조(부관) ④ 부관은 다음 각 호의 요건에 적합하여야 한다.
  1. 해당 처분의 목적에 위배되지 아니할 것
  2. 해당 처분과 실질적인 관련이 있을 것
  3. 해당 처분의 목적을 달성하기 위하여 필요한 최소한의 범위일 것

4. 문제의 해결

이 "양도자 및 양수자가 운전면허가 취소되었거나 취소사유가 있는 것으로 확인되었을 때에는 본 인가처분을 취소한다"는 부관은 행정기본법상 허용되는 부관이며 또한 행정기본법이 규정하는 부관의 요건을 구비하였으므로 적법하다.

[1-21] 제55회 사법시험(2013년)   예외적 승인(예외적 허가)의 성질

〈제1문〉 갑은 개발제한구역 내에 위치한 지역에서 폐기물 처리시설의 설치를 위하여 관할 시장 A에게 개발행위허가를 신청하였다. 위 처리시설의 예정지역에 거주하는 주민 을은 위 처리시설이 설치되면 주거생활에 심각한 침해를 받는다고 생각하여, 시장 A에게 위 신청을 반려할 것과 주민들의 광범위한 의견을 수렴한 후 다시 허가절차를 밟게 하라고 요구하였다. 그러나 시장 A는 위 처리시설이 필요하고, 개발제한구역이 아닌 지역에 입지하기가 곤란하다는 이유로 위 개발행위를 허가하였다. 다만 민원의 소지를 줄이기 위하여, 위 처리시설로 인하여 환경오염이 심각해질 경우 위 개발행위허가를 취소·변경할 수 있다는 내용의 부관을 붙였다. 그런데 위 처리시설이 가동된 지 얼마 지나지 않아 예상과 달리 폐기물 처리량이 대폭 증가하였다. 이에 주민 을은 위 처리시설로 인하여 평온한 주거생활을 도저히 영위하기 어렵다고 여겨, 시장 A에게 위 부관을 근거로 위 개발행위허가를 취소·변경하여 줄 것을 요구하였다. 그런데 시장 A는 이를 거부하였다.

1. 위 개발행위허가의 법적 성질을 밝히고, 그 특징을 설명하시오.

참고조문

개발제한구역의 지정 및 관리에 관한 특별조치법

제1조(목적) 이 법은 「국토의 계획 및 이용에 관한 법률」 제38조에 따른 개발제한구역의 지정과 개발제한구역에서의 행위 제한, 주민에 대한 지원, 토지 매수, 그 밖에 개발제한구역을 효율적으로 관리하는 데에 필요한 사항을 정함으로써 도시의 무질서한 확산을 방지하고 도시 주변의 자연환경을 보전하여 도시민의 건전한 생활환경을 확보하는 것을 목적으로 한다.

제12조(개발제한구역에서의 행위제한) ① 개발제한구역에서는 건축물의 건축 및 용도변경, 공작물의 설치, 토지의 형질변경, 죽목(竹木)의 벌채, 토지의 분할, 물건을 쌓아놓는 행위 또는 「국토의 계획 및 이용에 관한 법률」 제2조 제11호에 따른 도시·군계획사업(이하 "도시·군계획사업"이라 한다)의 시행을 할 수 없다. 다만, 다음 각 호의 어느 하나에 해당하는 행위를 하려는 자는 특별자치시장·특별자치도지사·시장·군수 또는 구청장(이하 "시장·군수·구청장"이라 한다)의 허가를 받아 그 행위를 할 수 있다.

　1. 다음 각 목의 어느 하나에 해당하는 건축물이나 공작물로서 대통령령으로 정하는 건축물의 건축 또는 공작물의 설치와 이에 따르는 토지의 형질변경

　　다. 개발제한구역이 아닌 지역에 입지가 곤란하여 개발제한구역 내에 입지하여야만 그 기능과 목적이 달성되는 시설

　※ "대통령령으로 정하는 건축물 또는 공작물"에 폐기물 처리시설이 포함되어 있음.

🖰 답안작성요령

1. 논점의 정리

개발제한구역 내에서의 개발행위허가는 개발제한구역의 개념을 전제로 하는바, 개발행위허가의 법적 성질과 그 특징을 살피기 위해서는 먼저 개발제한구역의 의의부터 살펴볼 필요가 있다.

2. 개발제한구역과 개발행위의 의의

⑴ 개발제한구역의 개념

개발제한구역의 개념은 국토의 계획 및 이용에 관한 법률 제38조에서 나온다. 동 조항은 "국토교통부장관은 도시의 무질서한 확산을 방지하고 도시주변의 자연환경을 보전하여 도시민의 건전한 생활환경을 확보하기 위하여 도시의 개발을 제한할 필요가 있거나 국방부장관의 요청이 있어 보안상 도시의 개발을 제한할 필요가 있다고 인정되면 개발제한구역의 지정 또는 변경을 도시·군관리계획으로 결정할 수 있다"고 규정하고 하고 있다.

(2) 개발제한구역의 취지

개발제한구역제도는 도시의 무질서한 확산을 방지하고 도시주변의 자연환경을 보전하여 도시민의 건전한 생활환경을 확보하기 위하여 도시의 개발을 제한하는 제도이다.

(3) 개발제한구역의 지정

개발제한구역의 지정 또는 변경에 필요한 사항은 따로 법률로 정한다$\binom{\text{국토의 계획 및 이용에 관}}{\text{한 법률 제38조 제 2 항}}$. 따로 정한 법률이 개발제한구역의 지정 및 관리에 관한 특별조치법이다.

(4) 개발제한구역에서의 행위제한

개발제한구역의 지정 및 관리에 관한 특별조치법 제12조 제 1 항 본문은 "개발제한구역에서는 건축물의 건축 및 용도변경, 공작물의 설치, 토지의 형질변경, 죽목($\overset{竹}{木}$)의 벌채, 토지의 분할, 물건을 쌓아놓는 행위 또는 「국토의 계획 및 이용에 관한 법률」 제 2 조 제11호에 따른 도시·군계획사업$\binom{\text{이하 "도시·군계}}{\text{획사업"이라 한다}}$의 시행을 할 수 없다"고 규정하고 있다.

(5) 개발행위의 의의

국토의 계획 및 이용에 관한 법률 제56조 제 1 항은 "1. 건축물의 건축 또는 공작물의 설치, 2. 토지의 형질변경$\binom{\text{경작을 위한 경우로서 대통령령으로}}{\text{정하는 토지의 형질 변경은 제외한다}}$, 3. 토석의 채취, 4. 토지 분할$\binom{\text{건축물이 있는 대지}}{\text{의 분할은 제외한다}}$, 5. 녹지지역·관리지역 또는 자연환경보전지역에 물건을 1개월 이상 쌓아놓는 행위"를 개발행위로 본다.

3. 개발제한구역에서 개발행위허가의 법적 성질

(1) 개발행위허가의 의의

개발제한구역의 지정 및 관리에 관한 특별조치법 제12조 제 1 항 본문에 의거하여 개발제한구역에서 금지되고 있는 행위들에 대하여 금지를 해제하여 개발행위를 할 수 있도록 하는 것을 말한다$\binom{\text{개발제한구역의 지정 및 관리}}{\text{에 관한 특별조치법 제12조}}{\text{제 1 항}}{\text{단서}}$.

(2) 행정행위로서 개발행위허가

개발행위허가는 행정청$\binom{\text{특별자치시장·특별자치도지}}{\text{사·시장·군수 또는 구청장}}$이 행하는 구체적 사실$\binom{\text{사인의 개발행}}{\text{위허가 신청}}$에 관한 법$\binom{\text{개발제한구역의 지}}{\text{정 및 관리에 관한}}{\text{특별조치법}}{\text{제12조 단서}}$ 집행으로서의 공권력의 행사이므로 행정행위에 해당한다.

(3) 명령적 행위인 허가로서 개발행위허가

개발행위허가는 개발제한구역에서 금지되고 있는 행위들에 대한 금지를 해제하는 명령적 행위로서 허가일 뿐, 개발행위허가 신청인에게 권리나 능력을 설정하는 형성적 행위가 아니다.

(4) 예외적 허가로서 개발행위허가

개발제한구역의 지정 및 관리에 관한 특별조치법은 개발제한구역에서의 개발행위를 원칙적으로 금지하고$\binom{\text{동법 제12조}}{\text{제 1 항 본문}}$, 개발제한구역에서의 개발행위는 예외적인 것으로 규정하고 있음$\binom{\text{동법 제12조}}{\text{제 1 항 단서}}$을 볼 때, 개발행위허가는 예외적 허가에 해당한다.

4. 개발제한구역에서 개발행위허가의 특징

(1) 재량행위로서 개발행위허가

개발제한구역 제도의 취지와 개발행위허가는 예외적 허가라는 점을 고려할 때, 개발제한구역에서 개발행위허가는 재량행위로 볼 것이다.

(2) 부관을 붙일 수 있는 행위로서 개발행위허가

개발제한구역 제도의 취지를 확보하여야 한다는 점과 개발행위허가는 재량행위라는 점을 고려할 때, 개발행위허가는 부관을 붙일 수 있는 행위로 볼 것이다.

[1-22] 제30회 입법고시(2014년) 예외적 승인(예외적 허가)의 성질

〈제1문〉 중학교의 출입문으로부터 직선거리 100미터 지점의 도로에 인접한 3층 상가건물을 소유한 A는 비어 있는 2층 165㎡(약 50평)를 임대하고자 한다. B는 당구장 또는 PC방(인터넷컴퓨터게임시설제공업)을 영위하기 위해 위 건물 2층을 임대받고자 A와 해당 건물의 임대차계약을 체결하였다. 위 상가건물 2층에 대하여 당구장영업(또는 PC방영업)의 금지해제를 구하는 B의 신청이 관할 교육청에 접수되었고, 그 신청을 받은 관할 교육청은 모든 절차를 적법하게 거친 후 "현재 위 중학교의 학교환경위생 정화구역 내에서는 당구장이나 PC방 등 교육환경을 해치는 업소가 단 하나도 없는 교육청정구역이다"는 점과 "만일 이 건의 금지해제를 받아들이게 되면, 장차 학생들의 학습과 학교보건위생에 나쁜 영향을 줄 수 있는 각종 업소의 난립을 막을 수 없게 된다"는 해당 학교장 및 학교환경위생정화위원회의 반대의견에 따라 그 금지해제 신청을 거부하였다. B는 이 건의 거부에 대해 행정심판을 제기하고자 한다. 단, 위 건물이 소재한 지역은 상가지역이며, 해당 중학교의 전체 학생 중 3%만이 해당 건물이 소재한 도로를 통학로로 사용하고 있는 것으로 밝혀졌다.

1) 이 건의 B의 금지해제신청에 대한 거부의 법적 의의에 대해 설명하시오.

참고조문

학교보건법

제5조(학교환경위생 정화구역의 설정) ① 학교의 보건·위생 및 학습 환경을 보호하기 위하여 교육감은 대통령령으로 정하는 바에 따라 학교환경위생 정화구역을 설정·고시하여야 한다. 이 경우 학교환경위생 정화구역은 학교 경계선이나 학교설립예정지 경계선으로부터 200미터를 넘을 수 없다.

③ 교육감은 제2항에 따라 학교설립예정지가 통보된 날부터 30일 이내에 제1항에 따른 학교환경위생 정화구역을 설정·고시하여야 한다.

제6조(학교환경위생 정화구역에서의 금지행위 등) ① 누구든지 학교환경위생 정화구역에서는 다음 각 호의 어느 하나에 해당하는 행위 및 시설을 하여서는 아니 된다. 다만, 대통령령으로 정하는 구역에서는 제2호, 제3호, 제6호, 제10호, 제12호부터 제18호까지와 제20호에 규정된 행위 및 시설 중 교육감이나 교육감이 위임한 자가 학교환경위생정화위원회의 심의를 거쳐 학습과 학교보건위생에 나쁜 영향을 주지 아니한다고 인정하는 행위 및 시설은 제외한다.

14. 당구장(「유아교육법」 제2조 제2호에 따른 유치원 및 「고등교육법」 제2조 각 호에 따른 학교의 학교환경위생 정화구역은 제외한다)

16. 「게임산업진흥에 관한 법률」 제2조 제6호에 따른 게임제공업 및 같은 조 제7호에 따른 인터넷컴퓨터게임시설제공업(「유아교육법」 제2조 제2호에 따른 유치원 및 「고등교육법」 제2조 각 호에 따른 학교의 학교환경위생 정화구역은 제외한다)

학교보건법 시행령

제3조(학교환경위생 정화구역) ① 법 제5조 제1항에 따라 시·도의 교육감(이하 "교육감"이라 한다)이 학교환경위생 정화구역(이하 "정화구역"이라 한다)을 설정할 때에는 절대정화구역과 상대정화구역으로 구분하여 설정하되, 절대정화구역은 학교출입문(학교설립예정지의 경우에는 설립될 학교의 출입문 설치 예정 위치를 말한다)으로부터 직선거리로 50미터까지인 지역으로 하고, 상대정화구역은 학교경계선 또는 학교설립예정지경계선으로부터 직선거리로 200미터까지인 지역 중 절대정화구역을 제외한 지역으로 한다.

제5조(제한이 완화되는 구역) 법 제6조 제1항 각 호 외의 부분 단서에서 "대통령령으로 정하는 구역"이란 제3조 제1항에 따른 상대정화구역(법 제6조 제1항 제14호에 따른 당구장 시설을 하는 경우에는 절대정화구역을 포함한 정화구역 전체)을 말한다.

답안작성요령

1. 논점의 정리
B의 당구장영업의 금지해제신청에 대한 관할 교육청의 거부처분은 학교환경위생 정화구역에서 발생한 것이므로, 설문에 답하기 위해 학교환경위생 정화구역의 의의와 학교환경위생 정화구역에서 당구장영업을 위한 금지해제신청 제도의 의미부터 살펴볼 필요가 있다.

2. 학교환경위생 정화구역의 의의
학교환경위생 정화구역이란 학교의 보건·위생 및 학습 환경을 보호하기 위하여 교육감이 대통령령으로 정하는 바에 따라 학교주변에 설정하는 구역을 말한다($^{구\ 학교보건법}_{제5조\ 제1항}$). 학교환경위생 정화구역은 학생의 보건·위생, 안전, 학습과 교육환경 보호를 위한 것이므로 학교보건법은 원칙적으로 일정한 행위와 시설($^{예:\ 당}_{구장}$)을 금지하고 있다($^{구\ 학교보건법}_{제6조\ 제1항\ 본문}$).

3. 학교환경위생 정화구역에서 행위·시설금지 해제의 성질
⑴ 행정행위로서 예외적 허가
금지의 해제는 행정청($^{교육감이나\ 교육}_{감이\ 위임한\ 자}$)이 행하는 구체적 사실($^{사인의\ 금지}_{해제신청}$)에 관한 법($^{구\ 학교보건법}_{제6조\ 제1항\ 단서}$) 집행으로서의 공권력의 행사이므로($^{행정절차법}_{제2조\ 제2호}$), 행정행위로서 허가에 해당한다. 구 학교보건법은 학교환경위생 정화구역에서 금지의 해제를 예외적인 것으로 규정하고 있으므로($^{동법\ 제6조}_{제1항\ 단서}$), 금지해제신청에 대한 해제는 예외적 허가에 해당한다.

⑵ 재량행위
학교환경위생 정화구역 제도의 취지와 일정한 행위와 시설의 금지해제는 예외적 허가라는 점을 고려할 때, 학교환경위생 정화구역에서 금지해제신청에 대한 허가는 재량행위로 볼 것이다.

4. 학교환경위생 정화구역에서 금지해제신청에 대한 거부의 법적 의의
⑴ 행정행위
금지해제신청에 대한 허가를 행정행위로 볼 것이므로, 금지해제신청에 대한 거부행위도 행정행위로 볼 것이다.

⑵ 권리보호
㈎ 대상적격
금지해제신청에 대한 거부행위는 행정행위로서 허가의 거부에 해당하므로, 행정기본법 제36조($^{처분에\ 대}_{한\ 이의신청}$)와 제37조($^{처분의}_{재심사}$), 행정심판법 제2조 제1호와 행정소송법 제2조 제1항 제2호가 정하는 처분에 해당되어 행정쟁송법상 대상적격을 갖는다.

㈏ 청구인적격·원고적격
당구장영업을 위한 금지해제신청에 대한 거부행위는 신청인의 직업의 자유라는 법률상 이익을 침해한 것이므로 신청인은 행정기본법 제36조와 제37조, 행정심판법 제13조와 행정소송법 제12조가 정하는 청구인적격·원고적격을 갖는다.

㈐ 재량권의 일탈·남용
금지해제신청에 대한 허가는 예외적 허가에 해당하므로, 행정청은 금지해제신청에 대한 허가의 여부에 대하여 재량권을 갖는다고 하여도, 그 재량권 행사에 남용이나 일탈이 있다면, 신청인은 본안에서 재량권의 남용이나 일탈을 이유로 위법을 주장할 수 있다.

[1-22a] 제37회 입법고시(2021년) 행정행위의 적법요건으로 의결정족수

〈제1문〉 甲은 자신이 소유하고 있는 서울특별시 소재 지상 5층 건물 중 지상 1층에서 정육식당을 운영하던 자인데, 식당 매출이 부진하자 업종을 변경하여 「게임산업진흥에 관한 법률」상 일반게임제공업을 운영하고자 한다. 해당 건물 인근에는 H고등학교가 있기 때문에 甲은 「교육환경 보호에 관한 법률」(이하 '교육환경보호법'이라 한다)에 따라 A교육지원청 교육장 乙에게 금지행위 및 시설 금지 해제 신청을 하였고 乙은 A교육지원청 소속 지역교육환경보호위원회(이하 '지역위원회'라 한다)의 현장 실사 등을 거쳐 '금지행위 및 시설금지 해제' 결정을 하였다. 이후 甲은 관할 A구청장으로부터 「게임산업진흥에 관한 법률」에 따른 일반게임제공업 허가를 받았다.

(1) 지역위원회는 지역위원회 회의 시 재적위원 과반수 출석과 출석위원 3분의 2에 못 미치는 과반수 찬성으로 금지행위 및 시설금지 해제 의결을 하였다. H고등학교 근처에서 일반게임제공업을 운영 중인 丙은 위 의결은 교육환경보호법령에 위반된다고 주장하면서 乙의 금지행위 및 시설금지 해제결정에 대하여 취소소송을 제기하고자 한다. 丙은 승소할 수 있는지를 설명하시오. (제소기간은 준수한 것으로 본다)

참고조문

교육환경보호법(구 학교보건법) 제9조(교육환경보호구역에서의 금지행위 등) 누구든지 학생의 보건·위생, 안전, 학습과 교육환경 보호를 위하여 교육환경보호구역에서는 다음 각 호의 어느 하나에 해당하는 행위 및 시설을 하여서는 아니 된다. 다만, 상대보호구역에서는 제14호부터 제29호까지에 규정된 행위 및 시설 중 교육감이나 교육감이 위임한 자가 지역위원회의 심의를 거쳐 학습과 교육환경에 나쁜 영향을 주지 아니한다고 인정하는 행위 및 시설은 제외한다.
  20. 「게임산업진흥에 관한 법률」 제2조 제6호 다목에 따라 제공되는 게임물 시설
제5조(시·도교육환경보호위원회 등) ⑧ 교육감은 제9조에 따른 교육환경보호구역 내 금지행위 및 시설이 교육환경에 미치는 영향에 대하여 심의하기 위하여 「지방교육자치에 관한 법률」 제34조에 따른 교육지원청에 지역교육환경보호위원회(이하 "지역위원회"라 한다)를 두어야 한다. 다만, 교육지원청이 없는 경우 시·도위원회의 심의를 받는다.
  ⑨ 시·도위원회와 지역위원회의 조직, 기능 및 운영 등에 관한 사항은 대통령령으로 정한다.
교육환경보호법 시행령
제10조(지역교육환경보호위원회의 기능) 법 제5조 제8항 본문에 따른 지역교육환경보호위원회(이하 "지역위원회"라 한다)는 다음 각 호의 심의를 담당한다.
  1. 생략
  2. 법 제9조 각 호 외의 부분 단서에 따른 심의
제14조(지역위원회의 회의 등) ① 지역위원회의 위원장은 지역위원회의 회의를 소집하고, 그 의장이 된다.
  ② 지역위원회는 재적위원 과반수의 출석으로 개의하고, 출석위원 과반수의 찬성으로 의결한다. 다만, 제10조 제2호에 따른 심의를 하는 경우에는 재적위원 과반수의 출석으로 개의하고, 출석위원 3분의 2 이상의 찬성으로 의결한다.

답안작성요령

1. 문제의 제기
乙의 금지행위 및 시설금지 해제결정에 대한 취소소송이 인용되려면 거부처분 취소소송의 소송요건(본안판단의 전제요건)과 본안요건을 갖추어야 한다.

2. 소송요건의 구비 여부
(1) 소송요건으로 관할법원(행소법 제9조), 원고적격(행소법 제12조), 피고적격(행소법 제13조), 대상적격(행소법 제19조), 제소기간(행소법 제20조), 권리보호의 필요 등의 요건을 갖추어야 한다. 설문의 거부처분취소소송과 관련하여서는 특히 원고적격의 검토가 보다 중요하다.

(2) 원고적격

㈎ 원고적격의 일반론

㈏ 제3자소송$\binom{경업자}{소송}$

㈐ 교육환경보호법상 금지행위 및 시설 금지 해제의 효과$\binom{상대적\ 금지해제로}{서\ 허가,\ 반사적\ 이익}$

㈑ 丙은 乙의 금지행위 및 시설금지 해제결정으로 침해되는 법률상 이익이 없다.

3. 본안요건의 구비 여부

(1) 본안요건으로, 금지행위 및 시설금지 해제결정이 행정행위의 적법요건을 구비하였는지 여부에 대한 검토가 필요하다.

(2) 행정행위의 적법요건 일반론을 약술한다. 의결정족수 문제는 적법요건 중 절차요건과 관련한다.

(3) 지역위원회 회의와 의결정족수

㈎ 교육환경보호법은 금지행위 및 시설 금지 해제를 위해서는 지역위원회의 심의를 필수적인 절차로 규정하고 있다$\binom{동법\ 제5조\ 제1항}{제9조\ 제20호}$.

㈏ 교육환경보호법상 심의의 의미는 불분명하다.

㈐ 교육환경보호법은 지역위원회의 조직, 기능 및 운영 등에 관한 사항은 대통령령으로 정하도록 하고 있다$\binom{동법\ 제5조}{제2항}$.

㈑ 교육환경보호법 제5조 제2항의 위임에 따른 동법 시행령 제14조 제2항은 의사정족수와 의결정족수를 규정하고 있다. 동 시행령의 정족수 규정은 법규명령으로서 강행규정이다. 이에 반하면 위법하다.

4. 문제의 해결

乙의 금지행위 및 시설금지 해제결정은 위법한 행위이지만, 丙에게는 원고적격이 인정되지 아니하므로 승소하기 어렵다.

[1-22b] 제37회 입법고시(2021년) 일반게임제공업 자진 폐업의 성질(허가의 소멸)

〈제1문〉 甲은 자신이 소유하고 있는 서울특별시 소재 지상 5층 건물 중 지상 1층에서 정육식당을 운영하던 자인데, 식당 매출이 부진하자 업종을 변경하여 「게임산업진흥에 관한 법률」상 일반게임제공업을 운영하고자 한다. 해당 건물 인근에는 H고등학교가 있기 때문에 甲은 「교육환경 보호에 관한 법률」('이하 교육환경보호법'이라 한다)에 따라 A교육지원청교육장 乙에게 금지행위 및 시설 금지 해제 신청을 하였고 乙은 A교육지원청 소속 지역교육환경보호위원회('이하 지역위원회'라 한다)의 현장 실사 등을 거쳐 '금지행위 및 시설금지 해제'결정을 하였다. 이후 甲은 관할 A구청장으로부터 「게임산업진흥에 관한 법률」에 따른 일반게임제공업 허가를 받았다.

(3) 甲은 일반게임제공업 영업을 하던 중 2020년에 코로나19 확산으로 영업이 어려워지자, 위 지상 1층 영업장에 있던 일반게임제공업 관련 시설물들을 모두 철거하여 5층 건물 옥상에 쌓아두었다. 그리고 영업장 출입문에 "개인 사정으로 폐업합니다"라는 안내문을 게시하였다. 우연히 이를 알게 된 A구청장은 甲에게 일반게임제공업 허가취소를 통지하였다. 이에 甲은 경영난으로 인해 잠시 휴업하고자 하는 의도였을 뿐인데, 일반게임제공업 허가를 취소한 것은 위법하다고 주장하며 취소소송을 제기하였다. 甲은 승소할 수 있는지 논하시오.

참고조문

게임산업진흥에 관한 법률
제2조(정의) 이 법에서 사용하는 용어의 정의는 다음과 같다.
  6의2. 제6호의 게임제공업 중 일정한 물리적 장소에서 필요한 설비를 갖추고 게임물을 제공하는 영업은 다음 각 호와 같다.
    나. 일반게임제공업 : 제21조의 규정에 따라 등급분류된 게임물 중 청소년이용불가 게임물과 전체이용가 게임물을 설치하여 공중의 이용에 제공하는 영업
제26조(게임제공업 등의 허가 등) ① 일반게임제공업을 영위하고자 하는 자는 허가의 기준·절차 등에 관하여 대통령령이 정하는 바에 따라 특별자치시장·특별자치도지사·시장·군수·구청장의 허가를 받아 영업을 할 수 있다. 다만, 「국토의 계획 및 이용에 관한 법률」 제36조 제1항 제1호 가목의 주거지역에 위치하여서는 아니 된다.
제27조(영업의 제한) 제25조 및 제26조의 규정에 의한 허가를 받거나 등록 또는 신고를 하고자 하는 자가 다음 각 호의 어느 하나에 해당하는 경우에는 제25조 또는 제26조의 규정에 따른 허가를 받거나 등록 또는 신고를 할 수 없다.
  1. 제35조 제1항부터 제3항까지 및 제38조 제1항의 규정에 의하여 영업폐쇄명령 또는 허가·등록 취소처분이나 폐쇄 및 수거 등 조치를 받은 후 1년이 경과되지 아니하거나 영업정지처분을 받은 후 그 기간이 종료되지 아니한 자(법인의 경우에는 그 대표자 또는 임원을 포함한다)가 같은 업종을 다시 영위하고자 하는 경우
게임산업진흥에 관한 법률 시행령
제15조의2(일반게임제공업의 허가) ① 법 제26조 제1항에 따라 일반게임제공업의 허가를 받으려는 자는 별표 1의2의 기준에 따른 시설을 갖추어야 한다.

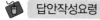 **답안작성요령**

1. 문제의 제기
(1) 설문은 갑의 자진 폐업이 A구청장은 甲에게 일반게임제공업 허가취소의 사유가 되는지 여부를 논점으로 한다.
(2) 이의 해결을 위해서는 일반게임제공업 허가의 성질과 갑의 자진 폐업의 안내문게시의 의미를 살펴볼 필요가 있다.

2. 일반게임제공업 허가의 성질

(1) 물적 요건(허가를 받기 위해서는 게임산업진흥에 관한 법률 제26조 제 1 항과 동법 시행령 제15조의2가 정하는 시설을 갖추어야 한다)

(2) 인적 요건(게임산업진흥에 관한 법률 제27조가 정하는 자는 일반게임제공업 허가를 받을 수 없다)

(3) 혼합적 허가(일반게임제공업 허가는 물적 요건과 인정 요건을 심사대상으로 하는바, 혼합적 허가이다).

3. 자진 폐업의 안내문게시의 성질

(1) 자진 폐업의 안내문게시는 일반게임제공업을 위해 설치한 시설의 용도를 폐기한다는 의미로 이해될 수 있다.

(2) 일반게임제공업의 허가는 신청에 의한 것인데, 설치한 시설의 용도폐기는 일반게임제공업의 허가 신청의 철회의 의미를 갖는다.

(3) 따라서 자진 폐업의 안내문게시로 일반게임제공업의 허가는 실효하였다고 볼 수 있다.

(4) 자진 폐업의 안내문게시는 일반게임제공업 허가취소의 사유에 불과하다고 볼 수 있다.

(5) 자진 폐업의 안내문게시가 코로나사태로 인해 극히 짧은 기간 동안 이루어졌다면, 그것은 법적 평가의 대상으로 삼기 어려우므로, 실효사유나 취소사유로 보기 어려운 경우도 있을 수 있을 것이다(예외적인 경우).

[참고판례] 원고는 1980.12.31자로 이 사건 건물 중 2층 117평 1작에 대한 종전의 결혼예식장영업을 자진폐업한 이상 위 예식장영업허가는 자동적으로 소멸하고, 1982.2.12 위 건물 중 2층 1,058평 2홉 2작에 대하여 예식장영업허가신청을 하였다 하더라도 이는 전혀 새로운 영업허가의 신청임이 명백하므로 일단 소멸한 종전의 영업허가권이 당연히 되살아난다고 할 수는 없는 것이니 여기에 종전의 영업허가권이 새로운 영업허가신청에도 그대로 미친다고 보는 기득권의 문제는 개재될 여지가 없다고 할 것이다(대판 1985. 7. 9, 83누412).

4. 승소 여부

(1) 폐업의 안내문게시로 일반게임제공업의 허가는 실효하였다고 보면, 취소소송이 아니라 유효확인소송을 제기하여야 한다(일반게임제공업 허가처분 유효확인소송). 3. (5)의 경우라면 승소도 가능할 것이다.

(2) 자진 폐업의 안내문게시는 일반게임제공업 허가취소의 사유라고 보면, 취소소송을 제기할 수 있다(일반게임제공업 허가취소처분 취소소송). 3. (5)의 경우라면 승소도 가능할 것이다.

[1-23] 제5회 변호사시험(2016년) 형사사건에서 선결문제

〈제1문〉 만 20세인 갑과 만 17세인 을은 2015. 6. 14. 23:50경 담배를 피우지 못하도록 표시된 인터넷 컴퓨터게임시설제공업소(일명 'PC방')에서 함께 담배를 피우며 게임을 하고 있었다. 경찰관 A는 PC방을 순찰하던 중 학생처럼 보이는 갑과 을을 발견하고 담배 피우는 것을 제지하면서 두 사람에게 신분증 제시를 요구하였다. 그러나 갑은 신분증을 제시하지 않았을 뿐만 아니라, 이름과 생년월일 등 신분 확인을 위한 자료의 요구에도 일절 응하지 아니하면서 경찰관 A를 향해 키보드를 던지며 저항하였다. 이에 경찰관 A는 갑을 진정시킨 후 갑의 동의 하에 갑과 함께 경찰서로 이동하여 갑을 공무집행방해 혐의로 입건하였다. 그리고 경찰관 A는 갑의 신원확인을 위하여 갑에게 십지(十指)지문채취를 요구하였으나, 갑은 경찰관 A의 공무집행이 위법하였음을 주장하며 피의사실을 부인하면서 지문채취에 불응하였다.

(4) PC방 영업을 하는 병은 청소년 출입시간을 준수하지 않았다는 이유로 관할 시장으로부터 영업정지 1월의 처분을 받았다. 그런데 관할 시장은 이 처분을 하기 전에 병에게 처분의 원인이 되는 사실과 의견제출의 방법 등에 관한 「행정절차법」상 사전통지를 하지 아니하였다. 이에 병은 사전통지 없는 영업정지처분이 위법하다고 주장하며 영업정지명령에 불응하여 계속하여 영업을 하였고, 관할 시장은 「게임산업진흥에 관한 법률」상 영업정지명령위반을 이유로 병을 고발하였다. 이 사건을 심리하는 형사 법원은 병에 대해 유죄 판결을 할 수 있겠는가?

참고조문

※아래 법령은 각 처분당시 적용된 것으로 가상의 것이다.

게임산업진흥에 관한 법률

제28조(게임물 관련사업자의 준수사항) 게임물 관련사업자는 다음 각 호의 사항을 지켜야 한다.

　7. 대통령령이 정하는 영업시간 및 청소년의 출입시간을 준수할 것

제35조(허가취소 등) ② 시장·군수·구청장은 제26조의 규정에 의하여 게임제공업·인터넷컴퓨터게임시설제공업 또는 복합유통게임제공업의 허가를 받거나 등록 또는 신고를 한 자가 다음 각 호의 어느 하나에 해당하는 때에는 6월 이내의 기간을 정하여 영업정지를 명하거나 허가·등록취소 또는 영업폐쇄를 명할 수 있다.

　5. 제28조의 규정에 따른 준수사항을 위반한 때

제45조(벌칙) 다음 각호의 어느 하나에 해당하는 자는 2년 이하의 징역 또는 2천만 원 이하의 벌금에 처한다.

　9. 제35조 제2항 제2호의 규정에 의한 영업정지명령을 위반하여 영업한 자

게임산업진흥에 관한 법률 시행령

제16조(영업시간 및 청소년 출입시간제한 등) 법 제28조 제7호에 따른 영업시간 및 청소년의 출입시간은 다음 각 호와 같다.

　2. 청소년의 출입시간

　　가. 청소년게임제공업자, 복합유통게임제공업자(「청소년 보호법 시행령」 제5조 제1항 제2호 단서에 따라 청소년의 출입이 허용되는 경우만 해당한다.), 인터넷컴퓨터게임시설제공업자의 청소년 출입시간은 오전 9시부터 오후 10시까지로 한다. 다만, 청소년이 친권자·후견인·교사 또는 직장의 감독자 그 밖에 당해 청소년을 보호·감독할 만한 실질적인 지위에 있는 자를 동반한 경우에는 청소년 출입시간 외의 시간에도 청소년을 출입시킬 수 있다.

📋 답안작성요령

1. 문제의 제기

(1) 영업정지명령위반을 이유로 처벌하기 위해서는 영업정지처분이 적법해야 한다.

⑵ 영업정지명령이 위법한 경우, 형사법원이 행정처분의 위법 여부를 심사할 수 있는가의 여부를 검토하여야 한다. 소위 선결문제이다.

2. 영업정지처분의 위법 여부

⑴ 문제상황

영업정지처분의 위법 여부는 사전통지와 의견제출절차 결여의 하자의 효과의 문제가 된다.

⑵ 명문의 규정이 있는 경우

⑶ 명문의 규정이 없는 경우

㈎ 절차상 하자가 독자적 위법인지 여부$\binom{\text{학설, 판}}{\text{례, 검토}}$

㈏ 위법성의 정도$\binom{\text{중대명}}{\text{백설}}$

⑷ 사례에 적용

3. 형사법원의 행정처분의 위법 여부에 대한 심사의 가부

⑴ 선결문제의 의의

⑵ 행정행위의 위법 여부가 쟁점인 경우$\binom{\text{학설, 판}}{\text{례, 검토}}$

⑶ 행정행위의 효력 유무가 쟁점인 경우$\binom{\text{학설, 판}}{\text{례, 검토}}$

⑷ 사례에 적용

4. 문제의 해결

[1-23a] 제65회 5급공채(2021년) 형사사건에서 선결문제

〈제1문〉 A군의 군수(이하 A군수)는 甲주식회사에게 「중소기업창업 지원법」 제33조 및 제35조에 따라 관할 행정청과의 협의를 거쳐 산지전용허가 등이 의제되는 사업계획을 승인하였다. 산지전용허가가 의제되는 부지 인근에 거주하고 있는 주민 乙은 해당 사업이 실시될 경우 산에서 내려오는 물의 흐름이 막혀 지반이 약한 부분에서 토사유출 및 산사태 위험이 있다며 해당 산지전용허가에 반대하고 있다. 관할행정청은 이후 「산지관리법」 제37조에 따라 재해위험지역 일제점검을 하던 중 甲의 시설공사장에서 토사유출로 인한 산사태 위험을 확인하고, 甲에게 시설물철거 등 재해의 방지에 필요한 조치를 할 것을 명하였다. 다만, 甲에게 통지된 관할행정청의 처분서에는 甲이 충분히 알 수 있도록 처분의 사유와 근거가 구체적으로 명시되지는 않았다.

3) 甲은 관할행정청의 조치명령을 이행하지 아니하여 「산지관리법」 위반으로 형사법원에 기소되었으나 해당 조치명령이 위법하므로 자신이 무죄라고 주장한다. 甲의 주장이 타당한지를 검토하시오.

참고조문

산지관리법

제14조(산지전용허가) ① 산지전용을 하려는 자는 그 용도를 정하여 대통령령으로 정하는 산지의 종류 및 면적 등의 구분에 따라 산림청장등의 허가를 받아야 하며, 허가받은 사항을 변경하려는 경우에도 같다. 다만, 농림축산식품부령으로 정하는 사항으로서 경미한 사항을 변경하려는 경우에는 산림청장등에게 신고로 갈음할 수 있다.

④ 관계 행정기관의 장이 다른 법률에 따라 산지전용허가가 의제되는 행정처분을 하기 위하여 산림청장등에게 협의를 요청하는 경우에는 대통령령으로 정하는 바에 따라 제18조에 따른 산지전용허가기준에 맞는지를 검토하는 데에 필요한 서류를 산림청장등에게 제출하여야 한다.

제37조(재해의 방지 등) ① 산림청장등은 다음 각 호의 어느 하나에 해당하는 허가 등에 따라 산지전용, 산지일시사용, 토석채취 또는 복구를 하고 있는 산지에 대하여 대통령령으로 정하는 바에 따라 토사유출, 산사태 또는 인근지역의 피해 등 재해 방지나 산지경관 유지 등에 필요한 조사·점검·검사 등을 할 수 있다.

1. 제14조에 따른 산지전용허가

8. 다른 법률에 따라 제1호부터 제5호까지의 허가 또는 신고가 의제되거나 배제되는 행정처분

⑥ 산림청장등은 제1항 및 제2항에 따른 조사·점검·검사 등을 한 결과에 따라 필요하다고 인정하면 대통령령으로 정하는 바에 따라 제1항 각 호의 어느 하나에 해당하는 허가 등의 처분을 받거나 신고 등을 한 자에게 다음 각 호 중 필요한 조치를 하도록 명령할 수 있다.

1. 산지전용, 산지일시사용, 토석채취 또는 복구의 일시중단

2. 산지전용지, 산지일시사용지, 토석채취지, 복구지에 대한 녹화피복(綠化被覆) 등 토사유출 방지조치

3. 시설물 설치, 조림(造林), 사방(砂防) 등 재해의 방지에 필요한 조치

4. 그 밖에 산지경관 유지에 필요한 조치

제55조(벌칙) 보전산지에 대하여 다음 각 호의 어느 하나에 해당하는 자는 2년 이하의 징역 또는 2천만원 이하의 벌금에 처하고, 보전산지 외의 산지에 대하여 다음 각 호의 어느 하나에 해당하는 자는 1년 이하의 징역 또는 1천만원 이하의 벌금에 처한다.

7. 제37조 제6항 각 호에 따른 조치명령을 위반한 자

답안작성요령

1. 문제의 제기

설문은 공정력 또는 구성요건적 효력과 관련하여 선결문제로서 행정행위의 위법 또는 무효가 형사사건에서 쟁점이 된 경우, 형사법원이 이를 판단할 수 있는지 여부를 논점으로 한다.

2. 행정행위의 위법 여부가 쟁점인 경우$\left(\begin{smallmatrix}\text{학설·판}\\\text{례·검토}\end{smallmatrix}\right)$

3. 행정행위의 효력 유무가 쟁점인 경우$\left(\begin{smallmatrix}\text{학설·판}\\\text{례·검토}\end{smallmatrix}\right)$

4. 문제의 해결

[1-24] 제32회 입법고시(2016년) 위헌법률에 근거한 처분의 효력, 하자의 승계

〈제1문〉 Y세무서장은 갑에게 구(舊) 국세기본법 제39조 제1항 제2호 다목에 규정된 제2차 납세의무자에 해당한다는 이유로 주택건설업을 영위하는 A주식회사의 체납 국세 전액에 대한 납부를 명하는 과세처분을 부과하였다. 갑은 A주식회사의 최대주주인 배우자 병과 함께 과점주주에 해당하였다. 그 후 헌법재판소는 위 조세 부과의 근거가 되었던 법률 규정이 조세평등주의와 실질적 조세법률주의에 위반되고 과점주주의 재산권을 침해한다는 이유로 위헌을 결정하였다. 그러나 Y세무서장은 이후에 이 사건 과세처분에 따라 당시 유효하게 시행 중이던 국세징수법을 근거로 체납 중이던 원고 갑의 체납액 및 결손액(가산세를 포함)을 징수하기 위하여 갑 명의의 예금 채권을 압류하였다. 이에 갑은 Y세무서장의 압류에 대해 행정소송을 제기하려고 한다.

(1) 이 사안에서 갑이 Y세무서장의 압류에 대해 어떠한 행정소송을 제기할 수 있는지를 검토하시오.

(2) 한편, 갑이 Y세무서장의 압류에 대해 그 위법을 다투면서 Y세무서장의 과세처분에 대한 하자를 주장할 수 있는지를 검토하시오(단, 이 경우 Y세무서장의 과세처분에 대한 제소기간은 경과한 것으로 본다).

(3) 위 사안에서 Y세무서장의 과세처분의 근거가 되는 법률조항은 해당 과세처분이 발급된 후에 위헌결정이 내려졌다. 이 경우 위헌 법률에 근거하여 Y세무서장이 내린 과세처분의 법적 효력에 대해 검토하시오.

참고조문

국세기본법

제39조(출자자의 제2차 납세의무) 법인의 재산으로 그 법인에 부과되거나 그 법인이 납부할 국세·가산금과 체납처분비에 충당하여도 부족한 경우에는 그 국세의 납세의무 성립일 현재 다음 각 호의 어느 하나에 해당하는 자는 그 부족한 금액에 대하여 제2차 납세의무를 진다. 다만, 제2호에 따른 과점주주의 경우에는 그 부족한 금액을 그 법인의 발행주식 총수(의결권이 없는 주식은 제외한다. 이하 이 조에서 같다) 또는 출자총액으로 나눈 금액에 해당 과점주주가 실질적으로 권리를 행사하는 주식 수(의결권이 없는 주식은 제외한다) 또는 출자액을 곱하여 산출한 금액을 한도로 한다.

  1. 무한책임사원

  2. 주주 또는 유한책임사원 1명과 그의 특수관계인 중 대통령령으로 정하는 자로서 그들의 소유주식 합계 또는 출자액 합계가 해당 법인의 발행주식 총수 또는 출자총액의 100분의 50을 초과하면서 그에 관한 권리를 실질적으로 행사하는 자들(이하 "과점주주"라 한다)

국세징수법

제14조(납기 전 징수) ① 세무서장은 납세자에게 다음 각 호의 어느 하나에 해당하는 사유가 있을 때에는 납기 전이라도 이미 납세의무가 확정된 국세는 징수할 수 있다.

  1. 국세의 체납으로 체납처분을 받을 때

제24조(압류) ① 세무서장(체납기간 및 체납금액을 고려하여 대통령령으로 정하는 체납자의 경우에는 지방국세청장을 포함한다. 이하 같다)은 다음 각 호의 어느 하나에 해당하는 경우에는 납세자의 재산을 압류한다. 〈개정 2011. 12. 31.〉

  1. 납세자가 독촉장(납부최고서를 포함한다)을 받고 지정된 기한까지 국세와 가산금을 완납하지 아니한 경우

  2. 제14조 제1항에 따라 납세자가 납기 전에 납부 고지를 받고 지정된 기한까지 완납하지 아니한 경우

  ② 세무서장은 납세자에게 제14조 제1항 각 호의 어느 하나에 해당하는 사유가 있어 국세가 확정된 후에는 그 국세를 징수할 수 없다고 인정할 때에는 국세로 확정되리라고 추정되는 금액의 한도에서 납세자의 재산을 압류할 수 있다.

  ③~⑤ 〈생략〉

  ⑥ 세무서장은 제2항에 따라 압류한 재산이 금전, 납부기한 내 추심(推尋)할 수 있는 예금 또는 유가증권인 경우 납세자의 신청이 있을 때에는 확정된 국세에 이를 충당할 수 있다.

답안작성요령

■ **[제1문] (1)의 답안작성요령**

1. 문제의 제기

국세부과처분의 근거조항이 위헌 결정된 경우, 그 처분의 집행력을 저지할 수 있는가의 여부를 쟁점으로 한다.

2. 집행력의 인정여부

학설·판례 검토가 필요하다

3. 문제의 해결

■ **[제1문] (2)의 답안작성요령**

1. 쟁점의 정리

압류에 대해 그 위법을 다투면서 과세처분의 위법을 주장하는 것은 선행행위의 하자를 주장하는 것이 된다. 이것은 하자의 승계문제가 된다.

2. 행정행위의 하자의 승계

행정행위의 하자의 승계론을 논술하고 사례를 검토한다.

3. 문제의 해결

■ **[제1문] (3)의 답안작성요령**

1. 문제의 제기

⑴ 과세처분 후 근거법률이 위헌결정된 경우, 그 처분의 효력은 과세처분이 소급하는가를 쟁점으로 한다.

⑵ 근거법률의 위헌결정은 처분의 근거에 하자가 있는바, 그 하자가 처분에 미치는 효과도 쟁점으로 한다.

2. 위헌 법률의 소급효 문제

3. 위헌 법률에 근거한 처분의 하자의 정도와 그 효과

⑴ 하자의 정도(중대명
백설)

⑵ 무효 또는 취소할 수 있는 행위

4. 문제의 해결

[1-24a] 제38회 입법고시 제2차시험(2022년) 하자의 승계

〈제1문〉 甲은 서울 근교에 농지를 소유하고 있는데, 관할 시장 A는 해당 농지의 개별공시지가를 결정·공시하였다. 이에 대하여 甲은 비교표준지선정이 잘못되어 개별공시지가 결정이 위법하다며 A시장에게 이의신청하였다. 이를 심사한 A시장은 기각결정을 통지하였고 甲은 이에 대하여 불복하지 않았다. 이후 甲은 해당 농지를 공장부지로 사용하기 위해 관할 행정청 B에게 해당 농지의 전용허가를 신청하였다. B는 이러한 甲에게 농지전용허가를 하면서 농지보전부담금을 부과하였다. 이에 대해 甲은 농지보전부담금 부과처분은 위법한 개별공시지가 결정에 따른 것이어서, 해당 농지보전부담금 부과처분은 위법하다고 판단하고 있다(해당 개별공시지가 결정에 대한 쟁송 제기기간은 이미 도과하였다).

(1) 甲은 B의 농지보전부담금 부과처분에 대한 취소소송을 제기하면서 그 이유로 개별공시지가 결정의 위법성을 주장한다. 이러한 甲의 주장은 받아들여질 수 있는가?

(2) 만약, 甲이 농지전용허가를 받지 아니하고 해당 농지를 공장부지로 사용한 것이 적발되어 농지법에 따른 원상회복명령을 받았으나 정해진 기한 내에 원상회복을 하지 않아 이행강제금을 부과받았고, 甲이 이행강제금 부과에 불복하여 진행된 재판에서 원상회복명령의 위법성을 주장하는 경우 관할법원은 원상회복명령의 위법성을 판단할 수 있는가?

참고조문

부동산가격공시 및 감정평가에 관한 법률

제10조(개별공시지가의 결정·공시 등) ① 시장·군수 또는 구청장은 국세·지방세 등 각종 세금의 부과, 그 밖의 다른 법령에서 정하는 목적을 위한 지가산정에 사용되도록 하기 위하여 제25조에 따른 시·군·구부동산가격공시위원회의 심의를 거쳐 매년 공시지가의 공시기준일 현재 관할 구역 안의 개별토지의 단위면적당 가격(이하 "개별공시지가"라 한다)을 결정·공시하고, 이를 관계 행정기관 등에 제공하여야 한다.

② ~ ④ (생략)

⑤ 시장·군수 또는 구청장은 개별공시지가를 결정·공시하기 위하여 개별토지의 가격을 산정할 때에는 그 타당성에 대하여 감정평가법인등의 검증을 받고 토지소유자, 그 밖의 이해관계인의 의견을 들어야 한다. 다만, 시장·군수 또는 구청장은 감정평가법인등의 검증이 필요 없다고 인정되는 때에는 지가의 변동상황 등 대통령령으로 정하는 사항을 고려하여 감정평가법인등의 검증을 생략할 수 있다.

제11조(개별공시지가에 대한 이의신청) ① 개별공시지가에 이의가 있는 자는 그 결정·공시일부터 30일 이내에 서면으로 시장·군수 또는 구청장에게 이의를 신청할 수 있다.

② 시장·군수 또는 구청장은 제1항에 따라 이의신청 기간이 만료된 날부터 30일 이내에 이의신청을 심사하여 그 결과를 신청인에게 서면으로 통지하여야 한다. 이 경우 시장·군수 또는 구청장은 이의신청의 내용이 타당하다고 인정될 때에는 제10조에 따라 해당 개별공시지가를 조정하여 다시 결정·공시하여야 한다.

농지법

제42조(원상회복 등) ① 농림축산식품부장관, 시장·군수 또는 자치구구청장은 다음 각 호의 어느 하나에 해당하면 그 행위를 한 자에게 기간을 정하여 원상회복을 명할 수 있다.

1. 제34조 제1항에 따른 농지전용허가 또는 제36조에 따른 농지의 타용도 일시사용허가를 받지 아니하고 농지를 전용하거나 다른 용도로 사용한 경우

2. (이하생략)

제63조(이행강제금) ① 시장(구를 두지 아니한 시의 시장을 말한다. 이하 이 조에서 같다)·군수 또는 구청장은 다음 각 호의 어느 하나에 해당하는 자에게 해당 「감정평가 및 감정평가사에 관한 법률」에 따른 감정평가법인등이 감정평가한 감정가격 또는 「부동산 가격공시에 관한 법률」 제10조에 따른 개별공시지가(해당 토지의 개별공시지가가 없는 경우에는 같은 법 제8조에 따른 표준지공시지가를 기준으로 산정한 금액을 말한다) 중 더 높은 가액의 100분의 25에 해당하는 이행강제금을 부과한다.

1. (생략)

2. 제42조에 따른 원상회복 명령을 받은 후 그 기간 내에 원상회복 명령을 이행하지 아니하여 시장·군수·구청장이 그 원상회복 명령의 이행에 필요한 상당한 기간을 정하였음에도 그 기한까지 원상회복을 아니한 자

⑥ 제1항에 따른 이행강제금 부과처분에 불복하는 자는 그 처분을 고지받은 날부터 30일 이내에 시장·군수 또는 구청장에게 이의를 제기할 수 있다.

⑦ 제1항에 따른 이행강제금 부과처분을 받은 자가 제6항에 따른 이의를 제기하면 시장·군수 또는 구청장은 지체 없이 관할 법원에 그 사실을 통보하여야 하며, 그 통보를 받은 관할 법원은 「비송사건절차법」에 따른 과태료 재판에 준하여 재판을 한다.

답안작성요령

Ⅰ. (1)문(위법한 개별공시지가에 따른 농지보전부담금 부과처분과 하자의 승계)

1. 문제의 제기

설문은 선행행위의 위법을 후행행위를 다투는 절차에서 주장할 수 있는가의 문제이다. 이것은 강학상 하자의 승계문제가 된다.

2. 하자의 승계론(본책 중 행정행위의 하자의 승계 부분을 보라)

3. 사례에 적용

양자는 하나의 효과의 발생을 목적으로 하는 것이 아니다.

그러나 수인성의 원칙을 근거로 개별공시지가의 결정상 위법은 농지보전부담금 부과처분에 대한 취소소송에서 주장할 수 있다.

Ⅱ. (2)문(위법한 원상회복명령에 따른 이행강제금 부과처분과 하자의 승계)

1. 문제의 제기

설문은 선행행위의 위법을 후행행위를 다투는 절차에서 주장할 수 있는가의 문제이다. 이것은 강학상 하자의 승계문제가 된다.

2. 하자의 승계론(본책 중 행정행위의 하자의 승계 부분을 보라)

3. 사례에 적용

하나의 효과의 발생을 목적으로 하는 것이 아니다.

수인성의 원칙을 적용할 수 있는 사례가 아니다.

[1-25] 제 7 회 변호사시험(2018년) 위헌법률에 근거한 처분의 효력

〈제 2 문〉 법무법인 甲, 乙 및 丙은 2015. 3. 3. 정기세무조사의 대상이 되어 2014 사업연도의 법인세 신고 및 납부내역에 대한 세무조사를 받았다. 정기세무조사는 매년 무작위로 대상자를 추출하여 조사하는 것으로 세무조사로 인한 부담을 덜어주기 위하여 동일한 과세기간에 대해서는 원칙적으로 재조사를 금지하고 있다. 그러나 관할 세무서장은 甲, 乙 및 丙의 같은 세목 및 같은 과세기간에 대하여 재조사 결정 및 이에 따른 통지 후 2016. 5. 20. 재조사를 실시하면서, 재조사 이유에 대해 과거 위 각 법인에서 근무하던 직원들의 제보를 받아 법인세 탈루혐의를 입증할 자료가 확보되었기 때문이라고 밝혔다. 관할 세무서장은 재조사 결과 甲, 乙 및 丙의 법인세 탈루사실이 인정된다고 보아 甲과 乙에 대해서는 2017. 1. 10, 丙에 대해서는 2017. 11. 3. 증액경정된 조세부과처분을 각각 발령하였다. 한편, 甲, 乙 및 丙은 세무조사로서의 재조사에 대하여 제소기간 내에 취소소송을 제기하였다.

3. 위 乙의 취소소송 계속 중, 乙은 재조사의 법적 근거인 「국세기본법」 제81조의4 제 2 항 제 1 호가 '조세 탈루의 혐의가 인정되거나 의심되는 자료가 있는 경우'라고만 규정하여, 위법하게 수집된 자료 또는 명백히 혐의를 인정하기 부족한 자료가 있는 경우에도 재조사를 허용하는 것은 위헌이라고 주장하며 위헌법률심판제청을 신청하였다. 이에 헌법재판소는 2017. 12. 29. 동 조항에 대하여 위헌결정을 내렸다. 甲은 위 헌법재판소의 위헌결정의 효력을 자신의 취소소송에서 주장할 수 있는가?

 답안작성요령

1. 문제의 제기

(1) 취소소송에서 위법 여부는 처분시를 기준으로 판단한다는 것이 학설과 판례의 견해인데, 설문은 처분 시 이후에 근거된 법률이 위헌으로 판단된 경우, 그 처분이 위법하다고 볼 것인가의 여부를 쟁점으로 한다.

(2) 처분 시 이후에 근거된 법률이 위헌으로 판단된 경우, 그 처분이 위법하여 무효 또는 취소할 수 있는 행위라면 甲은 헌법재판소의 위헌결정의 효력을 자신의 취소소송에서 주장할 수 있을 것이다.

2. 대법원의 견해

일반적으로 법률이 헌법에 위배된다는 사정은 헌법재판소의 위헌결정이 있기 전에는 객관적으로 명백한 것이라고 할 수 없어 헌법재판소의 위헌결정 전에 행정처분의 근거가 되는 해당 법률이 헌법에 위배된다는 사유는 특별한 사정이 없는 한 그 행정처분 취소소송의 전제가 될 수 있을 뿐 당연무효사유는 아니라고 볼 것이다($\begin{smallmatrix} 대판 2013. 6. 13, \\ 2011두19994 \end{smallmatrix}$).

3. 헌법재판소의 견해

(1) 원칙적으로 취소할 수 있는 행위($\begin{smallmatrix} 헌재 2014. 1. 28, \\ 2010헌바251 \end{smallmatrix}$).

(2) 예외적으로 무효행위($\begin{smallmatrix} 헌재 1994. 6. 30, \\ 92헌바23 \end{smallmatrix}$).

4. 소   결

[1-26] 제27회 입법고시(2011년) 하자의 승계

〈제1문〉 X광역시 Y구(區)의 구청장 병은 「부동산 가격공시 및 감정평가에 관한 법률」 제11조 제1항에 따라 개별공시지가를 결정·공시하였다. 갑은 자신의 토지에 대하여 결정공시된 위 개별공시지가가 합리적인 이유 없이 주변 토지의 시세에 비하여 높게 평가되었음을 주장하면서 재조사청구를 하였다. 이에 병구청장은 위 개별공시지가를 감액조정하여 2010. 7. 18. 갑에게 통지하고 같은 달 23. 공고하였다.

그러나 갑은 2010년도 개별공시지가 결정에 대하여 한 재조사청구에 따른 조정결정을 통지받고서도 이에 대해 더 이상 다투지 아니하고, 재조사 청구에 따른 조정결정이 있기 전인 같은 해 6. 19. Y구에 해당 토지를 협의매도한 후 2011. 3. 31. 양도가액을 위 조정된 개별공시지가로 하여 산출한 양도소득세를 확정신고하고, 을세무서장으로부터 과세처분을 받았다. 위 개별공시지가결정에 대한 쟁송제기기간은 이미 도과하였다.

1) 이 경우 갑은 을의 과세처분에 대한 취소소송을 제기하면서 조정된 개별공시지가의 위법성을 주장할 수 있는지를 검토하시오.

답안작성요령

1. 문제의 제기

(1) 설문에서 갑은 개별공시지가에 대한 불복기간의 도과 후에 과세처분을 다투면서 개별공시지가의 위법성을 주장하고 있는바, 설문은 후행행위(설문에서는 과세처분)를 다툴 때 선행행위(설문에서는 개별공시지가)의 하자를 주장할 수 있는가를 묻고 있다.

(2) 설문에 답하기 위해서는 행정행위의 하자의 승계를 인정할 것인가에 관한 검토가 필요하다.

2. 행정행위 하자의 승계의 인정 여부

(1) 학 설

(개) 전통적 견해

(내) 규준력설(의의와 비판론)

(2) 판 례

(개) 하나의 법률효과를 목적으로 하는 경우

(내) 별개의 법률효과를 목적으로 하는 경우(원칙, 예외)

3. 문제의 해결

(1) 사례에 적용

(2) 결 론

[1-27] 제56회 5급공채(2012년) 하자의 승계

〈제1문〉 A시의 시장은 건물 소유자인 갑에게 건축법 제79조 및 행정대집행법 제3조에 따라 동 건물이 무허가건물이라는 이유로 일정기간까지 철거할 것을 명함과 아울러 불이행할 때에는 대집행한다는 내용의 계고를 하였다. 그 후 갑이 이에 불응하자 다시 2차계고서를 발송하여 일정기간까지 자진철거를 촉구하고 불이행하면 대집행한다는 내용을 고지하였다. 그러나 갑은 동 건물이 무허가건물이 아니라고 다투고 있다$\binom{\text{단, 대집행 요건의 구비 여부에 대하여는 아}}{\text{래 각 질문사항에 따라서만 검토하기로 한다}}$.
(3) 철거명령의 위법을 이유로 계고의 위법을 다툴 수 있는가?

 답안작성요령

1. 문제의 제기

(1) 설문에서 갑은 A시의 시장의 대집행영장발부통보처분을 다투는 경우, A시의 시장의 계고처분의 위법성을 주장하고 있는바, 이것은 후행행위$\binom{\text{설문에서는 A시의}}{\text{시장의 계고처분}}$를 다툴 때 선행행위$\binom{\text{설문에서는 A시의 시장의}}{\text{대집행영장발부통보처분}}$의 하자를 주장할 수 있는가를 묻고 있다.

(2) 설문에 답하기 위해서는 행정행위의 하자의 승계를 인정할 것인가에 관한 검토가 필요하다.

2. 행정행위 하자의 승계의 인정 여부

(1) 학   설

(개) 전통적 견해

(내) 규준력설$\binom{\text{의의와}}{\text{비판론}}$

(2) 판   례

(개) 하나의 법률효과를 목적으로 하는 경우

(내) 별개의 법률효과를 목적으로 하는 경우$\binom{\text{원칙,}}{\text{예외}}$

3. 문제의 해결

(1) 사례에 적용

(2) 결   론

[1-28] 제57회 사법시험(2015년)   하자의 승계

〈제1문〉 갑은 을로부터 2014. 10. 7. A시 B구 소재 이용원 영업을 양도받고 관할 행정청인 B구 구청장 X에게 영업자 지위승계신고를 하였다. 그런데 갑은 위 영업소를 운영하던 중, 2014. 12. 16. C경찰서 소속 경찰관에 의해 「성매매알선 등 행위의 처벌에 관한 법률」위반으로 적발되었다. 구청장 X는 2014. 12. 19. 갑에 대하여 3월의 영업정지 처분을 하였다. 한편 을은 이미 같은 법 위반으로 2014년 7월부터 9월까지의 2월의 영업정지처분을 받은 바 있었다. 그 후 2015. 5. 6. B구청 소속 공무원들은 위생관리 실태를 검사하기 위하여 위 영업소에 들어갔다가 갑이 여전히 손님에게 성매매알선 등의 행위를 하는 것을 적발하였다. 이에 구청장 X는 이미 을이 제1차 영업정지처분을 받았고 갑이 제2차 영업정지처분을 받았음을 이유로, 2015. 5. 6.에 적발된 위법행위에 대하여 갑에게 「공중위생관리법」 제11조 제1항 및 제2항, 같은 법 시행규칙 제19조 [별표 7] 행정처분기준에 따라 적법한 절차를 거쳐서 가중된 제재처분인 영업소 폐쇄명령을 내렸다.

(1) 갑은 구청장 X의 영업소 폐쇄명령에 대한 취소소송을 제기하면서, 자신에 대한 제2차 영업정지처분의 위법성을 폐쇄명령의 취소사유로 주장하고 있다. 갑에 대한 제2차 영업정지처분 시에 의견청취절차를 거치지 않았으나, 이를 다투지 않은 채 제소기간이 도과하였다. 이러한 갑의 주장이 타당한지를 검토하시오.

참고조문

공중위생관리법
제3조의2(공중위생영업의 승계)   ① 공중위생영업자가 그 공중위생영업을 양도하거나 사망한 때 또는 법인의 합병이 있는 때에는 그 양수인·상속인 또는 합병후 존속하는 법인이나 합병에 의하여 설립되는 법인은 그 공중위생영업자의 지위를 승계한다.
　②～③ 〈생략〉
　④ 제1항 또는 제2항의 규정에 의하여 공중위생영업자의 지위를 승계한 자는 1월 이내에 보건복지부령이 정하는 바에 따라 시장·군수 또는 구청장에게 신고하여야 한다.
제11조(공중위생영업소의 폐쇄등)   ① 시장·군수·구청장은 공중위생영업자가 이 법 또는 이 법에 의한 명령에 위반하거나 또는 「성매매알선 등 행위의 처벌에 관한 법률」·「풍속영업의 규제에 관한 법률」·「청소년 보호법」·「의료법」에 위반하여 관계행정기관의 장의 요청이 있는 때에는 6월 이내의 기간을 정하여 영업의 정지 또는 일부 시설의 사용중지를 명하거나 영업소폐쇄등을 명할 수 있다. 다만, 관광숙박업의 경우에는 당해 관광숙박업의 관할행정기관의 장과 미리 협의하여야 한다.
　② 제1항의 규정에 의한 영업의 정지, 일부 시설의 사용중지와 영업소폐쇄명령등의 세부적인 기준은 보건복지부령으로 정한다.
제11조의3(행정제재처분효과의 승계)   ① 공중위생영업자가 그 영업을 양도하거나 사망한 때 또는 법인의 합병이 있는 때에는 종전의 영업자에 대하여 제11조 제1항의 위반을 사유로 행한 행정제재처분의 효과는 그 처분기간이 만료된 날부터 1년간 양수인·상속인 또는 합병후 존속하는 법인에 승계된다.
공중위생관리법 시행규칙
제19조(행정처분기준)   법 제7조 제2항 및 법 제11조 제2항의 규정에 의한 행정처분의 기준은 별표 7과 같다.
　[별표 7] 행정처분기준
　Ⅱ. 개별기준

3. 이용업

위반사항	관련법규	행정처분기준		
		1차 위반	2차 위반	3차 위반
3.「성매매알선 등 행위의 처벌에 관한 법률」·「풍속영업의 규제에 관한 법률」·「의료법」에 위반하여 관계 행정기관의 장의 요청이 있는 때 　가. 손님에게 성매매알선등행위 또는 음란 행위를 하게 하거나 이를 알선 또는 제 공한 때 　　(1) 영업소	법 제11조 제1항	영업정지 2개월	영업정지 3개월	영업장 폐쇄 명령

답안작성요령

1. 문제의 제기

⑴ 설문에서 갑은 구청장 X로부터 제2차 영업정지처분을 받은 후 제소기간 내에 이를 다투지 않고, 제2차 영업정지처분 이후에 이루어진 영업소 폐쇄명령을 다투려고 한다.

⑵ 문제는 영업소 폐쇄명령을 다투면서 제2차 영업정지처분이 의견청취절차를 거치지 아니한 것이어서 위법하다는 것을 주장할 수 있는가, 즉 후행행위$\binom{설문에서는\ 구청장\ X}{의\ 영업소\ 폐쇄명령}$를 다투면서 선행행위$\binom{설문에서는\ 구청장\ X의}{제2차\ 영업정지처분}$의 하자$\binom{의견청취절차를\ 거}{치지\ 아니한\ 하자}$를 주장할 수 있는가의 여부이다.

⑶ 설문에 답하기 위해서는 행정행위의 하자의 승계를 인정할 것인가에 관한 검토가 필요하다.

2. 행정행위 하자의 승계의 인정 여부

⑴ 학　　설

㈎ **전통적 견해**

㈏ **규준력설**$\binom{의의와}{비판론}$

⑵ 판　　례

㈎ **하나의 법률효과를 목적으로 하는 경우**

㈏ **별개의 법률효과를 목적으로 하는 경우**$\binom{원칙,}{예외}$

3. 문제의 해결

⑴ 사례에 적용

⑵ 결　　론

[1-29] 제59회 5급공채(2015년) 하자의 승계, 의견제출절차의 하자

〈제1문〉 A주식회사는 Y도지사에게 「산업입지 및 개발에 관한 법률」 제11조에 의하여 X시 관내 토지 3,261,281m²에 대하여 '산업단지지정요청서'를 제출하였고, 해당지역을 관할하는 X시장은 요청서에 대한 사전검토 의견서를 Y도지사에게 제출하였다. 이에 Y도지사는 A주식회사를 사업시행자로 하여 위 토지를 'OO 제2 일반지방산업단지'(이하 "산업단지"라고 한다)로 지정·고시한 후, A주식회사의 산업단지개발실시계획을 승인하였다. 그러나 Y도지사는 위 산업단지를 지정하면서, 주민 및 관계 전문가 등의 의견을 청취하지 않았다. 한편, 갑은 X시 관내에 있는 토지소유자로서 갑의 일단의 토지 중 90%가 위 산업단지의 지정·고시에 의해 수용의 대상이 되었다. A주식회사는 갑소유 토지의 취득 등에 대하여 갑과 협의하였으나 협의가 성립되지 아니하였다. 이에 A주식회사는 Y도(道) 지방토지수용위원회에 재결을 신청하였고, 동 위원회는 금 10억원을 보상금액으로 하여 수용재결을 하였다. 다음 물음에 답하시오.

(2) 갑은 Y도 지방토지수용위원회의 수용재결에 대하여 취소소송을 제기하면서 Y도지사의 산업단지 지정에 하자가 있다고 주장한다. 산업단지 지정에 대한 취소소송의 제소기간이 도과한 경우에 甲의 주장은 인용될 수 있는가? (단, 소의 적법요건은 충족하였다고 가정한다)

참고조문

산업입지 및 개발에 관한 법률

제22조(토지수용) ① 사업시행자(제16조 제1항 제6호에 따른 사업시행자는 제외한다. 이하 이 조에서 같다)는 산업단지개발사업에 필요한 토지·건물 또는 토지에 정착한 물건과 이에 관한 소유권 외의 권리, 광업권, 어업권, 물의 사용에 관한 권리(이하 "토지등"이라 한다)를 수용하거나 사용할 수 있다.

② 제1항을 적용할 때 제7조의4 제1항에 따른 산업단지의 지정·고시가 있는 때(제6조 제5항 각 호 외의 부분 단서 또는 제7조 제6항 및 제7조의2 제5항에 따라 사업시행자와 수용·사용할 토지등의 세부 목록을 산업단지가 지정된 후에 산업단지개발계획에 포함시키는 경우에는 이의 고시가 있는 때를 말한다) 또는 제19조의2에 따른 농공단지 실시계획의 승인·고시가 있는 때에는 이를 「공익사업을 위한 토지 등의 취득 및 보상에 관한 법률」 제20조 제1항 및 같은 법 제22조에 따른 사업인정 및 사업인정의 고시가 있는 것으로 본다.

③ 국가산업단지의 토지등에 대한 재결(裁決)은 중앙토지수용위원회가 관장하고, 일반산업단지, 도시첨단산업단지 및 농공단지의 토지등에 대한 재결은 지방토지수용위원회가 관장하되, 재결의 신청은 「공익사업을 위한 토지 등의 취득 및 보상에 관한 법률」 제23조 제1항 및 같은 법 제28조 제1항에도 불구하고 산업단지개발계획(농공단지의 경우에는 그 실시계획)에서 정하는 사업기간 내에 할 수 있다.

⑤ 제1항에 따른 수용 또는 사용에 관하여는 이 법에 특별한 규정이 있는 경우를 제외하고는 「공익사업을 위한 토지 등의 취득 및 보상에 관한 법률」을 준용한다.

📑 답안작성요령

1. 문제의 제기

⑴ 갑은 Y도지사의 산업단지 지정에 대한 제소기간이 도과하여 이를 다툴 수 없게 된 후 Y도지사의 산업단지 지정 후에 이루어진 Y도 지방토지수용위원회의 수용재결에 대한 취소소송을 제기하면서 Y도지사의 산업단지 지정의 하자를 주장하는 것이 가능한가를 쟁점으로 한다.

⑵ 사례의 해결을 위해 먼저 산업입지 및 개발에 관한 법률 제10조가 정한 절차를 이행하지 아니한 것이 위법한지 여부를 검토하고,

⑶ 다음으로, 위법하다면 산업단지 지정의 하자를 수용재결에 대한 취소소송에서 주장할 수 있는가의 여부, 즉 후행행위(Y도 지방토지수용위원회의 수용재결)를 다투면서 선행행위(설문에서는 Y도지사의 산업단지 지정)의 하자(의견청취절차를 거치지 아니한 하자)를 주장할 수 있는

가의 여부를 검토하여야 한다. 이것은 행정행위의 하자의 승계를 인정할 것인가의 문제가 된다.

2. Y도지사의 산업단지 지정에 하자가 있는지 여부

(1) 관련규정

산업입지 및 개발에 관한 법률 제10조 제1항은 "산업단지지정권자는 제6조, 제7조, 제7조의2, 제7조의3 및 제8조에 따라 산업단지를 지정하거나 대통령령으로 정하는 중요 사항을 변경하려는 경우에는 이를 공고하여 주민 및 관계 전문가 등의 의견을 들어야 하고, 그 의견이 타당하다고 인정할 때에는 이를 반영하여야 한다. …"고 규정하고 있다.

(2) 의견청취절차 결여의 성질

동법은 의견청취절차를 필요적 절차로 규정하고 있다. 따라서 Y도지사는 산업단지 지정을 하기 전에 반드시 의견청취절차를 거쳐야 함에도 불구하고 거치지 아니하였으므로 Y도지사는 산업단지 지정에는 하자가 있다.

(3) 의견제출절차 결여의 하자의 효과

(개) 명문의 규정이 있는 경우

(내) 명문의 규정이 없는 경우

1) 절차상 하자가 독자적 위법인지 여부

2) 위법성의 정도$\binom{중대명}{백설}$

(대) 사례에 적용$\binom{산업입지\ 및\ 개발에\ 관한\ 법률에는\ 절}{차상\ 하자의\ 효과에\ 관한\ 규정이\ 없다}$

3. 행정행위 하자의 승계의 인정 여부

(1) 학   설

(개) 전통적 견해

(내) 규준력설$\binom{의의와}{비판론}$

(2) 판   례

(개) 하나의 법률효과를 목적으로 하는 경우

(내) 별개의 법률효과를 목적으로 하는 경우$\binom{원칙.}{예외}$

(3) 문제의 해결

(개) 사례에 적용

(내) 결   론

4. 문제의 해결

[1-30] 제 9 회 변호사시험(2020년)   수용재결에 대한 불복(하자의 승계) 등

〈제 2 문〉 경기도지사 乙은 2018. 5. 3. 관할 A군에 소재한 분묘가 조선 초 유명 화가의 묘로 구전되어 오는데다가 그 양식이 학술상 원형보존의 가치가 있다는 이유로 「문화재보호법」 제70조, 「경기도 문화재 보호 조례」 제11조에 따라 이를 도지정문화재로 지정·고시하였다. 또한 乙은 2018. 6. 8. 해당 분묘를 보 호하기 위하여 분묘경계선 바깥쪽 10m까지의 총 5필지 5,122㎡를 문화재보호구역으로 지정·고시하였다. 이에 해당 화가의 후손들로 이루어진 종중 B는 해당 화가의 진묘가 따로 존재한다고 주장하면서 乙에게 문화재지정처분을 취소 또는 해제하여 줄 것을 요청하는 청원서를 제출하였다. 이에 대해 乙은 문화재지 정처분은 정당하여 그 취소 또는 해제가 불가하다는 회신을 하였다(이하 '불가회 신'이라고 한다). 한편, 위 문화재보호구 역 내에 위치한 일부 토지를 소유하고 있는 甲은 2019. 3. 14. 재산권 행사의 제한 등을 이유로 乙에게 자 신의 소유토지를 대상으로 한 문화재보호구역 지정을 해제해 달라는 신청을 하였다. 그러나 乙은 2019. 6. 5. 甲이 해제를 요구한 지역은 역사적·문화적으로 보존가치가 있을 뿐만 아니라 분묘의 보호를 위하 여 문화재보호구역 지정해제가 불가함을 이유로 甲의 신청을 거부하는 회신을 하였다(이하 '거부회 신'이라고 한다).

1. 생략–PART 4 [2–26]을 보라. (항고소송의 대 상적격 관련)
2. 생략–PART 4 [2–46]을 보라. (거부처분 취소소송의 판결의 기속력 관련)
3. 생략–PART 4 [1–63]을 보라. (손실보상의 대상인 재산권의 의의 관련)
4. 위 문화재보호구역 인근에서 관광단지 개발을 위해 2018. 5. 30. 관광진흥법상 사업인정을 받은 사업 시행자 C건설은 2019. 8. 5. 문화재보호구역 인근에 소재한 丙 소유 토지의 일부를 수용하기 위해 재결 신청을 하였고, 이에 대해 관할 경기도 토지수용위원회는 2019. 11. 20. 위 丙 소유 토지에 대한 수용재결 을 하였다.

　1) 丙이 수용재결에 대하여 불복하고자 하는 경우 불복방법을 논하시오.

　2) 丙이 수용재결에 대한 불복과정에서 사업인정의 하자를 주장할 수 있는지 검토하시오.

　3) 丙이 토지수용위원회가 결정한 보상금액이 너무 적다는 이유로 다투고자 하는 경우 그 구제수단을 논하시오.

참고조문

「문화재보호법」 제27조(보호물 또는 보호구역의 지정)(이하 생략)

「관광진흥법」 제61조(수용 및 사용)   ① 사업시행자는 제55조에 따른 조성사업의 시행에 필요한 토지와 다음 각 호의 물 건 또는 권리를 수용하거나 사용할 수 있다. 다만, 농업 용수권(用水權)이나 그 밖의 농지개량 시설을 수용 또는 사용 하려는 경우에는 미리 농림축산식품부장관의 승인을 받아야 한다.

1. 토지에 관한 소유권 외의 권리

2. 토지에 정착한 입목이나 건물, 그 밖의 물건과 이에 관한 소유권 외의 권리

3. 물의 사용에 관한 권리

4. 토지에 속한 토석 또는 모래와 조약돌

② 제1항에 따른 수용 또는 사용에 관한 협의가 성립되지 아니하거나 협의를 할 수 없는 경우에는 사업시행자는 「공 익사업을 위한 토지 등의 취득 및 보상에 관한 법률」 제28조 제1항에도 불구하고 조성사업 시행 기간에 재결(裁決)을 신청할 수 있다.

③ 제1항에 따른 수용 또는 사용의 절차, 그 보상 및 재결 신청에 관하여는 이 법에 규정되어 있는 것 외에는 「공익사 업을 위한 토지 등의 취득 및 보상에 관한 법률」을 적용한다.

📑 **답안작성요령**

Ⅱ. 제 2 문 $\left(\begin{array}{l}\text{수용재결에 대한 불복과정에서 사업}\\\text{인정의 하자를 주장할 수있는지 여부}\end{array}\right)$

1. 논점의 정리

사업인정절차는 수용재결절차에 선행하는 절차이므로, 수용재결에 대한 불복과정에서 사업인정절차상 하자를 주장할 수 있는가의 여부는 선행행위의 하자를 후행절차에서 주장할 수 있는가의 문제, 이른바 행정행위의 하자의 승계문제가 된다. 이러한 시각에서 사안을 검토한다.

2. 행정행위 하자의 승계의 인정 여부

(1) 학　　설

㈎ 전통적 견해

㈏ 규준력설 $\left(\begin{array}{l}\text{의의와}\\\text{비판론}\end{array}\right)$

(2) 판　　례

㈎ 하나의 법률효과를 목적으로 하는 경우

㈏ 별개의 법률효과를 목적으로 하는 경우 $\left(\begin{array}{l}\text{원칙,}\\\text{예외}\end{array}\right)$

3. 문제의 해결

(1) 사례에 적용

(2) 결　　론

[1-31] 제 3 회 변호사시험(2014년) 하자 있는 행정행위의 치유

〈제 1 문〉 갑은 2013. 3. 15. 전 영업주인 을로부터 등록대상 석유판매업인 주유소의 사업 일체를 양수받고 잔금지급액에 다소 이견이 있는 상태에서, 2013. 3. 28. 석유 및 석유대체연료 사업법 (이하 '법'이라 함) 제10조 제 3 항에 따라 관할 행정청인 A시장에게 성명, 주소, 및 대표자 등의 변경등록을 한 후 2013. 4. 5.부터 '유정주유소'라는 상호로 석유판매업을 영위하고 있다.

그런데 A시장이 2013. 5. 7. 관할구역 내 주우소의 휘발유 시료를 채취하여 한국석유관리원에 위탁하여 검사한 결과 '유정주유소'와 인근 '상원주유소'에서 취급하는 휘발유에 경유가 1% 정도 혼합된 것으로 밝혀졌다.

한편, A시장은 취임과 동시에 "A시 관할구역 내에서 유사석유를 판매하다가 단속되는 주유소는 예외없이 등록을 취소하여 주민들이 믿고 주유소를 이용하도록 만들겠다."라고 공개적으로 밝힌 바 있다. 이에 A시장은 2013. 6. 7. 갑에 대하여 청문 절차를 거치지 아니한 채 법 제13조 제 3 항 제12호에 따라 석유판매업등록을 취소하는 처분(이하 '당초처분'이라 함)을 하였고, 갑은 그 다음 날 처분이 있음을 알게 되었다.

갑은 당초처분에 불복하여 2013. 8. 23. 행정심판을 청구하였으며, 행정심판위원회는 2013. 10. 4. 당초처분이 재량권의 범위를 일탈하거나 남용한 것이라는 이유로 당초처분을 사업정지 3개월로 변경하라는 내용의 변경명령재결을 하였고, 그 재결서는 그날 갑에게 송달되었다. 그렇게 되자, A시장은 청문 절차를 실시한 후 2013. 10. 25. 당초처분을 사업정지 3개월로 변경한다는 내용의 처분(이하 '변경처분'이라 함)을 하였고, 그 처분서는 다음날 갑에게 직접 송달되었다.

2) 위 사안에서 청문 절차의 하자가 치유되었는가?

참고조문

석유 및 석유대체연료 사업법
제 7 조(석유정제업자의 지위 승계) ① 다음 각 호의 어느 하나에 해당하는 자는 석유정제업자의 지위를 승계한다.
　1. 석유정제업자가 그 사업의 전부를 양도한 경우 그 양수인
　2. 석유정제업자가 사망한 경우 그 상속인
　3. 법인인 석유정제업자가 합병한 경우 합병 후 존속하는 법인이나 합병으로 설립되는 법인
제10조(석유판매업의 등록 등) ① 석유판매업을 하려는 자는 산업통상자원부령으로 정하는 바에 따라 특별시장·광역시장·도지사·특별자치도지사(이하 "시·도지사"라 한다) 또는 시장·군수·구청장(자치구의 구청장을 말한다. 이하 "시장·군수·구청장"이라 한다)에게 등록하여야 한다. 다만, 부산물인 석유제품을 생산하여 석유판매업을 하려는 자는 산업통상자원부장관에게 등록하여야 한다.
　③ 제 1 항 및 제 2 항에 따른 등록 또는 신고를 한 자가 등록 또는 신고한 사항 중 시설 소재지 등 대통령령으로 정하는 사항을 변경하려는 경우에는 산업통상자원부령으로 정하는 바에 따라 등록 또는 신고를 한 산업통상자원부장관이나 시·도지사 또는 시장·군수·구청장에게 변경등록 또는 변경신고를 하여야 한다.
　④ 제 1 항 및 제 2 항에 따라 시·도지사 또는 시장·군수·구청장에게 등록하거나 신고하여야 하는 석유판매업의 종류와 그 취급 석유제품 및 제 1 항에 따른 석유판매업의 시설기준 등 등록 요건은 대통령령으로 정한다.
　⑤ 석유판매업자의 결격사유, 지위 승계 및 처분효과의 승계에 관하여는 제 6 조부터 제 8 조까지의 규정을 준용한다. 이 경우 제 6 조 각 호 외의 부분 중 "석유정제업"은 "석유판매업"으로 보고, 같은 조 제 6 호 중 "제13조 제 1 항"은 "제13조 제 3 항"으로, "석유정제업"은 "석유판매업"으로 보며, 제 7 조 중 "석유정제업자"는 "석유판매업자"로, "석유정제시설"은 "석유판매시설"로 보고, 제 8 조 중 "석유정제업자"는 "석유판매업자"로, "제13조 제 1 항"은 "제13조 제 3 항"으로 본다.
제13조(등록의 취소 등) ③ 산업통상자원부장관, 시·도지사 또는 시장·군수·구청장은 석유판매업자가 다음 각 호의 어

느 하나에 해당하면 그 석유판매업의 등록을 취소하거나 그 석유판매업자에게 영업장 폐쇄 도는 6개월 이내의 기간을 정하여 그 사업의 전부 또는 일부의 정지를 명할 수 있다. 다만, 제1호, 제4호부터 제6호까지 및 제9호의 어느 하나에 해당하는 경우에는 그 등록을 취소하거나 영업장 폐쇄를 명하여야 한다.

12. 제29조 제1항 제1호를 위반하여 가짜석유제품을 제조·수입·저장·운송·보관 또는 판매한 경우

④ 제1항부터 제3항까지의 규정에 따른 위반행위별 처분기준은 산업통상자원부령으로 정한다.

제29조(가짜석유제품 제조 등의 금지) ① 누구든지 다음 각 호의 가짜석유제품 제조 등의 행위를 하여서는 아니 된다.

1. 가짜석유제품을 제조·수입·저장·운송·보관 또는 판매하는 행위

제40조(청문) 산업통상자원부장관, 시·도지사 또는 시장·군수·구청장은 다음 각호의 어느 하나에 해당하는 처분을 하려는 경우에는 청문을 하여야 한다.

1. 제13조 제1항부터 제3항까지, 같은 조 제5항 또는 제34조에 따른 등록 취소 또는 영업장 폐쇄

답안작성요령

1. 문제의 제기

(1) 법령상 석유판매업등록을 취소하는 경우 청문을 실시하도록 규정하고 있음에도 A시장이 청문 없이 석유판매업등록을 취소하였다가, 갑이 행정심판을 청구하여 위원회의 변경명령재결이 있은 후 A시장이 청문을 실시한 것이 청문을 실시하지 않은 절차상 하자를 치유하는지를 쟁점으로 한다.

(2) 이것은 행정행위의 하자의 치유문제가 된다.

2. 행정행위의 하자의 치유

(1) 하자의 치유의 의의

(2) 하자의 치유의 인정 여부

(3) 하자의 치유의 법적 근거

(4) 하자의 치유의 사유

(5) 하자의 치유의 적용범위

(6) 하자의 치유의 효과

(7) 하자의 치유의 한계

(8) 사례에 적용

3. 문제의 해결

(1) 재결 후 변경명령재결 전의 청문절차가 당초 취소처분의 하자를 치유할 수는 없다(판례).

(2) 재결 후 변경명령재결 전의 청문절차는 변경명령재결을 위한 정당한 절차이다.

[1-32] 제61회 5급공채(일반행정)(2017년)   행정행위의 부관

〈제1문〉 甲 등은 노후·불량건축물에 해당하는 공동주택이 밀집한 지역에 거주하고 있는데, 그 지역이 「도시 및 주거환경정비법」에 따라 정비구역으로 지정되어서 재개발사업을 추진하기 위해 재개발조합을 설립하기로 하였다. 그리하여 甲 등은 우선 그 정비구역에 위치한 건축물 및 그 부속토지의 소유자 과반수의 동의를 얻어 조합설립추진위원회를 구성하여 A시장의 승인을 받은 다음, 이 조합설립추진위원회가 상기 소유자 4분의 3 이상의 동의를 받아 A시장으로부터 조합설립인가를 받았다. 그 후 이 재개발조합은 A시장으로부터 재개발사업시행인가를 받았는데, A시장은 인가조건으로 '지역발전협력기금 10억 원을 기부할 것'을 부가하였다. 다음 물음에 답하시오.
3) 재개발사업시행인가에 부가된 지역발전협력기금 기부조건은 어떤 부관에 해당하는가? 이 기부조건은 적법한가?

참고조문

「도시 및 주거환경정비법」(현행 법령을 사례 해결에 적합하도록 수정하였음)
제8조(주택재개발사업 등의 시행자) ① 주택재개발사업은 조합이 이를 시행하거나 조합이 조합원 과반수의 동의를 얻어 시장·군수, 주택공사등, 건설업자, 등록사업자 또는 대통령령이 정하는 요건을 갖춘 자와 공동으로 이를 시행할 수 있다.
제13조(조합의 설립 및 추진위원회의 구성) ① 시장·군수, 지정개발자 또는 주택공사등이 아닌 자가 정비사업을 시행하고자 하는 경우에는 토지등소유자로 구성된 조합을 설립하여야 한다.
② 제1항에 따라 조합을 설립하고자 하는 경우에는 정비구역지정 고시 후 위원장을 포함한 5인 이상의 위원 및 운영규정에 대한 토지등소유자 과반수의 동의를 받아 조합설립을 위한 추진위원회를 구성하여 시장·군수의 승인을 받아야 한다.
제16조(조합의 설립인가 등) ① 주택재개발사업 및 도시환경정비사업의 추진위원회가 조합을 설립하려면 토지등소유자 4분의 3 이상의 동의를 얻어 다음 각 호의 사항을 첨부하여 시장·군수의 인가를 받아야 한다.
1. 정관
2. (이하 생략)
제28조(사업시행인가) ① 사업시행자는 정비사업을 시행하고자 하는 경우에는 사업시행계획서에 정관등과 그 밖에 국토교통부령이 정하는 서류를 첨부하여 시장·군수에게 제출하고 사업시행인가를 받아야 한다.
행정기본법
제17조(부관) ① 행정청은 처분에 재량이 있는 경우에는 부관(조건, 기한, 부담, 철회권의 유보 등을 말한다. 이하 이 조에서 같다)을 붙일 수 있다.
② 행정청은 처분에 재량이 없는 경우에는 법률에 근거가 있는 경우에 부관을 붙일 수 있다.
③ 행정청은 부관을 붙일 수 있는 처분이 다음 각 호의 어느 하나에 해당하는 경우에는 그 처분을 한 후에도 부관을 새로 붙이거나 종전의 부관을 변경할 수 있다.
1. 법률에 근거가 있는 경우
2. 당사자의 동의가 있는 경우
3. 사정이 변경되어 부관을 새로 붙이거나 종전의 부관을 변경하지 아니하면 해당 처분의 목적을 달성할 수 없다고 인정되는 경우
④ 부관은 다음 각 호의 요건에 적합하여야 한다.
1. 해당 처분의 목적에 위배되지 아니할 것
2. 해당 처분과 실질적인 관련이 있을 것
3. 해당 처분의 목적을 달성하기 위하여 필요한 최소한의 범위일 것

답안작성요령

1. 지역발전협력기금 기부조건 부관의 성질

(1) 부관의 의의

(2) 부관의 종류

(3) 조건과 부담의 구별

① 부담부 행위는 부담의 이행 여부를 불문하고 효력이 발생하지만 정지조건부 행정행위는 조건이 성취되어야 효력이 발생하고, 부담의 불이행에는 강제이행의 문제가 따르지만 정지조건에는 별도의 강제이행의 문제가 따르지 아니한다. 양자의 구분에는 행정청의 객관적인 의사가 중요하다. 처분에 표현된 용어가 중요한 것은 아니다. 그 의사가 불분명하면, 최소침해의 원칙상 상대방에게 유리하도록 부담으로 볼 것이다($\binom{통}{설}$) ($\binom{대판\ 2008.\ 11.\ 27.,}{2007두24289}$). ② 부담부 행정행위는 부담을 불이행하더라도 별도로 철회를 하지 않는 한 당연히 효력이 소멸하지는 않지만, 해제조건부 행정행위는 조건의 성취로 행정행위의 효력이 당연히 소멸된다.

(4) 사례에 적용

기부조건이라는 명칭에 관계없이 10억원을 납부할 의무를 부과하는 것이므로 급부의무를 명하는 부담에 해당한다.

2. 지역발전협력기금 기부조건 부관의 적법 여부

(1) 부관을 붙일 수 있는지 여부

㈎ 행정기본법 제17조 제1항, 제2항, 제3항 검토

㈏ 사례에 적용

사업시행인가는 재량행위이므로 부관을 붙일 수 있다.

(2) 부관의 요건 구비 여부

㈎ 행정기본법 제17조 제4항 검토

㈏ 사례에 적용

지역발전협력기금은 재개발사업과 관련성이 없으므로, 주된 행위와 실질적 관련성이 없다. 따라서 지역발전협력기금 기부조건의 부관은 행정기본법이 규정하는 부관의 요건을 구비하지 않았으므로 위법하다.

[1-33] 제64회 5급공채(2020년) 행정행위의 부관 등

〈제 3 문〉 甲은 A시가 주민들의 복리를 위하여 설치한 시립체육문화회관 내 2층에서 종합스포츠용품판매점을 운영하고자 「공유재산 및 물품 관리법」 제20조 제 1 항에 따라 사용허가를 신청하였다. 이에 A시의 乙시장은 甲에게 사용허가를 하면서, 스포츠용품 구매고객의 증가로 인해 회관 내 주차공간이 부족해질 것을 우려하여 회관 인근에 소재한 甲의 소유 토지 중 일부에 주차대수 규모가 5대인 주차장의 설치를 내용으로 하는 조건을 붙였다.
1) 생략-PART 4 [3-19]를 보라.
2) 위 조건의 적법 여부를 검토하시오.

참고조문

행정기본법 제17조(부관) ① 행정청은 처분에 재량이 있는 경우에는 부관(조건, 기한, 부담, 철회권의 유보 등을 말한다. 이하 이 조에서 같다)을 붙일 수 있다.
② 행정청은 처분에 재량이 없는 경우에는 법률에 근거가 있는 경우에 부관을 붙일 수 있다.
③ 행정청은 부관을 붙일 수 있는 처분이 다음 각 호의 어느 하나에 해당하는 경우에는 그 처분을 한 후에도 부관을 새로 붙이거나 종전의 부관을 변경할 수 있다.
1. 법률에 근거가 있는 경우
2. 당사자의 동의가 있는 경우
3. 사정이 변경되어 부관을 새로 붙이거나 종전의 부관을 변경하지 아니하면 해당 처분의 목적을 달성할 수 없다고 인정되는 경우
④ 부관은 다음 각 호의 요건에 적합하여야 한다.
1. 해당 처분의 목적에 위배되지 아니할 것
2. 해당 처분과 실질적인 관련이 있을 것
3. 해당 처분의 목적을 달성하기 위하여 필요한 최소한의 범위일 것

답안작성요령

1. 문제의 제기
설문은 「주차대수 규모 5대인 주차장의 설치」가 부관의 법리에 적합한가의 여부를 묻고 있다. 이에 답하기 위 부관의 의의, 부관의 가능성과 부관의 한계 등을 살펴볼 필요가 있다.

2. 부관의 의의
⑴ 행정행위의 부관이란 행정행위의 효력범위를 보다 자세히 정하기 위하여 주된 행정행위에 부가된 규율을 말한다. 부관에는 조건, 기한 철회권의 유보, 부담 등이 있다.
⑵ 주차장 설치의 조건은 시립체육문화회관 사용허가의 범위를 보다 자세히 정하기 위한 부가된 규율이므로, 부관에 해당한다. 주차장 설치는 장래 발생이 불확실한 사실이므로, 주차장 설치의 부관은 조건에 해당한다.

3. 부관을 붙일 수 있는지 여부
⑴ 행정기본법 제17조 제 1 항, 제 2 항, 제 3 항 검토
⑵ 사례에 적용
공유재산 및 물품 관리법 제20조 제 1 항은 "지방자치단체의 장은 행정재산에 대하여 그 목적 또는 용도에 장애가 되지 아니하는 범위에서 사용 또는 수익을 허가할 수 있다"고 규정하는바, 동 조항에 따른 허가는

재량행위이므로 부관을 붙일 수 있다.

4. 부관의 요건 구비 여부

(1) 행정기본법 제17조 제 4 항 검토

(2) 사례에 적용

시립체육문화회관 일부시설의 사용과 주차장 설치는 사항적으로 직접적인 관련성을 갖지 아니한다. 따라서 주차대수 규모 5대인 주차장의 설치의 조건의 부관은 행정기본법이 규정하는 부관의 요건을 구비하지 않았으므로 위법하다. 참고로, 주차장 설치 관련사항은 주차장법의 규율사항이지 공유재산 및 물품 관리법의 규율사항이 아니다.

[1-33a] 제40회 법원행정고등고시(2022년) 행정행위의 변경

〈제 1 문〉 甲해운 주식회사$\binom{이하 '甲해}{운'이라 한다}$는 1999.3.4.경 인천해양경찰서장$\binom{피}{고}$으로부터 인천 중구 △△도 ~ 인천 옹진군 ◇도 ~ 인천 옹진군 ☆☆도 사이의 항로$\binom{이하 '이 사건}{항로'라 한다}$에 도선을 운항하는 내용의 도선사업면 허를 받아 선박$\binom{319톤, 정원 394명, 이}{하 '기존 선박'이라 한다}$을 운항 중이다.

甲해운은 기존 선박이 노후화되자 피고에게 새로운 대형 선박$\binom{715톤, 정원 504명, 이}{하 '신형선박'이라 한다}$으로 교체하는 내용의 도선사업면허 변경을 신청하였고, 피고는 이를 받아들여 조선사업면허 변경처분을 하였다$\binom{이하 '1차 변경처}{분'이라 한다}$.

甲해운과 마찬가지로 이 사건 항로에서 해상여객운송사업을 영위하여 甲해운과 경쟁관계에 있는 원고는 1차 변경처분이 원고의 해상여객운송사업 경영권을 침해하여 위법하다고 주장하면서 그 취소를 구하는 소를 제기하였고, 제1심 법원은 원고의 주장을 받아들여 1차 변경처분을 취소하는 판결을 선고하였다.

피고의 항소로 항소심이 계속되던 중 피고는 1차 변경처분의 다른 내용을 그대로 유지하면서 신형 선박 의 정원을 393명으로 감축하는 내용의 도선사업면허 변경처분을 하였다$\binom{이하 '2차 변경처}{분'이라고 한다}$. 이에 원고는 2차 변경처분의 취소를 구하는 내용의 청구취지를 추가하였다.

1. 원고가 2차 변경처분을 다툴 소의 이익이 있는지 설명하시오.

2. 피고는 항소심에서 2차 변경처분으로 1차 변경처분의 효력이 소멸하였으므로 원고가 1차 변경처분의 취소를 구할 이익이 없다고 주장하고 있다. 위 주장이 타당한지 여부에 관하여 설명하시오$\binom{2차 변경처분은 1}{차 변경처분을 완}$ 전히 대체하거나 그 주요 부분을 실질적으로 변 경하는 것이 아니라는 것을 전제로 함. 이하 같음.$\big)$

3. 항소심 법원이 1차 및 2차 변경처분을 취소하는 판결을 선고하여 그대로 확정되었다고 가정할 경우, 피고가 취하여야 할 조치에 관해 설명하시오.

📝 답안작성요령

[참고]

(1) 설문은 대판 2020. 4. 9, 2019두49953의 내용을 문제화한 것이다.

(2) 강학상 소의 이익은 넓게는 대상적격과 원고적격 및 권리보호의 필요를 포괄하는 개념으로 이해하고$\binom{광의의 소의}{이익 개념}$, 좁 게는 권리보호의 필요로 이해한다$\binom{협의의 소의}{이익 개념}$. 설문에서 소의 이익의 의미는 설문의 내용을 검토하면서 판단할 사항 이다.

(3) 변경처분의 의의$\binom{본책 행정행위 부분중}{변경처분 부분을 보라}$

I. 1문$\binom{원고가 2차 변경처분을 다}{툴 소의 이익이 있는지 여부}$

1. 2차 변경처분에 대상적격이 인정되는지 여부

(1) 대상적격의 의의

(2) 사례에 적용

2차 변경처분은 피고가 1차 변경처분 중 신형선박의 정원 중 일부를 직권으로 취소하는 처분이므로 항고소 송의 대상에는 해당한다$\binom{대판 2020. 4.}{9, 2019두49953}$.

2. 2차 변경처분에 권리보호의 필요가 있는지 여부

(1) 권리보호의 필요의 의의

(2) 사례에 적용

1차 변경처분 중 정원 부분은 이 사건 항로에서 운항하는 도선의 정원을 종전 394명에서 504명으로 증가시키는 내용이어서 경쟁사업자인 원고에게 불리하지만, 2차 변경처분은 1차 변경처분에서 정한 신형선박의 정원 504명을 1차 변경처분이 있기 전의 종전 도선의 정원 394명보다 적은 393명으로 감축하는 내용이므로, 도선의 정원에 관한 한 2차 변경처분은 원고에게 유리하다. 따라서 원고는 2차 변경처분의 무효확인이나 취소를 구할 소의 이익이 없다(대판 2020. 4. 9, 2019두49953).

Ⅱ. **2문**(1차 변경처분의 취소를 구할 이익이 없는지 여부)

1. 2차 변경처분이 1차 변경처분에 미치는 효과

2. 1차 변경처분의 대상적격 유무

3. 1차 변경처분의 권리보호의 필요 유부

4. 결   론

2차 변경처분은 1차 변경처분을 완전히 대체하거나 그 주요 부분을 실질적으로 변경하는 것이 아니라, 신형선박의 정원 부분만 일부 감축하는 것에 불과하고, 1차 변경처분 중 2차 변경처분에 의하여 취소되지 않고 남아 있는 내용, 즉 '노후화된 319t 규모의 기존선박을 신형 715t 규모의 신형선박으로 교체한다는 점'은 경쟁사업자인 원고에게 적어도 화물운송 분야에서 여전히 불리한 효과로서 유지되고 있으므로, 원고는 '1차 변경처분 중 2차 변경처분에 의하여 취소되지 않고 남아 있는 부분'의 취소를 구할 소의 이익이 있다(대판 2020. 4. 9, 2019두49953).

Ⅲ. **3문**(항소심 후 피고가 취하여야 할 조치)

(1) 관련규정 검토

■ 행정소송법 제30조(취소판결등의 기속력) ① 처분등을 취소하는 확정판결은 그 사건에 관하여 당사자인 행정청과 그 밖의 관계행정청을 기속한다.

② 판결에 의하여 취소되는 처분이 당사자의 신청을 거부하는 것을 내용으로 하는 경우에는 그 처분을 행한 행정청은 판결의 취지에 따라 다시 이전의 신청에 대한 처분을 하여야 한다.

(2) 사례에 적용

이 사건 원심판결 중 '1차 변경처분 중 2차 변경처분에 의하여 취소되지 않고 남아 있는 부분'을 취소하는 부분이 확정되면 이 사건 항로에서 신형선박을 도선으로서 운항할 법적 근거가 사라진다. 따라서 신형선박의 정원 부분만을 규율하는 2차 변경처분은 그 기초를 상실하여 실효되는 것이라고 보아야 한다. 어떤 행정처분을 위법하다고 판단하여 취소하는 판결이 확정되면 행정청은 취소판결의 기속력에 따라 그 판결에서 확인된 위법사유를 배제한 상태에서 다시 처분을 하거나 그 밖에 위법한 결과를 제거하는 조치를 할 의무가 있다(행정소송법 제30조. 따라서 피고는 취소판결의 기속력에 따라 위법한 결과를 제거하기 위하여 「유선 및 도선 사업법」 제9조 제1항에 의하여 세종해운에 대하여 이 사건 항로에서 신형선박의 운항을 중단할 것을 명령하는 등의 필요한 조치를 취하여야 한다(대판 2020. 4. 9, 2019두49953).

[1-33b] 제66회 5급공채(행정)(2022년) 확약

〈제1문〉 甲은 X시의 시장 乙에게 X시에 소재한 자신의 토지에 공동주택의 건설사업을 위한 개발행위허가 신청을 하였다. 乙은 "甲의 신청지는 X시 도시기본계획상 도시의 자연환경 및 경관을 보호하기 위하여 도시자연공원구역으로 지정이 예정되어 있어 전체적인 개발계획이 수립되지 않은 상태에서 개별적인 공동주택 입지를 위한 개발행위허가는 불합리하다."라는 이유로, 2020. 10. 9. 甲의 신청을 거부하였다(이하 '제1차 거부처분'). 이에 甲은 乙을 상대로 제1차 거부처분의 취소를 구하는 소를 제기하였고, 법원은 제1차 거부처분이 구체적이고 합리적인 근거 없이 甲의 신청을 불허한 것으로 재량권의 일탈·남용이라고 보아 甲의 청구를 인용하는 판결을 하였다. 이 취소판결은 확정되었고, 사실심 변론종결일은 2021. 11. 16.이다. 甲은 위 판결 확정 이후인 2021. 12. 17. 乙에게 위 확정판결에 따른 후속조치의 이행을 촉구하는 내용의 민원을 제기하였는데, 당시 X시의 담당과장은 민원을 접수하면서 甲에게 "법적으로 가능하다면 개발행위를 허가해 주겠다."라고 구두로 답변하였다. 그러나 乙은 2021. 12. 28. 甲에게 "甲이 신청한 토지는 국토교통부에서 확정 발표한 도시자연공원 확대사업이 반영된 대상지로서 우리 시에서는 체계적인 도시개발 및 난개발 방지를 위해 「국토의 계획 및 이용에 관한 법률」에 따라 2021. 10. 26. 개발행위허가 제한지역으로 고시하여 현재 신규 개발행위허가는 불가능하다."라는 사유로 甲의 개발행위를 불허하는 통지를 하였다(이하 '제2차 거부처분'). 다음 물음에 답하시오.

1) 생략–PART 4 [2–50a]를 보라

2) 甲은 X시의 담당과장이 "법적으로 가능하다면 개발행위를 허가해 주겠다."라고 답변한 것을 들어, 제2차 거부처분이 위법하다고 주장한다. 甲의 주장이 타당한지 검토하시오.

3) 생략–PART 4 [2–0]을 보라

참고조문 생략

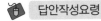 **답안작성요령**

1. 문제의 제기

갑은 제2차 거부처분이 X시 담당과장의 답변에 반하므로 위법하다고 주장한다. 이러한 주장은 X시 담당과장의 답변이 법적 구속력이 있어야 가능하다. X시 담당과장의 답변이 법적 구속력을 갖는지를 판단하기 위해 확약의 법리를 살펴볼 필요가 있다.

2. 확약의 법리

(1) 확약의 의의

(2) 확약의 요건

(3) 확약의 효과

3. 설문에 적용

(1) 확약의 요건이 미비되었다.

(2) 위법한 확약에 행정청은 기속되지 아니한다(절차법 제40조의 2 제4항 제2호).

[1-34] 제31회 입법고시(2015년) 공법상 계약과 행정행위의 구분

〈제1문〉 A 광역시장은 갑 전원개발회사와 협의를 맺고 신·재생 에너지 개발 및 공급에 관한 협정서를 체결하였다. 체결서의 내용에는 갑이 개발하여 공급하여야 하는 신·재생 에너지의 양 및 품질기준, A 광역시가 갑에게 제공하는 공유재산 및 그 사용조건, 보조금의 액수 및 지급방법, 갑이 건축하여야 하는 시설의 종류 및 건축기준, 관련 시설의 건축에 투자하여야 하는 자본의 액수 및 그 회수방법 그리고 30년 후에 관련 시설을 A광역시에 기부 채납하는 것을 조건으로 하여 그 비용과 손익의 정산 방법에 관한 것이 포함되어 있었다.

(1) 위의 협정에 대하여 이해관계자 을은 갑이 건축하여야 하는 시설 가운데 법령에 의하여 허가하여야 하는 것이 포함되었는데, 이를 임의로 건축하도록 동의해준 내용이 들어 있어 이 협의가 관계법령에 적합하지 않다고 주장한다. 을의 주장의 타당성 여부에 관하여 제기될 수 있는 쟁점과 그 논거를 검토하시오.

(2) A 광역시장은 을의 주장으로 인하여 위 협정의 공정성이 문제되자 부하 공무원에게 위 협정의 타당성을 전면 재검토하도록 지시하였다. 재검토 과정에서 갑이 제출한 신·재생 에너지 개발 실적이 A광역시의 조례에서 정하고 있는 신·재생 에너지 개발업자 기준에 맞지 않는다는 사실이 확인되어, 이를 근거로 A 광역시장은 위 협정을 해제하였다. 그러나 갑은 위 기준을 정한 A 광역시의 조례가 상위법령에 반하여 위법하다고 주장한다. A 광역시장의 해제행위가 적법한지를 검토하시오.

(3) 갑이 A 광역시장의 해제 행위에 대하여 다투는 경우 적절한 권리구제 방법에 관하여 논하시오.

참고조문

행정기본법 제27조(공법상 계약의 체결) ① 행정청은 법령등을 위반하지 아니하는 범위에서 행정목적을 달성하기 위하여 필요한 경우에는 공법상 법률관계에 관한 계약(이하 "공법상 계약"이라 한다)을 체결할 수 있다. 이 경우 계약의 목적 및 내용을 명확하게 적은 계약서를 작성하여야 한다.
② 행정청은 공법상 계약의 상대방을 선정하고 계약 내용을 정할 때 공법상 계약의 공공성과 제3자의 이해관계를 고려하여야 한다.

답안작성요령

■[제1문] (1)의 답안작성요령

1. 문제의 제기

(1) 지방자치단체와 사인간의 협약에 「법령에 의하여 허가하여야 할 사항」을 임의로 포함시킬 수 있는가의 여부를 쟁점으로 한다.

(2) 이를 위해 먼저 협약의 성질부터 검토하고, 이어서 법령상 허가사항을 협의할 수 있는지 여부를 검토하고, 할 수 없는 사항이라면 그 효력을 검토할 필요가 있다.

2. A 광역시장과 갑 전원개발회사가 체결한 협정(협의)의 법적 성질

공법상 계약. 계약내용으로 행정행위가 포함될 수도 있으나, 그 성질은 여전히 행정행위로 볼 것이다.

3. 법령상 허가사항을 협의할 수 있는지 여부

(1) 행정행위와 공법상 계약 중에서 행정청은 제한적으로 행위형식 선택의 자유를 가진다.

(2) 학설로 ① 기속행위의 경우에는 법률 규정 사항을 내용으로 하여야 하고, 재량행위인 경우에는 재량권의

한계에서 공법상 계약이 가능하다고 보는 견해와 ② 침익적 행정행위의 경우에는 부정되지만, 수익적 행정행위의 경우에는 가능하다는 견해가 있다.

(3) 어느 학설을 따르는 공익실현에 장애가 되거나 제3자의 권리를 침해하는 공법상 계약은 허용되지 아니한다고 볼 것이다.

(4) 설문의 경우는 체결이 가능하다고 볼 것이다.

4. 문제의 해결

■ [제1문] (2)의 답안작성요령

1.문제의 제기

(1) 조례위반을 이유로 협정을 해제한 것이 적법한 것인지의 여부가 문제된다.

(2) 이의 해결을 위해 조례의 적법여부가 쟁점이 된다.

2. 신 · 재생 에너지 개발업자 기준을 정한 A 광역시 조례가 적법한 경우

(1) 조례위반이 협정 해제사유인지 여부를 검토한다

(2) 협정에 해제사유로 되어 있다면, 적법

(3) 협정에 해제사유로 되어 있지 않다면, 해석문제$\binom{\text{사유의 중대성, 공익성}}{\text{등의 검토를 통해 결론}}$

3. 신 · 재생 에너지 개발업자 기준을 정한 A 광역시 조례가 위법한 경우

(1) 해당 조례는 무효

(2) 무효인 조례에 근거한 협약의 해제는 무효, 협약은 존속

4. 문제의 해결

■ [제1문] (3)의 답안작성요령

1. 문제의 제기

A광역시장의 해제행위에 대한 권리구제수단을 개관하는 것을 논점으로 한다.

2. 공법상 당사자소송

3. 국가배상청구

4. 손실보상청구

5. 결과제거청구

6. 문제의 해결

[1-35] 제62회 5급공채(2018년) 행정지도의 처분성 유무

〈제1문〉 가구제조업을 운영하는 甲은 사업상 필요에 의해 자신이 소유하는 산림 50,000㎡ 일대에서 입목을 벌채하고자 「산림자원의 조성 및 관리에 관한 법률」 제36조 및 같은 법 시행규칙 제44조의 규정에 따라 관할 행정청 乙시장에게 입목벌채허가를 신청하였다. 이에 대해서 인근 A사찰의 신도들은 해당 산림의 입목벌채로 인하여 사찰의 고적하고 엄숙한 분위기가 저해될 것을 우려하여 乙시장에게 당해 허가를 내주지 말라는 민원을 강력히 제기하였다. 그러나 乙시장은 甲의 입목벌채허가신청이 관계 법령이 정하는 허가요건을 모두 갖추었음을 이유로 입목벌채허가를 하였다. 다음 물음에 답하시오(각 문항들은 상호 독립적임).

1) 乙시장은 A사찰 신도들의 민원이 계속되자 甲에게 벌채허가구역 중 A사찰의 반대쪽 사면(斜面)에서만 벌채를 하도록 서면으로 권고하였다. 乙시장의 이러한 권고에 상당한 압박을 느낀 甲은 乙시장의 서면권고행위의 취소를 구하는 소를 제기하였다. 이 소는 적법한가?

📋 답안작성요령

1. 문제의 제기

(1) 설문은 소의 적법성(소송요건 구비여부)(소송요건 전반에 관하여는 본문을 보라)을 묻고 있으나, 설문의 내용상 제소요건 중 대상적격, 즉 乙시장의 서면권고행위가 소의 대상이 될 수 있는가를 묻고 있다.

(2) 달리 말하면 서면권고행위가 행정소송법상 처분개념에 해당하는가를 묻고 있다.

2. 서면권고행위의 성질

(1) 행정지도로서 서면권고행위

(2) 행정지도의 법적 근거와 구속력 유무

3. 행정소송법상 처분개념

행정소송법 제19조는 취소소송은 처분등을 대상으로 한다고 규정하고 있으므로, 동법 제2조 제1항 제1호에서 규정하는 처분등의 개념을 분석한다.

4. 취소소송의 본질과 처분개념(취소소송의 본질을 어떻게 보는가에 따라 처분개념에 대한 이해가 달라질 수 있는바, 취소소송의 본질과 그에 따른 처분의 의미를 검토한다)

(1) 취소소송의 본질(위법성의 소급적 제거)

(2) 판례의 입장

(3) 법적 행위의 의의

[참고판례] 항고소송의 대상이 되는 행정처분은, 행정청의 공법상의 행위로서 특정사항에 대하여 법규에 의한 권리의 설정 또는 의무의 부담을 명하거나 기타 법률상 효과를 발생하게 하는 등 국민의 구체적인 권리·의무에 직접적 변동을 초래하는 행위를 말하고, 행정권 내부에서의 행위나 알선, 권유, 사실상의 통지 등과 같이 상대방 또는 기타 관계자들의 법률상 지위에 직접적인 법률적 변동을 일으키지 아니하는 행위 등은 항고소송의 대상이 될 수 없다(대판 2016. 12. 27., 2014두5637).

5. 문제의 해결

(1) 서면권고행위는 행정지도로서 사실행위에 불과하다.

(2) 서면권고행위는 행정소송법상 처분개념에 해당하지 아니한다.

(3) 따라서 乙시장의 서면권고행위의 취소를 구하는 소는 적법하지 않다.

[1-35a] 제65회 5급공채(2021년) 전투지휘훈련센터 시설공사 기본설계 기술제안 도급계약의 성질

〈제3문〉 건설업을 운영하는 甲주식회사는 「국가를 당사자로 하는 계약에 관한 법률」에 근거하여 국방부장관이 주관하는 전투지휘훈련센터 시설공사의 기본설계 기술제안 도급계약을 체결한 후 기본설계를 진행하였다. 그 과정에서 甲의 직원인 乙은 입찰 관련 서류를 입찰에 유리하도록 변조하여 제출하였고, 이후 乙은 이와 같은 사실로 인하여 법원에서 사문서변조죄의 유죄판결을 선고받아 이 판결은 그대로 확정되었다. 국방부장관은 즉시 그 계약을 해지하는 한편 甲에게 입찰 관련 서류를 변조하였다는 사유로 「국가를 당사자로 하는 계약에 관한 법률」, 같은 법 시행령·시행규칙에 근거하여 1년간 입찰참가자격을 제한하는 부정당업자 제재통보를 하였다.
1) 국가와 甲사이에 체결된 도급계약의 법적 성격을 검토하시오.

참고조문 현행 법령을 사례해결에 적합하도록 수정하였음

「국가를 당사자로 하는 계약에 관한 법률」
제27조(부정당업자의 입찰 참가자격 제한 등) ① 각 중앙관서의 장은 다음 각 호의 어느 하나에 해당하는 자(이하 "부정당업자"라 한다)에게는 2년 이내의 범위에서 대통령령으로 정하는 바에 따라 입찰 참가자격을 제한하여야 하며, 그 제한사실을 즉시 다른 중앙관서의 장에게 통보하여야 한다. 이 경우 통보를 받은 다른 중앙관서의 장은 대통령령으로 정하는 바에 따라 해당 부정당업자의 입찰 참가자격을 제한하여야 한다.
  9. 그 밖에 다음 각 목의 어느 하나에 해당하는 자로서 대통령령으로 정하는 자
    가. 입찰·계약 관련 서류를 위조 또는 변조하거나 입찰·계약을 방해하는 등 경쟁의 공정한 집행을 저해할 염려가 있는 자
「국가를 당사자로 하는 계약에 관한 법률 시행령」
제76조(부정당업자의 입찰참가자격 제한) ④ 입찰참가자격 제한의 기간에 관한 사항은 법 제27조 제1항 각 호에 해당하는 행위별로 부실벌점, 하자비율, 부정행위 유형, 고의·과실 여부, 뇌물 액수 및 국가에 손해를 끼친 정도 등을 고려하여 기획재정부령으로 정한다.
「국가를 당사자로 하는 계약에 관한 법률 시행규칙」
제76조(부정당업자의 입찰참가자격 제한기준 등) 영 제76조 제4항에 따른 부정당업자의 입찰참가자격 제한의 세부기준은 별표 2와 같다.

  [별표 2] 부정당업자의 입찰참가자격 제한기준(제76조 관련)

  1. 일반기준
    다. 각 중앙관서의 장은 부정당업자에 대한 입찰참가자격을 제한하는 경우 자격제한 기간을 그 위반행위의 동기·내용 및 횟수 등을 고려해 제2호에서 정한 기간의 2분의 1의 범위에서 줄일 수 있으며, 이 경우 감경 후의 제한기간은 1개월 이상이어야 한다.
  2. 개별기준

입찰참가자격 제한사유	제재기간
입찰 관련 서류를 위조·변조하거나 부정하게 행사하여 낙찰을 받은 자 또는 허위서류를 제출하여 낙찰을 받은 자	1년

답안작성요령

1. 문제의 제기

설문은 국가와 甲사이에 체결된 도급계약(이하 단순히 도급계약으로 부르기로 한다)이 공법상 계약인지, 행정행위인지, 아니면 사법상 계약인지 여부를 중심으로 도급계약의 성질을 검토할 필요가 있다.

2. 도급계약의 성질 분석

(1) 도급계약의 법적 근거

(가) 도급계약은 국가를 당사자로 하는 계약에 관한 법률에 근거한 것이다.

(나) 이 법률 제2조는 "이 법률은 국제입찰에 따른 정부조달계약과 국가가 대한민국 국민을 계약상대자로 하여 체결하는 계약(세입(歲入)의 원인이 되는 계약을 포함한다) 등 국가를 당사자로 하는 계약에 대하여 적용한다"고 규정하고 있다.

(다) 이 법률 제5조 제1항은 "계약은 서로 대등한 입장에서 당사자의 합의에 따라 체결되어야 하며, 당사자는 계약의 내용을 신의성실의 원칙에 따라 이행하여야 한다."고 규정하고 있다.

(라) 소결(도급계약은 甲주식회사와 국가가 대등한 관계에서 체결된 것으로 판단된다. 따라서 도급계약은 행정행위가 아니다)

(2) 도급계약의 내용

(가) 도급계약은 국방부장관이 주관하는 전투지휘훈련센터 시설공사의 기본설계 기술제안을 계약내용으로 한다.

(나) 전투지휘훈련센터 시설공사의 기본설계 기술제안은 국방부장관의 공적 임무 수행에 전제가 되는 것이지, 그 자체가 공적 임무 수행으로 보기 어렵다.

(다) 소결(계약내용을 볼 때 도급계약은 조달계약으로 보인다. 따라서 도급계약은 공법적이 아니라 사법적인 것으로 판단된다)

(3) 부정당업자에 대한 제재

(가) 이 법률 제27조 제1항은 부정당업자에 대한 입찰 참가자격을 제한하고 있다.

(나) 부정당업자에 대한 입찰 참가자격의 제한은 공법의 영역뿐만 아니라 사법의 영역에서도 인정되고 있다.

(다) 소결(부정당업자에 대한 입찰 참가자격 제한의 유무는 도급계약의 성질 판단에 기준이 되지 못한다)

(4) 사법작용에 대한 공법적 제한

국가에 의한 사법작용이라 하여 공법적 제한으로부터 자유로울 수 없다. 왜냐하면 "모든 국민은 인간으로서의 존엄과 가치를 가지며, 행복을 추구할 권리를 가진다. 국가는 개인이 가지는 불가침의 기본적 인권을 확인하고 이를 보장할 의무를 진다"는 헌법 제10조는 국가에 의한 사법작용에도 적용되기 때문이다.

3. 결 어

[1-36] 제56회 5급공채(2012년) 처분의 이유제시, 행정행위의 무효와 취소의 구별, 행정절차의 하자

〈제1문〉 갑은 을로부터 면적 300㎡인 토지에 건축면적 100㎡인 가옥과 담장을 1980. 12. 31일자로 매수하여 등기한 후 소유하고 있었다. 갑은 그 동안 해당 부동산에 대한 세금을 성실히 납부하였다. 그러나 토지가 소재하고 있는 지방자치단체 A시는 2012. 6. 1일자로 갑에게 도로를 침범하고 있는 담장을 철거하라는 통지서를 발부하였다. 철거통지서에는 갑이 점유하고 있는 토지의 30㎡는 A시소유의 도로로 현재 갑은 이를 불법점유하고 있으므로 2012. 7. 31일까지 위 담장을 철거하라고 기재되어 있었다.

(3) 철거통지서에는 철거 이유에 대한 구체적인 적시 없이 불법점유 상태이므로 철거하라고만 기재되어 있었다면, 갑은 이를 근거로 위 철거명령의 취소를 주장할 수 있겠는가?

답안작성요령

1. 문제의 제기

⑴ '불법점유 상태이므로 철거하라'는 이유기재를 근거로 철거명령의 취소를 주장할 수 있는가를 쟁점으로 한다.

⑵ 이의 해결을 위해 이유제시가 적법요건인지, 적법요건이라면 미비시 독자적 위법사유인지, 위법사유라면, 그 하자의 효과는 무효사유인가 취소사유인가에 대한 검토가 필요하다.

2. 처분의 이유제시

[참고조문] 「행정절차법」 제23조(처분의 이유 제시) ① 행정청은 처분을 할 때에는 다음 각 호의 어느 하나에 해당하는 경우를 제외하고는 당사자에게 그 근거와 이유를 제시하여야 한다.
　1. 신청 내용을 모두 그대로 인정하는 처분인 경우
　2. 단순·반복적인 처분 또는 경미한 처분으로서 당사자가 그 이유를 명백히 알 수 있는 경우
　3. 긴급히 처분을 할 필요가 있는 경우
　② 행정청은 제1항 제2호 및 제3호의 경우에 처분 후 당사자가 요청하는 경우에는 그 근거와 이유를 제시하여야 한다.

처분의 이유제시의 법리를 논술하고 설문의 적용을 기술한다.

3. 절차상 하자의 독자적 위법사유 여부

절차상 하자가 독자적 위법 사유인지 여부를 논술한다(이에 관해서는 이 책 행정절차 부분 중 절차상 하자의 효과 부분 참조).

4. 이유제시 하자의 효과

⑴ 위법의 효과로서 무효와 취소의 구별기준을 검토한다.

⑵ 이유제시의 하자의 효과를 검토한다.

5. 문제의 해결

[1-37] 제57회 5급공채(2013년) 처분의 사전통지, 행정절차의 하자

〈제 3 문〉 갑은 A시에서 공동주택을 건축하기 위하여 주택건설사업계획승인신청을 하였는데, A시장은 해당지역이 용도변경을 추진 중에 있고 일반 여론에서도 보존의 목소리가 높은 지역이라는 이유로 거부처분을 하였다. 이에 갑은 A시장의 거부처분에 있어서 사전통지가 없었으며 이유제시 또한 미흡하다는 이유로 그 거부처분의 무효를 주장한다. 이러한 갑의 주장의 타당 여부를 검토하시오.

답안작성요령

1. 문제의 제기
(1) 갑의 주택건설사업계획승인신청에 대한 A시장의 거부처분에 사전통지의 결여와 이유제시의 미흡을 이유로 무효를 주장하는 것이 정당한가를 묻고 있다.
(2) 이에 답하기 위해서는 사전통지의 결여와 이유제시의 미흡이 거부처분의 무효사유인가의 여부가 검토되어야 한다.

2. 거부처분과 사전통지의 결여

[참고조문] 「행정절차법」 제21조(처분의 사전 통지) ① 행정청은 당사자에게 의무를 부과하거나 권익을 제한하는 처분을 하는 경우에는 미리 다음 각 호의 사항을 당사자등에게 통지하여야 한다.
　1. 처분의 제목
　2. 당사자의 성명 또는 명칭과 주소
　3. 처분하려는 원인이 되는 사실과 처분의 내용 및 법적 근거
　4. 제 3 호에 대하여 의견을 제출할 수 있다는 뜻과 의견을 제출하지 아니하는 경우의 처리방법
　5. 의견제출기관의 명칭과 주소
　6. 의견제출기한
　7. 그 밖에 필요한 사항

학설 · 판례를 검토한다(판례상 위법 아니다).

3. 거부처분과 이유제시의 미흡
행정절차법상 관련 조문, 학설 · 판례를 검토한다(위법이다).

4. 절차상 하자의 독자적 위법 사유 여부
절차상 하자(이유제시 미흡)가 독자적 위법 사유인지 여부를 논술한다(이에 관해서는 이 책 행정절차 부분 중 절차상 하자의 효과 부분 참조).

5. 이유제시 하자의 효과
(1) 위법의 효과로서 무효와 취소의 구별기준을 검토한다.
(2) 이유제시의 하자의 효과를 검토한다(취소의 사유).

6. 문제의 해결

[1-37a] 제67회 5급공채(2023년) 거부처분의 사전통지 결여, 행정규칙형식의 법규명령

〈제 2 문〉 甲은 X토지에 액화석유가스 충전시설을 설치하기 위하여 2023. 1. 5. A군 군수에게 「국토의 계획 및 이용에 관한 법률」에 따른 개발행위허가를 신청하였다. A군 군수는 2023. 2. 9. 甲에게 "X토지 대부분이 마을로부터 100m 이내에 위치하여 「A군 개발행위허가 운영지침」(이하 '이 사건 지침'이라 한다) 제 6 조 제 1 항 제 1 호에 저촉된다"는 이유로 거부처분을 하였다. 이 사건 지침 제 6 조 제 1 항 제 1 호는 액화석유가스 충전시설의 세부허가기준으로 "마을로부터 100m 이내에 입지하지 아니할 것"을 규정하고 있다. 甲은 2023. 4. 12. A군 군수의 거부처분이 위법하다고 주장하며 그 취소를 구하는 소송을 제기하였다.

1) A군 군수가 甲에게 거부처분을 하기 전에 사전통지를 하지 않았다면 위법한지 검토하시오.

2) A군 군수는 위 소송에서 "이 사건 지침 조항에 따라 거부처분을 한 것이므로 적법하다"고 주장한다. 그 주장의 당부에 관하여 검토하시오.

(단, 제시된 참조조문 외 다른 법령을 고려하지 말 것)

참고조문 현행법령을 사례해결에 적합하도록 수정하였음

「국토의 계획 및 이용에 관한 법률」

제58조(개발행위허가의 기준) ① 특별시장·광역시장·특별자치시장·특별자치도지사·시장 또는 군수는 개발행위허가의 신청 내용이 다음 각 호의 기준에 맞는 경우에만 개발행위허가 또는 변경허가를 하여야 한다.

1. 용도지역별 특성을 고려하여 대통령령으로 정하는 개발행위의 규모에 적합할 것. 다만, 개발행위가 「농어촌정비법」 제 2 조 제 4 호에 따른 농어촌정비사업으로 이루어지는 경우 등 대통령령으로 정하는 경우에는 개발행위 규모의 제한을 받지 아니한다.

2. 도시·군관리계획 및 성장관리계획의 내용에 어긋나지 아니할 것

3. 도시·군계획사업의 시행에 지장이 없을 것

4. 주변지역의 토지이용실태 또는 토지이용계획, 건축물의 높이, 토지의 경사도, 수목의 상태, 물의 배수, 하천·호소·습지의 배수 등 주변환경이나 경관과 조화를 이룰 것

5. 해당 개발행위에 따른 기반시설의 설치나 그에 필요한 용지의 확보계획이 적절할 것

③ 제 1 항에 따라 허가할 수 있는 경우 그 허가의 기준은 지역의 특성, 지역의 개발상황, 기반시설의 현황 등을 고려하여 다음 각 호의 구분에 따라 대통령령으로 정한다.

「국토의 계획 및 이용에 관한 법률 시행령」

제56조(개발행위허가의 기준) ① 법 제58조 제 3 항에 따른 개발행위허가의 기준은 별표 1의2와 같다.

④ 국토교통부장관은 제 1 항의 개발행위허가기준에 대한 세부적인 검토기준을 정할 수 있다.

「개발행위허가 운영지침」 (국토교통부훈령 제1017호)

제 1 장 총　칙

제 1 절 개발행위허가지침의 목적

1-1-1. 이 지침은 「국토의 계획 및 이용에 관한 법률 시행령」 제56조 제 4 항에 따라 개발행위허가의 대상·절차·기준 등에 대한 사항을 제시하여 개발행위허가제의 원활한 운영을 도모함을 목적으로 한다.

제 2 절 개발행위허가의 의의 및 운영원칙

1-2-2. 특별시장·광역시장·특별자치시장·특별자치도지사·시장 또는 군수(이하 '허가권자'라 한다)는 「국토의 계획 및 이용에 관한 법률」, 「국토의 계획 및 이용에 관한 법률 시행령」에서 위임하거나 정한 범위 안에서 도시·군계획조례를 마련하거나 법령 및 이 지침에서 정한 범위안에서 별도의 지침을 마련하여 개발행위허가제를 운영할 수 있다.

제 3 장 개발행위허가기준

제 2 절 분야별 검토사항

3-2-6. 그 밖의 사항

(3) 허가권자는 제 3 장 및 제 4 장의 개발행위허가기준을 적용함에 있어 지역특성을 감안하여 지방도시계획위원회의 자문을 거쳐 높이·거리·배치·범위 등에 관한 구체적인 기준을 정할 수 있다.

📋 답안작성요령

1. 제 1 문$\binom{거부처분에\ 사전통}{지가\ 필요한지\ 여부}$

(1) 문제의 제기

설문은 거부처분에 사전통지를 요하는지 여부를 쟁점으로 한다.

(2) 학   설

(3) 판례의 견해

(4) 소   결

2. 제 2 문$\binom{지침\ 조항에\ 따른\ 거}{부처분의\ 적법\ 여부}$

(1) 문제의 제기

설문은 개발행위허가 운영지침$\binom{국토교통부훈}{령\ 제1017호}$이 처분의 적법한 근거가 되는지를 쟁점으로 한다. 개발행위허가 운영지침$\binom{국토교통부훈}{령\ 제1017호}$의 법적 성질에 대한 검토가 필요하다.

(2) 행정규칙형식의 법규명령$\binom{고시 \cdot 훈령형}{식의\ 법규명령}$ 검토

(3) 소   결

행정기본법 제 2 조 제 1 호 가목 3)이 규정하는 행정규칙형식의 법규명령도 법규명령이므로, 국토의 계획 및 이용에 관한 법률 시행령 제56조$\binom{개발행위허}{가의\ 기준}$ 제 4 항에 근거한 개발행위허가 운영지침$\binom{국토교통부훈}{령\ 제1017호}$ 중 「제 3 장 개발행위허가기준, 제 2 절 분야별 검토사항. 3-2-6. 그 밖의 사항 (3)에 다른 구체적 기준이 헌법 제75조, 제95조의 취지와 행정규제기본법 제 4 조 제 2 항의 제한에 따른 것이라면, A군 군수의 주장은 정당하다.

[1-38] 제 2 회 변호사시험(2013년) 사전통지의 결여

〈제1문〉 A광역시의 시장 을은 세수증대, 고용창출 등 지역발전을 위해 폐기물처리업의 관내 유치를 결심하고 갑이 제출한 폐기물처리사업계획서를 검토하여 그에 대한 적합통보를 하였다. 이에 따라 갑은 폐기물처리업 허가를 받기 위해 먼저 도시·군관리계획변경을 신청하였고, 을은 관계 법령이 정하는 바에 따라 해당 폐기물처리업체가 입지할 토지에 대한 용도지역을 폐기물처리업의 운영이 가능한 용도지역으로 변경하는 것을 내용으로 하는 도시·군관리계획변경안을 입안하여 열람을 위한 공고를 하였다. 그러나 을의 임기 만료 후 새로 취임한 시장 병은 폐기물처리업에 대한 인근 주민의 반대가 극심하여 실질적으로 폐기물사업 유치가 어려울 뿐만 아니라, 자신의 선거공약인 '생태중심, 자연친화적 A광역시 건설'의 실현 차원에서 용도지역 변경을 승인할 수 없다는 계획변경승인거부처분을 함과 동시에 해당 지역을 생태학습체험장 조성지역으로 결정하였다. 폐기물처리사업계획 적합통보에 따라 사업 착수를 위한 제반 준비를 거의 마친 갑은 병을 피고로 하여 관할 법원에 계획변경승인거부처분 취소소송을 제기하였다.
3. 갑은 위 취소소송의 청구이유로서 계획변경승인거부처분에 앞서 병이 처분의 내용, 처분의 법적 근거와 사실상의 이유, 의견청취절차 관련 사항 등을 미리 알려주지 않았으므로 위 거부처분이 위법하여 취소되어야 한다고 주장하였다. 갑의 주장은 타당한가?

답안작성요령

1. 문제의 제기
(1) 계획변경승인거부처분에 앞서 병이 처분의 내용, 처분의 법적 근거와 사실상의 이유, 의견청취절차 관련 사항 등을 미리 알려주지 아니한 것이 위법한지의 여부가 쟁점이다.
(2) 이의 해결을 위해 처분의 사전통지에 관한 법리를 검토할 필요가 있다.
(3) 만약 계획변경승인거부처분이 위법이라면, 그 위법이 독자적 위법사유인지, 독자적 위법사유라면 무효사유인지 취소사유인지를 검토할 필요가 있다.

2. 처분의 사전통지와 계획변경승인거부처분
(1) 처분의 사전통지의 법리를 논술한다.
(2) 설문에 적용한다.

3. 절차상 하자의 독자적 위법 사유 여부
절차상 하자(이유제
시 미흡)가 독자적 위법 사유인지 여부를 논술한다(이에 관해서는 이 책 행정절차 부분
중 절차상 하자의 효과 부분 참조).

4. 이유제시 하자의 효과
(1) 위법의 효과로서 무효와 취소의 구별기준을 검토한다.
(2) 이유제시의 하자의 효과를 검토한다(취소의
사유).

5. 문제의 해결

[1-39] 제 3 회 변호사시험(2014년) 의견제출절차의 위반

〈제 1 문〉 갑은 2013. 3. 15. 전 영업주인 을로부터 등록대상 석유판매업인 주유소의 사업 일체를 양수받고 잔금지급액에 다소 이견이 있는 상태에서, 2013. 3. 28. 석유 및 석유대체연료 사업법 (이하 '법'이라함) 제10조 제 3 항에 따라 관할 행정청인 A시장에게 성명, 주소, 및 대표자 등의 변경등록을 한 후 2013. 4. 5.부터 '유정주유소'라는 상호로 석유판매업을 영위하고 있다.

그런데 A시장이 2013. 5. 7. 관할구역 내 주우소의 휘발유 시료를 채취하여 한국석유관리원에 위탁하여 검사한 결과 '유정주유소'와 인근 '상원주유소'에서 취급하는 휘발유에 경유가 1% 정도 혼합된 것으로 밝혀졌다.

한편, A시장은 취임과 동시에 "A시 관할구역 내에서 유사석유를 판매하다가 단속되는 주유소는 예외없이 등록을 취소하여 주민들이 믿고 주유소를 이용하도록 만들겠다."라고 공개적으로 밝힌 바 있다. 이에 A시장은 2013. 6. 7. 갑에 대하여 청문 절차를 거치지 아니한 채 법 제13조 제 3 항 제12호에 따라 석유판매업등록을 취소하는 처분(이하 '당초처분'이라 함)을 하였고, 갑은 그 다음 날 처분이 있음을 알게 되었다.

갑은 당초처분에 불복하여 2013. 8. 23. 행정심판을 청구하였으며, 행정심판위원회는 2013. 10. 4. 당초처분이 재량권의 범위를 일탈하거나 남용한 것이라는 이유로 당초처분을 사업정지 3개월로 변경하라는 내용의 변경명령재결을 하였고, 그 재결서는 그날 갑에게 송달되었다. 그렇게 되자, A시장은 청문 절차를 실시한 후 2013. 10. 25. 당초처분을 사업정지 3개월로 변경한다는 내용의 처분(이하 '변경처분'이라 함)을 하였고, 그 처분서는 다음날 갑에게 직접 송달되었다.

5) 을은 갑에 대한 변경등록처분의 효력을 다투면서 "석유판매업자의 지위 승계에 따른 변경등록처분을 하기에 앞서 A시장이 을에게 사전에 통지를 하지 않았으며 의견제출의 기회를 주지 않았다."라고 주장한다. 이러한 을의 주장은 타당한가?

참고조문

석유 및 석유대체연료 사업법
제 7 조(석유정제업자의 지위 승계) ① 다음 각 호의 어느 하나에 해당하는 자는 석유정제업자의 지위를 승계한다.
 1. 석유정제업자가 그 사업의 전부를 양도한 경우 그 양수인
 2. 석유정제업자가 사망한 경우 그 상속인
 3. 법인인 석유정제업자가 합병한 경우 합병 후 존속하는 법인이나 합병으로 설립되는 법인
제10조(석유판매업의 등록 등) ① 석유판매업을 하려는 자는 산업통상자원부령으로 정하는 바에 따라 특별시장·광역시장·도지사·특별자치도지사(이하 "시·도지사"라 한다) 또는 시장·군수·구청장(자치구의 구청장을 말한다. 이하 "시장·군수·구청장"이라 한다)에게 등록하여야 한다. 다만, 부산물인 석유제품을 생산하여 석유판매업을 하려는 자는 산업통상자원부장관에게 등록하여야 한다.
 ③ 제 1 항 및 제 2 항에 따른 등록 또는 신고를 한 자가 등록 또는 신고한 사항 중 시설 소재지 등 대통령령으로 정하는 사항을 변경하려는 경우에는 산업통상자원부령으로 정하는 바에 따라 등록 또는 신고를 한 산업통상자원부장관이나 시·도지사 또는 시장·군수·구청장에게 변경등록 또는 변경신고를 하여야 한다.
 ④ 제 1 항 및 제 2 항에 따라 시·도지사 또는 시장·군수·구청장에게 등록하거나 신고하여야 하는 석유판매업의 종류와 그 취급 석유제품 및 제 1 항에 따른 석유판매업의 시설기준 등 등록 요건은 대통령령으로 정한다.
 ⑤ 석유판매업자의 결격사유, 지위 승계 및 처분효과의 승계에 관하여는 제 6 조부터 제 8 조까지의 규정을 준용한다. 이 경우 제 6 조 각 호 외의 부분 중 "석유정제업"은 "석유판매업"으로 보고, 같은 조 제 6 호 중 "제13조 제 1 항"은 "제13조 제 3 항"으로, "석유정제업"은 "석유판매업"으로 보며, 제 7 조 중 "석유정제업자"는 "석유판매업자"로, "석유정제시설"은 "석유판매시설"로 보고, 제 8 조 중 "석유정제업자"는 "석유판매업자"로, "제13조 제 1 항"은 "제13조 제 3 항"으로 본다.

답안작성요령

1. 문제의 제기

⑴ 석유판매업자의 지위 승계에 따른 변경등록처분을 하기에 앞서 A시장이 을에게 사전에 통지를 하지 않았으며 의견제출의 기회를 주지 아니한 것이 위법한가의 여부가 쟁점이다.

⑵ 이의 해결을 위해 처분의 사전통지와 의견제출에 대한 검토가 필요하다. 이와 아울러 석유판매업자변경등록처분의 법적 성질의 규명도 필요하다.

2. 석유판매업자변경등록처분의 법적 성질

을에게는 침익적이고, 갑에게는 수익적이다.

3. 처분의 사전통지 결여의 하자의 효과

[참고조문] 「행정절차법」 제21조(처분의 사전 통지) ① 행정청은 당사자에게 의무를 부과하거나 권익을 제한하는 처분을 하는 경우에는 미리 다음 각 호의 사항을 당사자등에게 통지하여야 한다.
  1. 처분의 제목
  2. 당사자의 성명 또는 명칭과 주소
  3. 처분하려는 원인이 되는 사실과 처분의 내용 및 법적 근거
  4. 제3호에 대하여 의견을 제출할 수 있다는 뜻과 의견을 제출하지 아니하는 경우의 처리방법
  5. 의견제출기관의 명칭과 주소
  6. 의견제출기한
  7. 그 밖에 필요한 사항

⑴ 처분의 사전통지의 의의

⑵ 처분의 사전통지의 성질

⑶ 처분의 사전통지의 생략

⑷ 처분의 사전통지의 결여

⑸ 설문에 적용

4. 의견제출절차 결여의 하자의 효과

⑴ 의견제출의 의의

⑵ 의견제출기회를 부여하여야 하는 경우

⑶ 의견제출의 성질

⑷ 의견제출의 방법

⑸ 의견제출의 효과

⑹ 의견제출절차의 결여

⑺ 설문에 적용

5. 문제의 해결

[1-40] 제62회 5급공채(2018년)   사전통지의 결여, 의견제출 기회 미부여의 하자

〈제3문〉 甲은 2009. 9. 1. 징역 10월에 집행유예 2년을 선고받아 그 형이 확정되었다. 행정청 乙은 甲이 임용결격자임을 밝혀내지 못한 채 2003. 5. 1. 7급 국가공무원시보로 임용하였고, 그로부터 6개월 후인 2003. 11. 1. 정규공무원으로 임용하였다. 다음 물음에 답하시오.

2) 그 후 乙은 시보임용처분 당시 甲에게 공무원임용 결격사유가 있었음을 확인하고는 甲에 대하여 시보임용처분을 취소하고, 그에 따라 정규임용처분도 취소하였다. 甲은 시보임용시에는 임용결격자였지만, 정규임용시에는 임용결격사유가 해소되었다. 乙이 정규임용처분의 취소처분시 甲에게 사전통지를 하지 않거나 의견제출의 기회를 주지 아니하였다면, 위 정규임용처분의 취소처분은 적법한지에 대해 설명하시오.

🛄 답안작성요령

1. 문제의 제기

설문은 침익적 처분인 정규임용처분의 취소처분시 사전통지를 하지 않고, 의견제출의 기회를 주지 아니한 하자가 그 취소처분에 미치는 효과를 묻고 있는바, 이에 관해 검토한다.

2. 처분의 사전통지 결여의 하자의 효과

(1) 처분의 사전통지의 의의

(2) 처분의 사전통지의 성질

(3) 처분의 사전통지의 생략

(4) 처분의 사전통지의 결여

(5) 설문에 적용

3. 의견제출절차 결여의 하자의 효과

(1) 의견제출의 의의

(2) 의견제출기회를 부여하여야 하는 경우

(3) 의견제출의 성질

(4) 의견제출의 방법

(5) 의견제출의 효과

(6) 의견제출절차의 결여

(7) 설문에 적용

4. 문제의 해결

[1-40a] 제65회 5급공채(2021년) 사전통지의 결여, 의견제출 기회 미부여의 하자

〈제3문〉 건설업을 운영하는 甲주식회사는「국가를 당사자로 하는 계약에 관한 법률」에 근거하여 국방부장관이 주관하는 전투지휘훈련센터 시설공사의 기본설계 기술제안 도급계약을 체결한 후 기본설계를 진행하였다. 그 과정에서 甲의 직원인 乙은 입찰 관련 서류를 입찰에 유리하도록 변조하여 제출하였고, 이후 乙은 이와 같은 사실로 인하여 법원에서 사문서변조죄의 유죄판결을 선고받아 이 판결은 그대로 확정되었다. 국방부장관은 즉시 그 계약을 해지하는 한편 甲에게 입찰 관련 서류를 변조하였다는 사유로 「국가를 당사자로 하는 계약에 관한 법률」, 같은 법 시행령·시행규칙에 근거하여 1년간 입찰참가자격을 제한하는 부정당업자 제재통보를 하였다.
2) 국방부장관은 甲의 직원 乙의 사문서변조죄에 대하여 유죄의 확정판결이 있었다는 이유로 사전통지와 의견제출의 기회를 부여하지 않고 입찰참가자격 제한을 하였다. 그 적법 여부를 검토하시오.

참고조문

행정절차법
제21조(처분의 사전 통지) ① 행정청은 당사자에게 의무를 부과하거나 권익을 제한하는 처분을 하는 경우에는 미리 다음 각 호의 사항을 당사자등에게 통지하여야 한다.
④ 다음 각 호의 어느 하나에 해당하는 경우에는 제1항에 따른 통지를 하지 아니할 수 있다.
2. 법령등에서 요구된 자격이 없거나 없어지게 되면 반드시 일정한 처분을 하여야 하는 경우에 그 자격이 없거나 없어지게 된 사실이 법원의 재판 등에 의하여 객관적으로 증명된 경우
⑤ 처분의 전제가 되는 사실이 법원의 재판 등에 의하여 객관적으로 증명된 경우 등 제4항에 따른 사전 통지를 하지 아니할 수 있는 구체적인 사항은 대통령령으로 정한다.

행정절차법 시행령
제13조(처분의 사전 통지 생략사유) 법 제21조 제4항 및 제5항에 따라 사전 통지를 하지 아니할 수 있는 경우는 다음 각 호의 어느 하나에 해당하는 경우로 한다.
2. 법원의 재판 또는 준사법적 절차를 거치는 행정기관의 결정 등에 따라 처분의 전제가 되는 사실이 객관적으로 증명되어 처분에 따른 의견청취가 불필요하다고 인정되는 경우

행정절차법
제22조(의견청취) ① (청문)
② (공청회)
③ 행정청이 당사자에게 의무를 부과하거나 권익을 제한하는 처분을 할 때 제1항 또는 제2항의 경우 외에는 당사자등에게 의견제출의 기회를 주어야 한다.
④ 제1항부터 제3항까지의 규정에도 불구하고 제21조 제4항 각 호의 어느 하나에 해당하는 경우와 당사자가 의견진술의 기회를 포기한다는 뜻을 명백히 표시한 경우에는 의견청취를 하지 아니할 수 있다.

답안작성요령

1. 문제의 제기
설문은 사문서변조죄에 대한 유죄의 확정판결을 이유로 입찰참가자격을 제한하는 처분을 할 수 있는지 여부를 논점으로 한다.

2. 사전통지 결여의 적법 여부
(1) 사전통지의 의의와 성질
(2) 행정절차법 제21조 제4항과 같은법 시행령 제13조 제2호의 분석
(3) 소결(사전 통지 결여가 위법이 아니다)

3. 의견제출 기회 미부여의 적법 여부

(1) 의견제출의 의의와 성질

(2) 행정절차법 제22조 제 3 항과 같은법 시행령 제13조 제 1 호의 분석

(3) 입찰참가자격을 제한하는 처분의 성질

(4) 소결 $\left(\begin{smallmatrix} \text{의견제출 기회 미} \\ \text{부여는 위법이다} \end{smallmatrix}\right)$

4. 문제의 해결

[1-41] 제64회 5급공채(2020년) 의견제출절차 결여의 하자의 효과 등

〈제1문〉 甲과 乙은 각각 「여객자동차 운수사업법」상 운송사업등록을 하여 전세버스운송사업에 종사하는 자이다. 관할 도지사 A는 甲과 乙에게 2020. 3. 2. 같은 법 제23조 제1항 제5호에 따라 자동차에 대한 개선명령을 발령하여 그 처분서가 다음 날 송달되었으나, 甲과 乙은 이를 이행하지 아니하였다. 도지사 A는 이를 이유로 같은 법 제85조 제1항 및 제88조 제1항에 따라 2020. 7. 10. 甲과 乙에게 사업정지에 갈음하는 과징금부과처분을 각각 행하였다. 한편, 乙은 아직 과징금을 납부하지 않은 상태에서 丙에게 자신의 전세버스운송사업을 양도하였고, 관련 지위승계신고가 수리되었다.

1) 甲은 과징금부과처분에 대해 취소소송을 제기하고자 한다. 도지사 A의 甲에 대한 개선명령에 「행정절차법」상 요구되는 의견제출절차를 거치지 않은 위법이 있는 경우 甲이 과징금부과처분취소소송에서 승소할 수 있는지를 검토하시오.

2) 생략—PART [1-58]을 보라. (국가배상법상 선결문제, 가해 공무원 개인의 배상책임 관련)

3) 생략—PART [1-52]를 보라. (과징금납부의 무의 승계 관련)

참고조문

현행 법령을 사례해결에 적합하도록 수정하였음

「여객자동차 운수사업법」 제4조(면허 등) ① 여객자동차운송사업을 경영하려는 자는 사업계획을 작성하여 국토교통부령으로 정하는 바에 따라 국토교통부장관의 면허를 받아야 한다. 다만, 대통령령으로 정하는 여객자동차운송사업을 경영하려는 자는 사업계획을 작성하여 국토교통부령으로 정하는 바에 따라 특별시장·광역시장·특별자치시장·도지사·특별자치도지사(이하 "시·도지사"라 한다)의 면허를 받거나 시·도지사에게 등록하여야 한다.

제23조(여객자동차운송사업의 개선명령 등) ① 국토교통부장관 또는 시·도지사는 여객을 원활히 운송하고 서비스를 개선하기 위하여 필요하다고 인정하면 운송사업자에게 다음 각 호의 사항을 명할 수 있다

　5. 자동차 또는 운송시설의 개선

제85조(면허취소 등) ① 국토교통부장관 또는 시·도지사는 여객자동차 운수사업자가 다음 각 호의 어느 하나에 해당하면 면허·허가·인가 또는 등록을 취소하거나 6개월 이내의 기간을 정하여 사업의 전부 또는 일부를 정지하도록 명하거나 노선폐지 또는 감차 등이 따르는 사업계획 변경을 명할 수 있다.

　22. 제23조에 따른 개선명령을 이행하지 아니한 경우

제88조(과징금 처분) ① 국토교통부장관 또는 시·도지사는 여객자동차 운수사업자가 제85조 제1항 각 호의 어느 하나에 해당하여 사업정지 처분을 하여야 하는 경우에 그 사업정지 처분이 그 여객자동차 운수사업을 이용하는 사람들에게 심한 불편을 주거나 공익을 해칠 우려가 있는 때에는 그 사업정지 처분을 갈음하여 5천만원 이하의 과징금을 부과·징수할 수 있다.

「여객자동차 운수사업법 시행령」 제4조(시·도지사의 면허 또는 등록 대상인 여객자동차운송사업) ② 법 제4조 제1항 단서에 따라 시·도지사에게 등록하여야 하는 등록대상 여객자동차운송사업은 마을버스운송사업·전세버스운송사업 및 특수여객자동차운송사업으로 한다.

답안작성요령

1. 논점의 정리

설문은 행정절차법상 의견제출절차가 여객자동차운송사업법상 과징금부과처분에 적용되는지 여부, 적용된다면 그 위반의 효과 여하를 쟁점으로 한다.

2. 의견제출절차 일반론

(1) 의견제출의 의의(절차법 제2조 제7호)

(2) 의견제출의 기회부여

1) 의무적 부여$\left(\substack{\text{절차법 제22}\\\text{조 제 3 항}}\right)$.

2) 임의적 부여

(3) 의견제출의 성질$\left(\substack{\text{강행}\\\text{법규}}\right)$

(4) 의견제출의 효과

(5) 의견제출절차 위반의 효과

행정청이 침해적 행정처분을 함에 있어서 당사자에게 위와 같은 사전통지를 하거나 의견제출의 기회를 주지 아니하였다면 사전통지를 하지 않거나 의견제출의 기회를 주지 아니하여도 되는 예외적인 경우에 해당하지 아니하는 한 그 처분은 위법하여 취소를 면할 수 없다$\left(\substack{\text{대판 2016. 10. 27.}\\\text{2016두41811}}\right)$.

3. 과징금부과처분의 성질

과징금부과처분은 처분의 상대방에게 일정금액의 과징금을 납부하여야 할 의무를 발생시키는바, 과징금부과처분은 행정청이 당사자에게 의무를 부과하는 처분이다. 따라서 행정절차법 제22조 제 3 항$\left(\substack{\text{행정청이 당사자}\\\text{에게 의무를 부과}\\\text{하거나 권익을 제한하는 처분을 할 때 제 1 항 또는 제 2 항의}\\\text{경우 외에는 당사자등에게 의견제출의 기회를 주어야 한다}}\right)$의 적용대상이다.

4. 소　　결

도지사 A의 甲에 대한 과징금부과처분은 甲에게 의무를 부과하는 처분인바, 도지사 A의 甲에 대한 과징금부과처분은 행정절차법 제22조 제 3 항에 따라 의견제출절차를 거친 후 발령되어야 하는 것인데 이를 거치지 아니하였으므로, 위법하고, 그 위법은 취소의 사유가 되는바, 甲은 승소할 수 있다.

[1-41a] 제10회 변호사시험(2021년) 사전통지의 결여, 의견제출 기회 미부여의 하자

〈제2문〉 甲은 A시 보건소에서 의사 乙로부터 폐렴구균 예방접종을 받았는데, 예방접종을 받은 당일 저녁부터 발열증상과 함께 안면부의 마비증상을 느껴 병원에서 입원 치료를 받았다. 이에 甲은 「감염병의 예방 및 관리에 관한 법률」(이하 '감염병예방법') 제71조에 따라 진료비와 간병비에 대한 예방접종 피해보상을 청구하였는데, 질병관리청장 B는 2020. 9. 15. 이 사건 예방접종과 甲의 증상 사이에 인과관계가 불분명하다는 이유로 예방접종 피해보상 거부처분(이하 '제1처분')을 하였다. 그러나 甲은 이 사건 예방접종을 받기 이전에는 안면마비 증상이 없었는데 예방접종 당일 바로 발열과 함께 안면마비 증상이 나타났으며 위 증상은 乙의 과실에 따른 이 사건 예방접종에 의하여 발생한 것이라고 주장하면서 피해보상을 재신청하였고, B는 2020. 11. 10. 재신청에 대하여서도 거부처분을 하였다(이하 '제2처분'). 그리고 위 각 처분은 처분 다음날 甲에게 적법하게 송달되었다.

한편 A시 보건소는 丙회사로부터 폐렴예방접종에 사용되는 의약품을 조달받아 왔다. 그런데 A시장은 丙회사가 위 의약품을 관리·조달하면서 조달계약을 부실하게 이행하였음을 이유로 丙회사에 의약품조달계약 해지를 통보하였다.

3. 丙회사는 A시장이 의약품조달계약을 해지하면서 「행정절차법」상의 사전 통지 및 의견청취를 하지 않았음을 이유로 당해 통보가 위법하다고 주장한다. 丙회사 주장의 타당성을 검토하시오.

🎁 답안작성요령

1. 문제의 제기

의약품조달계약을 해지가 행정절차법의 적용대상인가? 대상이 아니라면, 丙회사 주장은 타당하지 않다. 이와 관련하여 의약품조달계약의 성질, 의약품조달계약 해지의 성질에 대한 검토가 필요하다.

2. 의약품조달계약의 성질 분석

(1) 의약품조달계약의 법적 근거

(개) 의약품조달계약은 지방자치단체를 당사자로 하는 계약에 관한 법률에 근거한 것이다.

(내) 이 법률 제2조는 "이 법은 지방자치단체(「지방자치법」 제2조에 따른 지방자치단체를 말한다. 이하 같다)가 계약상대자와 체결하는 수입 및 지출의 원인이 되는 계약 등에 대하여 적용한다"고 규정하고 있다.

(대) 이 법률 제6조 제1항은 "계약은 상호 대등한 입장에서 당사자의 합의에 따라 체결되어야 하고, 당사자는 계약의 내용을 신의성실의 원칙에 따라 이행하여야 하며, 지방자치단체의 장 또는 계약담당자는 이 법 및 관계 법령에 규정된 계약상대자의 계약상 이익을 부당하게 제한하는 특약이나 조건을 정하여서는 아니 된다"고 규정하고 있다.

(라) 소결(의약품조달계약은 丙회사와 A시가 대등한 관계에서 체결된 것으로 판단된다. 따라서 의약품조달계약은 행정행위가 아니다)

(2) 의약품조달계약의 내용

(개) 의약품조달계약은 감염병예방을 위한 예방접종을 위한 의약품 공급을 계약내용으로 한다.

(내) 의약품 공급은 공적 임무 수행의 전제가 되는 것이지, 그 자체가 공적 임무 수행으로 보기 어렵다.

(대) 소결(계약내용을 볼 때 의약품조달계약은 조달계약이다. 조달계약은 공법적이 아니라 사법적인 것으로 판단된다)

(3) 사법작용에 대한 공법적 제한

국가에 의한 사법작용이라 하여 공법적 제한으로부터 자유로울 수 없다. 왜냐하면 "모든 국민은 인간으로서의 존엄과 가치를 가지며, 행복을 추구할 권리를 가진다. 국가는 개인이 가지는 불가침의 기본적 인권을 확인하고 이를 보장할 의무를 진다"는 헌법 제10조는 국가에 의한 사법작용에도 적용되기 때문이다.

⑷ 소   결

丙회사와 A시장 사이의 의약품조달계약은 사법상 계약으로 판단된다.

3. 丙회사 주장의 당부

丙회사와 A시장 사이의 의약품조달계약은 사법상 계약이므로, A시장의 해지는 사법상 계약의 해지에 해당하는바, A시장의 해지는 행정절차법의 적용 대상이 아니다. 따라서 丙회사가 행정절차법상의 사전 통지 및 의견청취의 결여를 이유로 A시장의 해지가 위법하다고 주장하는 것은 타당하지 않다.

[1-42] 제55회 5급공채(2011년) 비공개대상정보

서울특별시 X구에 위치한 대학입학전문 상담기관에서 상담사로 근무하는 갑은 과학적이고 체계적인 학생입학지도를 위해 '공공기관의 정보공개에 관한 법률'에 따라 교육과학기술부장관 을에게 학교별 성적분포도를 포함하여 서울지역 2010년 대학수학능력시험평가 원데이터에 대한 정보(수능시험정보)의 공개를 청구하였다. 이에 대해 을은 갑의 청구대로 응할 경우 학교의 서열화를 야기할 뿐만 아니라 업무의 공정한 수행에 현저한 지장을 초래한다는 이유로 비공개결정을 하였다. 갑의 권리구제와 관련하여 다음의 질문에 답하시오(단, 무효확인심판과 무효확인소송은 제외한다).
2) 을이 비공개결정을 한 이유의 타당성을 검토하시오.

 답안작성요령

1. 문제의 제기

(1) 을의 비공개결정의 사유가 공공기관의 정보공개에 관한 법률에 위반되는 것인지의 여부가 쟁점이다.

(2) 이의 해결을 위해 수능시험정보가 공공기관의 정보공개에 관한 법률상 비공개대상정보인지의 여부에 대한 검토가 필요하다.

2. 수능시험정보가 "정보공개법"상 비공개대상정보인지 여부

(1) 공공기관의 정보공개에 관한 법률 제9조 제1항 제5호의 의미를 검토한다(학설·판례 검토).

[참고조문] 「공공기관의 정보공개에 관한 법률」 제9조(비공개 대상 정보) ① 공공기관이 보유·관리하는 정보는 공개 대상이 된다. 다만, 다음 각 호의 어느 하나에 해당하는 정보는 공개하지 아니할 수 있다.

5. 감사·감독·검사·시험·규제·입찰계약·기술개발·인사관리에 관한 사항이나 의사결정 과정 또는 내부검토 과정에 있는 사항 등으로서 공개될 경우 업무의 공정한 수행이나 연구·개발에 현저한 지장을 초래한다고 인정할 만한 상당한 이유가 있는 정보. 다만, 의사결정 과정 또는 내부검토 과정을 이유로 비공개할 경우에는 의사결정 과정 및 내부검토 과정이 종료되면 제10조에 따른 청구인에게 이를 통지하여야 한다.

[참고판례] 시험의 관리에 있어서 가장 중요한 것은 정확성과 공정성이므로, 이를 위하여 시험문제와 정답, 채점기준 등 시험의 정확성과 공정성에 영향을 줄 수 있는 모든 정보는 사전에 엄격하게 비밀로 유지되어야 할 뿐만 아니라, 공공기관에서 시행하는 대부분의 시험들은 평가대상이 되는 지식의 범위가 한정되어 있고 그 시행도 주기적으로 반복되므로 이미 시행된 시험에 관한 정보라 할지라도 이를 제한없이 공개할 경우에는 중요한 영역의 출제가 어려워지는 등 시험의 공정한 관리 및 시행에 영향을 줄 수밖에 없다고 할 것이므로, 이 사건 법률조항이 시험문제와 정답을 공개하지 아니할 수 있도록 한 것이 과잉금지원칙에 위반하여 알권리를 침해한다고 볼 수 없다(헌재 2011. 3. 31., 2010헌바291).

(2) 설문에 적용한다(교육과학기술부장관 을의 주장이 타당).

3. 문제의 해결

[1-43] 제59회 5급공채(2015년) 비공개대상정보

〈제 2 문〉 갑은 행정청 을이 지출한 업무추진비의 예산집행내역과 지출증빙서 등에 관하여 을에게 정보공개청구를 하였다. 다음 물음에 답하시오.
(2) 공개 청구된 정보 중에는 을이 주최한 간담회·연찬회 등 각종 행사 관련 지출 증빙에 행사참석자(공무원도 일부 참석함)를 식별할 수 있는 개인정보가 포함되어 있다. 을은 이를 이유로 정보공개를 거부할 수 있는가?

답안작성요령

1. 문제의 제기

(1) 행정청 을이 주최한 간담회·연찬회 등 각종 행사 관련 지출증빙에 행사참석자를 식별할 수 있는 개인정보가 포함되어 있다는 것이 정보공개거부사유인지 여부가 쟁점이다.

(2) 이의 해결을 위해 개인정보가 법률상 비공개대상정보인지의 여부에 대한 검토가 필요하다.

2. 행사참석자를 식별할 수 있는 개인정보가 "정보공개법"상 비공개대상정보인지 여부

(1) 공공기관의 정보공개에 관한 법률 제 9 조 제 1 항 제 6 호의 의미를 검토한다

(2) 본문과 단서를 구별하여 검토한다(학설·판례 검토).

[참고조문] **공공기관의 정보공개에 관한 법률 제 9 조(비공개 대상 정보)** ① 공공기관이 보유·관리하는 정보는 공개 대상이 된다. 다만, 다음 각 호의 어느 하나에 해당하는 정보는 공개하지 아니할 수 있다.
6. 해당 정보에 포함되어 있는 성명·주민등록번호 등 개인에 관한 사항으로서 공개될 경우 사생활의 비밀 또는 자유를 침해할 우려가 있다고 인정되는 정보. 다만, 다음 각 목에 열거한 개인에 관한 정보는 제외한다.
다. 공공기관이 작성하거나 취득한 정보로서 공개하는 것이 공익이나 개인의 권리 구제를 위하여 필요하다고 인정되는 정보
라. 직무를 수행한 공무원의 성명·직위

[참고판례] (1) 공공기관의 정보공개에 관한 법률 제 9 조 제 1 항 제 6 호 본문…에서 말하는 비공개대상정보에는 성명·주민등록번호 등 '개인식별정보'뿐만 아니라 그 외에 정보의 내용에 따라 '개인에 관한 사항의 공개로 인하여 개인의 내밀한 내용의 비밀 등이 알려지게 되고, 그 결과 인격적·정신적 내면생활에 지장을 초래하거나 자유로운 사생활을 영위할 수 없게 될 위험성이 있는 정보'도 포함된다. 따라서 불기소처분 기록이나 내사기록 중 피의자신문조서 등 조서에 기재된 피의자 등의 인적사항 이외의 진술내용 역시 개인의 사생활의 비밀 또는 자유를 침해할 우려가 인정되는 경우에는 위 비공개대상정보에 해당한다(대판 2017. 9. 7, 2017두44558).
(2) 공공기관의 정보공개에 관한 법률 제 9 조 제 1 항 제 6 호 단서 (다)목…의 '공개하는 것이 개인의 권리구제를 위하여 필요하다고 인정되는 정보'에 해당하는지는 비공개에 의하여 보호되는 개인의 사생활의 비밀 등의 이익과 공개에 의하여 보호되는 개인의 권리구제 등의 이익을 비교·교량하여 구체적 사안에 따라 신중히 판단하여야 한다(대판 2017. 9. 7, 2017두44558).

(3) 설문에 적용한다(행정청 을의 주장이 타당).

3. 문제의 해결

[1-44] 제59회 5급공채(2015년) 정보공개 여부 결정의 통지방법

〈제2문〉 갑은 행정청 을이 지출한 업무추진비의 예산집행내역과 지출증빙서 등에 관하여 을에게 정보공개청구를 하였다. 다음 물음에 답하시오.
(1) 갑은 정보의 사본 또는 출력물의 교부의 방법으로 정보를 공개해줄 것을 요구하였다. 이에 반해 을은 열람의 방법에 의한 공개를 선택할 수 있는가?

📋 답안작성요령

1. 문제의 제기
⑴ 행정청 을이 갑의 신청에도 불구하고 정보공개의 방법을 선택할 수 있는지가 쟁점이다.
⑵ 이의 해결을 위해 정보공개법 제13조의 검토가 필요하다.

2. 정보공개법 제13조 제 2 항과 설문
⑴ 본문과 단서를 나누어서 검토한다($^{판례}_{검토}$).

[참고조문] **공공기관의 정보공개에 관한 법률 제10조(정보공개의 청구방법)** ① 정보의 공개를 청구하는 자(이하 "청구인"이라 한다)는 해당 정보를 보유하거나 관리하고 있는 공공기관에 다음 각 호의 사항을 적은 정보공개 청구서를 제출하거나 말로써 정보의 공개를 청구할 수 있다.
  2. 공개를 청구하는 정보의 내용 및 공개방법
제13조(정보공개 여부 결정의 통지) ② 공공기관은 청구인이 사본 또는 복제물의 교부를 원하는 경우에는 이를 교부하여야 한다. 다만, 공개 대상 정보의 양이 너무 많아 정상적인 업무수행에 현저한 지장을 초래할 우려가 있는 경우에는 정보의 사본·복제물을 일정 기간별로 나누어 제공하거나 열람과 병행하여 제공할 수 있다.

[참고판례] 구 공공기관의 정보공개에 관한 법률($^{2013.\ 8.\ 6.\ 법률\ 제11991호로\ 개정되기\ 전}_{의\ 것,\ 이하\ '구\ 정보공개법'이라고\ 한다}$)은, 정보의 공개를 청구하는 이($^{이하\ '청구인'}_{이라고\ 한다}$)가 정보공개방법도 아울러 지정하여 정보공개를 청구할 수 있도록 하고 있고, 전자적 형태의 정보를 전자적으로 공개하여 줄 것을 요청한 경우에는 공공기관은 원칙적으로 요청에 응할 의무가 있고, 나아가 비전자적 형태의 정보에 관해서도 전자적 형태로 공개하여 줄 것을 요청하면 재량판단에 따라 전자적 형태로 변환하여 공개할 수 있도록 하고 있다. 이는 정보의 효율적 활용을 도모하고 청구인의 편의를 제고함으로써 구 정보공개법의 목적인 국민의 알 권리를 충실하게 보장하려는 것이므로, 청구인에게는 특정한 공개방법을 지정하여 정보공개를 청구할 수 있는 법령상 신청권이 있다. 따라서 공공기관이 공개청구의 대상이 된 정보를 공개는 하되, 청구인이 신청한 공개방법 이외의 방법으로 공개하기로 하는 결정을 하였다면, 이는 정보공개청구 중 정보공개방법에 관한 부분에 대하여 일부 거부처분을 한 것이고, 청구인은 그에 대하여 항고소송으로 다툴 수 있다($^{대판\ 2016.\ 11.\ 10,}_{2016두44674}$).

⑵ 설문은 본문의 적용대상이다.
⑶ 행정청 을은 열람의 방법으로 공개의 방법을 선택할 수 없다.

3. 문제의 해결

[1-45] 제55회 5급공채(2011년) 정보의 비공개결정을 받은 자의 권리보호

서울특별시 X구에 위치한 대학입학전문상담기관에서 상담사로 근무하는 갑은 과학적이고 체계적인 학생입학지도를 위해 '공공기관의 정보공개에 관한 법률'에 따라 교육과학기술부장관 을에게 학교별 성적분포도를 포함하여 서울지역 2010년 대학수학능력시험평가 원데이터에 대한 정보(수능시험정보)의 공개를 청구하였다. 이에 대해 을은 갑의 청구대로 응할 경우 학교의 서열화를 야기할 뿐만 아니라 업무의 공정한 수행에 현저한 지장을 초래한다는 이유로 비공개결정을 하였다. 갑의 권리구제와 관련하여 다음의 질문에 답하시오(단, 무효확인심판과 무효확인소송은 제외한다).

1) 갑이 현행 행정쟁송법상 권리구제와 수단으로 선택할 수 있는 방식에 대하여 기술하시오.

 답안작성요령

1. 문제의 제기
설문은 비공개결정(거부처분)에 대한 행정쟁송법상 권리구제수단의 개관을 요구한다.

2. 거부처분에 대한 권리구제수단으로서 행정심판과 가구제
(1) 행정심판
(가) 행정기본법상 이의신청과 재심사
(나) 행정심판법상 행정심판(의무이행심판, 거부처분 취소심판(학설·판례))
(2) 행정심판법상 가구제
(가) 거부처분에 행정심판법 제30조의 집행정지의 적용 가부(학설·판례)(부정)
(나) 거부처분에 행정심판법 제31조의 임시처분의 적용 가부(학설·판례)(긍정)

3. 거부처분에 대한 권리구제수단으로서 행정소송과 가구제
(1) 취소소송
(2) 행정소송법상 가구제
(가) 거부처분에 집행정지 적용의 가부(학설·판례)(부정)
(나) 거부처분에 가처분 적용의 가부(학설·판례)(부정)

4. 국가배상청구
교육과학기술부장관의 거부처분이 국가배상법 제 2 조의 요건을 충족하면, 국가배상청구가능

5. 문제의 해결

[1-46] 제56회 5급공채(2012년) 대집행의 요건, 이행강제금

〈제1문〉 갑은 을로부터 면적 300㎡인 토지에 건축면적 100㎡인 가옥과 담장을 1980. 12. 31일자로 매수하여 등기한 후 소유하고 있었다. 갑은 그 동안 해당 부동산에 대한 세금을 성실히 납부하였다. 그러나 토지가 소재하고 있는 지방자치단체 A시는 2012. 6. 1일자로 갑에게 도로를 침범하고 있는 담장을 철거하라는 통지서를 발부하였다. 철거통지서에는 갑이 점유하고 있는 토지의 30㎡는 A시소유의 도로로 현재 갑은 이를 불법점유하고 있으므로 2012. 7. 31일까지 위 담장을 철거하라고 기재되어 있었다.
(2) A시는 담장의 철거를 강제집행할 수 있겠는가?

 답안작성요령

1. 문제의 제기
A시가 담장의 철거를 강제집행할 수 있겠는가의 여부의 문제는 A시의 담장 철거 통지서의 발부로 행정대집행의 요건이 구비되었는가를 쟁점으로 한다.

2. 행정대집행의 요건$\binom{행정대집행}{법 제2조}$과 설문
⑴ 공법상 의무의 불이행이 있을 것
⑵ 불이행된 의무는 대체적 작위의무일 것
⑶ 다른 방법이 없을 것
⑷ 공익상 요청이 있을 것
⑸ 설문에 적용

3. 강제집행의 대체수단으로서 이행강제금을 부과할 수 있는지 여부
⑴ 문제상황
건축법에 근거하여 담장 철거의 강제집행을 대신하여 갑에게 이행강제금을 부과하는 것이 가능한가의 여부를 보충적으로 검토하기로 한다.
⑵ 이행강제금의 관념
㈎ 의   의
㈏ 성   질
㈐ 법적 근거
⑶ 이행강제금과 대집행의 관계
[참고판례]   전통적으로 행정대집행은 대체적 작위의무에 대한 강제집행수단으로, 이행강제금은 부작위의무나 비대체적 작위의무에 대한 강제집행수단으로 이해되어 왔으나, 이는 이행강제금제도의 본질에서 오는 제약은 아니며, 이행강제금은 대체적 작위의무의 위반에 대하여도 부과될 수 있다. 현행 건축법상 위법건축물에 대한 이행강제수단으로 대집행과 이행강제금$\binom{제83조 제1항, 현}{행법 제80조 제1항}$이 인정되고 있는데, 양 제도는 각각의 장·단점이 있으므로 행정청은 개별사건에 있어서 위반내용, 위반자의 시정의지 등을 감안하여 대집행과 이행강제금을 선택적으로 활용할 수 있으며, 이처럼 그 합리적인 재량에 의해 선택하여 활용하는 이상 중첩적인 제재에 해당한다고 볼 수 없다$\binom{헌재 2004. 2. 26, 2001헌바80·84·102·}{103, 2002헌바26(병합) 전원재판부}$.

4. 문제의 해결

[1-47] 제56회 5급공채(2012년) 계고처분과 대집행에 대한 구제

〈제1문〉 A시의 시장은 건물 소유자인 갑에게 건축법 제79조 및 행정대집행법 제3조에 따라 동 건물이 무허가건물이라는 이유로 일정기간까지 철거할 것을 명함과 아울러 불이행할 때에는 대집행한다는 내용의 계고를 하였다. 그 후 갑이 이에 불응하자 다시 2차계고서를 발송하여 일정기간까지 자진철거를 촉구하고 불이행하면 대집행한다는 내용을 고지하였다. 그러나 갑은 동 건물이 무허가건물이 아니라고 다투고 있다(단, 대집행 요건의 구비 여부에 대하여는 아래 각 질문사항에 따라서만 검토하기로 한다).

(1) 갑은 위 계고에 대하여 취소소송을 제기하려고 한다. 계고의 법적 성질을 논하고, 소송의 대상이 되는 계고가 어느 것인지를 검토하시오.

(2) 철거명령과 함께 이루어진 1차 계고는 적법한가?

(4) 위 사안에서 대집행에 대한 갑의 구제방안에 대하여 설명하시오.

참고조문

「행정대집행법」제3조(대집행의 절차) ① 전조의 규정에 의한 처분(이하 대집행이라 한다)을 하려 함에 있어서는 상당한 이행기한을 정하여 그 기한까지 이행되지 아니할 때에는 대집행을 한다는 뜻을 미리 문서로써 계고하여야 한다. 이 경우 행정청은 상당한 이행기한을 정함에 있어 의무의 성질·내용 등을 고려하여 사회통념상 해당 의무를 이행하는 데 필요한 기간이 확보되도록 하여야 한다.

제7조(행정심판) 대집행에 대하여는 행정심판을 제기할 수 있다.

제8조(출소권리의 보장) 전조의 규정은 법원에 대한 출소의 권리를 방해하지 아니한다.

답안작성요령

1. 계고의 법적 성질, 소송의 대상이 되는 계고[설문 (1)]

(1) 계고의 법적 성질

계고의 이의, 성질 등을 논술한다

(2) 소송이 대상이 되는 계고(이에 관해 이 책 취소 소송의 대상적격 참조)

1차 계고가 소송의 대상이 되는 계고이다(2차 계고는 대집행기한의 연기통지-판례).

2. 철거명령과 함께 이루어진 1차 계고의 적법 여부[설문 (2)]

(1) 계고의 요건

(2) 의무부과(철거명령)와 계고의 동시발령 가능성(판례상 적법)

3. 설문상 대집행에 대한 갑의 구제방안[설문 (4)]

(1) 행정심판과 가구제

대집행 자체가 위법하면 대집행을, 대집행 자체가 적법하면 계고를 심판(행정기본법상 이의신청과 재심사, 행정심판법상 행정심판)의 대상으로 한다.

(2) 취소소송과 가구제

대집행 자체가 위법하면 대집행을, 대집행 자체가 적법하면 계고를 심판의 대상으로 한다.

(3) 국가배상청구

A시장의 처분이 국가배상법 제2조의 요건을 충족하면, 국가배상청구가 가능하다.

(4) 결과제거

(5) 감독청에 의한 취소, 예방적 부작위소송

[1-47a] 제37회 입법고시(2021년)　계고처분과 하자의 승계

〈제2문〉 乙은 A시에서 공장을 운영하는 자로서 「산업집적활성화 및 공장설립에 관한 법률」에 따라 공장건물을 등록하고, 「지방세법」에 의하여 재산세를 납부하였다. 이후 乙은 사업 확장을 목적으로 본 사안의 공장건물을 「건축법」상 요구되는 허가 또는 신고를 하지 아니한 채 증축하였다. A시 甲시장은 乙의 공장건물을 위법한 건축물로 보아 乙에 대하여 시정조치를 하였다. 그러나 乙이 이에 응하지 아니하자, 甲시장은 乙에 대하여 철거명령과 함께 대집행 계고처분을 발하였다. 그런데 乙은 위법하게 증축한 건축물 부분을 원상회복하고자 할 경우 재산상 손실 등의 불이익이 과다할 것으로 판단하여 소송을 제기하고자 한다.

(1) 甲시장의 계고처분의 적법성 여부에 대하여 검토하시오.

(2) 乙은 제소기간이 도과한 계고처분의 위법성 여부를 대집행 영장에 의한 통지처분에 대한 소송에서 다툴 수 있는가?

참고조문

행정대집행법

제3조(대집행의 절차) ① 전조의 규정에 의한 처분(以下 代執行이라 한다)을 하려함에 있어서는 상당한 이행기한을 정하여 그 기한까지 이행되지 아니할 때에는 대집행을 한다는 뜻을 미리 문서로써 계고하여야 한다. 이 경우 행정청은 상당한 이행기한을 정함에 있어 의무의 성질·내용 등을 고려하여 사회통념상 해당 의무를 이행하는 데 필요한 기간이 확보되도록 하여야 한다. 〈개정 2015. 5. 18.〉

답안작성요령

Ⅰ. ⑴문에 관하여

1. 계고의 요건

⑴ 계고의 내용

⑵ 계고의 기간

⑶ 계고의 방식

2. 의무부과와 계고의 동시발령의 적법여부

상기 ⑴⑶의 요건이 구비되고, ⑵의 기간이 철거에 필요한 상당한 기간이라면 적법(판례)

[참고판례] 계고서라는 명칭의 1장의 문서로서 일정기간 내에 위법건축물의 자진철거를 명함과 동시에 그 소정기한내에 자진철거를 하지 아니할 때에는 대집행할 뜻을 미리 계고한 경우라도 위 건축법에 의한 철거명령과 행정대집행법에 의한 계고처분은 독립하여 있는 것으로서 각 그 요건이 충족되었다고 볼것(당원 1978. 12. 26. 선고 78누114 판결 참조)이고, 이 경우 철거명령에서 주어진 일정기간이 자진철거에 필요한 상당한 기간이라면 그 기간속에는 계고시에 필요한 '상당한 이행기간'도 포함되어 있다고 보아야 할 것이다(대판 1992. 6. 12, 91누13564).

3. 문제의 해결

Ⅱ. ⑵문에 관하여

1. 문제의 제기

설문은 계고처분의 하자를 영장에 의한 통지처분의 위법을 주장할 수 있는가의 여부를 묻고 있다. 이것은 행정행위의 하자의 승계를 인정할 것인가의 문제가 된다.

2. 행정행위 하자의 승계의 인정 여부

(1) 학　　설

㈎ 전통적 견해

㈏ 규준력설$\left(\begin{smallmatrix}의의와\\비판론\end{smallmatrix}\right)$

(2) 판　　례

㈎ 하나의 **법률효과**를 목적으로 하는 경우

㈏ 별개의 **법률효과**를 목적으로 하는 경우$\left(\begin{smallmatrix}원칙,\\예외\end{smallmatrix}\right)$

(3) 문제의 해결

[1-48] 제56회 사법시험(2014년) 행정조사, 행정절차상 하자

〈제 1 문〉 갑은 A시에서 개인 변호사 사무실을 운영하는 변호사로서 관할 세무서장 을에게 2010년부터 2012년까지 3년간의 부가가치세 및 종합소득세를 자진신고 납부한 바 있다. 병은 갑의 변호사 사무실에서 사무장으로 근무하다가 2013년 3월경 사무장 직을 그만두면서 사무실의 형사약정서 복사본과 민사사건 접수부를 가지고 나와 이를 근거로 을에게 갑의 세금탈루사실을 제보하였다.

이에 따라 을은 2013년 6월 갑에 대하여 세무조사를 하기로 결정하고, 갑에게 조사를 시작하기 10일 전에 조사대상 세목, 조사기간 및 조사 사유, 그 밖에 대통령령으로 정하는 사항을 통지하였다. 그런데 통지를 받은 갑은 장기출장으로 인하여 세무조사를 받기 어렵다는 이유로 을에게 조사를 연기해 줄 것을 신청하였으나 을은 이를 거부하였다.

1) 위 사례에서 세무조사와 세무조사결정의 법적 성질은?

3) 을은 세무조사를 하면서 당초 사전통지된 기간보다 조사기간을 연장하였으나 이를 갑에게 통지하지 아니하였다. 이 경우 이 세무조사에 근거하여 갑에게 부과된 소득세부과처분은 위법한가?

참고조문

구 「국세기본법」 [시행 2013. 1. 1.] [법률 제11604호, 2013. 1. 1. 일부개정]

제51조(국세환급금의 충당과 환급) ① 세무서장은 납세의무자가 국세·가산금 또는 체납처분비로서 납부한 금액 중 잘못 납부하거나 초과하여 납부한 금액이 있거나 세법에 따라 환급하여야 할 환급세액(세법에 따라 환급세액에서 공제하여야 할 세액이 있을 때에는 공제한 후에 남은 금액을 말한다)이 있을 때에는 즉시 그 잘못 납부한 금액, 초과하여 납부한 금액 또는 환급세액을 국세환급금으로 결정하여야 한다. 이 경우 착오납부·이중납부로 인한 환급청구는 대통령령으로 정하는 바에 따른다.

제81조의6(세무조사 대상자 선정) ② 세무공무원은 제 1 항에 따른 정기선정에 의한 조사 외에 다음 각 호의 어느 하나에 해당하는 경우에는 세무조사를 할 수 있다.

3. 납세자에 대한 구체적인 탈세 제보가 있는 경우

제81조의7(세무조사의 사전통지와 연기신청) ① 세무공무원은 세무조사(「조세범 처벌절차법」에 따른 조세범칙조사는 제외한다)를 하는 경우에는 조사를 받을 납세자(납세자가 제82조에 따라 납세관리인을 정하여 관할 세무서장에게 신고한 경우에는 납세관리인을 말한다. 이하 이 조에서 같다)에게 조사를 시작하기 10일 전에 조사대상 세목, 조사기간 및 조사 사유, 그 밖에 대통령령으로 정하는 사항을 통지하여야 한다. 다만, 사전에 통지하면 증거인멸 등으로 조사 목적을 달성할 수 없다고 인정되는 경우에는 그러하지 아니하다.

② 제 1 항에 따른 통지를 받은 납세자가 천재지변이나 그 밖에 대통령령으로 정하는 사유로 조사를 받기 곤란한 경우에는 대통령령으로 정하는 바에 따라 관할 세무관서의 장에게 조사를 연기해 줄 것을 신청할 수 있다.

③ 제 2 항에 따라 연기신청을 받은 관할 세무관서의 장은 연기신청 승인 여부를 결정하고 그 결과를 조사 개시 전까지 통지하여야 한다.

제81조의8(세무조사 기간) ⑥ 세무공무원은 제 1 항 단서에 따라 세무조사 기간을 연장하는 경우에는 그 사유와 기간을 납세자에게 문서로 통지하여야 하고, 제 4 항 및 제 5 항에 따라 세무조사를 중지 또는 재개하는 경우에는 그 사유를 문서로 통지하여야 한다.

구 「국세기본법」 시행령 [시행 2013. 3. 23.] [대통령령 제24441호, 2013. 3. 23. 타법개정]

제63조의7(세무조사의 연기신청) ① 법 제81조의7 제 2 항에서 "대통령령으로 정하는 사유"란 다음 각 호의 어느 하나에 해당하는 사유를 말한다.

2. 납세자 또는 납세관리인의 질병, 장기출장 등으로 세무조사가 곤란하다고 판단될 때

답안작성요령

1. 세무조사와 세무조사결정의 법적 성질

(1) 세무조사의 법적 성질

(가) 세무조사의 의의

세무조사란 국세의 과세표준과 세액을 결정 또는 경정하기 위하여 질문을 하거나 해당 장부·서류 또는 그 밖의 물건을 검사·조사하거나 그 제출을 명하는 것을 말한다(국세기본법 제81조의2 제 2 항 제 1 호).

(나) 행정상 강제조사

납세자는 세무공무원의 적법한 질문·조사, 제출명령에 대하여 성실하게 협력하여야 한다(국세기본법 제81조의2 제 2 항 제 1 호). 이 조항으로부터 납세자의 협력의무가 나오는바, 세무조사는 행정상강제조사의 성질을 갖는다.

(다) 합성적 행위로서 권력적 사실행위

세무조사는 사실행위로서 조사행위가 따른다는 점에서 사실행위의 성질을 갖는다. 납세자는 조사관의 질문에 응답의무, 조사에 수인의무를 부담하는바, 세무조사는 권력적인 행정행위(처분)로서의 성질을 갖는다. 전체로서 세무조사는 양면성을 가지는바, 합성적 행위로서 권력적 사실행위이다.

(2) 세무조사결정의 법적 성질

(가) 세무조사결정의 의의

세무조사결정은 세무조사를 하겠다는 세무서장(행정청)의 결정이다.

(나) 납세자에게 통지하기 전 단계

이 단계에서 세무조사결정은 행정청의 내부적 의사에 불과하다.

(다) 납세자에게 통지한 단계

이 단계에서 세무조사결정은 납세자에게 세무조사에 협력하여야 하는 의무를 발생시키므로 처분(행정행위)에 해당한다.

> [판례] 부과처분을 위한 과세관청의 질문조사권이 행해지는 세무조사결정이 있는 경우 납세의무자는 세무공무원의 과세자료 수집을 위한 질문에 대답하고 검사를 수인하여야 할 법적 의무를 부담하게 되는 점. … 등을 종합하면, 세무조사결정은 납세의무자의 권리·의무에 직접 영향을 미치는 공권력의 행사에 따른 행정작용으로서 항고소송의 대상이 된다(대판 2011. 3. 10., 2009두23617).

2. 연장통지 없이 조사기간 연장하며 행한 세무조사에 근거한 소득세부과처분의 위법여부

(1) 문제의 제기

을의 소득세부과처분은 설문에서 보는 구 국세기본법 제81조의8 제 6 항을 위반한 세무조사를 기초로 한 것인바, 절차상 하자가 있는 처분이다.

절차상 하자가 있는 처분의 효력문제가 검토의 대상이다.

(2) 학설·판례

(3) 문제의 해결

[1-49] 제7회 변호사시험(2018년) 세무조사 재조사에 근거한 과세처분의 적법여부

〈제2문〉 법무법인 甲, 乙 및 丙은 2015. 3. 3. 정기세무조사의 대상이 되어 2014 사업연도의 법인세 신고 및 납부내역에 대한 세무조사를 받았다. 정기세무조사는 매년 무작위로 대상자를 추출하여 조사하는 것으로 세무조사로 인한 부담을 덜어주기 위하여 동일한 과세기간에 대해서는 원칙적으로 재조사를 금지하고 있다. 그러나 관할 세무서장은 甲, 乙 및 丙의 같은 세목 및 같은 과세기간에 대하여 재조사 결정 및 이에 따른 통지 후 2016. 5. 20. 재조사를 실시하면서, 재조사 이유에 대해 과거 위 각 법인에서 근무하던 직원들의 제보를 받아 법인세 탈루혐의를 입증할 자료가 확보되었기 때문이라고 밝혔다. 관할 세무서장은 재조사 결과 甲, 乙 및 丙의 법인세 탈루사실이 인정된다고 보아 甲과 乙에 대해서는 2017. 1. 10. 丙에 대해서는 2017. 11. 3. 증액경정된 조세부과처분을 각각 발령하였다. 한편, 甲, 乙 및 丙은 세무조사로서의 재조사에 대하여 제소기간 내에 취소소송을 제기하였다.

4. 위 재조사에 근거하여 발령된 甲에 대한 2017. 1. 10.자 조세부과처분은 적법한가? (단, 하자승계 논의는 제외함)

참고조문

「국세기본법」

제81조의4(세무조사권 남용 금지) ① 세무공무원은 적정하고 공평한 과세를 실현하기 위하여 필요한 최소한의 범위에서 세무조사를 하여야 하며, 다른 목적 등을 위하여 조사권을 남용해서는 아니 된다.

② 세무공무원은 다음 각 호의 어느 하나에 해당하는 경우가 아니면 같은 세목 및 같은 과세기간에 대하여 재조사를 할 수 없다.

1. 조세탈루의 혐의가 인정되거나 의심되는 자료가 있는 경우

2. ~ 6. 〈생략〉

7. 그 밖에 제1호부터 제6호까지와 유사한 경우로서 대통령령으로 정하는 경우

제81조의7(세무조사의 통지와 연기신청) ② 사전통지를 받은 납세자가 천재지변이나 그 밖에 대통령령으로 정하는 사유로 조사를 받기 곤란한 경우에는 대통령령으로 정하는 바에 따라 관할 세무관서의 장에게 조사를 연기해 줄 것을 신청할 수 있다.

제81조의17(납세자의 협력의무) 납세자는 세무공무원의 적법한 질문·조사, 제출명령에 대하여 성실하게 협력하여야 한다.

 답안작성요령

1. 문제의 제기

(1) 甲에 대한 2017. 1. 10.자 조세부과처분의 적법 여부와 관련하여서는 행정행위의 적법요건 중 내용요건인 과세행정의 법률적합성의 원칙 위반 여부에 대한 검토가 필요하다.

(2) 그 밖의 요건에 관해서는 특별한 문제가 없어 보인다.

2. 2017. 1. 10.자 조세부과처분과 조세행정의 법률적합성의 원칙

(1) 조세부과처분의 성질

① 조세부과처분은 침익적 처분이다.

② 침익적 처분은 법률에 반할 수 없고, 법률의 근거가 있어야 한다.

[참고조문] 행정기본법 제8조(법치행정의 원칙) 행정작용은 법률에 위반되어서는 아니 되며, 국민의 권리를 제한하거나 의무를 부과하는 경우와 그 밖에 국민생활에 중요한 영향을 미치는 경우에는 법률에 근거하여야 한다.

(2) 경정처분의 전제로서 세무조사의 가부

경정처분인 2017. 1. 10.자 조세부과처분이 적법하기 위해서는 근거된 재조사로서 2016. 5. 20.자 세무조사가 적법하여야 한다.

3. 재조사의 근거법으로서 국세기본법 제81조의4

(1) 동 조항의 규정 내용

동 조항은 "조세탈루의 혐의가 인정되거나 의심되는 자료가 있는 경우"에 "같은 세목 및 같은 과세기간에 대하여 재조사를 할 수 있음"을 규정하고 있다.

(2) 동 조항의 규정 취지

"같은 세목 및 과세기간에 대한 거듭된 세무조사는 납세자의 영업의 자유나 법적 안정성 등을 심각하게 침해할 뿐만 아니라 세무조사권의 남용으로 이어질 우려가 있으므로 조세공평의 원칙에 현저히 반하는 예외적인 경우를 제외하고는 금지될 필요가 있다($^{대판\ 2017.\ 3.\ 16,}_{2014두8360}$)."

4. 2016. 5. 20.자 재조사의 적법 여부

(1) 재조사가 "법인에서 근무하던 직원들의 제보를 받아 법인세 탈루혐의를 입증할 자료가 확보되었기 때문"에 이루어진 것이므로, 2016. 5. 20.자 재조사는 국세기본법 제81조의4 제 2 항 제 1 호의 요건을 구비하였다고 볼 것이다.

(2) 재조사가 "적정하고 공평한 과세를 실현하기 위하여 필요한 최소한의 범위를 벗어나서 세무조사를 한 것으로 볼 사유가 발견되지 아니하고, 또한 다른 목적 등을 위하여 조사권을 남용한 것으로 보이지도 아니한다.

5. 소   결

2016. 5. 20.자 위 재조사에 근거하여 발령된 甲에 대한 2017. 1. 10.자 조세부과처분은 조세행정의 법률적합성의 원칙에 비추어 적법하다.

[1-49a] 제11회 변호사시험(2022년)   위법조사의 효과

〈제1문〉 혼인하여 3자녀를 둔 5인 가구의 세대주인 甲은 현재 독점적으로 전기를 공급하고 있는 전기판매사업자 S와 전기공급계약을 체결하고 전기를 공급받는 전기사용자이다. S는 甲에게 2016. 7. 3.부터 같은 해 8. 2.까지 甲 가구가 사용한 525kWh의 전기에 대해 131,682원의 전기요금을 부과하였다. 甲은 위 기간 동안 특별히 전기를 많이 사용하지 않았음에도 불구하고 전월에 비해 전기요금이 2배 이상으로 부과된 것이 새로 도입한 누진요금제 때문이라는 것을 알게 되었다. 이에 甲은 S의 전기공급약관 중 누진요금에 관한 부분이 「전기사업법」 제16조 제1항, 「전기사업법 시행령」 제7조 제1항을 위반하고 甲의 계약의 자유를 침해하여 무효라고 주장하면서, 2016. 11. 16. 전주지방법원 군산지원에 S를 상대로 甲이 납부한 131,682원과 누진요금제 시행 이전 기준으로 산정한 55,500원($^{S의 전기공급약관 개}_{정 전 [별표 1] 기준}$)의 차액 상당을 구하는 부당이득반환 청구소송을 제기하였다. 甲은 위 소송 계속 중 2017. 3. 6. 위 법원에 「전기사업법」 제16조 제1항 중 '전기요금' 부분이 의회유보원칙 및 포괄위임금지원칙에 위배되고 혼인하여 대가족을 이룬 甲의 평등권을 침해한다고 주장하며 변호사 乙을 선임하여 위 법률조항 부분에 대한 위헌법률심판 제청신청을 하였다.
위 법원이 2017. 7. 20. 甲의 부당이득반환 청구를 기각하면서 위헌법률심판 제청신청도 기각하자, 甲은 2017. 8. 16. 「전기사업법」 제16조 제1항 중 '전기요금'에 관한 부분과 같은 법 시행령 제7조 제1항에 대하여 「헌법재판소법」 제68조 제2항에 의한 헌법소원심판을 청구하였다. 한편 위 부당이득반환 청구에 대한 기각판결은 甲이 항소하지 않아 2017. 8. 10. 확정되었다.
1.~3. 생략($^{헌법}_{문제}$)
4. S가 비용을 자의적으로 분류하여 전기요금을 부당하게 산정하였음이 판명되었다. 이에 허가권자는 전기위원회 소속 공무원 丙으로 하여금 그 확인을 위하여 필요한 조사를 지시하였고, 丙은 사실조사를 통해 부당한 전기요금 산정을 확인하였다. 이에 허가권자는 전기사업법령이 정하는 바에 따라 S의 매출액의 100분의 4에 해당하는 금액의 과징금부과처분을 하였다.
(1) 허가권자가 조사 일시·이유·내용 등의 조사계획을 조사대상자에게 전혀 알리지 않은 채 기습적으로 위 사실조사가 행하여진 경우, 위 과징금부과처분의 적법 여부를 검토하시오.
(2) 생략-PART 4 [2-4a]를 보라.

참고조문

전기사업법
제22조(사실조사 등) ① 허가권자는 공공의 이익을 보호하기 위하여 필요하다고 인정되거나 전기사업자등이 제21조 제1항에 따른 금지행위를 한 것으로 인정되는 경우에는 전기위원회 소속 공무원($^{허가권자가 시·도지사인 전기사업자의 경}_{우에는 해당 시·도 소속 공무원을 말한다.}_{이하 이 조}_{에서 같다}$)으로 하여금 이를 확인하기 위하여 필요한 조사를 하게 할 수 있다.
③ 허가권자는 제2항에 따른 조사를 하는 경우에는 조사 7일 전까지 조사 일시, 조사 이유 및 조사 내용 등을 포함한 조사계획을 조사대상자에게 알려야 한다. 다만, 긴급한 경우나 사전에 알리면 증거인멸 등으로 조사목적을 달성할 수 없다고 인정하는 경우에는 그러하지 아니하다.

답안작성요령

1. 문제의 제기

(1) 먼저, 조사계획 사전통지가 결여된 사실조사의 적법 여부에 대한 검토가 필요하다.

(2) 사실조사가 위법하다면, 위법한 조사에 따른 처분의 적법 여부에 대한 검토가 필요하다.

적법 여부는 전기사업법 제22조가 정하는 요건의 구비 여부와 연결된다.

2. 사실조사의 적법 여부

(1) 전기사업법 제22조의 성질

전기사업법 제22조는 피조사자의 보호를 위한 규정으로 볼 것인바, 임의규정이 아니라 강행규정으로 볼 것이다.

(2) 전기사업법 제22조의 내용

전기사업법 제22조는 사실조사의 요건으로 ① 제1항에서 조사가 공익상 필요할 것, ② 제3항 본문에서 조사 7일 전까지 조사 일시, 조사 이유 및 조사 내용 등을 포함한 조사계획을 조사대상자에게 알릴 것을 요구한다. 긴급한 경우나 사전에 알리면 증거인멸 등으로 조사목적을 달성할 수 없다고 인정하는 경우에는 ②의 요건은 요구되지 아니한다.

㈎ 공익상 필요 요건

S가 비용을 자의적으로 분류하여 전기요금을 부당하게 산정하였음이 판명되었다고 하는바, 그 조사는 공익을 위한 것으로 볼 것이다.

㈏ 조사계획 사전 통지 요건

① 조사계획 사전 통지는 피조사자의 보호를 위한 것이다. ② 조사계획 사전 통지는 조문의 문면상 기속행위이다. ③ 설문의 내용에 비추어 조사가 긴급하게 이루어져야 하거나 아니면, 사전에 알리면 증거인멸 등으로 조사목적을 달성할 수 없다고 인정할 만한 사정은 보이지 아니한다.

(3) 소　　　결 (위법한 조사)

丙의 사실조사는 강행규정인 전기사업법 제22조가 정하는 요건을 구비하지 못하였으므로 위법하다.

3. 과징금부과처분의 적법 여부 (상세는 본책 중 위법조사의 효과 부분을 보라)

(1) 문제상황

(2) 학　　　설

(3) 판　　　례

(4) 결　　　론

[1-50] 제57회 사법시험(2015년) 강제조사와 권리구제

〈제1문〉 갑은 을로부터 2014. 10. 7. A시 B구 소재 이용원 영업을 양도받고 관할 행정청인 B구 구청장 X에게 영업자 지위승계신고를 하였다. 그런데 갑은 위 영업소를 운영하던 중, 2014. 12. 16. C경찰서 소속 경찰관에 의해 「성매매알선 등 행위의 처벌에 관한 법률」위반으로 적발되었다. 구청장 X는 2014. 12. 19. 갑에 대하여 3월의 영업정지 처분을 하였다. 한편 을은 이미 같은 법 위반으로 2014년 7월부터 9월까지의 2월의 영업정지처분을 받은 바 있었다. 그 후 2015. 5. 6. B구청 소속 공무원들은 위생관리 실태를 검사하기 위하여 위 영업소에 들어갔다가 갑이 여전히 손님에게 성매매알선 등의 행위를 하는 것을 적발하였다. 이에 구청장 X는 이미 을이 제1차 영업정지처분을 받았고 갑이 제2차 영업정지처분을 받았음을 이유로, 2015. 5. 6.에 적발된 위법행위에 대하여 갑에게 「공중위생관리법」 제11조 제1항 및 제2항, 같은 법 시행규칙 제19조 [별표 7] 행정처분기준에 따라 적법한 절차를 거쳐서 가중된 제재처분인 영업소 폐쇄명령을 내렸다.

(3) 만일 갑이 영업소 안에서 문을 잠그고 B구청 소속 공무원들의 영업소 진입에 불응하여, 위 공무원들이 잠금장치와 문을 부수고 강제로 진입하여 위생관리실태를 조사하였다면, 갑이 그에 대하여 취할 수 있는 권리구제 수단에 관하여 설명하시오.

참고조문

공중위생관리법
제9조(보고 및 출입·검사) ① 특별시장·광역시장·도지사(이하 "시·도지사"라 한다) 또는 시장·군수·구청장은 공중위생관리상 필요하다고 인정하는 때에는 공중위생영업자 및 공중이용시설의 소유자등에 대하여 필요한 보고를 하게 하거나 소속공무원으로 하여금 영업소·사무소·공중이용시설등에 출입하여 공중위생영업자의 위생관리의무이행 및 공중이용시설의 위생관리실태등에 대하여 검사하게 하거나 필요에 따라 공중위생영업장부나 서류를 열람하게 할 수 있다.

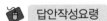 **답안작성요령**

1. 문제의 제기

(1) 공무원들이 잠금장치와 문을 부수고 강제로 진입하여 위생관리실태를 검사한 행위의 법적 성질이 규명되어야 갑이 취할 수 있는 권리구제 수단을 설명할 수 있다.

(2) 따라서 설문은 공무원들의 위생관리실태 검사행위의 법적 성질의 규명과 그에 대한 권리구제수단을 밝히는 것이 쟁점이다.

2. 위생관리실태 검사의 법적 성질

(1) 위생관리실태 검사의 의의

위생관리실태 검사란 공중위생영업자가 그 이용자에게 건강상 위해요인이 발생하지 아니하도록 영업관련 시설 및 설비를 위생적이고 안전하게 관리하는지의 여부를 검사하는 것을 말한다.

(2) 행정상 강제조사

공중위생관리법 제9조에 따라 특별시장·광역시장·도지사 또는 시장·군수·구청장은 ① 공중위생영업자 및 공중이용시설의 소유자등에 대하여 필요한 보고를 하게 할 수 있다는 점, ② 소속공무원으로 하여금 영업소·사무소·공중이용시설등에 출입하여 공중위생영업자의 위생관리의무이행 및 공중이용시설의 위생관리실태등에 대하여 검사하게 하거나 필요에 따라 공중위생영업장부나 서류를 열람하게 할 수 있다는 점 등에 비추어 위생관리실태 검사는 행정상 강제조사의 성질을 갖는다.

(3) 합성적 행위로서 권력적 사실행위

위생관리실태 검사는 사실행위로서 조사행위가 따른다는 점에서 사실행위의 성질을 갖는다.

공중위생영업자 및 공중이용시설의 소유자등은 검사관의 검사에 수인의무를 부담하는바, 세무조사는 권력적인 행정행위(처분)로서의 성질을 갖는다.

전체로서 세무조사는 양면성을 가지는바 합성적 행위로서 권력적 사실행위이다.

3. 위생관리실태 검사에 대한 권리구제수단

위생관리실태 검사는 합성적 행위로서 권력적 사실행위이므로 권력적 사실행위에 대한 권리구제수단의 관점에서 검토할 필요가 있다.

(1) 행정심판$\left(\begin{smallmatrix}취소심판·무\\효등확인심판\end{smallmatrix}\right)$

(2) 항고소송$\left(\begin{smallmatrix}취소소송·무\\효등확인소송\end{smallmatrix}\right)$

(가) 대상적격

(나) **권리보호의 필요**$\left(\begin{smallmatrix}실행이\ 완료된\ 후에는\ 권리보호의\ 필\\요가\ 없어\ 부적법\ 각하의\ 가능성\ 있음\end{smallmatrix}\right)$

(3) 손해의 전보$\left(\begin{smallmatrix}손해배상·\\손실보상\end{smallmatrix}\right)$

(4) 결과제거$\left(\begin{smallmatrix}실행\ 완료\ 후\ 위법\\상태\ 유지되는\ 경우\end{smallmatrix}\right)$

(5) 헌법소원

(6) 예방적 부작위소송

(7) 소   결

4. 문제의 해결

[1-51] 제33회 입법고시(2017년)   과징금의 법적 성질

〈제1문〉   2009년 1월 1일부터 토지거래허가지역으로 고시(해제일 : 2013년 1월 31일 0시부터)된 지역에 거주하는 자로서 거래허가를 받을 자격이 있는 A는 허가지역 내의 D 소유의 토지를 매입하고자 하였으나 돈이 부족하였다. A는 위 지역 내의 토지 소유를 원하나 자격이 없는 B와 C에게 'A:B:C=1:1:2'의 비율로 공동 소유할 것을 제안하여 2010년 2월 28일 공동소유계약서를 작성하고 그 비율에 따른 금원을 받은 A는 2010년 3월 1일 D와 해당 토지의 매매계약을 하였다. 2010년 3월 2일 관할청으로부터 해당 토지거래의 허가를 받은 A는 일단 자신의 이름으로 소유권등기를 마쳤다. 그리고 A명의로 된 토지에 대해 B와 C는 각각의 지분에 따른 근저당을 설정하였다. 2014년 7월 8일 B는 공동소유계약서에 근거하여 A의 협조 하에 자신의 지분에 대한 소유권 공유등기를 하였다. 그런데 A는 이 토지를 구입하는 과정에서 감정대립이 심하였던 C의 지분에 대한 공유등기 요구에 대해 협조를 거부하였다. C는 수차에 걸친 등기요구를 거부하는 A를 상대로 2016년 2월 7일 소송을 제기하여 2017년 3월 2일 법원 판결을 통해 자신의 공유등기를 하기에 이르렀다.

1. 2. 생략 – PART 4 [3 – 23]을 보라.

3. 관련 법률에 따르면, 등기를 할 수 있는 때로부터 법률상 또는 정당한 사유 없이 3년이 경과하게 되면 관할청은 차명등기자에 대하여 토지가액의 30/100의 범위 내에서 과징금을 부과하도록 되어 있다. 과징금의 법적 성질과 C에 대한 과징금부과가 가능한지를 설명하시오.

참고조문

부동산 거래신고 등에 관한 법률 제11조(허가구역 내 토지거래에 대한 허가)   ① 허가구역에 있는 토지에 관한 소유권·지상권(소유권·지상권의 취득을 목적으로 하는 권리를 포함한다)을 이전하거나 설정(대가를 받고 이전하거나 설정하는 경우만 해당한다)하는 계약(예약을 포함한다. 이하 "토지거래계약"이라 한다)을 체결하려는 당사자는 공동으로 대통령령으로 정하는 바에 따라 시장·군수 또는 구청장의 허가를 받아야 한다. 허가받은 사항을 변경하려는 경우에도 또한 같다.

제12조(허가기준)   시장·군수 또는 구청장은 제11조에 따른 허가신청이 다음 각 호(생략)의 어느 하나에 해당하는 경우를 제외하고는 허가하여야 한다.

행정기본법 제28조(과징금의 기준)   ① 행정청은 법령등에 따른 의무를 위반한 자에 대하여 법률로 정하는 바에 따라 그 위반행위에 대한 제재로서 과징금을 부과할 수 있다.

② 과징금의 근거가 되는 법률에는 과징금에 관한 다음 각 호의 사항을 명확하게 규정하여야 한다.

1. 부과·징수 주체

답안작성요령

(1) 과징금의 법적 성질

과징금의 의의와 법적 성질을 기술한다.

(2) C에 대한 과징금 부과 가능성

① C가 적법하게 공유등기를 할 수 있는 자인가의 여부를 기술한다.

② C는 적법하게 공유등기를 할 수 있는 자가 아니라면, C는 과징금부과 대상자가 아니라는 것을 기술한다.

③ C의 공유등기는 부동산 거래신고 등에 관한 법률 제11조 제1항 등을 위반하였으므로, 그 등기는 무효이고, C에게 벌칙이 따라야 한다는 점을 기술한다.

[1-52] 제64회 5급공채(2020년) 과징금납부의무의 승계 여부 등

〈제1문〉 甲과 乙은 각각 「여객자동차 운수사업법」상 운송사업등록을 하여 전세버스운송사업에 종사하는 자이다. 관할 도지사 A는 甲과 乙에게 2020. 3. 2. 같은 법 제23조 제1항 제5호에 따라 자동차에 대한 개선명령을 발령하여 그 처분서가 다음 날 송달되었으나, 甲과 乙은 이를 이행하지 아니하였다. 도지사 A는 이를 이유로 같은 법 제85조 제1항 및 제88조 제1항에 따라 2020. 7. 10. 甲과 乙에게 사업정지에 갈음하는 과징금부과처분을 각각 행하였다. 한편, 乙은 아직 과징금을 납부하지 않은 상태에서 丙에게 자신의 전세버스운송사업을 양도하였고, 관련 지위승계신고가 수리되었다.

1) 생략—PART [1-41]을 보라.

2) 생략—PART [1-58]을 보라.

3) 丙이 乙에게 부과된 과징금을 납부하여야 할 의무가 있는지를 검토하시오.

참고조문

현행 법령을 사례해결에 적합하도록 수정하였음

「여객자동차 운수사업법」 제4조(면허 등) ① 여객자동차운송사업을 경영하려는 자는 사업계획을 작성하여 국토교통부령으로 정하는 바에 따라 국토교통부장관의 면허를 받아야 한다. 다만, 대통령령으로 정하는 여객자동차운송사업을 경영하려는 자는 사업계획을 작성하여 국토교통부령으로 정하는 바에 따라 특별시장·광역시장·특별자치시장·도지사·특별자치도지사(이하 "시·도지사"라 한다)의 면허를 받거나 시·도지사에게 등록하여야 한다.

제23조(여객자동차운송사업의 개선명령 등) ① 국토교통부장관 또는 시·도지사는 여객을 원활히 운송하고 서비스를 개선하기 위하여 필요하다고 인정하면 운송사업자에게 다음 각 호의 사항을 명할 수 있다

　5. 자동차 또는 운송시설의 개선

제85조(면허취소 등) ① 국토교통부장관 또는 시·도지사는 여객자동차 운수사업자가 다음 각 호의 어느 하나에 해당하면 면허·허가·인가 또는 등록을 취소하거나 6개월 이내의 기간을 정하여 사업의 전부 또는 일부를 정지하도록 명하거나 노선폐지 또는 감차 등이 따르는 사업계획 변경을 명할 수 있다.

　22. 제23조에 따른 개선명령을 이행하지 아니한 경우

제88조(과징금 처분) ① 국토교통부장관 또는 시·도지사는 여객자동차 운수사업자가 제85조 제1항 각 호의 어느 하나에 해당하여 사업정지 처분을 하여야 하는 경우에 그 사업정지 처분이 그 여객자동차 운수사업을 이용하는 사람들에게 심한 불편을 주거나 공익을 해칠 우려가 있는 때에는 그 사업정지 처분을 갈음하여 5천만원 이하의 과징금을 부과·징수할 수 있다.

「여객자동차 운수사업법 시행령」 제4조(시·도지사의 면허 또는 등록 대상인 여객자동차운송사업) ② 법 제4조 제1항 단서에 따라 시·도지사에게 등록하여야 하는 등록대상 여객자동차운송사업은 마을버스운송사업·전세버스운송사업 및 특수여객자동차운송사업으로 한다.

답안작성요령

1. 논점의 정리

⑴ 설문은 기존의 전세버스운송사업자인 을(양도인)이 부담하는 과징금납부의무가 새로운 전세버스운송사업자인 병(양수인)이 부담하게 되는가를 묻고 있다. 이것은 영업양도·양수의 경우에 양도인의 지위가 양수인에 승계되는가의 문제이다.

⑵ 설문은 제재처분으로서 양도인에게 부과된 과징금납부의무의 승계에 관한 문제이다.

2. 공의무의 승계 일반론

⑴ 명문규정이 있는 경우, 승계 여부는 명문규정에 따른다.

⑵ 명문규정이 없는 경우, 법해석문제가 된다. 해석상 이전가능성(일신전속 여부에 따라 판단)이 있고, 이전사유(예:매매·상속·경매)가 있으면 이전되는 것으로 볼 것이다.

3. 제재처분의 승계 문제

⑴ 승계 문제의 유형

제재처분의 승계문제에는 ① 양도인의 위법 또는 의무불이행을 이유로 양수인에게 제재처분을 할 수 있는지(제재처분사유의 승계) 여부와 ② 위법 또는 의무불이행을 이유로 양도인에게 부과된 제재처분의 효과가 양수인에게 승계되는지(제재처분효과의 승계) 여부가 문제된다. 설문은 ②의 경우이다.

⑵ 명문규정이 없는 경우, 제재처분사유의 승계와 제재처분효과의 승계의 관계

제재처분사유의 승계될 수 있다면, 제재처분의 효과도 승계될 수 있다고 볼 것이다. 왜냐하면 승계사유와 승계효과는 일체를 이루기 때문이다.

⑶ 명문규정이 없는 경우, 제재처분사유의 승계 여부

⒜ 학설은 긍정설(제재사유는 승계되는 양도인의 법적 지위에 포함된다. 제재사유 승계를 부정하면 영업양도가 제재처분의 회피수단으로 악용될 수 있다.), 부정설(양도인의 법령 위반이라는 제재사유는 인적 사유이므로 명문규정 없이 양수인에게 이전될 수 없다. 양도인의 위법행위로 인한 제재는 행위책임에 속하는 것이므로 명문규정 없이 양수인에게 승계되지 아니한다.), 절충설(허가·특허의 이전가능성과 제재의 이전가능성은 별개이므로, 제재사유가 설비 등 물적 사정에 관계되면 양수인에게 승계되나, 제재사유가 부정영업 등 인적 사유인 경우에는 승계되지 아니한다)로 나뉜다.

⒝ 판   례

[참고판례] 석유판매업 등록은 원칙적으로 대물적 허가의 성격을 갖고, 또 석유판매업자가 같은 법 제26조의 유사석유제품 판매금지를 위반함으로써 같은 법 제13조 제3항 제6호, 제1항 제11호에 따라 받게 되는 사업정지 등의 제재처분은 사업자 개인의 자격에 대한 제재가 아니라 사업의 전부나 일부에 대한 것으로서 대물적 처분의 성격을 갖고 있으므로, 위와 같은 지위승계에는 종전 석유판매업자가 유사석유제품을 판매함으로써 받게 되는 사업정지 등 제재처분의 승계가 포함되어 그 지위를 승계한 자에 대하여 사업정지 등의 제재처분을 취할 수 있다고 보아야 하고, 석유사업법 제14조 제1항 소정의 과징금은 해당 사업자에게 경제적 부담을 주어 행정상의 제재 및 감독의 효과를 달성함과 동시에 그 사업자와 거래관계에 있는 일반 국민의 불편을 해소시켜 준다는 취지에서 사업정지처분에 갈음하여 부과되는 것일 뿐이므로 지위승계의 효과에 있어서 과징금부과처분을 사업정지처분과 달리 볼 이유가 없다(대판 2003. 10. 23, 2003두8005).

4. 소   결

[1-53] 제35회 입법고시(2019년) 입찰참가자격제한조치의 법적 성질, 불복수단, 청문

〈제2문〉「공공기관의 운영에 관한 법률」에 의한 시장형 공기업인 A사는 민간기업인 B사로부터 원자력발전소 발전설비를 납품받는 계약을 체결하였다. B사는 하수급업체인 C사로부터 발전설비에 들어가는 부품에 대한 시험성적서 등을 받아서 A사에 제출하였다. 그런데 A사는 위 시험성적서 중 일부가 위·변조 의심 문서라고 판단하고, B사가 '입찰 또는 계약에 관한 서류를 위조·변조한 자'에 해당한다는 이유로 A사가 실시하는 입찰에 6개월간 참가를 제한하는 입찰참가자격제한조치를 하였다.

위 입찰참가자격제한조치서에는 "「공공기관의 운영에 관한 법률」제39조, 「공기업·준정부기관 계약사무규칙」제15조 및 「국가를 당사자로 하는 계약에 관한 법률」제27조 제1항 제8호 가목에 따라 아래와 같이 귀사의 입찰참가자격제한을 결정하여 알려드리며, 이에 대해서는 「공기업·준정부기관계약사무규칙」제17조에 따른 이의신청, 「행정심판법」에 따른 행정심판, 「행정소송법」에 따른 행정소송의 제기가 가능하니 참고하시기 바랍니다."라고 기재되어 있다. 참고로 이들 청구가 가능한 청구기간(제소기간)에 관한 내용은 위 문서에 포함되어 있지 않다.

(1) 위 입찰참가자격제한조치의 법적 성질을 논하고 B사가 이 조치에 대해서 불복할 수 있는 수단 및 이러한 수단들이 허용되는 청구기간(제소기간)에 관하여 논하시오. (단, 잠정적인 권리구제수단에 대해서는 논하지 않음)

(2) 위 입찰참가자격제한조치에 대해서 사전통지가 이루어지자 B사가 의견제출기한 내에 청문절차를 거칠 것을 신청한 경우 A사는 이에 응해야 하는지에 관하여 논하시오.

참고조문

「공공기관의 운영에 관한 법률」

제39조(회계원칙 등) ① (생략)

② 공기업·준정부기관은 공정한 경쟁이나 계약의 적정한 이행을 해칠 것이 명백하다고 판단되는 사람·법인 또는 단체 등에 대하여 2년의 범위 내에서 일정기간 입찰참가자격을 제한할 수 있다.

③ 제1항과 제2항의 규정에 따른 회계처리의 원칙과 입찰참가자격의 제한기준 등에 관하여 필요한 사항은 기획재정부령으로 정한다.

「공기업·준정부기관계약사무규칙」(기획재정부령)

제15조(부정당업자의 입찰참가자격제한) 법 제39조 제3항에 따라 기관장은 공정한 경쟁이나 계약의 적정한 이행을 해칠 것이 명백하다고 판단되는 자에 대해서는 「국가를 당사자로 하는 계약에 관한 법률」제27조에 따라 입찰참가자격을 제한할 수 있다.

제17조(이의신청) ① 「국가를 당사자로 하는 계약에 관한 법률 시행령」제110조 제1항 각 호의 구분에 따른 금액 이상의 공기업·준정부기관 조달계약 과정에서 해당 기관장 또는 계약담당자로부터 다음 각 호의 어느 하나에 해당하는 사항으로 인하여 불이익을 받은 자(이하 이 조에서 "이의신청인"이라 한다)는 그 행위의 취소 또는 시정을 위하여 해당 기관장에게 이의신청을 할 수 있다.

1. 국제입찰에 의한 공기업·준정부기관 조달계약의 범위와 관련된 사항

2. 입찰참가자격과 관련된 사항

3. (이하 생략)

② 제1항에 따른 이의신청인은 이의신청의 원인이 되는 행위가 있었던 날부터 15일 이내 또는 그 행위가 있었던 것을 안 날부터 10일 이내에 해당 기관장에게 이의신청을 하여야 한다.

「국가를 당사자로 하는 계약에 관한 법률」

제27조(부정당업자의 입찰 참가자격 제한 등) ① 각 중앙관서의 장은 다음 각 호의 어느 하나에 해당하는 자(이하 "부정당업자"라 한다)에게는 2년 이내의 범위에서 대통령령으로 정하는 바에 따라 입찰 참가자격을 제한하여야 하며, 그 제

한 사실을 즉시 다른 중앙관서의 장에게 통보하여야 한다. 이 경우 통보를 받은 다른 중앙관서의 장은 대통령령으로 정하는 바에 따라 해당 부정당업자의 입찰 참가자격을 제한하여야 한다.

1. 계약을 이행함에 있어서 부실·조잡 또는 부당하게 하거나 부정한 행위를 한 자
2. ~ 7. (생략)
8. 그 밖에 다음 각 목의 어느 하나에 해당하는 자로서 대통령령으로 정하는 자
　　가. 입찰·계약 관련 서류를 위조 또는 변조하거나 입찰·계약을 방해하는 등 경쟁의 공정한 집행을 저해할 염려가 있는 자

 답안작성요령

Ⅰ. 입찰참가자격제한조치의 법적 성질, 불복수단, 청구·제소기간

1. 입찰참가자격제한조치의 법적 성질

(1) 입찰참가자격제한조치의 의의$\left(\substack{\text{본문의 「의의」}\\\text{부분 참조}}\right)$

(2) 입찰참가자격제한조치의 유형$\left(\substack{\text{본문의 「계약에 근거한}\\\text{경우와 구분」 부분 참조}}\right)$

[참고판례]　공기업·준정부기관이 법령 또는 계약에 근거하여 선택적으로 입찰참가자격 제한 조치를 할 수 있는 경우, 계약상대방에 대한 입찰참가자격 제한 조치가 법령에 근거한 행정처분인지 아니면 계약에 근거한 권리행사인지는 원칙적으로 의사표시의 해석 문제이다. 이때에는 공기업·준정부기관이 계약상대방에게 통지한 문서의 내용과 해당 조치에 이르기까지의 과정을 객관적·종합적으로 고찰하여 판단하여야 한다. 그럼에도 불구하고 공기업·준정부기관이 법령에 근거를 둔 행정처분으로서의 입찰참가자격 제한 조치를 한 것인지 아니면 계약에 근거한 권리행사로서의 입찰참가자격 제한 조치를 한 것인지 여부가 여전히 불분명한 경우에는, 그에 대한 불복방법 선택에 중대한 이해관계를 가지는 그 조치 상대방의 인식가능성 내지 예측가능성을 중요하게 고려하여 규범적으로 이를 확정함이 타당하다$\left(\substack{\text{대판 2018. 10. 25,}\\\text{2016두33537}}\right)$.

(3) 소결$\left(\substack{\text{설문의 입찰참가자}\\\text{격제한조치의 성질}}\right)$

입찰참가자격제한조치서에 기재된 내용, 즉 "「공공기관의 운영에 관한 법률」 제39조, 「공기업·준정부기관 계약사무규칙」 제15조 및 「국가를 당사자로 하는 계약에 관한 법률」 제27조 제1항 제8호 가목에 따라 아래와 같이 귀사의 입찰참가자격제한을 결정하여 알려드리며, 이에 대해서는 「공기업·준정부기관계약사무규칙」 제17조에 따른 이의신청, 「행정심판법」에 따른 행정심판, 「행정소송법」에 따른 행정소송의 제기가 가능하니 참고하시기 바랍니다."라는 내용에 비추어 설문상 입찰참가자격제한조치는 행정처분으로 볼 것이다.

2. 입찰참가자격제한조치에 대한 불복수단

(1) 접근방법

설문의 입찰참가자격제한조치가 행정처분에 해당하므로, 입찰참가자격제한조치에 대한 불복수단은 행정처분에 대한 불복수단의 문제가 된다. 불복수단으로 행정기본법이 정하는 이의신청, 행정심판법상 행정심판, 행정소송법상 행정소송을 검토할 필요가 있다.

(2) 불복수단의 종류

(개) 이의신청

① 개별 법률이 이의신청을 규정하는 경우, 개별 법률상 이의신청이 행정기본법상 이의신청에 우선 적용된다$\left(\substack{\text{행정기본법 제}\\\text{36조 제 5 항}}\right)$. ② B사는 「공공기관의 운영에 관한 법률」 제39조$\left(\substack{\text{회계원}\\\text{칙 등}}\right)$ 제3항에 근거한 기획재정부령인 「공기업·준정부기관계약사무규칙」 제17조에 근거하여 기관장$\left(\substack{\text{입찰참가자격제한조}\\\text{치를 한 A사의 사장}}\right)$에게 입찰참가자격제한조치의 취소를 구하는 이의신청을 제기할 수 있다.

(내) 행정심판

① B사는 행정심판에 관한 일반법인 행정심판법이 정하는 바에 따라 입찰참가자격제한조치의 취소를 구하

는 취소심판 등을 청구할 수 있다. ② B사는 이의신청을 거친 후 행정심판을 청구할 수도 있고, 이의신청을 거치지 아니하고 바로 행정심판을 청구할 수도 있다.

(대) 행정소송

① B사는 행정소송에 관한 일반법인 행정소송법이 정하는 바에 따라 입찰참가자격제한조치의 취소를 구하는 취소소송 등을 제기할 수 있다. ② B사는 이의신청과 후 행정심판을 거친 후 취소소송 등을 제기할 수도 있고, 이의신청을 거치지 않고 후 행정심판을 거친 후 취소소송 등을 제기할 수도 있고, 이의신청과 행정심판을 거치지 않고 바로 취소소송을 제기할 수도 있다.

3. 불복수단의 허용기간$\binom{\text{이의신청기간, 청}}{\text{구기간, 제소기간}}$

(개) 이의신청

B사의 이의신청은 입찰참가자격제한조치$\binom{\text{이의신청의 원}}{\text{인이 되는 행위}}$가 있었던 날부터 15일 이내 또는 그 행위가 있었던 것을 안 날부터 10일 이내에 해당 기관장에게 하여야 한다$\binom{\text{공기업·준정부기관계약}}{\text{사무규칙 제17조 제 2 항}}$.

(내) 행정심판

① B사의 취소심판청구는 입찰참가자격제한조치$\binom{\text{이의신청의 원인}}{\text{이 되는 행위}}$가 있음을 알게 된 날부터 90일 이내에 하여야 한다$\binom{\text{행정심판법}}{\text{제27조 제 1 항}}$. ② 입찰참가자격제한조치$\binom{\text{이의신청의 원인}}{\text{이 되는 행위}}$가 있었던 날부터 180일이 지나면 청구하지 못한다. 다만, 정당한 사유가 있는 경우에는 그러하지 아니하다$\binom{\text{행정심판법}}{\text{제27조 제 3 항}}$. ③ 이러한 청구기간은 이의신청의 여부와 부관하다.

(대) 행정소송

① B사의 취소소송의 제기는 입찰참가자격제한조치가 있음을 안 날부터 90일 이내에 제기하여야 한다$\binom{\text{행정}}{\text{소송}}$$\binom{\text{법 제20조}}{\text{제 1 항}}$. B사가 취소심판을 제기하였다면, 재결서의 정본을 송달받은 날부터 기산하여 90일 이내에 제기하여야 한다$\binom{\text{행정소송법 제20}}{\text{조 제 1 항 단서}}$. ② 입찰참가자격제한조치가 있은 날부터 1년$\binom{\text{제 1 항 단서의 경우는}}{\text{재결이 있은 날부터 1년}}$을 경과하면 이를 제기하지 못한다. 다만, 정당한 사유가 있는 때에는 그러하지 아니하다$\binom{\text{행정소송법}}{\text{제20조 제 2 항}}$. ③ 이러한 제소기간은 이의신청의 여부와 부관하다.

Ⅱ. 의견제출기한 내 청문절차 신청 시, 청문절차를 열어야 하는지 여부

1. 문제의 제기

(1) 의   의

행정절차법 제22조 제 1 항은 행정청이 처분을 할 때 청문을 하는 경우를 규정하고 있다. 설문은 행정절차법 제22조 제 1 항 제 3 호 나목과 관련한다. A사가 청문을 하여야 하는지 여부는 B사의 청구가 행정절차법 제22조 제 1 항 제 3 호 나목의 요건을 구비하는가의 여부에 의존한다.

- **행정절차법 제22조(의견취취)** ① 행정청이 처분을 할 때 다음 각 호의 어느 하나에 해당하는 경우에는 청문을 한다.
  1. 다른 법령등에서 청문을 하도록 규정하고 있는 경우
  2. 행정청이 필요하다고 인정하는 경우
  3. 다음 각 목의 처분 시 제21조 제 1 항 제 6 호에 따른 의견제출기한 내에 당사자등의 신청이 있는 경우
      가. 인허가 등의 취소
      나. 신분·자격의 박탈
      다. 법인이나 조합 등의 설립허가의 취소

(2) 성   질

행정절차법 제22조 제 1 항 제 3 호에 따른 청문이 기속적인 절차인지 재량적인 절차인지는 문면상 명확하지 않다. 생각건대 행정절차법 제22조 제 1 항 제 3 호가 규정하는 처분은 침익적인 처분이라는 점, 행정절차법 제22조 제 1 항 제 3 호는 처분의 상대방을 위한 규정이라는 점에서 기속적인 절차로 볼 것이다.

2. 행정절차법 제22조 제1항 제3호 나목의 요건

행정절차법 제22조 제1항 제3호 나목이 적용되기 위해서는 ① 행정청이 하고자 하는 처분이 신분·자격 박탈의 처분이어야 하고, ② 행정절차법 제21조 제1항 제6호에 따른 의견제출기한 내에 당사자등의 신청이 있어야 한다.

3. 문제의 해결

① 자격 박탈의 처분에는 영구적인 박탈 외에 일시적 박탈도 포함된다고 볼 것인데, B사에 대한 6개월의 입찰참가자격제한조치는 일시적 자격박탈에 해당하는바, 첫 번째 요건은 구비되었다. ② 설문에서 입찰참가자격제한조치에 대해서 사전통지가 이루어지자 B사가 의견제출기한 내에 청문절차를 거칠 것을 신청하였다고 되어 있으므로 두 번째 요건도 구비되었다. ③ 따라서 A사는 B사의 신청에 응하여야 한다.

[1-54] 제33회 입법고시(2017년) 공중보건의 과실로 인한 국가배상책임의 존부

〈제 2 문〉 의료법인 ○○병원에서 공중보건의로 근무하던 A는 혈액배양검사 미실시 및 3세대 항생제 미처방의 의료과실로 인하여 환자를 사망에 이르게 하였다. 유족들이 A를 상대로 직접 국가배상을 청구할 수 있는지를 논술하시오.

답안작성요령

1. 문제의 제기

설문은 공중보건의의 의료과실로 인한 사망사건에서 유족들이 국가배상청구권을 갖는가의 여부를 묻고 있으므로, 설문의 해결을 위해서는 이 사건이 국가배상법 제 2 조 제1항이 정하는 국가배상청구권의 성립요건을 구비하고 있는가의 여부를 검토할 필요가 있다.

2. 국가배상청구권의 성립요건

[참고조문] 「국가배상법」 제 2 조(배상책임) ① 국가나 지방자치단체는 공무원 또는 공무를 위탁받은 사인(이하 "공무원"이라 한다)이 직무를 집행하면서 고의 또는 과실로 법령을 위반하여 타인에게 손해를 입히거나, 「자동차손해배상보장법」에 따라 손해배상의 책임이 있을 때에는 이 법에 따라 그 손해를 배상하여야 한다. 다만, 군인·군무원·경찰공무원 또는 예비군대원이 전투·훈련 등 직무 집행과 관련하여 전사(戰死)·순직(殉職)하거나 공상(公傷)을 입은 경우에 본인이나 그 유족이 다른 법령에 따라 재해보상금·유족연금·상이연금 등의 보상을 지급받을 수 있을 때에는 이 법 및 「민법」에 따른 손해배상을 청구할 수 없다.

(1) 공무원$\left(\substack{\text{의의, 사} \\ \text{례에 적용}}\right)$

(2) 직무$\left(\substack{\text{의의, 사} \\ \text{례에 적용}}\right)$

(3) 집행하면서$\left(\substack{\text{의의, 사} \\ \text{례에 적용}}\right)$

(4) 고의 또는 과실$\left(\substack{\text{의의, 사} \\ \text{례에 적용}}\right)$

(5) 법령을 위반$\left(\substack{\text{의의, 사} \\ \text{례에 적용}}\right)$

(6) 타인$\left(\substack{\text{의의, 사} \\ \text{례에 적용}}\right)$

(7) 손해$\left(\substack{\text{의의, 사} \\ \text{례에 적용}}\right)$

3. 문제의 해결

[1-55] 제 7 회 변호사시험(2018년) 취소판결의 기판력과 국가배상청구소송

〈제 2 문〉 법무법인 甲, 乙 및 丙은 2015. 3. 3. 정기세무조사의 대상이 되어 2014 사업연도의 법인세 신고 및 납부내역에 대한 세무조사를 받았다. 정기세무조사는 매년 무작위로 대상자를 추출하여 조사하는 것으로 세무조사로 인한 부담을 덜어주기 위하여 동일한 과세기간에 대해서는 원칙적으로 재조사를 금지하고 있다. 그러나 관할 세무서장은 甲, 乙 및 丙의 같은 세목 및 같은 과세기간에 대하여 재조사 결정 및 이에 따른 통지 후 2016. 5. 20. 재조사를 실시하면서, 재조사 이유에 대해 과거 위 각 법인에서 근무하던 직원들의 제보를 받아 법인세 탈루혐의를 입증할 자료가 확보되었기 때문이라고 밝혔다. 관할 세무서장은 재조사 결과 甲, 乙 및 丙의 법인세 탈루사실이 인정된다고 보아 甲과 乙에 대해서는 2017. 1. 10, 丙에 대해서는 2017. 11. 3. 증액경정된 조세부과처분을 각각 발령하였다. 한편, 甲, 乙 및 丙은 세무조사로서의 재조사에 대하여 제소기간 내에 취소소송을 제기하였다.

2. 甲은 연이은 세무조사로 인하여 법무법인으로서의 이미지가 실추되었다고 생각하고 국가배상청구소송을 제기하고자 한다. 위 1.에 의한 취소소송($^{갑의 취}_{소소송}$)에서 甲의 소송상 청구가 인용되어 그 판결이 확정된 것을 전제로 할 때 국가배상청구소송에서의 위법성 인정 여부를 설명하시오.

답안작성요령

1. 문제의 제기

설문은 취소판결에서의 위법의 효과가 국가배상법상 손해배상청구권의 성립요건으로서 위법에 미치는 영향을 묻고 있다. 그 영향은 취소소송의 본안요건으로서 위법과 국가배상법상 손해배상청구권의 성립요건으로서 위법의 동일 여부에 따라 결론을 달리한다.

2. 행정소송법상 위법개념과 국가배상법상 위법개념의 동일 여부

(1) 행정소송법상 위법 ($^{행정소송법상 \ 위법이란 \ 외부효}_{를 \ 갖는 \ 법규위반을 \ 의미한다.}$)

(2) 국가배상법상 위법

(가) 학   설 ($^{결과불법설, \ 상대적 \ 위법설,}_{행위위법설, \ 직무의무위반설}$)

(나) 판   례 ($^{주류적인 \ 견해}_{는 \ 행위위법설}$)

(다) 사   견

국가배상은 적법행위의 결과로 발생된 손해에 대한 전보수단인 손실보상과 구별되어야 하며, 위법이란 법질서에 반한다는 단일한 가치판단으로 보아야 하므로 행위위법설이 타당하다.

(3) 양자의 관계

국가배상법상 위법을 결과불법설, 상대적 위법설에서 이해하면, 행정소송법상 위법과 국가배상법상 위법은 다른 것으로, 국가배상법상 위법을 행위위법설에서 이해하면, 양자는 동일한 것으로 보게 된다.

3. 취소판결의 기판력이 발생한 후 국가배상청구권에 미치는 영향

(1) 행정소송법상 위법과 국가배상법상 위법을 다르다고 보는 경우

취소판결의 기판력이 발생한 후 국가배상청구소송에 영향을 미치지 아니한다.

(2) 행정소송법상 위법과 국가배상법상 위법을 동일하다고 보는 경우

(가) 법령의 범위가 동일하다고 보는 견해 ($^{영향을}_{미친다}$)

(나) 국가배상법상 법령의 범위를 취소소송보다 넓게 이해하는 견해 ($^{청구인용의 \ 판결의 \ 기판력은 \ 미치지만,}_{청구기각의 \ 기판력은 \ 미치지 \ 않는다}$)

4. 소   결

[1-56] 제63회 5급공채(2019년) 손해배상책임의 주체, 배상책임의 제한

〈제2문〉 A광역시는 2010. 5. 10. 시도인 X도로를 개설하였고, 도로의 관리권한을 B구청장에게 위임하였다. X도로는 빈번한 차량 통행으로 인해 환경법령상 기준을 현저히 초과하는 소음이 상시적으로 발생되고 있다. 甲은 2005. 1. 1.부터 X도로와 인접한 지역에서 거주하고 있고, 乙은 2014. 5. 1.부터 X도로와 인접한 지역으로 이주하여 거주하고 있다. 甲과 乙은 X도로의 도로소음으로 인하여 정상적인 생활이 곤란할 정도로 생활상 및 정신적 피해가 크다는 이유로 「국가배상법」에 따른 손해배상청구소송을 제기하였다.

1) 위 사안에서 「국가배상법」에 따른 손해배상책임의 주체에 대하여 논하시오.

2) 피고는 甲에 대한 배상책임은 인정하면서도 乙에 대해서는 X도로의 개통 이후 이주하였음을 이유로 배상책임을 부인하고 있다. 피고 주장의 당부를 판단하시오.

🔒 답안작성요령

Ⅰ. 손해배상책임의 주체

1. 문제의 제기

설문은 X도로 관리사무의 귀속주체($\binom{\text{A광역}}{\text{시}}$)와 실제의 관리청($\binom{\text{기관위임을}}{\text{받은 B구청장}}$)이 다른 경우에 누가 국가배상책임의 주체인가를 묻고 있다. 이에 답하기 위해서는 먼저 기간위임의 성질부터 살펴볼 필요가 있다.

2. X도로 관리사무의 법적 성격($\binom{\text{기관위임사무 일반론.}}{\text{내용은 본문 참조}}$)

3. 배상책임자

(1) 국가배상법 제5조에 따른 배상책임자($\binom{\text{사무귀}}{\text{속주체}}$)($\binom{\text{내용은 본}}{\text{문 참조}}$)

(2) 국가배상법 제6조에 따른 배상책임자($\binom{\text{비용}}{\text{부담자}}$)($\binom{\text{내용은 본}}{\text{문 참조}}$)

(3) 소결($\binom{\text{A광역시는 사무의 귀속주체로서, B구}}{\text{청장은 비용부담주체로서 배상책임자}}$)($\binom{\text{내용은}}{\text{본문 참조}}$)

4. 종국적 배상책임자

(1) 의   의

(2) 학설($\binom{\text{사무귀속주체설, 비용}}{\text{부담주체설, 기여도설}}$)

5. 결   론

A광역시는 사무귀속주체로서, B구는 비용부담주체로서 배상책임을 지고, A광역시와 B구 사이에서는 기여도에 따라 최종책임을 진다.

Ⅱ. 도로개통 이후 이주한 자의 손해배상청구 가능 여부

1. 문제의 제기

설문은 국가배상법 제5조의 영조물의 설치·관리상 하자로 인한 손해배상책임과 피해자의 귀책사유가 관련된 문제이다.

2. 배상책임 성립 여부($\binom{\text{국가배상법 제5조의 성}}{\text{립요건에 관해 본문 참조}}$)

3. 배상책임의 범위

• 피해자의 귀책사유는 배상책임의 범위 결정에 고려요소가 된다.

(1) 피해자가 피해를 용인하면서 이주하였으나, 피해정도가 예상(인식)보다 크지 않다면, 국가는 면책 가능하다.

[참고판례] 소음 등 공해의 위험지역으로 이주하였을 때 그 위험의 존재를 인식하고 그로 인한 피해를 용인하면서 접근한 것으로 볼 수 있다면, 그 피해가 직접 생명이나 신체에 관련된 것이 아니라 정신적 고통이나 생활방해의 정도에 그치고 침해행위에 고도의 공공성이 인정되는 경우에는, 위험에 접근한 후 실제로 입은 피해 정도가 위험에 접근할 당시 인식하고 있었던 위험의 정도를 초과하는 것이거나 위험에 접근한 후 그 위험이 특별히 증대하였다는 등의 특별한 사정이 없는 한 가해자의 면책을 인정할 수도 있을 것이다(대판 2015. 10. 15, 2013다23914; 대판 2004. 3. 12, 2002다14242).

⑵ 피해자가 피해를 용인하면서 이주한 것이 아닌 경우, 국가의 면책은 불가하며, 감액이 인정될 것이다.

[참고판례] 소음 등 공해의 위험지역으로 이주하였더라도 그 위험에 접근할 당시 위험이 존재하는 사실을 정확하게 알 수 없는 경우가 많고 근무지나 가족관계 등의 사정에 따라 불가피하게 위험지역으로 이주할 수도 있는 것이므로, 위험지역에 이주하게 된 경위와 동기 등 여러 사정에 비추어 위험의 존재를 인식하고 그로 인한 피해를 용인하면서 접근한 것으로 볼 수 없는 경우에는 가해자의 면책을 인정할 수 없고 손해배상액의 산정에 있어 형평의 원칙상 이와 같은 사정을 과실상계에 준하여 감액사유로 고려할 수 있을 뿐이다(대판 2015. 10. 15, 2013다23914; 대판 2005. 1. 27, 2003다49566).

⑶ 피해자가 군인이나 군무원인 경우, 일반인과 달리 볼 이유가 없다.

[참고판례] 공군비행장 주변의 항공기 소음 피해로 인한 손해배상 사건에서 공군에 속한 군인이나 군무원의 경우 일반인에 비하여 그 피해에 관하여 잘 인식하거나 인식할 수 있는 지위에 있다는 이유만으로 가해자의 면책이나 손해배상액의 감액에 있어 달리 볼 수는 없다. 나아가 불법행위로 인한 손해배상 사건에서 과실상계 사유에 관한 사실인정이나 그 비율을 정하는 것은 그것이 형평의 원칙에 비추어 현저히 불합리하다고 인정되지 아니하는 한 사실심의 전권사항에 속하고, 이는 위와 같은 손해배상액의 감액사유에 관한 고려에 있어서도 마찬가지라고 할 것이다(대판 2015. 10. 15, 2013다23914).

[1-57] 제 8 회 변호사시험(2019년) 국가배상청구권의 성립요건과 이중배상금지

〈제1문의2〉丙은 현역병으로 입대하여 4주간의 군사훈련을 받은 후 의무경찰로 복무하던 중 허가 없이 휴대전화를 부대로 반입하여 이를 계속 소지·사용하였다는 사유로 경찰공무원 징계위원회에 회부되었고, 이러한 사유가 「의무경찰 관리규칙」 제94조 제 1 호(법령위반), 제 5 호(명령불복종), 제12호(기타 복무규율 위반)에 해당한다는 이유로 영창 15일의 징계처분을 받았다.

1. 丙은 「의무경찰대 설치 및 운영에 관한 법률」 제5 조 제1 항, 제 2 항 중 각 '의무경찰에 대한 영창' 부분이 헌법에 위반된다고 주장하고 있다. 丙이 위헌이라고 주장할 수 있는 논거를 제시하시오.

2. 丙은 영창 15일의 징계처분을 받은 후 소청심사를 청구하였다. 소청심사청구로 인해 「의무경찰대 설치 및 운영에 관한 법률」 제6 조 제 2 항 단서의 규정에 따라 영창처분의 집행이 정지되었고, 이후 丙의 복무기간이 만료되었다. 그러나 경찰청장은 영창기간은 복무기간에 산입하지 아니한다는 같은 법률 제 2 조의5 제 1 항 제 2 호와 영창처분을 받은 경우 퇴직을 보류한다는 같은 법률 시행령 제34조의2 제 4 호에 따라 퇴직발령을 아니하였고, 소청심사청구가 기각되자 15일의 영창처분을 집행한 후에야 퇴직발령을 하였다. 이에 丙은 경찰청장이 법령을 잘못 해석하여 퇴직발령을 하지 아니한 결과 자신이 복무기간을 초과하여 복무하는 손해를 입었으므로, 국가는 「국가배상법」상 배상책임이 있다고 주장한다. 丙의 이러한 주장에 대해 국가는 "丙은 의무경찰대원이므로 「국가배상법」 제 2 조 제 1 항 단서에 의해 배상청구를 할 수 없다."라고 항변한다. 丙의 주장과 국가의 항변이 타당한지 각각 검토하시오.

참고조문

「의무경찰대 설치 및 운영에 관한 법률」

제 2 조의5(휴직자 등의 전환복무기간 계산 등) ① 다음 각 호의 기간은 「병역법」 제25조 제 1 항에 따라 전환복무된 의무경찰대 대원의 전환복무기간에 산입하지 아니한다.
  1. 〈생략〉
  2. 정직 및 영창 기간
  3. 〈생략〉

제 5 조(징계) ① 의무경찰에 대한 징계는 강등, 정직, 영창, 휴가 제한 및 근신으로 하고, 그 구체적인 내용은 다음 각 호와 같다.
  1. 강등: 징계 당시 계급에서 1계급 낮추는 것
  2. 정직: 1개월 이상 3개월 이하의 기간 동안 의무경찰의 신분은 유지하나 직무에 종사하지 못하게 하면서 일정한 장소에서 비행을 반성하게 하는 것
  3. 영창: 15일 이내의 기간 동안 의무경찰대·함정 내 또는 그 밖의 구금장소에 구금하는 것
  4. 휴가 제한: 5일 이내의 범위에서 휴가일수를 제한하는 것. 다만, 복무기간 중 총 제한일수는 15일을 초과하지 못한다.
  5. 근신: 15일 이내의 기간 동안 평상근무에 복무하는 대신 훈련이나 교육을 받으면서 비행을 반성하게 하는 것
  ② 영창은 휴가 제한이나 근신으로 그 징계처분을 하는 목적을 달성하기 어렵고, 복무규율을 유지하기 위하여 신체 구금이 필요한 경우에만 처분하여야 한다.

제 6 조(소청) ① 제 5 조의 징계처분을 받고 처분에 불복하는 사람의 소청은 각기 소속에 따라 해당 의무경찰대가 소속된 기관에 설치된 경찰공무원 징계위원회에서 심사한다.
  ② 제 1 항에 따른 심사를 청구한 경우에도 이에 대한 결정이 있을 때까지는 해당 징계처분에 따라야 한다. 다만, 영창처분에 대한 소청 심사가 청구된 경우에는 이에 대한 결정이 있을 때까지 그 집행을 정지한다.

제 8 조(보상 및 치료) ① 의무경찰대의 대원으로서 전투 또는 공무수행 중 부상을 입고 퇴직한 사람과 사망(부상으로 인하여 사망한 경우를 포함한다)한 사람의 유족은 대통령령으로 정하는 바에 따라 「국가유공자 등 예우 및 지원에 관한 법률」 또는 「보훈보상대상자 지원에 관한 법률」에 따른 보상 대상자로 한다.

② 의무경찰대의 대원이 전투 또는 공무수행 중 부상하거나 질병에 걸렸을 때에는 대통령령으로 정하는 바에 따라 국가 또는 지방자치단체의 의료시설에서 무상으로 치료를 받을 수 있다.

「의무경찰대 설치 및 운영에 관한 법률 시행령」

제34조의2(퇴직 보류) 임용권자는 의무경찰이 다음 각 호의 어느 하나에 해당하는 경우에는 퇴직 발령을 하지 아니할 수 있다.

1.~3. 〈생략〉

4. 정직 또는 영창 처분을 받은 경우

5. 〈생략〉

제39조(위원회의 구성) ① 소속기관등의 장은 제38조의 소청서를 받은 경우에는 7일 이내에 경찰공무원 보통징계위원회(이하 "위원회"라 한다)를 구성하여 소청의 심사를 하게 하여야 한다. 이 경우 위원회는 5명 이상 7명 이하의 위원으로 구성한다.

② 제1항의 경우에는 소청의 요지를 피소청인에게 통보하여야 한다.

「의무경찰 관리규칙」

제94조(징계사유) 의경이 다음 각호의 1에 해당하는 때에는 징계의결의 요구를 하여야 하고 동 징계의결의 결과에 따라 징계처분을 행하여야 한다.

1. 의무경찰대 설치 및 운영에 관한 법률과 동법시행령 및 이 규칙(이하 "법령"이라 한다)을 위반한 때와 법령에 의한 명령에 위반하였을 때

2.~4. 〈생략〉

5. 상관의 명령에 복종하지 아니하였을 때

6.~11. 〈생략〉

12. 기타 제 복무규율을 위반한 때

제95조(징계의결의 요구) ① 경찰기관의 장은 소속 의경 중 제94조 각호에 해당하는 징계사유가 발생하였을 때에는 지체없이 관할 징계위원회를 구성하여 징계의결을 요구하여야 한다.

② 제1항의 징계는 소속 경찰기관에서 행한다.

제96조(징계위원회 구성과 징계의결) ① 의경을 징계하고자 할 때의 징계위원회 구성은 위원장을 포함한 3인 이상 7인 이하의 위원으로 의경 징계위원회(이하 "징계위원회"라 한다)를 구성한다.

② 제1항의 징계위원회 구성은 경사 이상의 소속 경찰공무원 중에서 당해 징계위원회가 설치된 경찰기관의 장이 임명한다.

답안작성요령

1. 문제의 제기

⑴ 丙은 경찰청장의 법령해석 잘못을 이유로 국가배상책임이 있다고 주장하는바, 국가배상책임의 성립요건, 특히 과실존부, 법령위반 여부의 요건에 대한 검토가 필요하다.

⑵ 국가는 丙이 의무경찰대원이므로 국가배상법 제2조 제1항 단서에 따라 배상청구를 할 수 없다고 하는바, 의무경찰대원이 이중배상이 금지되는 자에 해당하는지 여부를 검토할 필요가 있다.

2. 丙 주장의 타당성 검토(과실의 존부, 법령위반 여부)

⑴ 국가배상책임의 의의(내용은 본문 참조)

⑵ 국가배상책임의 요건(내용은 본문 참조)

⑶ 문제의 해결

㈎ 과실의 존부

법령해석의 잘못에 대해서는 일반적으로 공무원이 관계법규를 숙지하지 못하고 그르쳐 행정처분을 하였다면 과실이 있다고 인정한다. 다만 명확치 못한 법규에 대하여 신중을 다하여 해석을 한 이후에 근거 법규가 위헌 또는 위법으로 판단된 경우에는 공무원에게 과실을 인정하기 어렵다(판례).

⒩ 선결문제 관련 유무

국가배상청구소송의 수소법원인 민사법원에서 독자적으로 법령위반 여부를 판단할 수 있다$\binom{\text{판}}{\text{례}}$. 즉 국가배상에서의 위법판단은 행정소송법 제11조의 선결문제에 해당성이 없다.

⒟ 소   결

① 경찰청장은 처분 시 법령에 근거하여 소청기각 후에 영창처분을 집행한 다음 퇴직발령을 하였고, 경찰청장은 법령적용을 배제할 수 있는 법령심사권한이 없으므로, 법령해석의 잘못이 있다고 보기 어렵다$\binom{\text{과실}}{\text{없음}}$. ② 직무집행에 있어 법령을 위반했다고 보기 어렵다$\binom{\text{법령위반}}{\text{부재}}$. ③ 따라서 국가배상책임은 성립하기 어렵고, 丙의 주장은 타당할 수 없다.

3. 국가 항변의 타당성 검토$\binom{\text{이중배상금}}{\text{지 해당 여부}}$

⑴ 이중배상배제$\binom{\text{국가배상법 제2조}}{\text{제1항 단서}}$의 요건

⑵ 문제의 해결

丙은 의무경찰대원이나 「의무경찰대 설치 및 운영에 관한 법률」 제8조 제1항의 전투 또는 공무수행 중 부상을 입거나 사망을 한 자가 아니므로 보상대상자에 해당하지 않는다. 따라서 국가배상법 제2조 제1항 단서의 요건에 해당하지 아니하는 의무경찰대원이므로 국가배상청구가 어렵다는 국가의 항변은 타당하지 않다.

[1-58] 제64회 5급공채(2020년) 국가배상법상 선결문제, 가해공무원 개인의 배상책임 등

〈제1문〉 甲과 乙은 각각 「여객자동차 운수사업법」상 운송사업등록을 하여 전세버스운송사업에 종사하는 자이다. 관할 도지사 A는 甲과 乙에게 2020. 3. 2. 같은 법 제23조 제1항 제5호에 따라 자동차에 대한 개선명령을 발령하여 그 처분서가 다음 날 송달되었으나, 甲과 乙은 이를 이행하지 아니하였다. 도지사 A는 이를 이유로 같은 법 제85조 제1항 및 제88조 제1항에 따라 2020. 7. 10. 甲과 乙에게 사업정지에 갈음하는 과징금부과처분을 각각 행하였다. 한편, 乙은 아직 과징금을 납부하지 않은 상태에서 丙에게 자신의 전세버스운송사업을 양도하였고, 관련 지위승계신고가 수리되었다.
1) 생략−PART [1-41]을 보라.
2) 甲이 과징금부과처분취소소송을 제기하지 않고 과징금부과처분의 법령위반을 들어 국가배상청구소송을 제기할 경우 수소법원은 과징금부과처분의 위법 여부를 판단할 수 있는지를 설명하시오. 또한, 만약 이 사안에서 국가배상책임이 성립할 경우 도지사 A 개인도 손해배상책임을 지는지를 검토하시오.
3) 생략−PART [1-52]를 보라.

참고조문

현행 법령을 사례해결에 적합하도록 수정하였음
「여객자동차 운수사업법」제4조(면허
등)(이하
생략)

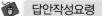 **답안작성요령**

1. 논점의 정리

⑴ 설문의 제1문은 국가배상소송에서 수소법원이 법령위반 요건을 독자적으로 판단할 수 있는지 여부를 묻고 있다. 이것은 강학상 행정행위의 공정력(구성요건
적 효력)의 한 부분문제로서 행정행위의 위법 여부를 쟁점으로 하는 민사사건에서 선결문제와 관련한다.

⑵ 설문의 제2문은 국가배상소송에서 가해 공무원 개인의 배상책임의 유무를 묻고 있다.

2. 첫 번째 문제(국가배상법
상 선결문제)

⑴ 선결문제의 의의

⑵ 민사사건과 선결문제

㈎ 행정행위의 효력 유무가 쟁점인 경우

㈏ 행정행위의 위법 유무가 쟁점인 경우(학설,
판례)

[참고판례] 위법한 행정대집행이 완료되면 그 처분의 무효확인 또는 취소를 구할 소의 이익은 없다 하더라도, 미리 그 행정처분의 취소판결이 있어야만, 그 행정처분의 위법임을 이유로 한 손해배상청구를 할 수 있는 것은 아니다(대판 1972. 4. 28,
72다337).

⑶ 사례에 적용(소
결)

3. 두 번째 문제(국가배상법상 가해공
무원 개인의 배상책임)

⑴ 책임의 유형

국가 또는 공공단체가 배상책임을 지는 경우, 공무원 자신의 책임은 면제되지 아니한다(헌법 제29조
제1항 단서). 판례는 "면제되지 아니하는 공무원 개인의 책임에는 민사상·형사상의 책임이나 국가 등의 기관내부에서의 징계책

임 등 모든 법률상의 책임이 포함된다고 할 것이고, 여기에서 특별히 민사상의 불법행위의 책임이 당연히 제외된다고 보아야 할 아무런 근거가 없다"는 견해를 취한다$\binom{\text{대판 1996. 2. 15. 95}}{\text{다38677 전원합의체}}$.

(2) 가해공무원의 대외적 배상책임$\binom{\text{학설.}}{\text{판례}}$

(3) 가해공무원의 내부적 구상책임$\binom{\text{국가배상법}}{\text{제 2 조 제 2 항}}$.

(4) 소   결

공무원에게 고의 또는 중과실이 있는 때에만 공무원 개인도 피해자에 대하여 민사상 손해배상책임을 지고, 경과실만 있는 때에는 책임을 지지 아니한다는 판례의 견해를 따르면, 도지사 A에게 고의 또는 중과실이 있다면, 도지사 A는 배상책임을 진다.

[1-58a] 제65회 5급공채(2021년)　손해배상청구권의 성립요건으로서 직무상 의무위반

〈제2문〉　甲은 만취한 상태로 운전하다가 경찰 검문소 앞에서 음주운전 일제단속에 적발되었다. 당시 근무 경찰관A는 甲의 차량을 도로변에 정차시킨 다음 운전면허증과 차량 열쇠를 甲으로부터 임의제출 받아 검문소 사무실 서랍에 보관한 후 음주측정을 한 바 혈중알콜농도 0.15%가 측정되었다. 甲이 경찰관A에게 다른 차들의 교통에 방해가 되지 않도록 도로 밖으로 차량을 이동시키겠다고 말하면서 열쇠의 반환을 요구하자, 경찰관A는 그 상태에서 운전을 해서는 안 되니 일단 귀가하였다가 술이 깬 후 다음날 오거나 대리운전자를 데리고 와 차를 가져가라고 말한 후 열쇠를 甲에게 주었다. 甲은 단속 경찰관들의 동태를 살피다가 몰래 차량을 운전하여 집으로 가던 중 보행자 乙을 충격하는 사고를 일으켜 乙이 사망하였다. 사고 당시 甲은 제한속도를 시속 30킬로미터나 초과하여 운행하였다. 이 사고로 인해 사망한 乙의 유족은 경찰관 A의 직무상 의무 위반을 이유로 「국가배상법」상 손해배상을 청구할 수 있는지를 검토하시오.

참고조문

도로교통법
제44조(술에 취한 상태에서의 운전 금지)　① 누구든지 술에 취한 상태에서 자동차등(「건설기계관리법」 제26조 제1항 단서에 따른 건설기계 외의 건설기계를 포함한다. 이하 이 조, 제45조, 제47조, 제93조 제1항 제1호부터 제4호까지 및 제148조의2에서 같다), 노면전차 또는 자전거를 운전하여서는 아니 된다.
　④ 제1항에 따라 운전이 금지되는 술에 취한 상태의 기준은 운전자의 혈중알코올농도가 0.03퍼센트 이상인 경우로 한다.

국가배상법
제2조(배상책임)　① 국가나 지방자치단체는 공무원 또는 공무를 위탁받은 사인(이하 "공무원"이라 한다)이 직무를 집행하면서 고의 또는 과실로 법령을 위반하여 타인에게 손해를 입히거나, 「자동차손해배상 보장법」에 따라 손해배상의 책임이 있을 때에는 이 법에 따라 그 손해를 배상하여야 한다. (단서 생략)

경찰관 직무집행법
제4조(보호조치 등)　① 경찰관은 수상한 행동이나 그 밖의 주위 사정을 합리적으로 판단해 볼 때 다음 각 호의 어느 하나에 해당하는 것이 명백하고 응급구호가 필요하다고 믿을 만한 상당한 이유가 있는 사람(이하 "구호대상자"라 한다)을 발견하였을 때에는 보건의료기관이나 공공구호기관에 긴급구호를 요청하거나 경찰관서에 보호하는 등 적절한 조치를 할 수 있다.
　1. 정신착란을 일으키거나 술에 취하여 자신 또는 다른 사람의 생명·신체·재산에 위해를 끼칠 우려가 있는 사람

 답안작성요령

1. 문제의 제기
설문은 경찰관 A의 직무상 의무 위반의 유무를 논점으로 한다. 즉 경찰관 A가 직무를 집행하면서 고의 또는 과실로 법령을 위반한 것인지 여부를 묻고 있다.

2. 요건의 검토
(1) 직무$\left(\substack{\text{의의, 사}\\\text{례에 적용}}\right)$
(2) 집행하면서$\left(\substack{\text{의의, 사}\\\text{례에 적용}}\right)$
(3) 고의 또는 과실$\left(\substack{\text{의의, 사}\\\text{례에 적용}}\right)$
(4) 법령을 위반$\left(\substack{\text{의의, 사}\\\text{례에 적용}}\right)$
－ 경찰관 직무집행법 제4조 제1호의 조치는 재량행위이지만, 영으로의 재량수축의 경우 기속행위가 된다.
－ 경찰관 A의 보호조치가 미흡하였지 여부가 핵심적인 문제이다.
－ 논자에 따라 견해가 다를 수 있다.

3. 문제의 해결

[1-59] 제59회 5급공채(2015년) 토지수용위원회의 재결을 다투는 행정소송, 재결소송

〈제1문〉 A주식회사는 Y도지사에게 「산업입지 및 개발에 관한 법률」 제11조에 의하여 X시 관내 토지 3,261,281m²에 대하여 '산업단지지정요청서'를 제출하였고, 해당지역을 관할하는 X시장은 요청서에 대한 사전검토 의견서를 Y도지사에게 제출하였다. 이에 Y도지사는 A주식회사를 사업시행자로 하여 위 토지를 'OO 제2일반지방산업단지'(이하 "산업단지"라고 한다)로 지정·고시한 후, A주식회사의 산업단지개발실시계획을 승인하였다. 그러나 Y도지사는 위 산업단지를 지정하면서, 주민 및 관계 전문가 등의 의견을 청취하지 않았다. 한편, 갑은 X시 관내에 있는 토지소유자로서 갑의 일단의 토지 중 90%가 위 산업단지의 지정·고시에 의해 수용의 대상이 되었다. A주식회사는 갑소유 토지의 취득 등에 대하여 갑과 협의하였으나 협의가 성립되지 아니하였다. 이에 A주식회사는 Y도(道) 지방토지수용위원회에 재결을 신청하였고, 동 위원회는 금10억원을 보상금액으로 하여 수용재결을 하였다. 다음 물음에 답하시오.
(3) 한편, 갑은 중앙토지수용위원회의 이의신청을 거친 후, 재결에 대한 취소소송을 제기하고자 한다. 이 경우 취소소송의 대상과 피고를 검토하시오.

참고조문

산업입지 및 개발에 관한 법률
제22조(토지수용) ① 사업시행자(제16조 제1항 제6호에 따른 사업시행자는 제외한다. 이하 이 조에서 같다)는 산업단지개발사업에 필요한 토지·건물 또는 토지에 정착한 물건과 이에 관한 소유권 외의 권리, 광업권, 어업권, 물의 사용에 관한 권리(이하 "토지등"이라 한다)를 수용하거나 사용할 수 있다.
② 제1항을 적용할 때 제7조의4 제1항에 따른 산업단지의 지정·고시가 있는 때(제6조 제5항 각 호 외의 부분 단서 또는 제7조 제6항 및 제7조의2 제5항에 따라 사업시행자와 수용·사용할 토지등의 세부 목록을 산업단지가 지정된 후에 산업단지개발계획에 포함시키는 경우에는 이의 고시가 있는 때를 말한다) 또는 제19조의2에 따른 농공단지실시계획의 승인·고시가 있는 때에는 이를 「공익사업을 위한 토지 등의 취득 및 보상에 관한 법률」 제20조 제1항 및 같은 법 제22조에 따른 사업인정 및 사업인정의 고시가 있는 것으로 본다.
③ 국가산업단지의 토지등에 대한 재결(裁決)은 중앙토지수용위원회가 관장하고, 일반산업단지, 도시첨단산업단지 및 농공단지의 토지등에 대한 재결은 지방토지수용위원회가 관장하되, 재결의 신청은 「공익사업을 위한 토지 등의 취득 및 보상에 관한 법률」 제23조 제1항 및 같은 법 제28조 제1항에도 불구하고 산업단지개발계획(농공단지의 경우에는 그 실시계획)에서 정하는 사업기간 내에 할 수 있다.
⑤ 제1항에 따른 수용 또는 사용에 관하여는 이 법에 특별한 규정이 있는 경우를 제외하고는 「공익사업을 위한 토지 등의 취득 및 보상에 관한 법률」을 준용한다.

답안작성요령

1. 문제의 제기
(1) A주식회사가 당사자인 재결에는 ① Y도(道) 지방토지수용위원회의 재결과 ② Y도(道) 지방토지수용위원회의 재결에 불복하여 중앙토지수용위원회에 제기한 이의신청에 대한 중앙토지수용위원회의 재결이 있다. ①은 원처분이고, ②는 원처분에 대한 재결처분이다. 이 두 가지 경우를 구분하여 설문을 검토한다.
(2) 산업입지 및 개발에 관한 법률상 토지수용의 경우, 동 법률 제22조에 규정이 없는 사항에 대하여는 「공익사업을 위한 토지 등의 취득 및 보상에 관한 법률」이 적용된다(산업입지 및 개발에 관한 법률 제22조 제5항). 산업입지 및 개발에 관한 법률에는 토지수용과 관련하여 행정소송에 특별히 정함이 없으므로, 설문의 해결을 위해서는 「공익사업을 위한 토지 등의 취득 및 보상에 관한 법률」과 행정소송법을 적용할 수밖에 없다.

2. 취소소송의 대상

(1) 행정소송법상 처분적격 약술

(2) Y도 지방토지수용위원회의 재결의 대상적격

「공익사업을 위한 토지 등의 취득 및 보상에 관한 법률」 제85조 제1항 제1문은 원처분에 대하여 행정소송을 제기할 수 있음을 명문으로 규정하고 있다.

(3) 중앙토지수용위원회의 재결의 대상적격

「공익사업을 위한 토지 등의 취득 및 보상에 관한 법률」 제85조 제1항 제2문은 중앙토지수용위원회의 재결에 대하여 행정소송을 제기할 수 있음을 명문으로 규정하고 있다.

(4) 양자의 관계($\binom{원처분중}{심주의}$)

(개) 공익사업을 위한 토지 등의 취득 및 보상에 관한 법률은 양자의 관계에 관해 명시적으로 규정하는 바가 없다.

(내) 행정소송법 제19조는 "취소소송은 처분등을 대상으로 한다. 다만, 재결취소소송의 경우에는 재결 자체에 고유한 위법이 있음을 이유로 하는 경우에 한한다"고 하여 원처분중심주의를 규정하고 있다.

(5) 소　　결

A주식회사는 Y도 지방토지수용위원회의 재결을 취소소송의 대상으로 하여야 한다. 다만, 중앙토지수용위원회의 재결의 고유한 하자가 있으면 중앙토지수용위원회의 재결을 취소소송의 대상으로 할 수 있다.

3. 취소소송의 피고

(1) 일반적인 경우

(개) 행정소송의 피고는 원칙적으로 처분청이다($\binom{행소법\ 제13}{조\ 제1항}$).

(내) Y도 지방토지수용위원회의 재결을 다투는 경우에는 처분청으로서 합의제 행정기관인 Y도 지방토지수용위원회가 피고가 된다.

(대) 중앙토지수용위원회의 재결을 다투는 경우에는 중앙토지수용위원회가 피고가 된다

(2) 보상금증감청구소송의 경우

(개) 제1항에 따라 제기하려는 행정소송이 보상금의 증감(增減)에 관한 소송인 경우 그 소송을 제기하는 자가 토지소유자 또는 관계인일 때에는 사업시행자를, 사업시행자일 때에는 토지소유자 또는 관계인을 각각 피고로 한다($\binom{토상법\ 제85}{조\ 제2항}$).

(내) 토지수용위원회가 당사자가 아닌 이유

[1-60] 제 9 회 변호사시험(2020년) 수용재결에 대한 불복 등

〈제 2 문〉 경기도지사 乙은 2018. 5. 3. 관할 A군에 소재한 분묘가 조선 초 유명 화가의 묘로 구전되어 오는데다가 그 양식이 학술상 원형보존의 가치가 있다는 이유로 「문화재보호법」 제70조, 「경기도 문화재 보호 조례」 제11조에 따라 이를 도지정문화재로 지정·고시하였다. 또한 乙은 2018. 6. 8. 해당 분묘를 보호하기 위하여 분묘경계선 바깥쪽 10m까지의 총 5필지 5,122㎡를 문화재보호구역으로 지정·고시하였다. 이에 해당 화가의 후손들로 이루어진 종중 B는 해당 화가의 진묘가 따로 존재한다고 주장하면서 乙에게 문화재지정처분을 취소 또는 해제하여 줄 것을 요청하는 청원서를 제출하였다. 이에 대해 乙은 문화재지정처분은 정당하여 그 취소 또는 해제가 불가하다는 회신을 하였다(이하 '불가회신'이라고 한다). 한편, 위 문화재보호구역 내에 위치한 일부 토지를 소유하고 있는 甲은 2019. 3. 14. 재산권 행사의 제한 등을 이유로 乙에게 자신의 소유토지를 대상으로 한 문화재보호구역 지정을 해제해 달라는 신청을 하였다. 그러나 乙은 2019. 6. 5. 甲이 해제를 요구한 지역은 역사적·문화적으로 보존가치가 있을 뿐만 아니라 분묘의 보호를 위하여 문화재보호구역 지정해제가 불가함을 이유로 甲의 신청을 거부하는 회신을 하였다(이하 '거부회신'이라고 한다).

4. 위 문화재보호구역 인근에서 관광단지 개발을 위해 2018. 5. 30. 관광진흥법상 사업인정을 받은 사업시행자 C건설은 2019. 8. 5. 문화재보호구역 인근에 소재한 丙 소유 토지의 일부를 수용하기 위해 재결신청을 하였고, 이에 대해 관할 경기도 토지수용위원회는 2019. 11. 20. 위 丙 소유 토지에 대한 수용재결을 하였다.

　1) 丙이 수용재결에 대하여 불복하고자 하는 경우 불복방법을 논하시오.
　2) 丙이 수용재결에 대한 불복과정에서 사업인정의 하자를 주장할 수 있는지 검토하시오.
　3) 丙이 토지수용위원회가 결정한 보상금액이 너무 적다는 이유로 다투고자 하는 경우 그 구제수단을 논하시오.

참고조문

「문화재보호법」 제27조(보호물 또는 보호구역의 지정)(이하 생략)
「관광진흥법」 제61조(수용 및 사용) ① 사업시행자는 제55조에 따른 조성사업의 시행에 필요한 토지와 다음 각 호의 물건 또는 권리를 수용하거나 사용할 수 있다. 다만, 농업 용수권(用水權)이나 그 밖의 농지개량 시설을 수용 또는 사용하려는 경우에는 미리 농림축산식품부장관의 승인을 받아야 한다.
　1. 토지에 관한 소유권 외의 권리
　2. 토지에 정착한 입목이나 건물, 그 밖의 물건과 이에 관한 소유권 외의 권리
　3. 물의 사용에 관한 권리
　4. 토지에 속한 토석 또는 모래와 조약돌
　② 제 1 항에 따른 수용 또는 사용에 관한 협의가 성립되지 아니하거나 협의를 할 수 없는 경우에는 사업시행자는 「공익사업을 위한 토지 등의 취득 및 보상에 관한 법률」 제28조 제 1 항에도 불구하고 조성사업 시행 기간에 재결(裁決)을 신청할 수 있다.
　③ 제 1 항에 따른 수용 또는 사용의 절차, 그 보상 및 재결 신청에 관하여는 이 법에 규정되어 있는 것 외에는 「공익사업을 위한 토지 등의 취득 및 보상에 관한 법률」을 적용한다.

답안작성요령

Ⅰ. 제 1 문$\binom{\text{수용재결에 대}}{\text{한 불복방법}}$

1. 논점의 정리

⑴ 경기도 토지수용위원회의 수용재결은 관광진흥법이지만, 관광진흥법에는 수용재결에 대한 불복에 관한 규정이 없다.

⑵ 관광진흥법 제61조 제 3 항에 따라 관광진흥법상 수용재결에 대한 불복에 관해서는 공익사업을 위한 토지 등의 취득 및 보상에 관한 법률$\binom{\text{이하 토상법}}{\text{으로 부른다}}$이 적용되는바, 토상법에 따라 사안을 검토한다.

2. 이의신청의 제기

⑴ 이의신청의 대상기관과 제기기간

1) 丙은 경기도 토지수용위원회를 거쳐 중앙토지수용위원회에 이의를 신청할 수 있다$\binom{\text{토상법 제83}}{\text{조 제 2 항}}$.

2) 丙은 이의의 신청을 재결서의 정본을 받은 날부터 30일 이내에 하여야 한다$\binom{\text{토상법 제83}}{\text{조 제 3 항}}$.

⑵ 이의신청에 대한 재결의 종류와 보상금의 지급

1) 중앙토지수용위원회는 제83조에 따른 이의신청을 받은 경우 제34조에 따른 재결이 위법하거나 부당하다고 인정할 때에는 그 재결의 전부 또는 일부를 취소하거나 보상액을 변경할 수 있다$\binom{\text{토상법 제84}}{\text{조 제 1 항}}$.

2) 제 1 항에 따라 보상금이 늘어난 경우 사업시행자는 재결의 취소 또는 변경의 재결서 정본을 받은 날부터 30일 이내에 보상금을 받을 자에게 그 늘어난 보상금을 지급하여야 한다. 다만, 제40조 제 2 항 제 1 호·제 2 호 또는 제 4 호에 해당할 때에는 그 금액을 공탁할 수 있다$\binom{\text{토상법 제84}}{\text{조 제 1 항}}$.

3. 행정소송의 제기

⑴ 제소기간

丙은 제34조에 따른 재결에 불복할 때에는 재결서를 받은 날부터 90일 이내에, 이의신청을 거쳤을 때에는 이의신청에 대한 재결서를 받은 날부터 60일 이내에 각각 행정소송을 제기할 수 있다$\binom{\text{토상법 제85조}}{\text{제 1 항 제 1 문}}$.

⑵ 소의 대상

1) 행정소송법 제19조가 정하는 원처분주의에 따라 원처분인 「신청에 대한 재결」, 즉 경기도 토지수용위원회의 재결이 소의 대상이다.

2) 「경기도 토지수용위원회의 재결에 대한 丙의 이의신청」에 대하여 중앙토지수용위원회의 재결자체에 고유한 위법이 있는 경우에는 중앙토지수용위원회의 재결이 소의 대상이다.

⑶ 피고적격

丙이 경기도 토지수용위원회의 재결에 대하여 제소하는 경우에는 경기도 토지수용위원회, 이의신청에 따른 중앙토지수용위원회의 재결에 대하여 제소하는 경우에는 중앙토지수용위원회를 피고로 한다.

[참고판례] 수용재결에 불복하여 취소소송을 제기하는 때에는 이의신청을 거친 경우에도 수용재결을 한 중앙토지수용위원회 또는 지방토지수용위원회를 피고로 하여 수용재결의 취소를 구하여야 하고, 다만 이의신청에 대한 재결 자체에 고유한 위법이 있음을 이유로 하는 경우에는 그 이의재결을 한 중앙토지수용위원회를 피고로 하여 이의재결의 취소를 구할 수 있다고 보아야 한다$\binom{\text{대판 2010. 1. 28,}}{\text{2008두1504}}$.

⑷ 관할법원

행정법원$\binom{\text{1심}}{\text{법원}}$이 관할법원이 된다.

(5) 공탁금

사업시행자는 행정소송을 제기하기 전에 제84조에 따라 늘어난 보상금을 공탁하여야 하며, 보상금을 받을 자는 공탁된 보상금을 소송이 종결될 때까지 수령할 수 없다(토상법 제85조 제1항 제2문).

Ⅱ. 제 2 문 (수용재결에 대한 불복과정에서 사업 인정의 하자를 주장할 수 있는지 여부)

[1-30]을 보라.

Ⅲ. 제 3 문 (보상금증 액소송)

1. 논술의 방향

丙은 보상금의 증액을 구하는데, 토상법은 제85조 제 2 항에서 보상금의 증감을 다투는 소송에 관한 규정을 두고 있는바, 이러한 규정을 중심으로 설문을 검토한다.

2. 보상금증액소송

(1) 의   의

제85조 제 1 항에 따라 제기하려는 행정소송이 보상금의 증감에 관한 소송인 경우 그 소송을 제기하는 자가 토지소유자 또는 관계인일 때에는 사업시행자를, 사업시행자일 때에는 토지소유자 또는 관계인을 각각 피고로 한다(토상법 제85 조 제 2 항). 이처럼 수용재결이나 이의재결 중 보상금에 대한 재결에 불복이 있는 경우 보상금의 증액 또는 감액을 청구하는 소송을 보상금증감소송이라 한다.

(2) 성   질

1) 단일소송

2) 형식적 당사자소송

(3) 소의 대상

(4) 원고적격

(5) 피고적격

(6) 제소기간

(7) 입증책임

3. 소   결

丙은 토상법 제85조 등이 정하는 바에 따라 보상금증액 청구소송을 제기하여 보상금의 증액을 구할 수 있다.

[1-60a] 제67회 5급공채(2023년) 재결소송, 가구제수단, 보상금증감소송

〈제 1 문〉 A시는 A시에 소재한 甲 소유 임야 10,620m²(이하 '이 사건 토지'라 한다)가 포함된 일대의 토지에 대해 「공익사업을 위한 토지 등의 취득 및 보상에 관한 법률」(이하 '토지보상법'이라 한다)상 공익사업인 공원조성사업을 시행하기로 하였다. 공원조성사업의 시행자인 A시의 시장은 甲과의 협의가 성립되지 아니하자 관할 X지방토지수용위원회에 수용재결을 신청하였고, X지방토지수용위원회는 이 사건 토지를 토지보상법에 따라 금 7억원의 보상금으로 수용하는 재결(이하 '수용재결'이라 한다)을 하였다. 그러나 甲은 "이 사건 토지는 공원용지로서 부적합하며, 인접 토지와의 사이에 경계, 위치, 면적, 형상 등을 확정할 수 없어 정당한 보상액의 산정은 물론 수용대상 토지 자체의 특정이 어려워 토지수용 자체가 불가능하므로 수용재결이 위법하다"는 이유로 토지보상법 제83조에 따라 X지방토지수용위원회를 거쳐 중앙토지수용위원회에 이의를 신청하였다. 이에 중앙토지수용위원회는 이 사건 토지에 대한 수용 자체는 적법하다고 인정하면서 이 사건 토지에 대한 보상금을 금 8억원으로 하는 재결(이하 '이의재결'이라 한다)을 하였다. (각 문항은 상호독립적임)

1) 甲은 자신의 토지는 수용대상 토지를 특정할 수 없어 수용 자체가 불가능하므로 수용재결과 이의재결은 위법하다고 주장하며 이의재결취소소송을 제기하였다. 이의재결이 취소소송의 대상이 될 수 있는지 검토하시오.

2) 토지보상금이 적음을 이유로 甲이 보상금의 증액을 청구하는 행정소송을 제기하는 경우, 본안판결 이전에 고려할 수 있는 「행정소송법」상 잠정적인 권리구제수단에 대하여 검토하시오.

3) 甲은 보상금 산정의 전제가 된 표준지공시지가결정의 비교표준지 선정에 오류가 있고, 평가액 산정의 평가요인별 참작 내용의 정도 등이 불명확하여 적정성과 객관성이 담보되지 않았다는 이유로 표준지공시지가결정이 위법하다고 주장한다. 甲이 보상금증액청구소송에서 이를 주장할 수 있는지 검토하시오. (단, 표준지공시지가결정에 대해서는 제소기간이 도과하였음)

참고조문

「공익사업을 위한 토지 등의 취득 및 보상에 관한 법률」 제 4 조(공익사업) 이 법에 따라 토지등을 취득하거나 사용할 수 있는 사업은 다음 각 호의 어느 하나에 해당하는 사업이어야 한다.
1. 국방·군사에 관한 사업
2. 관계 법률에 따라 허가·인가·승인·지정 등을 받아 공익을 목적으로 시행하는 철도·도로·공항·항만·주차장·공영차고지·화물터미널·궤도(軌道)·하천 …(중략)… 전기통신·방송·가스 및 기상 관측에 관한 사업
3. 국가나 지방자치단체가 설치하는 청사·공장·연구소·시험소·보건시설·문화시설·공원·수목원·광장·운동장·시장·묘지·화장장·도축장 또는 그 밖의 공공용 시설에 관한 사업
   [이하 생략]
제34조(재결) ① 토지수용위원회의 재결은 서면으로 한다.
제83조(이의의 신청) ① 중앙토지수용위원회의 제34조에 따른 재결에 이의가 있는 자는 중앙토지수용위원회에 이의를 신청할 수 있다.
② 지방토지수용위원회의 제34조에 따른 재결에 이의가 있는 자는 해당 지방토지수용위원회를 거쳐 중앙토지수용위원회에 이의를 신청할 수 있다.
제84조(이의신청에 대한 재결) ① 중앙토지수용위원회는 제83조에 따른 이의신청을 받은 경우 제34조에 따른 재결이 위법하거나 부당하다고 인정할 때에는 그 재결의 전부 또는 일부를 취소하거나 보상액을 변경할 수 있다.
제85조(행정소송의 제기) ① 사업시행자, 토지소유자 또는 관계인은 제34조에 따른 재결에 불복할 때에는 재결서를 받은 날부터 90일 이내에, 이의신청을 거쳤을 때에는 이의신청에 대한 재결서를 받은 날부터 60일 이내에 각각 행정소송을 제기할 수 있다. 이 경우 사업시행자는 행정소송을 제기하기 전에 제84조에 따라 늘어난 보상금을 공탁하여야 하며, 보상금을 받을 자는 공탁된 보상금을 소송이 종결될 때까지 수령할 수 없다.

② 제1항에 따라 제기하려는 행정소송이 보상금의 증감(增減)에 관한 소송인 경우 그 소송을 제기하는 자가 토지소유자 또는 관계인일 때에는 사업시행자를, 사업시행자일 때에는 토지소유자 또는 관계인을 각각 피고로 한다.

📖 답안작성요령

1. 제1문 $\left(\text{이의재결이 취소소송의}\atop\text{대상이 될 수 있는지 여부}\right)$

(1) 문제의 제기

설문은 수용재결과 이의재결 중 어느 재결이 취소소송의 대상인지를 쟁점으로 한다.

(2) 판례의 견해

(3) 소   결

2. 제2문 $\left(\text{보상금 증액 청구소송에}\atop\text{서 잠정적인 권리구제수단}\right)$

(1) 문제의 제기

행정소송법상 잠정적인 권리구제수단으로 집행정지제도가 있다. 설문은 보상금증감소송에도 집행정지제도가 적용되는지 여부를 쟁점으로 한다.

(2) 집행정지신청의 요건

집행정지는 취소소송이 제기된 경우를 전제로 한다$\left(\text{행정소송법 제}\atop\text{23조 제2항}\right)$.

집행정지는 본안이 계속 중일 것, 처분등이 존재할 것, 회복하기 어려운 손해를 예방하기 위한 것일 것, 긴급한 필요가 있을 것, 공공복리에 중대한 영향이 없을 것을 요건으로 한다$\left(\text{본문의 취소소송 부}\atop\text{분 중 집행정지 참조}\right)$.

(3) 보상금증감소송의 성격

설문의 보상금증감소송은 형식적 당사자소송에 해당하지만, 실질적 관점에서는 재결을 다투는 의미도 갖는바, 항고소송$\left(\text{취소}\atop\text{소송}\right)$의 성질도 갖는다$\left(\text{본문 중 보상금증감소송}\atop\text{의 법적 성질 부분을 보라}\right)$.

(4) 소   결

보상금증감소송은 항고소송$\left(\text{취소}\atop\text{소송}\right)$의 성질도 갖는바, 논리상 보상금증감소송 제기의 경우에 집행정지신청의 요건이 구비되면, 집행정지를 신청할 수 있다.

그러나 보상금증감소송은 금전보상을 내용으로 하는바, 집행정지의 요건 중 「회복하기 어려운 손해를 예방하기 위한 것일 것」이라는 요건이 충족되는 경우는 예상하기 어렵다.

3. 제3문 $\left(\text{보상금증액청구소송에서 표준지공시지}\atop\text{가결정의 위법을 주장할 수 있는지 여부}\right)$

(1) 문제의 제기

설문은 표준지 공시지가를 다툴 수 없게 된 경우, 보상금증액청구소송에서 표준지 공시지가의 하자를 주장할 수 있는가를 쟁점으로 한다.

(2) 판례의 견해$\left(\text{본문 중 하자의}\atop\text{승계 부분을 보라}\right)$

(3) 소   결

[1-61] 제27회 입법고시(2011년) 보상규정 없는 법률에 의한 수용의 경우, 손실보상청구권의 존부

〈제 1 문〉 X광역시 Y구(區)의 구청장 병은 「부동산 가격공시 및 감정평가에 관한 법률」 제11조 제 1 항에 따라 개별공시지가를 결정·공시하였다. 갑은 자신의 토지에 대하여 결정·공시된 위 개별공시지가가 합리적인 이유 없이 주변 토지의 시세에 비하여 높게 평가되었음을 주장하면서 재조사청구를 하였다. 이에 병구청장은 위 개별공시지가를 감액조정하여 2010. 7. 18. 갑에게 통지하고 같은 달 23. 공고하였다. 그러나 갑은 2010년도 개별공시지가 결정에 대하여 한 재조사청구에 따른 조정결정을 통지받고서도 이에 대해 더 이상 다투지 아니하고, 재조사 청구에 따른 조정결정이 있기 전인 같은 해 6. 19. Y구에 해당 토지를 협의매도한 후 2011. 3. 31. 양도가액을 위 조정된 개별공시지가로 하여 산출한 양도소득세를 확정신고하고, 을세무서장으로부터 과세처분을 받았다. 위 개별공시지가 결정에 대한 쟁송제기기간은 이미 도과하였다.

2) 위 사례에서 2010년 개별공시지가의 결정을 위해 Y구 소속 공무원 정은 개별공시지가의 산정을 위해 갑의 토지를 출입하였고, 적법절차를 준수하여 출입할 날의 3일 전에 갑에게 일시와 장소를 통지하였다. 그러나 정은 갑의 토지에 출입하여 측량 또는 조사를 하면서 갑에게 재산상 피해를 발생시켰다. 「부동산 가격공시 및 감정평가에 관한 법률」에는 이에 대한 손실보상을 규정하거나 준용규정을 두고 있지 않다. 이 경우 갑이 손실보상을 청구할 수 있는지를 검토하시오.

참고조문

당시 부동산 가격공시 및 감정평가에 관한 법률

제14조(타인토지에의 출입 등) ① 공무원 또는 감정평가업자는 제 5 조 제 1 항의 규정에 의한 표준지가격의 조사·평가 또는 제11조 제 3 항의 규정에 의한 토지가격의 산정을 위하여 필요한 때에는 타인의 토지에 출입할 수 있다.
(제 2 항 이하 생략)

답안작성요령

1. 문제의 제기

⑴ 침해의 근거규정은 있으나, 그 법률에 보상에 관한 규정이 없는 경우에 보상을 청구할 수 있는가의 문제이다.

⑵ 학설과 판례를 검토함으로써 해결책을 찾아야 하는 문제이다.

2. 보상청구권 인정 여부 검토

⑴ 학   설

⑵ 판   례

⑶ 검   토

3. 침해의 근거규정 · 보상규정 모두 있는 경우의 손실보상청구권과 비교

[1-62] 제32회 입법고시(2016년) 보상규정 없는 법률에 의한 제한의 경우(개발제한구역), 손실보상청구권의 존부

〈제2문〉 갑과 을은 각각 자신의 주택을 증축해서 매매한 다음 새로운 곳으로 이전하려 했으나, 자신의 토지가 최근 국토교통부장관에 의하여 「국토의 계획 및 이용에 관한 법률」 제38조 소정의 개발제한구역으로 지정됨에 따라 재산상의 큰 피해를 보게 되었고, 이로 인해 이전 계획도 수포로 돌아갈 지경에 이르렀다. 이와 관련하여 아래 갑과 을 주장의 타당성을 검토하시오.

– 갑 : 자신의 토지에 대한 개발제한구역의 지정은 재산권의 내재적 제약한도를 넘는 '특별한 희생'에 해당하는 공용제한이다. 이 경우 「국토의 계획 및 이용에 관한 법률」에는 손실보상에 관한 규정이 없더라도 헌법 제23조 제3항에 근거하여 직접 손실보상청구권은 성립한다.

– 을 : 헌법 제23조 제3항은 불가분조항이며 이에 따라 동조 제1항·제2항과 제3항 간에는 소위 분리이론에 터 잡은 해석이 전제되어야 한다. 따라서 보상을 요하는 공용제한에 해당함에도 헌법상 요구되는 '법률에 의한 보상'이 규정되지 않았다면 이는 위헌·무효인 법률에 해당한다. 이 경우 위헌·무효인 법률에 기한 공용제한과 그 근거가 된 입법행위는 모두 불법을 구성하므로 각각에 대해 국가배상청구를 할 수 있다.

🎁 답안작성요령

1. 문제의 제기

(1) 논의의 전제로서 개발제한구역의 지정의 성질을 먼저 살펴볼 필요가 있다.

(2) 제3항을 손실보상청구권의 근거규정으로 보는 갑의 주장과 헌법 제23조 제3항이 손실보상청구권의 근거규정은 아니며, 손실보상청구를 위해서는 법률의 규정이 있어야 한다는 을의 주장을 분석할 필요가 있다.

(3) 갑과 을의 주장의 분석을 토대로 갑과 을의 주장의 타당성에 대하여 논술한다.

2. 개발제한구역의 법적 성질

(1) 공용제한

(2) 특별한 희생

3. 갑의 주장의 분석

(1) 헌법 제23조 제3항은 특별희생이 있는 경우에 손실보상이 따라야 함을 규정하는 것으로 새긴다.

(2) 따라서 손실보상청구권의 존부를 특별희생의 유무에 따라 판단하는 입장이다.

(3) 학설상 경계이론을 바탕으로 한다.

> [참고] 경계이론 재산권의 내용과 공용침해는 별개의 제도가 아니며, 양자간에는 정도의 차이가 있을 뿐이며, 내용규정의 경계를 벗어나면 보상의무가 있는 공용침해로 전환한다는 이론을 말한다. 즉, 사회적 제약을 벗어나는 재산권규제는 보상규정의 유무를 불문하고 보상이 따라야 한다는 논리이다. 사회적 제약을 벗어나는 침해에 의한 희생이 특별한 희생에 해당한다. 경계이론은 수용유사침해론으로 연결된다. 경계이론은 독일의 통상재판소와 우리의 대법원이 취하는 입장이다.

(4) 우리 대법원의 입장과 궤를 같이 한다

4. 을의 주장의 분석

(1) 헌법 제23조 제3항은 불가분조항으로 보아, 공용침해의 경우에 손실보상도 법률로 정하여야 함을 규정

하는 것으로 새긴다.

⑵ 따라서 손실보상청구권의 유무를 법률의 규정의 유무에 따라 판단하는 입장이다.

⑶ 특별한 희생이 있음에도 보상규정이 없으면, 손실보상을 청구할 수 없고 손해배상을 청구하여야 한다는 입장이다.

⑷ 학설상 분리이론을 바탕으로 한다.

   [참고] 분리이론 입법자의 의사에 따라 공용침해(수용·사용·제한)와 재산권의 내용·한계의 설정이 분리된다는 이론을 말한다. 입법자가 공용침해를 규정한 것이 아니라 재산권의 내용을 규정하는 경우라 할지라도 그 규정이 비례원칙에 반하여 일정한 한계를 벗어나 기본권을 침해하면 구제되어야 하되, 다만 보상의 문제를 가져오는 것이 아니라, 위헌성의 제거에 초점을 두는 견해이다. 분리이론에 따르면, 재산권의 내용규정은 "입법자가 장래에 있어서 재산권자의 권리와 의무를 일반적·추상적 형식으로 확정하는 것"으로, 공용침해는 "국가가 구체적인 공적 과제의 이행을 위하여 이미 형성된 구체적인 재산권적 지위를 전면적 또는 부분적으로 박탈하는 것"으로 정의한다. 분리이론은 독일의 헌법재판소와 우리의 헌법재판소가 취하는 입장이다.

⑸ 우리 헌법재판소의 입장과 궤를 같이 한다.

5. 갑과 을의 주장의 타당성에 대한 평가

⑴ 갑과 을의 주장은 헌법을 보는 시각이 상이함에서 비롯된 것이다.

⑵ 갑의 주장은 헌법을 개인에 대한 직접적인 권리보호규범이라는 시각, 을의 주장은 헌법을 법질서의 수호라는 시각에 보다 접근된 것이라 하겠다.

⑶ 누구의 견해가 타당한가를 말하기 어렵다.

[1-63] 제9회 변호사시험(2020년) 손실보상의 대상인 재산권의 의의 등

〈제2문〉 경기도지사 乙은 2018. 5. 3. 관할 A군에 소재한 분묘가 조선 초 유명 화가의 묘로 구전되어 오는데다가 그 양식이 학술상 원형보존의 가치가 있다는 이유로 「문화재보호법」 제70조, 「경기도 문화재 보호 조례」 제11조에 따라 이를 도지정문화재로 지정·고시하였다. 또한 乙은 2018. 6. 8. 해당 분묘를 보호하기 위하여 분묘경계선 바깥쪽 10m까지의 총 5필지 5,122㎡를 문화재보호구역으로 지정·고시하였다. 이에 해당 화가의 후손들로 이루어진 종중 B는 해당 화가의 진묘가 따로 존재한다고 주장하면서 乙에게 문화재지정처분을 취소 또는 해제하여 줄 것을 요청하는 청원서를 제출하였다. 이에 대해 乙은 문화재지정처분은 정당하여 그 취소 또는 해제가 불가하다는 회신을 하였다(이하 '불가회신'이라고 한다). 한편, 위 문화재보호구역 내에 위치한 일부 토지를 소유하고 있는 甲은 2019. 3. 14. 재산권 행사의 제한 등을 이유로 乙에게 자신의 소유토지를 대상으로 한 문화재보호구역 지정을 해제해 달라는 신청을 하였다. 그러나 乙은 2019. 6. 5. 甲이 해제를 요구한 지역은 역사적·문화적으로 보존가치가 있을 뿐만 아니라 분묘의 보호를 위하여 문화재보호구역 지정해제가 불가함을 이유로 甲의 신청을 거부하는 회신을 하였다(이하 '거부회신'이라고 한다).
3. 甲은 자신의 토지가 문화재보호구역으로 지정됨으로써 수인할 수 없는 재산상의 손실이 발생하였다고 주장한다(관계법령에는 이에 관한 손실보상규정이 없다). 헌법상 재산권이 침해되었다는 甲의 주장의 당부를 판단하시오.

참고조문

「문화재보호법」 제27조(보호물 또는 보호구역의 지정)(이하 생략)
제35조(허가사항)(이하 생략)
제70조(시·도지정문화재의 지정 및 시·도등록문화재의 등록 등)(이하 생략)
제74조(준용규정)
「문화재보호법 시행령」 제21조의2(국가지정문화재 등의 현상변경 등의 행위)(이하 생략)
「경기도 문화재 보호 조례」제11조(도지정문화재)(이하 생략)
제17조(지정의 해제)(이하 생략)
「관광진흥법」 제61조(수용 및 사용) ① 사업시행자는 제55조에 따른 조성사업의 시행에 필요한 토지와 다음 각 호의 물건 또는 권리를 수용하거나 사용할 수 있다. 다만, 농업 용수권(用水權)이나 그 밖의 농지개량 시설을 수용 또는 사용하려는 경우에는 미리 농림축산식품부장관의 승인을 받아야 한다.
  1. 토지에 관한 소유권 외의 권리
  2. 토지에 정착한 입목이나 건물, 그 밖의 물건과 이에 관한 소유권 외의 권리 (이하 생략)
  3. 물의 사용에 관한 권리
  4. 토지에 속한 토석 또는 모래와 조약돌
  ② 제1항에 따른 수용 또는 사용에 관한 협의가 성립되지 아니하거나 협의를 할 수 없는 경우에는 사업시행자는 「공익사업을 위한 토지 등의 취득 및 보상에 관한 법률」 제28조 제1항에도 불구하고 조성사업 시행 기간에 재결(裁決)을 신청할 수 있다.
  ③ 제1항에 따른 수용 또는 사용의 절차, 그 보상 및 재결 신청에 관하여는 이 법에 규정되어 있는 것 외에는 「공익사업을 위한 토지 등의 취득 및 보상에 관한 법률」을 적용한다.

답안작성요령

1. 문제의 제기
乙의 문화재보호구역 지정으로 갑이 헌법상 보호되는 재산권이 침해되었는지 여부를 판단하기 위해서는 재산권의 의미, 침해의 의미에 대한 검토가 필요하다.

2. 재산권

헌법 제23조 제1항에 의하여 보장되는 재산권은 경제적 가치가 있는 모든 공법상·사법상의 권리를 뜻한다. 이러한 재산권의 범위에는 동산·부동산에 대한 모든 종류의 물권은 물론, 재산가치가 있는 모든 사법상의 채권과 특별법상의 권리 및 재산가치 있는 공법상의 권리 등이 포함되나, 단순한 기대이익·반사적 이익 또는 경제적인 기회 등은 재산권에 속하지 않는다(헌재 2019. 8. 29, 2017헌마828; 헌재 1998. 7. 16, 96헌마246).

3. 침   해

(1) 침해의 형태

침해란 재산권을 박탈하는 '수용', 일시사용을 의미하는 '사용', 개인의 사용·수익을 한정하는 '제한' 등을 말한다. 넓은 의미로 수용은 수용·사용·제한을 모두 내포하는 개념이다. 넓은 의미의 수용은 공용침해라고도 한다.

(2) 침해의 방식

침해의 방식에는 법률에 의한 직접적인 침해와 법률에 근거하여 이루어지는 행정작용에 의거한 침해의 경우가 있다. 전자는 법률수용, 후자는 행정수용이라 불린다.

(3) 침해의 강도

침해는 그 강도에 따라 특정인에게 특별한 희생을 수반하는 침해와 사회적 제약에 들어오는 침해로 나눌 수 있다. 사회적 제약에 들어오는 침해의 경우에 관계자는 그 침해를 수인하여야 한다. 특별한 희생을 수반하는 침해의 경우에는 그 침해를 보상하여야 한다.

(4) 특별한 희생

4. 보   상

(1) 보상규정이 있는 경우

(2) 보상규정이 없는 경우

(개) 문제상황

공익을 위한 법률이 재산권의 수용·사용 또는 제한에 관한 규정을 두면서 보상에 관한 규정을 두고 있지 않는 경우, 특별한 희생이 발생한 피해자인 사인에게 손해배상청구권이 발생하는지 여부가 문제된다.

(내) 학   설

(대) 판   례

(래) 사   견

보상은 법률로 정하라는 헌법규정도 고려하고, 보상에 관한 법률의 규정유무를 불문하고 공공필요를 위한 침해는 동일하게 다루어져야 한다는 점을 고려한다면, 간접효력규정설이 합리적이다.

5. 소   결

(1) 일반적인 경우

문화재보호구역으로 지정된 甲의 토지는 헌법 제23조 제1항이 보호하는 재산권이다.

乙의 문화재보호구역 지정으로 甲이 받는 불이익은 침해의 한 형태로서 토지이용의 제한에 해당한다.

일반적으로 제한으로 인한 불이익은 사회적 제약에 들어오는바, 乙의 문화재보호구역 지정으로 甲이 받는 불이익은 사회적 제약에 들어오는 것이다.

따라서 甲의 주장은 정당하지 않다.

(2) 특수한 경우

만약 특수한 사정이 있어서 甲이 받는 불이익이 특별한 희생에 해당한다면, 甲의 주장은 정당하다.

[1-64] 제10회 변호사시험(2021년) 예방접종 등에 따른 피해의 보상

〈제2문〉 甲은 A시 보건소에서 의사 乙로부터 폐렴구균 예방접종을 받았는데, 예방접종을 받은 당일 저녁부터 발열증상과 함께 안면부의 마비증상을 느껴 병원에서 입원 치료를 받았다. 이에 甲은 「감염병의 예방 및 관리에 관한 법률」(이하 '감염병예방법') 제71조에 따라 진료비와 간병비에 대한 예방접종 피해보상을 청구하였는데, 질병관리청장 B는 2020. 9. 15. 이 사건 예방접종과 甲의 증상 사이에 인과관계가 불분명하다는 이유로 예방접종 피해보상 거부처분(이하 '제1처분')을 하였다. 그러나 甲은 이 사건 예방접종을 받기 이전에는 안면마비 증상이 없었는데 예방접종 당일 바로 발열과 함께 안면마비 증상이 나타났으며 위 증상은 乙의 과실에 따른 이 사건 예방접종에 의하여 발생한 것이라고 주장하면서 피해보상을 재신청하였고, B는 2020. 11. 10. 재신청에 대하여서도 거부처분을 하였다(이하 '제2처분'). 그리고 위 각 처분은 처분 다음날 甲에게 적법하게 송달되었다.

한편 A시 보건소는 丙회사로부터 폐렴예방접종에 사용되는 의약품을 조달받아 왔다. 그런데 A시장은 丙회사가 위 의약품을 관리·조달하면서 조달계약을 부실하게 이행하였음을 이유로 丙회사에 의약품조달계약 해지를 통보하였다.

2. 甲은 자신의 예방접종 피해가 예방접종에 사용되는 의약품의 관리 소홀과 乙의 부주의에 기한 것이라고 주장하고, B는 예방접종과 甲이 주장하는 증상 사이에 인과관계가 명확하지 않다고 주장한다. 행정상 손해전보제도로서 감염병예방법 제71조 '예방접종 등에 따른 피해의 국가보상'의 의의와 법적 성질을 설명하고, 위 규정에 기초하여 甲과 B의 각 주장을 검토하시오.

참고조문

감염병의 예방 및 관리에 관한 법률
제24조(필수예방접종) ① 특별자치도지사 또는 시장·군수·구청장은 다음 각 호의 질병에 대하여 관할 보건소를 통하여 필수예방접종(이하 "필수예방접종"이라 한다)을 실시하여야 한다.
　13. 폐렴구균
제71조(예방접종 등에 따른 피해의 국가보상) ① 국가는 제24조 및 제25조에 따라 예방접종을 받은 사람 또는 제40조 제2항에 따라 생산된 예방·치료 의약품을 투여받은 사람이 그 예방접종 또는 예방·치료 의약품으로 인하여 질병에 걸리거나 장애인이 되거나 사망하였을 때에는 대통령령으로 정하는 기준과 절차에 따라 다음 각 호의 구분에 따른 보상을 하여야 한다.
　1. 질병으로 진료를 받은 사람: 진료비 전액 및 정액 간병비
　2. 장애인이 된 사람: 일시보상금
　3. 사망한 사람: 대통령령으로 정하는 유족에 대한 일시보상금 및 장제비
② 제1항에 따라 보상받을 수 있는 질병, 장애 또는 사망은 예방접종약품의 이상이나 예방접종 행위자 및 예방·치료 의약품 투여자 등의 과실 유무에 관계없이 해당 예방접종 또는 예방·치료 의약품을 투여받은 것으로 인하여 발생한 피해로서 질병관리청장이 인정하는 경우로 한다.
③ 질병관리청장은 제1항에 따른 보상청구가 있는 날부터 120일 이내에 제2항에 따른 질병, 장애 또는 사망에 해당하는지를 결정하여야 한다. 이 경우 미리 위원회의 의견을 들어야 한다.
④ 제1항에 따른 보상의 청구, 제3항에 따른 결정의 방법과 절차 등에 관하여 필요한 사항은 대통령령으로 정한다.
감염병의 예방 및 관리에 관한 법률 시행령
제31조(예방접종 등에 따른 피해의 보상 절차) ① 법 제71조 제1항에 따라 보상을 받으려는 사람은 보건복지부령으로 정하는 바에 따라 보상청구서에 피해에 관한 증명서류를 첨부하여 관할 특별자치도지사 또는 시장·군수·구청장에게 제출하여야 한다.

답안작성요령

1. 감염병예방법 제71조의 국가보상'의 의의

감염병예방법 제71조의 국가보상은 감염병예방법 제24조 및 제25조에 따라 예방접종을 받은 사람 또는 제40조 제2항에 따라 생산된 예방·치료 의약품을 투여받은 사람이 그 예방접종 또는 예방·치료 의약품으로 인하여 질병에 걸리거나 장애인이 되거나 사망하였을 때에 이루지는 보상이다.

2. 감염병예방법 제71조의 국가보상'의 성질

⑴ 설문과 관련 있는 감염병예방법 제24조의 필수예방접종은 공공복리를 위한 강제접종이다.

⑵ 재산권에 대한 침해의 보상이 아니라, 비재산권인 생명·신체·건강에 대한 침해의 보상이다.

⑶ 보상청구권의 성립요건으로 공공필요, 비재산권, 침해$\binom{고의·과}{실\ 불요}$, 특별한 희생을 들 수 있다.

3. 甲주장, B주장의 당부

⑴ 논   점

보상청구권의 성립요건인 공공필요$\binom{감염병}{예방목적}$, 비재산권$\binom{생명·신체·}{건강의\ 권리}$, 침해$\binom{예방}{접종}$, 특별한 희생$\binom{안면마}{비증상}$의 요건은 구비된 것으로 보이는데, 예방접종과 안면마비증상 사이에 인과관계가 있는가의 불분명하다. 여기서 누가 인과관계의 존재를 입증할 것인가의 문제가 발생한다.

⑵ 인과관계 존부의 입증책임$\binom{원고책임설·피고책임}{설·입증책임분배설}$

⑶ 입증책임의 완화

인과관계 존재의 입증책임은 원고인 피해자에게 있지만, 의료상 인과관계 유무의 판단에는 일반인으로서는 알기 어려운 전문성이 요구되는바, 「일응 추정의 법리」에 의하여 입증책임을 완화할 필요가 있다. 말하자면 피해자측이 공무원의 행위로 손해가 발생하였음을 입증하면 국가가 반대사실을 입증하지 못하면 국가가 배상책임을 지도록 할 필요가 있다.

⑷ 甲주장의 당부

甲은 예방접종을 받기 이전에는 안면마비 증상이 없었는데 사실을 주장만 할 것이 아니라 그 사실을 입증하여야 할 것이다.

⑸ B주장의 당부

B는 甲의 안면마비 증상이 예방접종으로 인한 것이 아님을 입증하여야 한다. 단순히 불분명하다는 것을 주장하는 것만으로는 충분하지 않다.

SECTION 2   행정쟁송법

[2-0] 제66회 5급공채(행정)(2022년)   고지의무위반의 효과

〈제1문〉   甲은 X시의 시장 乙에게 X시에 소재한 자신의 토지에 공동주택의 건설사업을 위한 개발행위
허가 신청을 하였다. 乙은 "甲의 신청지는 X시 도시기본계획상 도시의 자연환경 및 경관을 보호하기 위
하여 도시자연공원구역으로 지정이 예정되어 있어 전체적인 개발계획이 수립되지 않은 상태에서 개별적
인 공동주택 입지를 위한 개발행위허가는 불합리하다."라는 이유로, 2020. 10. 9. 甲의 신청을 거부하였
다(이하 '제1차'). 이에 甲은 乙을 상대로 제1차 거부처분의 취소를 구하는 소를 제기하였고, 법원은 제1차
거부처분이 구체적이고 합리적인 근거 없이 甲의 신청을 불허한 것으로 재량권의 일탈·남용이라고 보
아 甲의 청구를 인용하는 판결을 하였다. 이 취소판결은 확정되었고, 사실심 변론종결일은 2021. 11. 16.이
다. 甲은 위 판결 확정 이후인 2021. 12. 17. 乙에게 위 확정판결에 따른 후속조치의 이행을 촉구하는 내용
의 민원을 제기하였는데, 당시 X시의 담당과장은 민원을 접수하면서 甲에게 "법적으로 가능하다면 개발
행위를 허가해 주겠다."라고 구두로 답변하였다. 그러나 乙은 2021. 12. 28. 甲에게 "甲이 신청한 토지는
국토교통부에서 확정 발표한 도시자연공원 확대사업이 반영된 대상지로서 우리 시에서는 체계적인 도시
개발 및 난개발 방지를 위해 「국토의 계획 및 이용에 관한 법률」에 따라 2021. 10. 26. 개발행위허가 제한
지역으로 고시하여 현재 신규 개발행위허가는 불가능하다."라는 사유로 甲의 개발행위를 불허하는 통지
를 하였다(이하 '제2차'). 다음 물음에 답하시오.

1) 생략–PART 4 [2–50a]를 보라

2) 생략–PART 4 [1–33b]를 보라

3) 乙은 제2차 거부처분을 하면서 행정심판 및 행정소송의 제기 여부 등 불복절차에 대하여 아무런 고지
를 하지 않았다. 甲은 이를 이유로 제2차 거부처분은 절차적 하자가 있는 위법한 처분이라고 주장한다.
甲의 주장이 타당한지 검토하시오.

참고조문 현행 법령을 사례해결에 적합하도록 수정하였음

국토의 계획 및 이용에 관한 법률 제56조(개발행위의 허가)   ① 다음 각 호의 어느 하나에 해당하는 행위로서 대통령령
으로 정하는 행위(이하 "개발행)를 하려는 자는 특별시장·광역시장·특별자치시장·특별자치도지사·시장 또는 군수의
허가(이하 "개발행위)를 받아야 한다.
  1. 건축물의 건축 또는 공작물의 설치

제58조(개발행위허가의 기준)   ① 특별시장·광역시장·특별자치시장·특별자치도지사·시장 또는 군수는 개발행위허가
의 신청 내용이 다음 각 호의 기준에 맞는 경우에만 개발행위허가 또는 변경허가를 하여야 한다.
  1. 용도지역별 특성을 고려하여 대통령령으로 정하는 개발행위의 규모에 적합할 것
  2. 도시·군관리계획 및 성장관리계획의 내용에 어긋나지 아니할 것
  3. 도시·군계획사업의 시행에 지장이 없을 것
  4. 주변지역의 토지이용실태 또는 토지이용계획, 건축물의 높이, 토지의 경사도, 수목의 상태, 물의 배수, 하천·호소·
    습지의 배수 등 주변환경이나 경관과 조화를 이룰 것
  5. 해당 개발행위에 따른 기반시설의 설치나 그에 필요한 용지의 확보계획이 적절할 것

답안작성요령

1. 문제의 제기

갑의 주장이 정당한지 여부는 고지의무의 불이행이 처분의 위법 여부에 영향을 미치는지 여부의 문제가 된다. 이것은 고지의무위반의 효과의 문제이다.

2. 고지의무의반의 효과$\left(\begin{smallmatrix}\text{본책 중 고지의무위반}\\\text{의 효과 부분을 보라}\end{smallmatrix}\right)$

3. 소   결

갑의 주장은 정당하지 않다.

[2-0a] 제11회 변호사시험(2022년) 처분의 사전통지, 고지의무의 위반

〈제 2 문〉 甲은 A군 소재 농지에서 농업경영을 하던 중 양돈업을 시작하고자 한다. A군의 군수 乙은 2021. 5.경「가축분뇨의 관리 및 이용에 관한 법률」제 8 조 제 1 항 및「A군 가축사육 제한에 관한 조례」(이하 '이 사건 조례'라 한다) 제 3 조 제 2 항에 의거하여「A군 가축사육 제한구역 지정 고시」(이하 '이 사건 고시'라 한다)를 발령하였다. 이 사건 고시 제 4 조 제 3 호에 의하면, "도로(고속국도, 일반국도, 지방도, 군도)나 철도, 농어촌도로 경계선으로부터 가축 사육 시설 건축물 외벽까지 직선거리 200m 이내 지역"을 가축사육 제한구역의 하나로 정하고 있다.

축사 예정지로 삼고 있는 甲의 토지는 주거 밀집지역인 농가에서 1km 이상 벗어나 있는데 甲이 짓고자 하는 축사의 외벽은 지방도 경계선으로부터 직선거리 200m 이내에 소재하고 있어 가축사육 제한구역에 편입되게 되었다.

甲은 2021. 11. 30. 돼지를 사육하려고 乙에게 축사 건축허가를 신청하였다. 그러나 乙은 2021. 12. 15. 이 사건 조례 제 3 조 및 이 사건 고시 제 4 조 제 3 호에 의거하면 축사 예정지가 가축사육 제한구역에 해당하여 여기에 축사를 건축할 수 없다는 이유로 허가를 거부하는 처분(이하 '이 사건 처분'이라고 한다)을 하였다.

乙은 이 사건 처분을 함에 있어서「행정절차법」에 따른 사전통지를 하지 않았고,「행정심판법」상 처분의 상대방에게 알려야 하는 행정심판 청구가능성, 그 절차 및 청구기간도 알리지 않았다.

1. 생략—PART 4 [1—11a]를 보라.

2. 乙이「행정절차법」상 사전통지를 하지 않았음에 따른 이 사건 처분의 적법 여부를 검토하고, 나아가「행정심판법」상 요구되는 행정심판 청구가능성, 그 절차 및 청구기간을 알리지 않았음에 따른 이 사건 처분의 적법 여부와「행정심판법」상 효과를 설명하시오.

3. 생략—PART 4 [3—2b]를 보라

4. 생략—PART 4 [3—3a]를 보라

답안작성요령

1. 사전통지가 결여된 처분의 효과

(1) 문제상황

(2) 사전통지제도의 의의(상세는 본책 중 사전통지를 받을 권리 (처분의 사전통지제도) 부분을 보라)

(3) 소   결(예외 사유가 없는 한, 그러한 처분은 위법하다)

2. 고지의무위반의 효과

(1) 문제상황

(2) 고지의무의 의의(상세는 본책 중 고지의무 위반의 효과 부분을 보라)

(3) 소   결(처분의 효력에 영향 을 미치지 아니한다)

[2-1] 제30회 입법고시(2014년) 청구인적격, 금지해제의 성질

〈제1문〉 중학교의 출입문으로부터 직선거리 100미터 지점의 도로에 인접한 3층 상가건물을 소유한 A는 비어 있는 2층 165㎡(약 50평)를 임대하고자 한다. B는 당구장 또는 PC방(인터넷컴퓨터게임시설제공업)을 영위하기 위해 위 건물 2층을 임대받고자 A와 해당 건물의 임대차계약을 체결하였다. 위 상가건물 2층에 대하여 당구장영업(또는 PC방영업)의 금지해제를 구하는 B의 신청이 관할 교육청에 접수되었고, 그 신청을 받은 관할 교육청은 모든 절차를 적법하게 거친 후 "현재 위 중학교의 학교환경위생 정화구역 내에서는 당구장이나 PC방 등 교육환경을 해치는 업소가 단 하나도 없는 교육청정구역이다"는 점과 "만일 이 건의 금지해제를 받아들이게 되면, 장차 학생들의 학습과 학교보건위생에 나쁜 영향을 줄 수 있는 각종 업소의 난립을 막을 수 없게 된다"는 해당 학교장 및 학교환경위생정화위원회의 반대의견에 따라 그 금지해제 신청을 거부하였다. B는 이 건의 거부에 대해 행정심판을 제기하고자 한다. 단, 위 건물이 소재한 지역은 상가지역이며, 해당 중학교의 전체 학생 중 3%만이 해당 건물이 소재한 도로를 통학로로 사용하고 있는 것으로 밝혀졌다.

2) A가 이 건 상가건물에 대한 임대이익을 목적으로 위와 같은 금지 해제를 신청하였으나 관할 행정청에 의해 거부되었다고 전제할 경우 「행정심판법」상 A의 청구인적격여부에 대해 설명하시오.

3) B가 신청한 금지해제의 대상이 당구장인 경우와 PC방인 경우 행정심판의 인용가능성에 있어서의 차이점을 설명하시오.

참고조문

학교보건법

제5조(학교환경위생 정화구역의 설정) ① 학교의 보건·위생 및 학습 환경을 보호하기 위하여 교육감은 대통령령으로 정하는 바에 따라 학교환경위생 정화구역을 설정·고시하여야 한다. 이 경우 학교환경위생 정화구역은 학교 경계선이나 학교설립예정지 경계선으로부터 200미터를 넘을 수 없다.

③ 교육감은 제2항에 따라 학교설립예정지가 통보된 날부터 30일 이내에 제1항에 따른 학교환경위생 정화구역을 설정·고시하여야 한다.

제6조(학교환경위생 정화구역에서의 금지행위 등) ① 누구든지 학교환경위생 정화구역에서는 다음 각 호의 어느 하나에 해당하는 행위 및 시설을 하여서는 아니 된다. 다만, 대통령령으로 정하는 구역에서는 제2호, 제3호, 제6호, 제10호, 제12호부터 제18호까지와 제20호에 규정된 행위 및 시설 중 교육감이나 교육감이 위임한 자가 학교환경위생정화위원회의 심의를 거쳐 학습과 학교보건위생에 나쁜 영향을 주지 아니한다고 인정하는 행위 및 시설은 제외한다.

14. 당구장(「유아교육법」 제2조 제2호에 따른 유치원 및 「고등교육법」 제2조 각 호에 따른 학교의 학교환경위생 정화구역은 제외한다)

16. 「게임산업진흥에 관한 법률」 제2조 제6호에 따른 게임제공업 및 같은 조 제7호에 따른 인터넷컴퓨터게임시설제공업(「유아교육법」 제2조 제2호에 따른 유치원 및 「고등교육법」 제2조 각 호에 따른 학교의 학교환경위생 정화구역은 제외한다)

학교보건법 시행령

제3조(학교환경위생 정화구역) ① 법 제5조 제1항에 따라 시·도의 교육감(이하 "교육감"이라 한다)이 학교환경위생 정화구역(이하 "정화구역"이라 한다)을 설정할 때에는 절대정화구역과 상대정화구역으로 구분하여 설정하되, 절대정화구역은 학교출입문(학교설립예정지의 경우에는 설립될 학교의 출입문 설치 예정 위치를 말한다)으로부터 직선거리로 50미터까지인 지역으로 하고, 상대정화구역은 학교경계선 또는 학교설립예정지경계선으로부터 직선거리로 200미터까지인 지역 중 절대정화구역을 제외한 지역으로 한다.

제5조(제한이 완화되는 구역) 법 제6조 제1항 각 호 외의 부분 단서에서 "대통령령으로 정하는 구역"이란 제3조 제1항에 따른 상대정화구역(법 제6조 제1항 제14호에 따른 당구장 시설을 하는 경우에는 절대정화구역을 포함한 정화구역 전체)을 말한다.

답안작성요령

■[제1문] 2) 답안작성요령

1. 문제의 제기

[참고조문] **행정심판법 제13조(청구인 적격)** ① 취소심판은 처분의 취소 또는 변경을 구할 법률상 이익이 있는 자가 청구할 수 있다. 처분의 효과가 기간의 경과, 처분의 집행, 그 밖의 사유로 소멸된 뒤에도 그 처분의 취소로 회복되는 법률상 이익이 있는 자의 경우에도 또한 같다.
② 무효등확인심판은 처분의 효력 유무 또는 존재 여부의 확인을 구할 법률상 이익이 있는 자가 청구할 수 있다.
③ 의무이행심판은 처분을 신청한 자로서 행정청의 거부처분 또는 부작위에 대하여 일정한 처분을 구할 법률상 이익이 있는 자가 청구할 수 있다.

⑴ 행정심판법상 A의 청구인 적격 여부는 A가 행정심판법 제 9 조$\binom{청구인적격,}{현행법 제13조}$가 정하는 요건을 구비하는가 여부의 문제이다.

⑵ 행정심판법 제 9 조는 처분의 취소 또는 변경을 구할 법률상 이익이 있는 자가 청구할 수 있다고 규정하는바, 법률상 이익에 대한 검토가 필요하다.

⑶ 행정심판법상 법률상 이익이라는 표현은 입법상 과오라는 견해도 있는데, 이에 대한 검토도 필요하다.

2. 법률상 이익이 있는 자

⑴ 법률상 이익

⑵ 자

⑶ 설문에 적용

① A의 금지해제신청에 대한 행정청의 거부행위로 침해된 이익은 임대수익에 대한 침해이다. 구 학교보건법 제 6 조 단서는 경찰상 금지해제일 뿐, 건물소유자의 임대수익의 보호를 목적으로 하고 있다고 볼 여지는 없다. 따라서 임대수익은 법률상 이익으로 보기 어렵다. 그러한 이익은 간접적이거나 사실적·경제적인 이해관계에 불과하다. ② A가 법률상 이익을 향유할 수 있는 권리주체임은 당연하다. ③ 요건대 A가 권리주체일지라도 A가 갖는 이익은 법률상 이익이 아니어서 A는 행정심판법상 청구인적격이 인정되지 않는다.

3. 행정심판법 제 9 조의 입법상 과오여부

⑴ 학설$\binom{과오설·}{비과오설}$

⑵ 검   토

■[제1문] 3) 답안작성요령

1. 문제의 제기

⑴ B가 신청한 금지해제의 인용가능성은 행정심판청구의 요건을 구비하였는가의 문제이다.

⑵ 금지해제의 대상이 당구장인 경우와 PC방인 경우, 학교보건법상 규정사항과 관련하여 행정심판청구요건에 차이가 있는지를 먼저 검토할 필요가 있다. 요건에 차이가 있는 경우에 행정심판 인용가능성에 차이가 있을 것이다. 행정심판법상 일반적인 요건은 동일한 것으로 보기로 한다.

⑶ 논의의 전제로서 금지해제의 법적 성질을 먼저 살펴볼 필요도 있다.

2. 구 학교보건법상 금지해제의 법적 성질

⑴ 경찰상 허가

⑵ 재량행위

3. 학교보건법상 당구장과 PC방의 금지해제의 요건상 차이점

(1) B가 영업하고자 하는 상가건물의 소재지는 중학교의 출입문으로부터 직선거리 100미터 지점의 도로에 있는바, 학교환경위생정화구역 중 상대정화구역에 해당한다.

(2) 당구장은 상대정화구역 뿐만 아니라 절대정화구역에서도 행위제한이 완화될 수 있다.

(3) PC방은 상대정화구역에서만 행위제한이 완화될 수 있다.

(4) PC방에 대한 행위제한이 당구장에 대한 행위제한보다 엄격하다.

4. 행정심판 인용가능성의 차이

(1) B가 영업하고자 하는 상가건물의 소재지가 상대정화구역이므로, 당구장업의 금지해제거부처분과 PC방업의 금지해제거부처분이 모두 취소될 수는 있다.

(2) PC방에 대한 행위제한이 당구장에 대한 행위제한보다 엄격하므로, PC방에 대한 행위제한의 경우에는 행정청의 재량권의 폭이 당구장에 대한 행위제한의 경우보다 좁을 것이다.

(3) 이것은 PC방에 대한 행위제한이 당구장에 대한 행위제한보다 엄격하므로, 당구장업의 금지해제거부처분의 취소가능성이 PC방업의 금지해제거부처분의 취소가능성보다 크다는 것을 의미하는 것이기도 하다.

(4) 하여간 그 취소는 행정청의 재량권 남용이 있을 때이고, 재량권남용의 사유는 비례원칙위반($\binom{공익 \cdot 사익}{형량 \ 위반}$) 등 일 것이다.

[2-2] 제54회 사법시험(2012년) 행정심판법상 권리구제수단

〈제1문〉 갑은 주택을 소유하고 있었는데 그 지역이 한국토지주택공사가 사업자가 되어 시행하는 주택건설사업의 사업시행지구로 편입되면서 갑의 주택도 수용되었다. 사업시행자인 한국토지주택공사는 「공익사업을 위한 토지 등의 취득 및 보상에 관한 법률」 제78조에 따라 이주대책의 일환으로 주택특별공급을 실시하기로 하였다. 그 후 갑은 「주택공급에 관한 규칙」 제19조 제1항 제3호 규정에 따라 A아파트입주권을 특별분양하여 줄 것을 신청하였다. 그런데 한국토지주택공사는 갑이 A아파트의 입주자모집공고일을 기준으로 무주택세대주가 아니어서 특별분양 대상자에 해당되지 않는다는 이유로 특별분양신청을 거부하였다.

(2) 취소소송을 제기하기 전에 특별분양신청거부에 대하여 행정심판을 제기하려는 경우, 갑이 제기할 수 있는 행정심판법상의 권리구제수단에 대하여 검토하시오.

참고조문

주택공급에 관한 규칙(국토해양부령)
제19조(주택의 특별공급) ① 사업주체가 국민주택 등의 주택을 건설하여 공급하는 경우에는 제4조에도 불구하고 입주자모집공고일 현재 무주택세대주로서 다음 각 호의 어느 하나에 해당하는 자에게 관련기관의 정하는 우선순위 기준에 따라 1회(제3호·제4호·제4호의2에 해당하는 경우는 제외한다)에 한정하여 그 건설량의 10퍼센트의 범위에서 특별공급할 수 있다. 다만, 시·도지사의 승인을 받은 경우에는 10퍼센트를 초과하여 특별공급할 수 있다.
  3. 다음 각 목의 어느 하나에 해당하는 주택(관계법령에 의하여 허가를 받거나 신고를 하고 건축하여야 하는 경우에 허가를 받거나 신고를 하지 아니하고 건축한 주택을 제외한다)을 소유하고 있는 자로서 당해 특별시장·광역시장·시장 또는 군수가 인정하는 자.
    가. 국가·지방자치단체·한국토지주택공사 및 지방공사인 사업주체가 당해 주택건설사업을 위하여 철거하는 주택
한국토지주택공사법
제1조(목적) 이 법은 한국토지주택공사를 설립하여 토지의 취득·개발·비축·공급, 도시의 개발·정비, 주택의 건설·공급·관리 업무를 수행하게 함으로써 국민주거생활의 향상 및 국토의 효율적인 이용을 도모하여 국민경제의 발전에 이바지함을 목적으로 한다.
제8조(사업) ① 공사는 제1조의 목적을 달성하기 위하여 다음 각 호의 사업을 행한다.
  3. 주택(복리시설을 포함한다)의 건설·개량·매입·비축·공급·임대 및 관리

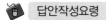 **답안작성요령**

1. 문제의 제기
(1) 행정심판법상 거부처분을 다툴 수 있는 심판유형으로 의무이행심판과 취소심판이 있다.
(2) 행정심판법상 가구제수단으로 집행정지와 임시처분이 있다.

2. 거부처분에 대한 의무이행심판
의무이행심판의 제기요건을 검토한다.

3. 거부처분에 취소심판
거부처분에 대한 취소심판의 가능여부에 대해 검토한다.
가능하다고 하면, 취소심판의 제기요건을 검토한다.

4. 가구제
(1) 집행정지
(2) 임시처분

[2-3] 제62회 5급공채(2018년) 의무이행심판·임시처분

〈제 2 문〉 A시에서 농사를 짓고 있는 甲 등 주민들은 최근 들어 하천에서 악취가 나고 그 하천수를 농업용수로 사용하는 경작지 작물들이 생육이 늦어지거나 고사하는 문제를 발견하였다. 이에 甲 등 주민들이 인근 대학교에 의뢰하여 해당 하천의 수질을 검사한 결과 「물환경보전법」상 배출허용기준을 초과하는 오염물질이 다량 검출되었다. 현재 甲 등 주민 다수에게는 심각한 소화기계통의 질환과 회복할 수 없는 후유증이 발생하였다. 오염물질이 검출된 곳으로부터 2㎞ 상류 지점에는 큰 규모의 제련소가 위치하고 있다. 甲은 물환경보전법령에 따라 개선명령 권한을 위임받은 A시장 乙에게 위 제련소에 대한 개선명령을 요청하였다. 乙이 위 제련소에 대한 정밀조사를 실시한 결과, 위 제련소가 오염물질의 배출원으로 밝혀졌다. 그러나 乙은 그 제련소가 지역경제에서 차지하는 비중을 고려하여 상당한 기간 동안 별다른 조치를 하지 않고 있다. 甲이 취할 수 있는 「행정심판법」상 구제수단을 검토하시오.

참고조문

물환경보전법

제 1 조(목적) 이 법은 수질오염으로 인한 국민건강 및 환경상의 위해(危害)를 예방하고 하천·호소(湖沼) 등 공공수역의 물환경을 적정하게 관리·보전함으로써 국민이 그 혜택을 널리 향유할 수 있도록 함과 동시에 미래의 세대에게 물려줄 수 있도록 함을 목적으로 한다.

제 3 조(책무) ① 국가와 지방자치단체는 물환경의 오염이나 훼손을 사전에 억제하고 오염되거나 훼손된 물환경을 적정하게 보전할 수 있는 시책을 마련하여 하천·호소 등 공공수역의 물환경을 적정하게 관리·보전함으로써 모든 국민이 건강하고 쾌적한 환경에서 생활할 수 있도록 하여야 한다.

② 모든 국민은 일상생활이나 사업활동에서 수질오염물질의 발생을 줄이고, 국가 또는 지방자치단체가 추진하는 물환경 보전을 위한 시책에 적극 참여하고 협력하여야 한다.

제39조(배출허용기준을 초과한 사업자에 대한 개선명령) 환경부장관은 제37조 제 1 항에 따른 신고를 한 후 조업 중인 배출시설(폐수무방류배출시설은 제외한다)에서 배출되는 수질오염물질의 정도가 제32조에 따른 배출허용기준을 초과한다고 인정할 때에는 대통령령으로 정하는 바에 따라 기간을 정하여 사업자(제35조 제 5 항에 따른 공동방지시설 운영기구의 대표자를 포함한다)에게 그 수질오염물질의 정도가 배출허용기준 이하로 내려가도록 필요한 조치를 할 것(이하 "개선명령"이라 한다)을 명할 수 있다.

행정심판법

제13조(청구인 적격) ③ 의무이행심판은 처분을 신청한 자로서 행정청의 거부처분 또는 부작위에 대하여 일정한 처분을 구할 법률상 이익이 있는 자가 청구할 수 있다.

제 2 조(정의) 이 법에서 사용하는 용어의 뜻은 다음과 같다.

2. "부작위"란 행정청이 당사자의 신청에 대하여 상당한 기간 내에 일정한 처분을 하여야 할 법률상 의무가 있는데도 처분을 하지 아니하는 것을 말한다

제31조(임시처분) ① 위원회는 처분 또는 부작위가 위법·부당하다고 상당히 의심되는 경우로서 처분 또는 부작위 때문에 당사자가 받을 우려가 있는 중대한 불이익이나 당사자에게 생길 급박한 위험을 막기 위하여 임시지위를 정하여야 할 필요가 있는 경우에는 직권으로 또는 당사자의 신청에 의하여 임시처분을 결정할 수 있다.

② 제 1 항에 따른 임시처분에 관하여는 제30조 제 3 항부터 제 7 항까지를 준용한다. 이 경우 같은 조 제 6 항 전단 중 "중대한 손해가 생길 우려"는 "중대한 불이익이나 급박한 위험이 생길 우려"로 본다.

③ 제 1 항에 따른 임시처분은 제30조 제 2 항에 따른 집행정지로 목적을 달성할 수 있는 경우에는 허용되지 아니한다.

답안작성요령

1. 문제의 제기

(1) 설문은 甲의 요청에도 불구하고 「A시장이 乙에게 개선명령을 내리지 아니한 부작위」에 대한 행정심판법상 구제수단을 묻고 있다.

(2) 행정심판법상 행정청의 부작위에 대한 구제수단으로 의무이행심판과 가구제 수단으로서 임시처분에 대한 검토가 필요하다.

2. 개선명령 미발령의 부작위에 대한 의무이행심판

(1) 의무이행심판 일반론을 검토한다.

(2) 부작위의 성립요건을 검토한다(본문 PART 2. 행정쟁송법, SECTION 02 행정소송법, 제 2 장 항고 소송, 제 3 절 부작위위법확인소송, 제 2 항 소송요건 부분을 보라).

(3) 소 결

3. 개선명령 미발령의 부작위에 대한 임시처분의무이행심판

(1) 임시처분 일반론을 검토한다.

(2) 임시처분의 요건별로 A시장의 부작위에 적용한다.

(3) 소 결

4. 문제의 해결

(1) 甲은 의무이행심판의 제기를 통해 피해를 구제받을 수 있다.

(2) 甲은 임시처분의 신청을 통해 의무이행심판의 인용재결을 받기 전까지 임시로 피해로부터 보호를 받을 수도 있다.

[2-4] 제55회 5급공채(2011년) 인용재결

서울특별시 X구에 위치한 대학입학전문상담사로 근무하는 갑은 과학적이고 체계적인 학생입학지도를 위해 '공공기관의 정보공개에 관한 법률'에 따라 교육과학기술부장관 을에게 학교별 성적분포도를 포함하여 서울지역 2010년 대학수학능력시험평가 원데이터에 대한 정보(수능시험정보)의 공개를 청구하였다. 이에 대해 을은 갑의 청구대로 응할 경우 학교의 서열화를 야기할 뿐만 아니라 업무의 공정한 수행에 현저한 지장을 초래한다는 이유로 비공개결정을 하였다. 갑의 권리구제와 관련하여 다음의 질문에 답하시오(단, 무효화인심판과 무효확인 소송은 제외한다).

3) 만약 갑이 행정심판을 제기한 경우에 행정심판위원회는 어떠한 재결을 할 수 있는지 행정심판 유형에 따라 기술하고 이때 행정심판법상 갑의 권리구제수단의 한계에 대해서도 검토하시오.

참고조문

「행정심판법」

제 5 조(행정심판의 종류) 행정심판의 종류는 다음 각 호와 같다.
1. 취소심판: 행정청의 위법 또는 부당한 처분을 취소하거나 변경하는 행정심판
2. 무효등확인심판: 행정청의 처분의 효력 유무 또는 존재 여부를 확인하는 행정심판
3. 의무이행심판: 당사자의 신청에 대한 행정청의 위법 또는 부당한 거부처분이나 부작위에 대하여 일정한 처분을 하도록 하는 행정심판

제43조(재결의 구분) ① 위원회는 심판청구가 적법하지 아니하면 그 심판청구를 각하(却下)한다.
② 위원회는 심판청구가 이유가 없다고 인정하면 그 심판청구를 기각(棄却)한다.
③ 위원회는 취소심판의 청구가 이유가 있다고 인정하면 처분을 취소 또는 다른 처분으로 변경하거나 처분을 다른 처분으로 변경할 것을 피청구인에게 명한다.
④ 위원회는 무효등확인심판의 청구가 이유가 있다고 인정하면 처분의 효력 유무 또는 처분의 존재 여부를 확인한다.
⑤ 위원회는 의무이행심판의 청구가 이유가 있다고 인정하면 지체 없이 신청에 따른 처분을 하거나 처분을 할 것을 피청구인에게 명한다.

답안작성요령

1. 문제의 제기

⑴ 설문의 해결을 위해서는 교육과학기술부장관의 비공개결정, 즉 갑의 정보공개신청에 대한 거부처분에 대하여 갑이 제기할 수 있는 행정심판의 종류부터 검토할 필요가 있다.

⑵ 거기에 터잡아 갑이 제기할 수 있는 행정심판별로 특징을 살피면서 갑의 권리구제수단의 한계를 살피면 될 것이다.

2. 갑이 제기할 수 있는 행정심판 유형

⑴ 취소심판

행정심판법 제 5 조 제 1 호는 취소심판을 "행정청의 위법 또는 부당한 처분을 취소하거나 변경하는 행정심판"으로 정의하고 있는데, 처분의 개념과 관련하여 ① 거부처분이 포함된다는 견해, ② 행정심판법 제 5 조 제 3 호는 거부처분을 의무이행심판의 대상으로 규정하고 있으므로 포함되지 않는다는 견해의 대립이 있다. ①의 입장에서 논술하기로 한다.

⑵ 의무이행심판

행정심판법 제 5 조 제 3 호는 의무이행심판을 "당사자의 신청에 대한 행정청의 위법 또는 부당한 거부처분

이나 부작위에 대하여 일정한 처분을 하도록 하는 행정심판"으로 정의하고 있는바, 거부처분에 대해 의무이행심판을 제기할 수 있음은 명백하다.

(3) 무효등확인소송

설문에서 무효등확인소송은 제외하라고 하였으므로 이에 대한 검토는 생략한다.

3. 행정심판별 재결의 유형

(1) 취소심판

위원회는 취소심판의 청구가 이유가 있다고 인정하면 처분을 취소 또는 다른 처분으로 변경하거나 처분을 다른 처분으로 변경할 것을 피청구인에게 명한다($\substack{행심법 제43 \\ 조 제3호}$). 따라서 취소심판의 재결에는 취소재결, 변경재결, 변경명령재결이 있다.

(2) 의무이행심판

위원회는 의무이행심판의 청구가 이유가 있다고 인정하면 지체 없이 신청에 따른 처분을 하거나 처분을 할 것을 피청구인에게 명한다($\substack{행심법 제43 \\ 조 제5호}$). 따라서 의무이행심판의 재결에는 처분재결과 처분명령재결이 있다.

4. 갑의 권리구제수단의 한계

(1) 취소심판을 제기한 경우

⑺ 거부처분에 대한 취소심판의 인용재결은 성질상 취소재결일 것이고, 일부취소로서 변경재결, 일부취소를 명하는 의미의 변경명령재결이 될 것이다.

⑷ 취소재결의 경우, 의무이행심판의 인용재결과 달리 「재결의 취지에 따른 재처분의무」가 발생하지 아니하므로 갑의 보호에 한계가 있다.

⑸ 변경재결이나 변경명령재결의 경우에도 「재결의 취지에 따른 재처분의무」가 발생하지 아니하므로 갑의 보호에 한계가 있다.

(2) 의무이행심판의 경우

⑺ 처분재결

행정심판위원회의 처분재결은 공개결정을 뜻하며, 거부처분($\substack{비공개 \\ 결정}$)이 취소되는 효과를 가져올 것이다. 그러나 설문의 경우에 행정심판위원회는 수능시험정보를 갖고 있지 아니하므로, 처분재결은 어렵다.

⑷ 처분명령재결($\substack{교재 본 \\ 문 참조}$)

[2-4a] 제11회 변호사시험(2022년) 일부취소재결

〈제1문〉 혼인하여 3자녀를 둔 5인 가구의 세대주인 甲은 현재 독점적으로 전기를 공급하고 있는 전기판매사업자 S와 전기공급계약을 체결하고 전기를 공급받는 전기사용자이다. S는 甲에게 2016. 7. 3.부터 같은 해 8. 2.까지 甲 가구가 사용한 525kWh의 전기에 대해 131,682원의 전기요금을 부과하였다. 甲은 위 기간 동안 특별히 전기를 많이 사용하지 않았음에도 불구하고 전월에 비해 전기요금이 2배 이상으로 부과된 것이 새로 도입한 누진요금제 때문이라는 것을 알게 되었다. 이에 甲은 S의 전기공급약관 중 누진요금에 관한 부분이「전기사업법」제16조 제1항,「전기사업법 시행령」제7조 제1항을 위반하고 甲의 계약의 자유를 침해하여 무효라고 주장하면서, 2016. 11. 16. 전주지방법원 군산지원에 S를 상대로 甲이 납부한 131,682원과 누진요금제 시행 이전 기준으로 산정한 55,500원(S의 전기공급약관 개정 전 [별표 1] 기준)의 차액 상당을 구하는 부당이득반환 청구소송을 제기하였다. 甲은 위 소송 계속 중 2017. 3. 6. 위 법원에「전기사업법」제16조 제1항 중 '전기요금' 부분이 의회유보원칙 및 포괄위임금지원칙에 위배되고 혼인하여 대가족을 이룬 甲의 평등권을 침해한다고 주장하며 변호사 乙을 선임하여 위 법률조항 부분에 대한 위헌법률심판제청신청을 하였다.

위 법원이 2017. 7. 20. 甲의 부당이득반환 청구를 기각하면서 위헌법률심판 제청신청도 기각하자, 甲은 2017. 8. 16.「전기사업법」제16조 제1항 중 '전기요금'에 관한 부분과 같은 법 시행령 제7조 제1항에 대하여「헌법재판소법」제68조 제2항에 의한 헌법소원심판을 청구하였다. 한편 위 부당이득반환 청구에 대한 기각판결은 甲이 항소하지 않아 2017. 8. 10. 확정되었다.

1.~3. 생략(헌법문제)

4. S가 비용을 자의적으로 분류하여 전기요금을 부당하게 산정하였음이 판명되었다. 이에 허가권자는 전기위원회 소속 공무원 丙으로 하여금 그 확인을 위하여 필요한 조사를 지시하였고, 丙은 사실조사를 통해 부당한 전기요금 산정을 확인하였다. 이에 허가권자는 전기사업법령이 정하는 바에 따라 S의 매출액의 100분의 4에 해당하는 금액의 과징금부과처분을 하였다.

(1) 생략—PART 4 [1-49a]를 보라.

(2) 만약 과징금 액수가 과하게 책정되었음을 이유로 S가 과징금부과처분 취소심판을 제기하였다면, 행정심판위원회는 일부취소재결을 할 수 있는지 검토하시오.

참고조문

전기사업법 시행령

제13조(금지행위에 대한 과징금의 상한액 및 부과기준) ① 법 제24조 제2항에 따라 과징금을 부과하는 위반행위의 종류와 그에 대한 과징금 상한액은 별표 1의4와 같다.

[별표 1의4] 과징금 부과 위반행위의 종류 및 과징금 상한액(제13조제1항 관련)

위반행위	근거법조문	과징금상한액
4. 비용이나 수익을 부당하게 분류하여 전기요금이나 송전용 또는 배전용 전기설비의 이용요금을 부당하게 산정하는 행위	제21조 제1항 제4호	매출액의 100분의 4

답안작성요령

1. 문제의 제기$\binom{\text{일부취소, 재}}{\text{결의 가부}}$

(1) 일부취소재결의 가부 문제는 일부취소판결의 가부 문제와 비교하여 검토할 필요가 있다.

(2) 관련 규정으로 행정심판법 제43조 제 3 항과 행정소송법 제 4 조 제 1 호가 있다.

2. 양자의 비교

(1) 취소재결은 행정기관인 행정심판위원회가 행하는 작용이지만, 취소판결은 사법기관인 법원이 행하는 작용이다.

(2) 취소재결은 처분행정청에 대한 행정권의 자기통제 작용이지만, 취소판결은 처분행정청에 대한 법원의 타율적 통제 작용이다.

(3) 행정권의 자기통제 작용이므로 행정심판위원회의 취소재결에는 별다른 제한을 받지 아니하지만, 법원의 취소판결은 법원의 타율적 통제 작용이므로 권력분립원리에 의한 제한을 받는다.

(4) 따라서 행정심판위원회의 취소재결에는 별다른 제한을 받지 아니한다고 볼 것이므로, 행정심판법 제43조 제 3 항의 취소재결에는 전부취소재결 외에 일부취소재결도 포함된다고 본다. 그러나 취소소송의 경우, 처분이 가분성이 있거나 처분 대상의 일부가 특정될 수 있다면 일부취소판결이 가능하지만, 그러하지 아니하거나 재량성이 인정되는 처분의 경우에는 일부취소판결을 할 수 없다고 본다. 왜냐하면 그러한 경우, 구체적 판단 및 처분의 권능은 행정권의 고유한 권능으로 볼 것이기 때문이다.

3. 소   결

행정심판위원회는 일부취소재결을 할 수 있다.

[2-5] 제55회 사법시험(2013년)   소청심사위원회의 재결의 효력

〈제2문의1〉 X시 소속 공무원 갑은 다른 동료들과 함께 회식을 하던 중 옆자리에 앉아 있던 동료 병과 시비가 붙어 그를 폭행하였다. 이러한 사실이 지역 언론을 통하여 크게 보도되자, X시의 시장 乙은 적법한 절차를 통해 갑에 대해 정직 3월의 징계처분을 하였다. 갑은 "해당 징계처분이 과도하기 때문에 위법이다"라고 주장하면서, X시 소청심사위원회에 소청을 제기하였다. 이에 대해 X시 소청심사위원회는 정직 3월을 정직 2월로 변경하는 결정을 내렸다.

1. 갑은 2월의 정직기간 만료 후에 위 소청결정에 따른 시장 을의 별도 처분 없이 업무에 복귀하였다. 이와 관련하여 X시 소청심사위원회가 내린 위 결정의 효력에 대하여 설명하시오.

참고조문

지방공무원법
제19조(심사위원회의 결정) ⑤ 심사위원회의 결정은 다음 각 호와 같이 구분한다.
  1. 심사청구가 이 법 또는 다른 법률에 적합하지 아니하면 그 청구를 각하한다.
  2. 심사청구가 이유 없다고 인정되면 그 청구를 기각한다.
  3. 처분의 취소 또는 변경을 구하는 심사청구가 이유 있다고 인정되면 처분을 취소 또는 변경하거나 처분행정청에 취소 또는 변경할 것을 명한다.
  4. 처분의 효력 유무 또는 존재 여부에 대한 확인을 구하는 심사청구가 이유 있다고 인정되면 처분의 효력 유무 또는 존재 여부를 확인한다.
  5. 위법 또는 부당한 거부처분이나 부작위에 대하여 의무이행을 구하는 심사청구가 이유 있다고 인정되면 지체 없이 청구에 따른 처분을 하거나 처분을 할 것을 명한다.

🎁 답안작성요령

1. 문제의 제기
⑴ X시 소청심사위원회의 결정은 정직 3월을 정직 2월로 변경한 것이다.
⑵ 지방공무원법 제19조 제5항 제3호는 "처분의 취소 또는 변경을 구하는 심사청구가 이유 있다고 인정되면 처분을 취소 또는 변경하거나 처분행정청에 취소 또는 변경할 것을 명한다"고 규정하고 있다.
⑶ X시 소청심사위원회의 결정은 지방공무원법 제19조 제5항 제3호에 따른 것으로 보인다.
⑷ 따라서 지방공무원법 제19조 제5항 제3호의 변경재결의 효력에 대한 검토가 논점이다.

2. 변경재결의 성질
⑴ 설문은 일부 변경재결이다.
⑵ 변경재결은 형성재결이다.

3. 변경재결의 효력
⑴ 행정행위로서 재결의 효력
⑵ 형 성 력
⑶ 기 속 력

4. 문제의 해결
⑴ 형성효로 인해 정직기간의 경과로 정직의 효과는 당연히 소멸한다.
⑵ 을의 별도 처분 없이 갑이 업무에 복귀한 것은 형성력을 근거로 한다.

[2-6] 제56회 사법시험(2014년) 세무조사 연기신청 거부처분에 대한 인용재결의 효력

〈제1문〉 갑은 A시에서 개인 변호사 사무실을 운영하는 변호사로서 관할 세무서장 을에게 2010년부터 2012년까지 3년간의 부가가치세 및 종합소득세를 자진신고 납부한 바 있다. 병은 갑의 변호사 사무실에서 사무장으로 근무하다가 2013년 3월경 사무장 직을 그만두면서 사무실의 형사약정서 복사본과 민사사건 접수부를 가지고 나와 이를 근거로 을에게 갑의 세금탈루사실을 제보하였다.

이에 따라 을은 2013년 6월 갑에 대하여 세무조사를 하기로 결정하고, 갑에게 조사를 시작하기 10일 전에 조사대상 세목, 조사기간 및 조사 사유, 그 밖에 대통령령으로 정하는 사항을 통지하였다. 그런데 통지를 받은 갑은 장기출장으로 인하여 세무조사를 받기 어렵다는 이유로 을에게 조사를 연기해 줄 것을 신청하였으나 을은 이를 거부하였다.

2) 위 사례에서 을이 행한 세무조사 연기신청 거부처분에 대하여 갑은 취소심판을 청구하였다. 관할 행정심판위원회에서 이를 인용하는 재결을 하는 경우 을은 재결의 취지에 따라 처분을 하여야 하는가?

📋 답안작성요령

1. 문제의 제기

(1) 세무조사 연기신청 거부처분에 대한 취소심판에서 인용재결이 있는 경우, 재결의 기속력의 유무를 쟁점으로 한다.

(2) 행정심판법은 이에 관해 언급하는 바가 없다.

(3) 학설과 판례가 정하여야 한다.

(4) 거부처분을 대상으로 취소소송을 제기할 수 있는가의 문제도 있다. 이를 먼저 검토한다.

2. 거부처분에 대한 취소소송의 가부

(1) 행정심판법 제5조 제1호는 취소심판을 "행정청의 위법 또는 부당한 처분을 취소하거나 변경하는 행정심판"으로 정의하고 있는데, 처분의 개념과 관련하여 ① 거부처분이 포함된다는 견해, ② 행정심판법 제5조 제3호는 거부처분을 의무이행심판의 대상으로 규정하고 있으므로 포함되지 않는다는 견해의 대립이 있다.

(2) 학설($\binom{\text{다수설은}}{\text{긍정적}}$) · 판례($\binom{\text{긍정}}{\text{적}}$)

(3) 검토의견

2017. 4. 18. 발효된 개정 행정심판법 제49조 제2항의 신설로 인해 행정심판법 제13조 제1항의 취소심판의 대상인 처분에는 거부처분도 포함되는 것으로 볼 수밖에 없다.

[참고조문]「행정심판법」제49조(재결의 기속력 등) ② 재결에 의하여 취소되거나 무효 또는 부존재로 확인되는 처분이 당사자의 신청을 거부하는 것을 내용으로 하는 경우에는 그 처분을 한 행정청은 재결의 취지에 따라 다시 이전의 신청에 대한 처분을 하여야 한다.

3. 거부처분 취소심판의 인용재결에 따른 재처분의무

(1) 재처분의무

(2) 세무조사 연기신청 거부처분취소심판을 관할 행정심판위원회가 인용재결을 하면, 을은 재결의 취지에 따라 처분을 하여야 한다.

[2-7] 제55회 5급공채(2011년) 수리거부행위의 처분성

〈제 2 문〉 갑은 자신의 5번째 자녀(女)의 이름을 첫째에서 넷째 자녀의 돌림자인 '자(子)'자를 넣어, '말자(末子)'라고 지어 출생신고를 하였다. 가족관계의 등록 등에 관한 규칙 [별표 1]에 의하면 '末'자와 '子'자는 이름으로 사용할 수 있는 한자이다. 그러나 갑의 출생신고서를 접수한 공무원 을은 '末子'라는 이름이 개명(改名) 신청이 잦은 이름이라는 이유로 출생신고서의 수리를 거부하였다.

1) 을의 수리거부행위가 항고소송의 대상이 되는지 검토하시오.

참고조문

가족관계의 등록 등에 관한 법률

제44조(출생신고의 기재사항) ① 출생의 신고는 출생 후 1개월 이내에 하여야 한다.

② 신고서에는 다음 사항을 기재하여야 한다.

1. 자녀의 성명·본·성별 및 등록기준지
2. 자녀의 혼인 중 또는 혼인 외의 출생자의 구별
3. 출생의 연월일시 및 장소
4. 부모의 성명·본·등록기준지 및 주민등록번호(부 또는 모가 외국인인 때에는 그 성명·출생연월일·국적 및 외국인등록번호)
5. 「민법」 제781조 제 1 항 단서에 따른 협의가 있는 경우 그 사실
6. 자녀가 복수국적자(複數國籍者)인 경우 그 사실 및 취득한 외국 국적

③ 자녀의 이름에는 한글 또는 통상 사용되는 한자를 사용하여야 한다. 통상 사용되는 한자의 범위는 대법원규칙으로 정한다.

④ 출생신고서에는 의사·조산사 그 밖에 분만에 관여한 사람이 작성한 출생증명서를 첨부하여야 한다. 다만, 부득이한 사유가 있는 경우에는 그러하지 아니하다.

가족관계의 등록 등에 관한 규칙

제37조(인명용 한자의 범위) ① 법 제44조 제 3 항에 따른 한자의 범위는 다음과 같이 한다.

1. 교육과학기술부가 정한 한문교육용 기초한자
2. 별표 1에 기재된 한자. 다만, 제1호의 기초한자가 변경된 경우에, 그 기초한자에서 제외된 한자는 별표 1에 추가된 것으로 보고, 그 기초한자에 새로 편입된 한자 중 별표 1의 한자와 중복되는 한자는 별표 1에서 삭제된 것으로 본다.

② 제 1 항의 한자에 대한 동자(同字)·속자(俗字)·약자(略字)는 별표 2에 기재된 것만 사용할 수 있다.

③ 출생자의 이름에 사용된 한자 중 제 1 항과 제 2 항의 범위에 속하지 않는 한자가 포함된 경우에는 등록부에 출생자의 이름을 한글로 기록한다.

답안작성요령

1. 문제의 제기

⑴ 설문은 출생신고서의 수리거부행위가 항고소송의 대상이 되는지를 묻고 있다. 이것은 출생신고가 수리를 요하는 행위인지 여부와 관련된다.

⑵ 만약 수리를 요하는 행위라고 한다면, 그 수리가 항고소송의 대상인 처분에 해당하는가를 밝히는 것이 논점이 된다.

2. 출생신고의 법적 성질

⑴ 요식행위(서면 행위)

가족관계의 등록 등에 관한 법률 제44조에 비추어 출생신고는 요식행위로 보인다.

(2) 수리를 요하지 않는 행위

출생신고는 법령이 정한대로 출생을 알리는 행위이다. 출생을 알리는 행위는 도달로써 효력이 발생한다고 보아야 한다. 출생신고를 수리를 요하는 신고라고 한다면, 출생 여부가 담당 공무원의 신고서 수리 여하에 의존하는 결과가 초래될 수도 있다. 수리를 요하지 않는 행위로 새기면, 수리의 거부는 출생신고가 적법한 신고가 아님을 알려주는 사실상의 행위에 불과하다.

3. 항고소송의 대상적격과 거부처분의 신청권 문제

[참고조문] 행정소송법 제 2 조(정의) ① 이 법에서 사용하는 용어의 정의는 다음과 같다.
1. "처분등"이라 함은 행정청이 행하는 구체적 사실에 관한 법집행으로서의 공권력의 행사 또는 그 거부와 그 밖에 이에 준하는 행정작용(이하 "처분"이라 한다) 및 행정심판에 대한 재결을 말한다.

(1) 행정소송법 제 2 조 제 1 항 제 1 호의 처분개념의 분석

⑺ 행정청

⑻ 구체적 사실

⑼ 법집행

㈒ 공권력 행사

㈐ 법적 행위

(2) 거부처분의 성립요건으로서 신청권의 존부의 문제

⑺ 판   례

⑻ 학   설

4. 출생신고서 수리거부의 처분성

(1) 출생신고를 수리를 요하지 않는 행위로 보는 경우

수리의 거부는 사실행위이므로 항고소송의 대상이 되지 아니한다.

(2) 출생신고를 수리를 요하는 행위로 보는 경우

⑺ 앞에서 분석한 「행정소송법 제 2 조 제 1 항 제 1 호의 처분개념」에 사례를 적용한다(처분에 해당한다).

⑻ 앞에서 분석한 「거부처분이 항고소송의 대상이 되기 위한 요건」에 사례를 적용한다(요건을 구비한다).

[2-7a] 제10회 변호사시험(2021년) 반복된 거부처분의 대상적격, 제소기간

〈제2문〉 甲은 A시 보건소에서 의사 乙로부터 폐렴구균 예방접종을 받았는데, 예방접종을 받은 당일 저녁부터 발열증상과 함께 안면부의 마비증상을 느껴 병원에서 입원 치료를 받았다. 이에 甲은「감염병의 예방 및 관리에 관한 법률」(이하 '감염병예방법') 제71조에 따라 진료비와 간병비에 대한 예방접종 피해보상을 청구하였는데, 질병관리청장 B는 2020. 9. 15. 이 사건 예방접종과 甲의 증상 사이에 인과관계가 불분명하다는 이유로 예방접종 피해보상 거부처분(이하 '제1처분')을 하였다. 그러나 甲은 이 사건 예방접종을 받기 이전에는 안면마비 증상이 없었는데 예방접종 당일 바로 발열과 함께 안면마비 증상이 나타났으며 위 증상은 乙의 과실에 따른 이 사건 예방접종에 의하여 발생한 것이라고 주장하면서 피해보상을 재신청하였고, B는 2020. 11. 10. 재신청에 대하여서도 거부처분을 하였다(이하 '제2처분'). 그리고 위 각 처분은 처분 다음날 甲에게 적법하게 송달되었다.

한편 A시 보건소는 丙회사로부터 폐렴예방접종에 사용되는 의약품을 조달받아 왔다. 그런데 A시장은 丙회사가 위 의약품을 관리·조달하면서 조달계약을 부실하게 이행하였음을 이유로 丙회사에 의약품조달계약 해지를 통보하였다.

1. 甲이 2020. 12. 30. B가 행한 처분의 취소를 구하는 취소소송을 제기하는 경우, 취소소송의 대상과 제소기간의 준수 여부를 검토하시오.

참고조문

행정소송법

제2조(정의) ① 이 법에서 사용하는 용어의 정의는 다음과 같다.

　1. "처분등"이라 함은 행정청이 행하는 구체적 사실에 관한 법집행으로서의 공권력의 행사 또는 그 거부와 그 밖에 이에 준하는 행정작용(이하 "處分"이라 한다) 및 행정심판에 대한 재결을 말한다.

제19조(취소소송의 대상) 취소소송은 처분등을 대상으로 한다. 다만, 재결취소소송의 경우에는 재결 자체에 고유한 위법이 있음을 이유로 하는 경우에 한한다.

제20조(제소기간) ① 취소소송은 처분등이 있음을 안 날부터 90일 이내에 제기하여야 한다. 다만, 제18조 제1항 단서에 규정한 경우와 그 밖에 행정심판청구를 할 수 있는 경우 또는 행정청이 행정심판청구를 할 수 있다고 잘못 알린 경우에 행정심판청구가 있은 때의 기간은 재결서의 정본을 송달받은 날부터 기산한다.

답안작성요령

1. 취소소송의 대상 해당 여부

(1) 행정소송법 제2조 제1항 제1호의 처분개념의 분석

(2) 거부처분의 성립요건으로서 신청권의 존부의 문제(학설·판례)

(3) 반복된 거부처분인 제2차 처분이 처분인지 여부(대판 2019. 4. 3. 2017두52764)

(4) 소결(2020. 12. 30. B가 행한 처분은 취소소송의 대상이 된다)

2. 취소소송의 제소기간 준수 여부

(1) 행정소송법 제20조 분석

(2) 반복된 거부처분인 제2차 처분은 새로운 처분이다.

(3) 제2차 처분 취소소송의 기산일은 제2차 거부처분을 기준으로 판단하여야 한다.

(4) 제2차 거부처분의 발효일은 2020. 11. 11.이고(도달주의), 제소일은 2020. 12. 30.이므로 제2차 처분 취소소송은 안 날부터 90일 이내에 제기된 것이다.

[2-8] 제54회 사법시험(2012년) 특별분양신청 거부처분에 대한 구제수단

〈제1문〉 갑은 주택을 소유하고 있었는데 그 지역이 한국토지주택공사가 사업자가 되어 시행하는 주택건설사업의 사업시행지구로 편입되면서 갑의 주택도 수용되었다. 사업시행자인 한국토지주택공사는 「공익사업을 위한 토지 등의 취득 및 보상에 관한 법률」 제78조에 따라 이주대책의 일환으로 주택특별공급을 실시하기로 하였다. 그 후 갑은 「주택공급에 관한 규칙」 제19조 제1항 제3호 규정에 따라 A아파트입주권을 특별분양하여 줄 것을 신청하였다. 그런데 한국토지주택공사는 갑이 A아파트의 입주자모집공고일을 기준으로 무주택세대주가 아니어서 특별분양 대상자에 해당되지 않는다는 이유로 특별분양신청을 거부하였다.

(1) 갑이 한국토지주택공사를 피고로 하여 특별분양신청 거부처분취소소송을 제기한 경우, 그 적법성은?(제소기간은 준수한 것으로 본다)

참고조문

주택공급에 관한 규칙(국토해양부령)

제19조(주택의 특별공급) ① 사업주체가 국민주택 등의 주택을 건설하여 공급하는 경우에는 제4조에도 불구하고 입주자모집공고일 현재 무주택세대주로서 다음 각 호의 어느 하나에 해당하는 자에게 관련기관의 장이 정하는 우선순위 기준에 따라 1회(제3호·제4호·제4호의2에 해당하는 경우는 제외한다)에 한정하여 그 건설량의 10퍼센트의 범위에서 특별공급할 수 있다. 다만, 시·도지사의 승인을 받은 경우에는 10퍼센트를 초과하여 특별공급할 수 있다.

　3. 다음 각 목의 어느 하나에 해당하는 주택(관계법령에 의하여 허가를 받거나 신고를 하고 건축하여야 하는 경우에 허가를 받거나 신고를 하지 아니하고 건축한 주택을 제외한다)을 소유하고 있는 자로서 당해 특별시장·광역시장·시장 또는 군수가 인정하는 자.

　　가. 국가·지방자치단체·한국토지주택공사 및 지방공사인 사업주체가 당해 주택건설사업을 위하여 철거하는 주택

한국토지주택공사법

제1조(목적) 이 법은 한국토지주택공사를 설립하여 토지의 취득·개발·비축·공급, 도시의 개발·정비, 주택의 건설·공급·관리 업무를 수행하게 함으로써 국민주거생활의 향상 및 국토의 효율적인 이용을 도모하여 국민경제의 발전에 이바지함을 목적으로 한다.

제8조(사업) ① 공사는 제1조의 목적을 달성하기 위하여 다음 각 호의 사업을 행한다.

　3. 주택(복리시설을 포함한다)의 건설·개량·매입·비축·공급·임대 및 관리

답안작성요령

1. 문제의 제기

(1) 피고의 특별분양신청 거부처분취소소송이 적법하기 위해서는 제소요건(본안판단의 전제요건)을 구비하여야 한다. 따라서 먼저 취소소송의 제소요건에 대한 검토가 필요하다. 그 요건으로 대상적격, 원고적격, 피고적격에 중점을 두기로 한다

(2) 설문의 내용에 비추어 제소요건으로 피고의 특별분양신청 거부행위가 취소소송의 대상이 되는가의 여부(대상적격의 문제), 원고가 특별분양신청대상자인가의 여부(원고적격의 문제)와 한국토지주택공사가 피고가 될 수 있는지의 여부(피고적격의 문제)를 중점적으로 검토하기로 한다.

2. 특별분양신청 거부행위와 대상적격

[참고조문]   행정소송법 제 2 조(정의)   ① 이 법에서 사용하는 용어의 정의는 다음과 같다.
　1. "처분등"이라 함은 행정청이 행하는 구체적 사실에 관한 법집행으로서의 공권력의 행사 또는 그 거부와 그 밖에 이에 준하는 행정작용(이하 "*處分*"이라 한다) 및 행정심판에 대한 재결을 말한다.

(1) 행정소송법 제 2 조 제 1 항 제 1 호의 처분개념의 분석

㈎ 행정청

㈏ 구체적 사실

㈐ 법집행

㈑ 공권력 행사

㈒ 법적 행위

(2) 거부처분의 성립요건으로서 신청권의 존부의 문제

㈎ 판　　례

㈏ 학　　설

3. 특별분양신청대상자 여부와 원고적격

[참고조문]   행정소송법 제12조(원고적격)   취소소송은 처분등의 취소를 구할 법률상 이익이 있는 자가 제기할 수 있다. 처분등의 효과가 기간의 경과, 처분등의 집행 그 밖의 사유로 인하여 소멸된 뒤에도 그 처분등의 취소로 인하여 회복되는 법률상 이익이 있는 자의 경우에는 또한 같다.

(1) 법률상 이익의 주체

㈎ 자연인과 법인

㈏ 상대방과 제 3 자

(2) 법률상 이익의 내용

㈎ 취소소송의 본질(기능)

㈏ 법률상 이익의 의의

㈐ 법률상 이익의 존부의 판단기준

4. 한국토지주택공사와 피고적격

(1) 행정소송법 제13조 피고적격 개념 검토(일반론)

[참고조문]   행정소송법 제13조(피고적격)   ① 취소소송은 다른 법률에 특별한 규정이 없는 한 그 처분등을 행한 행정청을 피고로 한다. 다만, 처분등이 있은 뒤에 그 처분등에 관계되는 권한이 다른 행정청에 승계된 때에는 이를 승계한 행정청을 피고로 한다.

(2) 행정소송법 제 2 조 제 2 항의 기능적 의미의 행정청 개념

[참고조문]   행정소송법 제 2 조(정의)   ② 이 법을 적용함에 있어서 행정청에는 법령에 의하여 행정권한의 위임 또는 위탁을 받은 행정기관, 공공단체 및 그 기관 또는 사인이 포함된다.

(3) 주택공급에 관한 규칙$\binom{국토해}{양부령}$ 제19조 제 1 항 제 4 호의 의미

(4) 검토$\binom{한국토지주택공사는 (3)에 비추어 (2)에}{해당하는바, (1)의 행정청에 해당한다}$

[2-9] 제57회 5급공채(2013년) 결격공무원 퇴직처분에 대한 구제수단

〈제2문〉 갑은 1995. 1. 18. 서울특별시 지방공무원으로 임용된 후 근무하고 있다. 갑이 지방공무원으로 근무하던 중 업무와 관련하여 청탁을 받고 뇌물을 수수하였다는 이유로 서울북부지방법원에 기소되었다. 다음 각각의 경우에 따라 물음에 답하시오.

1. 갑이 위 사안으로 2011. 7. 5. 징역 8월에 집행유예 2년을 선고받고 이후 그 판결은 확정되었다. 서울특별시장은 위 사실을 뒤늦게 알고 2013. 4. 9. 퇴직처분을 하였다. 이 경우 갑이 공무원의 신분을 유지하기 위하여 어떤 구제수단을 취할 수 있는지, 그리고 갑이 그 집행유예 판결이 확정된 이후에도 공무원으로서 각종 처분을 하여 왔는데, 그 처분의 효력은?

참고조문

지방공무원법
제31조(결격사유) 다음 각 호의 어느 하나에 해당하는 사람은 공무원이 될 수 없다.
　4. 금고 이상의 형을 선고받고 그 집행유예기간이 끝난 날부터 2년이 지나지 아니한 사람
제61조(당연퇴직) 공무원이 제31조 각 호의 어느 하나에 해당할 때에는 당연히 퇴직한다. 다만, 같은 조 제5호는 형법 제129조부터 제132조까지 및 직무와 관련하여 형법 제355조 및 제356조에 규정된 죄를 범한 사람으로서 금고 이상의 형의 선고유예를 받은 경우만 해당한다.

답안작성요령

1. 문제의 제기
⑴ 갑이 취할 수 있는 구제수단으로 소청심사청구, 취소소송, 공무원지위존재확인소송의 제기를 검토할 필요가 있다.
⑵ 퇴직처분을 받은 후 행한 갑의 행위의 효력문제는 퇴직처분의 유효여부와 갑의 행위의 상대방의 보호문제와 관련하여 검토할 필요가 있다.

2. 갑이 취할 수 있는 구제수단
⑴ 소청심사의 창구
㈎ 소청심사 청구요건 약술
㈏ 설문에 적용 (당연퇴직으로 인해 보호받기 어렵다)
⑵ 취소소송의 제기
㈎ 취소소송 제소요건 약술
㈏ 서울특별시장의 퇴직처분의 성격 (사실행위)
⑶ 설문에 적용
⑷ 공무원지위존재확인소송 (당연퇴직으로 인해 보호받기 어렵다)

3. 갑이 퇴직처분을 받은 후 행한 행위의 효력
⑴ 하자있는 행위이다. 하자있는 행위의 일반론에 따라 해결하여야 한다. 중대명백설을 따르면, 하자는 중대하나 명백하지 아니한바, 취소할 수 있는 행위이다
⑵ 신뢰보호원칙에 따른 취소의 제한과 상대방의 보호
처분으로 인한 상대방의 신뢰를 보호하여야 할 가치가 있는 경우에는 취소는 제한된다 (신뢰보호원칙의 적용).

[2-10] 제53회 사법시험(2011년)　인용재결에 대한 취소소송

〈제1문〉　X시장은 개발제한구역의 지정 및 관리에 관한 특별조치법 제12조 제1항 제1호 마목과 동법 시행령 및 동법 시행규칙의 관련 규정에 의거하여, 개발제한구역 내의 간선도로 중 특정 구간에 고시된 선정 기준에 따라 사업자 1인을 선정하여 자동차용 액화석유가스충전소(이하 '가스충전소'라고 한다) 건축을 허가하기로 하는 가스충전소의 배치 계획을 고시하였다. 이에 A와 B는 각자 자신이 고시된 선정 기준에 따른 우선순위자임을 주장하며 가스충전소의 건축을 허가해 줄 것을 신청하였다. 이에 X시장은 각 신청 서류를 검토한 결과 B가 고시된 선정 기준에 따른 우선순위자라고 인정하여 B에 대한 가스충전소 건축을 허가하였다.

2) 만약 A가 X시장의 B에 대한 건축허가처분 취소심판을 제기하여 인용재결이 된 경우, B는 인용재결에 대해 취소소송을 제기할 수 있는가?

답안작성요령

1. 문제의 제기

B가 인용재결에 대해 취소소송을 제기할 수 있는가의 여부는 ① 재결의 신청이 아닌 B가 원고적격을 갖는가의 문제와 ② 법원에서 재결을 다투는 것이 원처분을 다투는 소송인지, 재결소송인지 등에 달린 문제이다.

2. B가 원고적격을 갖는지 여부

(1) 원고적격

㈎ 법률상 이익의 주체

㈏ 법률상 이익의 내용

(2) 제3자의 원고적격 논술

(3) 설문에 적용

3.건축허가취소심판 인용재결의 취소소송의 성격

(1) 취소재결이 원처분인가, 재결인가?

(2) 원처분이라면 처분취소소송, 재결이라면 재결취소소송$\binom{\text{다수설·}}{\text{판례}}$으로 보아야 할 것.

(3) B에 대한 건축허가처분 취소심판에서 인용재결로 원처분$\binom{\text{B에 대한}}{\text{허가처분}}$이 실효되어도 원처분이 별도로 존재하였던 것이므로 재결취소소송으로 볼 것이다.

4. 재결(취소)소송

(1) 재결소송의 의의

(2) 재결소송의 필요성

(3) 재결소송의 사유

(4) 원처분중심주의 위반과 기각판결

(5) 사례에 적용

– B가 재결의 고유한 위법을 주장하는 것이라면 취소소송 제기 가능

[2-11] 제57회 5급공채(2013년) 변경처분에 대한 취소소송, 취소소송의 기산점

〈제1문〉 일반음식점을 운영하는 업주 갑은 2012. 12. 25. 2명의 청소년에게 주류를 제공한 사실이 경찰의 연말연시 일제 단속에 적발되어 2013. 2. 15. 관할 구청장 을로부터 영업정지 2개월의 처분을 통지 받았다. 갑은 자신의 업소가 대학가에 소재하고 있어서 주된 고객이 대학생인데, 고등학생이 오는 경우도 있어 신분증으로 나이를 확인하고 출입을 시키도록 종업원 A에게 철저히 교육을 하였다. 그런데 종업원 A는 사건 당일은 성탄절이라 점포 내 많은 손님들로 북적거려서 신분증을 일일이 확인하는 것은 어렵겠다고 판단하여 간헐적으로 신분증 확인을 하였고, 경찰의 단속에서 청소년이 발견된 것이다. 한편 갑은 평소 청소년 선도활동을 활발히 한 유공으로 표창을 받았을 뿐 아니라 지금까지 관계 법령 위반으로 인한 영업정지 등 행정처분과 행정벌을 받은 바가 전혀 없으며, 간암으로 투병중인 남편과 초등학생인 자식 2명을 부양하고 있다.

3. 만약, 위 사례에서 영업정지 2개월의 처분에 대해 2013. 2. 20. 을이 영업정지 1개월의 처분에 해당하는 과징금으로 변경하는 처분을 하였고 갑이 2013. 2. 23. 이 처분의 통지를 받았다면, 갑이 이에 대해 취소소송을 제기할 경우 취소소송의 기산점과 그 대상을 설명하시오.

답안작성요령

1. 취소소송의 대상

⑴ 문제의 제기

설문상 처분에는 원처분(2월 영업정지처분)과 변경처분(과징금으로 변경하는 처분)이 있다. 해석상 변경처분으로 인해 변경된 원처분(과징금으로 변경된 원처분)이 있다. 이 중 어느 행위가 취소소송의 대상인지 문제된다.

⑵ 학설·판례·검토

내용은 교재 본문 참조

2. 취소소송의 기산점

⑴ 제소기간 일반론

㈎ 제소기간의 의의

㈏ 안 날부터 90일

1) 행정심판을 거치지 아니한 경우

2) 행정심판을 거친 경우

㈐ 있은 날부터 1년

1) 행정심판을 거치지 아니한 경우

2) 행정심판을 거친 경우

3) 정당한 사유가 있는 경우

⑵ 검   토

[2-12] 제59회 사법시험(2017년) 변경처분에 대한 취소소송

〈제1문〉 A도 B군의 군수 乙은 대형마트를 유치하기 위하여 대규모점포를 개설등록하면 법률상 재량을 행사하여 일체의 영업시간 제한이나 의무휴업일 지정을 하지 않겠다고 甲에게 약속하였다. 이 말을 믿은 甲은 乙에게 대규모점포의 개설등록을 신청하였고, 개설등록이 되었다. 그런데 개설등록 이후 乙은 오전 0시부터 오전 8시까지 영업시간을 제한하고 매월 둘째 주와 넷째 주 일요일을 의무휴업일로 지정하는 내용의 처분(이하 '제1차 처분'이라 한다)을 하였다. 이에 甲은 이 처분에 대해 취소소송을 제기하였다. 그런데 취소소송의 계속 중에 乙이 영업제한시간을 오전 0시부터 오전 10시까지로 변경하되, 의무휴업일은 종전과 동일하게 유지하는 것을 내용으로 하는 처분(이하 '제2차 처분'이라 한다)을 하였다.

1. 생략 – PART 4 [1–10]을 보라

2. 생략 – PART 4 [1–3]을 보라

3. 제2차 처분으로 제1차 처분은 소멸되었으므로 甲이 제기한 취소소송은 부적법하다는 乙 주장의 당부를 검토하시오.

4. 생략 – PART 4 [1–10]을 보라

참고조문 「유통산업발전법」(※ 가상의 법률임)(생략)

답안작성요령

(1) 문제의 소재

본 문제는 당초 처분의 내용을 변경하는 처분이 내려진 경우에 당초처분인 제1차처분과 변경처분인 제2차처분이 어떤 관계에 놓이는가의 문제가 됨을 기술한다.

(2) 검 토

(개) 제1차처분과 제2차처분의 관계의 유형

제1차처분과 제2차처분이 병존하는지 아니면 제2차처분이 제1차처분을 대체하여 제1차처분이 소멸하는지 여부가 문제이다.

(내) 판례의 입장

1) 원칙적 기조

후속처분이 종전처분을 완전히 대체하는 것이거나 그 주요 부분을 실질적으로 변경하는 내용인 경우에는 특별한 사정이 없는 한 종전처분은 그 효력을 상실하고 후속처분만이 항고소송의 대상이 된다(대판 2015. 11. 19, 2015두295 전원합의체).

2) 원칙의 수정

후속처분의 내용이 종전처분의 유효를 전제로 그 내용 중 일부만을 추가·철회·변경하는 것이고 그 추가·철회·변경된 부분이 그 내용과 성질상 나머지 부분과 불가분적인 것이 아닌 경우에는, 후속처분에도 불구하고 종전처분이 여전히 항고소송의 대상이 된다고 보아야 한다(대판 2015. 11. 19, 2015두295 전원합의체).

3) 소 결

판례에 의하면, 제2차처분은 제1차처분 전체를 대체하거나 그 주요 부분을 실질적으로 변경하는 내용이 아니라, 의무휴업일 지정 부분을 그대로 유지한 채 영업시간 제한 부분만을 일부 변경하는 것으로서, 제2차처분에 따라 추가된 영업시간 제한 부분은 그 성질상 종전 제1차처분과 가분적인 것으로 여겨진다. 따라서 제2차처분으로 제1차처분이 소멸하였다고 볼 수 없으므로 갑 주장은 타당하지 않다.

■ 소의 이익을 기술한 경우, 가점

[2-13] 제55회 사법시험(2013년) 변경결정에 대한 취소소송의 피고와 대상

〈제2문의 1〉 X시 소속 공무원 갑은 다른 동료들과 함께 회식을 하던 중 옆자리에 앉아 있던 동료 병과 시비가 붙어 그를 폭행하였다. 이러한 사실이 지역 언론을 통하여 크게 보도되자, X시의 시장 乙은 적법한 절차를 통해 갑에 대해 정직 3월의 징계처분을 하였다. 갑은 "해당 징계처분이 과도하기 때문에 위법이다"라고 주장하면서, X시 소청심사위원회에 소청을 제기하였다. 이에 대해 X시 소청심사위원회는 정직 3월을 정직 2월로 변경하는 결정을 내렸다.
2. 갑은 2월의 정직기간 만료 전에 X시 소청심사위원회가 내린 정직 2월도 여전히 무겁다고 주장하면서 취소소송을 제기하려고 한다. 이 경우 취소소송의 피고 및 대상을 검토하시오.

답안작성요령

1. 취소소송의 대상

(1) 문제의 제기

설문상 처분에는 원처분($\binom{3개월 \, 정}{직처분}$)과 변경처분($\binom{정직 \, 2개월로}{변경하는 \, 처분}$)이 있다. 해석상 변경처분으로 인해 변경된 원처분($\binom{정직 \, 2개월로}{변경된 \, 원처분}$)이 있다. 이 중 어느 행위가 취소소송의 대상인지 문제된다.

(2) 학   설

변경된 원처분과 변경처분은 독립된 처분으로 모두 소송의 대상이라는 견해, 원처분은 변경처분에 흡수되어 변경처분만이 소의 대상이 된다는 견해, 변경처분은 원처분에 흡수되어 변경된 원처분만이 소의 대상이라는 견해 등이 대립된다.

(3) 판   례

과징금부과처분을 한 후 공정거래위원회가 스스로 감액처분(일부취소)을 한 경우 항고소송의 대상은 감액처분 후 남은 원처분이라고 하며, 행정심판위원회의 변경명령 재결에 따라 처분청이 변경처분을 한 경우에도 소송의 대상은 변경처분이 아니라 변경된 내용의 원처분(당초처분)이라고 한다.

(4) 검   토

변경처분은 원처분을 변경하는 행위이며 독립한 처분으로 볼 수 없어 변경된 내용의 원처분이 소송의 대상이라는 견해가 타당하다

2. 취소소송의 피고

[참고조문] 「행정소송법」 제13조(피고적격) ① 취소소송은 다른 법률에 특별한 규정이 없는 한 그 처분등을 행한 행정청을 피고로 한다. 다만, 처분등이 있은 뒤에 그 처분등에 관계되는 권한이 다른 행정청에 승계된 때에는 이를 승계한 행정청을 피고로 한다.

(1) 취소소송의 대상이 원처분인지 재결인지에 따라 피고가 결정된다.
(2) 변경된 원처분($\binom{정직 \, 2개월로}{변경된 \, 원처분}$)을 취소소송의 대상으로 보면 X시장, 변경처분을 취소소송의 대상으로 보면 소청심사위원회가 피고가 된다.
(3) 검   토

[2-14] 제 3 회 변호사시험(2014년) 취소소송의 대상과 제소기간

〈제 1 문〉 갑은 2013. 3. 15. 전 영업주인 을로부터 등록대상 석유판매업인 주유소의 사업 일체를 양수받고 잔금지급액에 다소 이견이 있는 상태에서, 2013. 3. 28. 석유 및 석유대체연료 사업법 (이하 '법'이라함) 제10조 제 3 항에 따라 관할 행정청인 A시장에게 성명, 주소, 및 대표자 등의 변경등록을 한 후 2013. 4. 5.부터 '유정주유소'라는 상호로 석유판매업을 영위하고 있다.

그런데 A시장이 2013. 5. 7. 관할구역 내 주우소의 휘발유 시료를 채취하여 한국석유관리원에 위탁하여 검사한 결과 '유정주유소'와 인근 '상원주유소'에서 취급하는 휘발유에 경유가 1% 정도 혼합된 것으로 밝혀졌다.

한편, A시장은 취임과 동시에 "A시 관할구역 내에서 유사석유를 판매하다가 단속되는 주유소는 예외없이 등록을 취소하여 주민들이 믿고 주유소를 이용하도록 만들겠다."라고 공개적으로 밝힌 바 있다. 이에 A시장은 2013. 6. 7. 갑에 대하여 청문 절차를 거치지 아니한 채 법 제13조 제 3 항 제12호에 따라 석유판매업등록을 취소하는 처분(이하 '당초처분'이라 함)을 하였고, 갑은 그 다음 날 처분이 있음을 알게 되었다.

갑은 당초처분에 불복하여 2013. 8. 23. 행정심판을 청구하였으며, 행정심판위원회는 2013. 10. 4. 당초처분이 재량권의 범위를 일탈하거나 남용한 것이라는 이유로 당초처분을 사업정지 3개월로 변경하라는 내용의 변경명령재결을 하였고, 그 재결서는 그날 갑에게 송달되었다. 그렇게 되자, A시장은 청문 절차를 실시한 후 2013. 10. 25. 당초처분을 사업정지 3개월로 변경한다는 내용의 처분(이하 '변경처분'이라 함)을 하였고, 그 처분서는 다음날 갑에게 직접 송달되었다.

3) 갑은 변경처분에도 불구하고 취소소송을 제기하여 다투려고 한다. 이 경우 취소소송의 대상과 제소기간에 대하여 검토하시오.

답안작성요령

1. 취소소송의 대상

⑴ 문제의 제기

설문상 처분에는 원처분($\substack{취소\\처분}$)과 변경처분($\substack{사업정지\ 3개월\\로\ 변경하는\ 처분}$)이 있다. 해석상 변경처분으로 인해 변경된 원처분($\substack{사업정지\ 3개월로\\변경된\ 원처분}$)이 있다. 이 중 어느 행위가 취소소송의 대상인지 문제된다.

⑵ 학설 · 판례 · 검토($\substack{내용은\ 교재\\본문\ 참조}$)

2. 취소소송의 기산점

⑴ 제소기간 일반론

㈎ 제소기간의 의의

㈏ 안 날부터 90일

㈐ 있은 날부터 1년

⑵ 검　　토

취소소송의 대상은 사업정지 3개월의 변경된 원처분이지만, 행정심판을 거친 경우이기 때문에 재결서 정본을 송달받은 날($\substack{2013.\\10.\ 4.}$)부터 90일 내에 취소소송을 제기하여야 한다.

[2-15] 제64회 5급공채(2020년) 재결소송의 대상·제소기간 등

〈제2문〉 중앙행정기관의 5급 공무원 甲은 무단결근으로 경고처분을 받았다. 乙장관은 위 경고처분에도 불구하고 甲의 근무태도가 개선되지 아니하자, 「국가공무원법」 제73조의3 제1항 제2호에 따라 甲에 대하여 2020. 3. 5. 제1차 직위해제처분을 하였다. 이후 甲은 감독 대상 업체들로부터 상품권 등을 수수하고 감독업무를 부실하게 한 혐의로 관할 수사기관에서 수사를 받았다. 乙은 수사기관으로부터 甲에 대한 수사상황을 통보받고, 중앙징계위원회에 뇌물수수 및 직무유기 등의 사유로 甲에 대한 징계 의결을 요구하면서, 그 사실을 甲에게 문서로 통지하였다. 이후 乙은 2020. 5. 19. 「국가공무원법」 제73조의3 제1항 제3호의 사유로 甲에게 제2차 직위해제처분을 하였다. 제2차 직위해제기간 중 중앙징계위원회는 같은 사유로 甲에 대한 해임을 의결하였고, 乙은 2020. 6. 24. 甲을 해임하였다. 이에 甲은 해임에 불복하는 소청을 제기하였고, 소청심사위원회는 2020. 8. 11. 甲에 대한 해임을 정직 3월로 변경하였다. 甲은 소청심사위원회의 변경재결서를 2020. 8. 12. 송달받았다.

1) 甲이 소청심사위원회의 결정에 불복하여 취소소송을 제기하고자 할 경우, 그 소송의 대상과 제소기간을 검토하시오.

2) 생략─PART 4 [2-34]를 보라. (직위해제처분 취소소송에서 소의 이익 관련)

참고조문

현행 관계 법령 등을 사례해결에 적합하도록 수정하였음

「국가공무원법」 제73조의3(직위해제) ① 임용권자는 다음 각 호의 어느 하나에 해당하는 자에게는 직위를 부여하지 아니할 수 있다.

  2. 직무수행 능력이 부족하거나 근무성적이 극히 나쁜 자

  3. 파면·해임·강등 또는 정직에 해당하는 징계 의결이 요구 중인 자

「공무원보수규정」 제14조(승급의 제한) ① 다음 각 호의 어느 하나에 해당하는 사람은 해당 기간 동안 승급시킬 수 없다.

  1. 징계처분, 직위해제 또는 휴직(공무상 질병 또는 부상으로 인한 휴직은 제외한다) 중인 사람

  제29조(직위해제기간 중의 봉급 감액) 직위해제된 사람에게는 다음 각 호의 구분에 따라 봉급(외무공무원의 경우에는 직위해제 직전의 봉급을 말한다. 이하 이 조에서 같다)의 일부를 지급한다.

  1. 「국가공무원법」 제73조의3 제1항 제2호에 따라 직위해제된 사람: 봉급의 80퍼센트

  3. 「국가공무원법」 제73조의3 제1항 제3호·제4호 또는 제6호에 따라 직위해제된 사람: 봉급의 50퍼센트. 다만, 직위해제일부터 3개월이 지나도 직위를 부여받지 못한 경우에는 그 3개월이 지난 후의 기간 중에는 봉급의 30퍼센트를 지급한다.

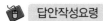 **답안작성요령**

1. 소청심사위원회 결정에 불복하는 취소소송의 대상

(1) 논술의 방향

행정소송법은 원처분중심주의를 규정하고 있다(행소법 제19조). 소청심사제도를 규정하고 있는 국가공무원법은 원처분중심주의를 배제하는 규정을 두고 있지 않다. 따라서 소청심사위원회 결정에 불복하는 취소소송의 대상은 행정소송법 제19조가 정하는 바에 의한다.

(2) 사례에 적용

㈎ 소청심사위원회의 결정(재결)에 고유한 위법이 있다면, 소청심사위원회의 결정(재결)을 소의 대상으로 할 수 있다(행소법 제19조 단서).

⒩ 소청심사위원회의 결정$\binom{재}{결}$에 고유의 위법이 없다면 원처분주의의 원칙에 따라 원징계처분을 소의 대상으로 하여야 한다$\binom{행소법 제}{19조 본문}$. 乙이 2020. 6. 24. 甲을 해임한 처분이 원처분에 해당한다.

⑶ 소 결

⒢ 소청심사위원회의 절차의 전 과정 중 일부에 위법이 있었다면, 甲은 소청심사위원회의 결정$\binom{재}{결}$을 다투어야 한다.

⒩ 소청심사위원회의 절차의 전 과정이 적법하였다면, 즉 소청심사위원회의 심사결정이 일정한 절차를 거쳤고$\binom{국공법 제12조 내지 제14}{조 제 2 항 및 소청절차규정}$, 소청인에게 진술 기회를 주었고$\binom{국공법}{제13조}$. 소청심사위원회의 결정을 그 이유를 구체적으로 밝힌 결정서로 하였다면$\binom{국공법 제14}{조 제 8 항}$, 甲은 소청심사위원회의 결정$\binom{재}{결}$을 다툴 수 없고, 원처분인 해임처분을 다툴 수 있을 뿐이다.

2. 소청심사위원회 결정에 불복하는 취소소송의 제소기간

⑴ 논술의 방향

행정소송법은 취소소송의 제소기간을 명시적으로 규정하고 있다$\binom{행소법}{제20조}$. 소청심사제도를 규정하고 있는 국가공무원법은 제소기간에 관한 규정을 두고 있지 않다. 따라서 소청심사위원회 결정에 불복하는 취소소송의 제소기간은 행정소송법 제20조가 정하는 바에 의한다.

⑵ 행정소송법 제20조

⒢ 송달받은 날$\binom{안}{날}$부터 90일$\binom{행소법 제20}{조 제 1 항}$

⒩ 처분등이 있은 날부터 1년$\binom{행소법 제20}{조 제 2 항}$

⑶ 사례에 적용

① 갑은 재결서$\binom{소청심사위원}{회의 결정서}$의 정본을 송달받은 날부터 90일 이내에 취소소송을 제기하여야 한다$\binom{행소법 제}{20조 제1 항}$.

② 갑이 송달을 몰랐다면 송달받은 날부터 1년 이내에 취소소송을 제기하여야 하지만, 정당한 사유가 있다면 1년의 기간제한을 받지 아니한다$\binom{행소법 제20}{조 제 2 항}$.

[2-16] 제57회 사법시험(2015년)   관련청구소송의 병합

〈제 2 문의 1〉   행정청 A는 미성년자에게 주류를 판매한 업주 갑에게 영업정지처분에 갈음하여 과징금부과처분을 하였고, 갑은 부과된 과징금을 납부하였다. 그러나 갑은 이후 과징금부과처분에 하자가 있음을 알게 되었다(아래 각 문제는 독립된 것임).

(2) A가 처분의 이유를 제시하지 아니한 채 과징금부과처분을 하였고, 갑은 이미 납부한 과징금을 반환받기 위해 과징금부과처분을 다투고자 한다. 갑이 제기할 수 있는 소송을 설명하시오.

답안작성요령

1. 문제의 제기

(1) 이미 납부한 과징금을 반환받기 위해 과징금부과처분을 다투는 방식으로는 ① 과징금부과처분의 무효를 이유로 부당이득반환을 청구하는 소송을 제기하는 방법과 ② 과징금부과처분의 취소와 아울러 부당이득반환을 청구하는 소송을 제기하는 방법을 생각할 수 있다

(2) 두 가지 방식은 과징금부과처분이 무효행위인지(①의 경우), 취소할 수 있는 행위(②의 경우)인지에 따른 것이다. 따라서 먼저 과징금부과처분의 하자부터 검토할 필요가 있다.

2. 과징금부과처분의 하자

(1) 하자의 사유로서 이유의 미제시

[참고조문] 「행정절차법」 제23조(처분의 이유 제시)   ① 행정청은 처분을 할 때에는 다음 각 호의 어느 하나에 해당하는 경우를 제외하고는 당사자에게 그 근거와 이유를 제시하여야 한다.
  1. 신청 내용을 모두 그대로 인정하는 처분인 경우
  2. 단순·반복적인 처분 또는 경미한 처분으로서 당사자가 그 이유를 명백히 알 수 있는 경우
  3. 긴급히 처분을 할 필요가 있는 경우
  ② 행정청은 제1항 제2호 및 제3호의 경우에 처분 후 당사자가 요청하는 경우에는 그 근거와 이유를 제시하여야 한다.

(개) 이유제시의 의의

(내) 이유제시의 법적 근거

(대) 이유제시의 법적 성격$\binom{적법}{요건}$

(래) 이유제시의 요건$\binom{정도·}{방식}$

(매) 이유제시의 결여의 효과

(2) 하자의 정도

(개) 무효와 취소의 구별 필요성

(내) 무효와 취소의 구별 기준

(3) 사례에 적용$\binom{취소}{사유}$

3. 과징금부과처분무효확인소송 승소 후 부당이득반환을 청구하는 방법

4. 과징금부과처분취소소송의 제기와 부당이득반환청구소송을 병합하여 청구하는 방법

(1) 청구의 병합 일반론 약술$\binom{의의·형태·}{요건 등}$

(2) 사례에 적용

[2-17] 제5회 변호사시험(2016년) 취소소송의 제소요건·인용요건, 행정행위의 부관, 행정행위의 철회

〈제1문〉 갑은 서울에서 주유소를 운영하는 자로, 기존 주유소 진입도로 외에 주유소 인근 구미대교 남단 도로(이하 '이 사건 본선도로'라 한다.)에 인접한 도로부지(이하 '이 사건 도로'라 한다.)를 주유소 진·출입을 위한 가·감속차로 용도로 사용하고자 관할구청장 을에게 도로점용허가를 신청하였다. 이 사건 본선도로는 편도 6차로 도로이고, 주행제한속도는 시속 70km이며, 이 사건 도로는 이 사건 본선도로의 바깥쪽을 포함하는 부분으로 완만한 곡선구간의 중간 부분에 해당한다. 이 사건 본선도로 중 1, 2, 3차로는 구미대교 방향으로 가는 차량이, 4, 5차로는 월드컵대로 방향으로 가는 차량이 이용하도록 되어 있다. 4, 5차로를 이용하던 차량이 이 사건 본선도로 중 6차로 및 이 사건 도로부분을 가·감속차로로 하여 주유소에 진입하였다가 월드컵대로로 진입하는 데 별다른 어려움은 없다.

한편, 병은 이 사건 도로상에서 적법한 도로점용허가를 받지 않고 수년 전부터 포장마차를 설치하여 영업을 하고 있었다.

(이 사안과 장소는 모두 가상이며, 아래 지문은 각각 독립적이다.)

(1) 을이 이 사건 본선도로를 주행하는 차량과의 교통사고 발생위험성 등을 들어 갑의 도로점용허가신청을 거부한 경우, 갑이 을을 상대로 도로점용허가거부처분 취소소송을 제기한다면, 그 인용가능성에 대해 논하시오.

(2) 을이 갑에게 도로점용허가를 한 경우, 병이 갑에 대한 을의 도로점용허가를 다툴 수 있는 원고적격이 있는지를 논하시오.

(3) 을은 법령에 명시적인 근거가 없음에도 "갑은 병이 이 사건 도로 지상에 설치한 지상물 철거를 위한 비용을 부담한다."라는 조건을 붙여 갑에게 도로점용기간을 3년으로 하여 도로점용허가를 하였다.

1) 위 조건의 법적 성질 및 적법성 여부를 논하시오.

2) 을이 아무런 조건 없이 도로점용허가를 하였다가 3개월 후 위와 같은 조건을 부가한 경우, 이러한 조건 부가행위가 적법한지 여부에 대하여 논하시오.

3) 을이 도로점용허가 당시 "민원이 심각할 경우 위 허가를 취소할 수 있다."는 내용의 조건을 부가하였다가 교통정체 및 교통사고 발생위험성 등을 이유로 한 이 사건 본선도로 이용자들의 민원이 다수 제기되자, 1년 후 갑에 대한 이 사건 도로점용허가를 취소하였다. 갑이 도로점용허가 취소처분의 취소소송을 제기한 경우 그 인용가능성에 대해 논하시오.

참고조문

※아래 법령은 각 처분당시 적용된 것으로 가상의 것이다.

도로법

제1조(목적) 이 법은 도로망의 계획수립, 도로 노선의 지정, 도로공사의 시행과 도로의 시설 기준, 도로의 관리·보전 및 비용 부담 등에 관한 사항을 규정하여 국민이 안전하고 편리하게 이용할 수 있는 도로의 건설과 공공복리의 향상에 이바지함을 목적으로 한다.

제2조(정의) 이 법에서 사용하는 용어의 뜻은 다음과 같다.

　1. "도로"란 차도, 보도, 자전거도로, 측도, 터널, 교량, 육교 등 대통령령으로 정하는 시설로 구성된 것으로서 제10조에 열거된 것을 말하며, 도로의 부속물을 포함한다.

제40조(도로의 점용) ① 도로의 구역안에서 공작물·물건 기타의 시설을 신설·개축·변경 또는 제거하거나 기타의 목적으로 도로를 점용하고자 하는 자는 관리청의 허가를 받아야 한다.

② 제 1 항의 규정에 따라 허가를 받을 수 있는 공작물·물건 그 밖의 시설의 종류와 도로점용허가의 기준 등에 관하여 필요한 사항은 대통령령으로 정한다.

도로법 시행령

제24조(점용의 허가신청) ⑤ 법 제40조 제 2 항의 규정에 의하여 도로의 점용허가(법 제 8 조의 규정에 의하여 다른 국가사업에 관계되는 점용인 경우에는 협의 또는 승인을 말한다)를 받을 수 있는 공작물·물건 기타의 시설의 종류는 다음 각호와 같다.

4. 주유소·주차장·여객자동차터미널·화물터미널·자동차수리소·휴게소 기타 이와 유사한 것

11. 제 1 호 내지 제10호 외에 관리청이 도로구조의 안전과 교통에 지장이 없다고 인정한 공작물·물건(식물을 포함한다) 및 시설로서 건설교통부령 또는 당해 관리청의 조례로 정한 것 환

🎁 답안작성요령

■ **[제 1 문] 답안작성요령**

1. 문제의 제기

⑴ 도로점용허가거부처분 취소소송이 인용되려면 거부처분 취소소송의 소송요건($^{본안판단의}_{전제요건}$)과 본안요건을 갖추어야 한다.

⑵ 소송요건과 본안요건을 나누어서 살피기로 한다.

2. 소송요건의 구비 여부

소송요건으로 관할법원($^{행소법}_{제 9 조}$), 원고적격($^{행소법}_{제12조}$), 피고적격($^{행소법}_{제13조}$), 대상적격($^{행소법}_{제19조}$), 제소기간($^{행소법}_{제20조}$), 권리보호의 필요 등의 요건을 갖추어야 한다. 설문의 거부처분취소소송과 관련하여서는 특히 대상적격($^{특히 신청}_{권의 문제}$), 원고적격 등의 검토가 보다 중요하다.

⑴ 대상적격

㈎ 대상적격의 일반론을 약술한다.

㈏ 거부처분의 성립요건을 약술한다.

㈐ 설문에 적용한다.

⑵ 원고적격

㈎ 원고적격의 일반론을 약술한다.

㈏ 설문에 적용한다.

3. 본안요건의 구비 여부

⑴ 논점의 정리

㈎ 도로점용허가거부처분의 위법 여부를 판단하기 위해서는 먼저 도로점용허가의 법적 성질에 대한 검토가 필요하다.

㈏ 법적 성질과 관련하여 도로점용허가가 재량행위인지 기속행위인지를 살펴보고, 재량행위라면 재량하자의 유무를 살펴볼 필요가 있다.

⑵ 도로점용허가가 재량행위인지 여부

도로법 제40조의 도로점용허가가 경찰허가인 경우에는 기속행위, 특허인 경우에는 재량행위로 볼 것이다. 설문의 도로점용허가는 일종의 특허에 해당한다($^{이 책 공물의 사용관계 부}_{분 중 특허사용 부분 참조}$).

⑶ 재량하자의 유무

㈎ 비례원칙의 검토가 필요하다

㈏ 설문에 적용한다($^{공익보다 사}_{익이 크다}$).

4. 문제의 해결$\binom{\text{인용될}}{\text{수 있다}}$

■ [제 2 문] 답안작성요령

1. 문제의 제기

병이 갖는 이익이 원고적격을 규정하는 행정소송법 제12조의 법률상 이익에 해당하는지의 여부를 논점으로 한다.

2. 행정소송법 제12조

행정소송법 제12조 관련 논리를 약술한다.

3. 병의 도로사용상 이익의 성질

(1) 병의 도로사용의 성질$\binom{\text{자유}}{\text{사용}}$

(2) 자유사용으로 인한 이익의 성질

(개) 자유사용배제를 다툴 수 있는 점에서 법률상 이익이다.

(내) 자유사용을 적극적으로 향유하는 것은 법률상 이익으로 보기 어렵다. 판례도 같다$\binom{\text{대판 1992. 9. 22.,}}{\text{91누13212}}$.

4. 문제의 해결$\binom{\text{원고적격은 인}}{\text{정되기 어렵다}}$

■ [제 3 문] 답안작성요령

1. 문제의 제기

(1) 첫 번째 문제는 법령에 명시적인 근거없이 붙인 부관의 적법여부를 묻고 있는바, 부관의 가능성을 논점으로 한다.

(2) 두 번째 문제는 도로점용 후에 부관을 붙일 수 있는가의 문제로서 사후부관의 가능성을 논점으로 한다.

(3) 세 번째 문제는 도로점용허가 취소처분의 취소소송의 인용가능성을 묻고 있다. 취소사유는 을이 도로점용허가 당시 붙인 부관[민원이 심각할 경우 위 허가를 취소할 수 있다]인바, 이 부관의 적법여부가 논점이다.

2. 부관을 붙일 수 있는지 여부

(1) 행정기본법 제17조 제 1 항, 제 2 항 검토

(2) 사례에 적용

3. 사후 부관을 붙일 수 있는지 여부

(1) 행정기본법 제17조 제 3 항 검토

(2) 사례에 적용

4. 도로점용허가 철회의 근거

(1) 행정기본법 제19조 검토

(2) 사례에 적용

5. 문제의 해결

갑은 취소소송의 소송요건을 구비하였다. 그러나, 구청장의 도로점용허가취소처분은 적법하다. 따라서 갑의 취소소송은 인용되기 어렵다.

[2-18] 제61회 5급공채(일반행정)(2017년) 원고적격

〈제2문〉 교육부장관은 A학교법인의 이사 甲에게 「고등교육법」 위반사유가 있음을 이유로, A학교법인에 대하여 甲의 임원취임승인을 취소하면서 乙을 임시이사로 선임하는 처분을 하였다. 甲은 교육부장관을 상대로 본인에 대한 임원취임승인취소처분과 乙에 대한 임시이사선임처분의 취소를 구하는 소송을 제기하였다. 소송 진행 중 임시이사 乙의 임기가 만료되어 임시이사는 丙으로 변경되었고, 甲의 원래 임기가 만료되었을 뿐만 아니라 甲에 대한 「사립학교법」 제22조 제2호 소정의 임원결격사유기간도 경과하였다. 甲이 제기한 취소소송에 대하여 다음 물음에 답하시오.

1) 甲에게는 원고적격이 인정되는가?
2) 생략 – PART [2 – 29]를 보라.

참고조문

「**사립학교법**」

제20조의2(임원취임의 승인취소) ① 임원이 다음 각호의 1에 해당하는 행위를 하였을 때에는 관할청은 그 취임승인을 취소할 수 있다.
　1. 이 법, 「초·중등교육법」 또는 「고등교육법」의 규정을 위반하거나 이에 의한 명령을 이행하지 아니한 때
　2. (이하 생략)
　② 제1항의 규정에 의한 취임승인의 취소는 관할청이 당해 학교법인에게 그 사유를 들어 시정을 요구한 날로부터 15일이 경과하여도 이에 응하지 아니한 경우에 한한다. 다만, 시정을 요구하여도 시정할 수 없는 것이 명백하거나 회계부정, 횡령, 뇌물수수 등 비리의 정도가 중대한 경우에는 시정요구 없이 임원취임의 승인을 취소할 수 있으며, 그 세부적 기준은 대통령령이 정한다.
제22조(임원의 결격사유) 다음 각호의 1에 해당하는 자는 학교법인의 임원이 될 수 없다.
　1. (생략)
　2. 제20조의2의 규정에 의하여 임원취임의 승인이 취소된 자로서 5년이 경과하지 아니한 자
　3. (이하 생략)
제25조(임시이사의 선임) ① 관할청은 다음 각 호의 어느 하나에 해당되는 경우에는 이해 관계인의 청구 또는 직권으로 조정위원회의 심의를 거쳐 임시이사를 선임하여야 한다.
　1. (생략)
　2. 제20조의2에 따라 학교법인의 임원취임 승인을 취소한 때. 다만, 제18조 제1항에 따른 이사회 의결정족수를 초과하는 이사에 대하여 임원취임 승인이 취소된 때에 한한다.
　3. (이하 생략)

답안작성요령

1. 문제의 소재
⑴ 임원취임승인취소처분과 임시이사승인처분 취소소송을 분리검토할 필요가 있다.
⑵ 제3자의 원고적격이 문제된다.

2. 원고적격

[참고조문] 「**행정소송법**」 제12조(원고적격) 취소소송은 처분등의 취소를 구할 법률상 이익이 있는 자가 제기할 수 있다. 처분등의 효과가 기간의 경과, 처분등의 집행 그 밖의 사유로 인하여 소멸된 뒤에도 그 처분등의 취소로 인하여 회복되는 법률상 이익이 있는 자의 경우에는 또한 같다.

(1) 원고적격의 의의

(2) 법률상 이익의 주체

⑺ **자연인과 법인**

⑻ **상대방과 제 3 자**

(3) 법률상 이익의 내용

⑺ **취소소송의 본질(기능)**

⑻ **법률상 이익의 의의**

⑼ **법률상 이익의 존부의 판단기준**

1) 학   설

2) 판   례

3. 사안의 적용

(1) 참고법령을 활용하여 법률상 이익을 도출

(2) 판   례

구 사립학교법($^{2005.\ 12.\ 29.\ 법률\ 제7802}_{호로\ 개정되기\ 전의\ 것}$) 제20조 제 1 항, 제 2 항은 학교법인의 이사장·이사·감사 등의 임원은 이사회의 선임을 거쳐 관할청의 승인을 받아 취임하도록 규정하고 있는바, 관할청의 임원취임승인행위는 학교법인의 임원선임 행위의 법률상 효력을 완성케 하는 보충적 법률행위이다. 따라서 관할청이 학교법인의 임원취임승인신청에 대하여 이를 반려하거나 거부하는 경우 학교법인에 의하여 임원으로 선임된 사람은 학교법인의 임원으로 취임할 수 없게 되는 불이익을 입게 되는바, 이와 같은 불이익은 간접적이거나 사실상의 불이익이 아니라 직접적이고도 구체적인 법률상의 불이익이라 할 것이므로 학교법인에 의하여 임원으로 선임된 사람에게는 관할청의 임원취임승인신청 반려처분을 다툴 수 있는 원고적격이 있다($^{대판\ 2007.\ 12.\ 27.}_{2005두9651}$,).

(3) 갑에 원고적격을 인정할 수 있는지에 대한 검토

(4) 문제의 해결

임원취임승인취소처분과 및 임시이사승인처분 취소소송의 원고적격 인정

[2-19] 제6회 변호사시험(2017년) 취소소송의 제소요건, 재량

〈제1문〉 甲과 乙은 A시에서 甲 의료기, 乙 의료기라는 상호로 의료기기 판매업을 하는 자들이다. 甲은 전립선 자극기 'J2V'를 공급받아 판매하기 위하여 "전립선에 특수한 효능, 효과로 남자의 자신감이 달라 집니다."라는 문구를 사용하여 인터넷 광고를 하였다. 甲의 위 광고에 대하여 A시장은 2016. 7. 1. 甲에게 「의료기기에 관한 법률」(이하 '의료기 기법'이라 함) 제24조 위반을 이유로 3개월 업무정지처분을 하였다. 甲은 2016. 7. 11. 위 업무정지처분에 대하여 관할 행정심판위원회에 행정심판을 청구하였고, 동 위원회는 2016. 8. 25. 3개월 업무정지처분을 과징금 500만 원 부과처분으로 변경할 것을 명령하는 재결을 하였으며, 위 재결 서 정본은 2016. 8. 29. 甲에게 송달되었다. 그러자 A시장은 2016. 9. 12. 甲에 대한 3개월 업무정지처분을 과징금 500만 원 부과처분으로 변경하였다. 또한, 甲은 2016. 9. 1. 의료기기법 제52조를 근거로 벌금 300만 원의 약식명령을 고지 받자, 정식재판을 청구하였다.

1. 생략(헌법 문제) 2. 생략(헌법 문제).
3. 甲은 2016. 12. 5. 관할 행정심판위원회를 피고로 하여 과징금 500만 원 부과처분에 대하여 관할 법원 에 취소소송을 제기하였다. 이 소송은 적법한가?

🖱 답안작성요령

1. 문제의 소재
(1) 과징금부과처분 취소소송이 적법하려면 취소소송의 소송요건(본안판단의 전제요건)과 본안요건을 갖추어야 한다.
(2) 소송요건과 본안요건을 나누어서 살피기로 한다.

2. 소송요건의 구비 여부
소송요건으로 관할법원(행정소송 법 제9조), 원고적격(행정소송 법 제12조), 피고적격(행정소송 법 제13조), 대상적격(행정소송 법 제19조), 제소기간(행정 소송 법 제 20조), 권리보호의 필요 등의 요건을 갖추어야 한다. 설문의 취소소송과 관련하여서는 특히 대상적격(수정 재결), 피고적격, 제소기간 등의 검토가 보다 중요하다.
(1) 대상적격
(가) 대상적격의 일반론을 약술한다.
(나) 원처분(3개월 업무 정지처분), 변경명령재결, 변경된 처분(과징금 500만 원 부과처분) 중 어떠한 처분이 대상적격을 갖는지 기술한다 (학설, 판례).
(다) 설문에 적용한다.
(2) 피고적격
(가) 피고적격의 일반론을 약술한다.
(나) 판례에 따라 변경된 처분(과징금 500만 원 부과처분)의 처분권자가 피고적격을 갖는다.
(다) 설문에 적용한다.
(3) 제소기간
(가) 제소기간 일반론을 약술한다.
(나) 변경된 처분의 처분일자를, 원처분의 일자로 볼 것인지 아니면 변경명령재결에 따라 변경처분이 실제로 이루어진 일자로 볼 것인지에 관해 기술한다.
(다) 설문에 적용한다.

3. 본안요건의 구비 여부

⑴ 논점의 정리

A시장의 과징금 500만원 부과처분은 관할 행정심판위원회가 3개월 업무정지처분을 과징금 500만 원 부과처분으로 변경할 것을 명령하는 것인데, 관할 행정심판위원회가 과징금의 액수를 특정하여 변경명령재결을 할 수 있는가의 문제가 있다.

⑵ 과징금 부과처분 근거조항의 성질(재량조항)

과징금 부과처분의 법적 근거는 의료기기에 관한 법률 제36조 제 2 항이고, 구체적인 금액은 동조항이 정하는 5천만 원 이하의 범위 안에서 시장 등의 권한 행정청이 결정하도록 하고 있다. 따라서 동 조항은 재량조항이다.

⑶ 관할 행정심판위원회이 권한행정청의 재량권을 행사할 수 있는지 여부

㈎ 문제점

관할 행정심판위원회가 재결을 함에 있어 권한 행정청을 대신하여 재량권을 행사할 수 있다면 권한 행정청은 특정의 금액을 정할 수 있을 것이다. 그러나 재량권을 행사할 수 없다면, 권한 행정청으로 하여금 재량권을 행사하여 특정의 금액을 정하라는 재결을 할 수 있을 뿐이다.

㈏ 판결과 재결의 차이

판결의 경우, 재량행위에 대한 사법심사는 "행정청의 재량에 기한 공익판단의 여지를 감안하여 법원은 독자의 결론을 도출함이 없이 해당 행위에 재량권의 일탈·남용이 있는지 여부만을 심사하게 되고, 이러한 재량권의 일탈·남용 여부에 대한 심사는 사실오인, 비례·평등의 원칙 위배 등을 그 판단 대상으로 한다(대판 2016. 1. 28., 2015두52432)." 재량권은 행정권의 고유한 권한으로서 그 행사에 전문성이 요구되기 때문이다. 재결의 경우, 행정심판위원회는 그 자체가 행정권에 귀속되며, 아울러 전문성을 갖기 때문에 판결과 달리 행정심판위원회는 권하 행정청의 재량권을 행사할 수 있다고 볼 것이다.

㈐ 소   결

[2-20] 제32회 입법고시(2016년) 취소심판의 인용재결에 대한 제소가능성

(논술문제)

취소심판의 인용재결에 대해 피청구인인 처분청이 취소소송을 제기할 수 있는지를 검토하시오.

참고조문

「행정소송법」

제13조(피고적격) ① 취소소송은 다른 법률에 특별한 규정이 없는 한 그 처분등을 행한 행정청을 피고로 한다. 다만, 처분등이 있은 뒤에 그 처분등에 관계되는 권한이 다른 행정청에 승계된 때에는 이를 승계한 행정청을 피고로 한다.

답안작성요령

1. 문제의 제기

자치사무와 위임사무에 관한 단체장의 처분에 대한 행정심판에서 인용재결이 내려진 경우 지방자치단체가 행정소송을 제기할 수 있는지가 문제된다. 왜냐하면 재결도 그 자체의 고유한 위법이 있으면 항고소송의 대상이 되는데(행정소송법 제19조 단서), 피청구인인 행정청이나 그 소속 행정주체가 인용재결(직접처분)에 대해 행정소송을 제기하는 것을 금지하는 규정은 없기 때문이다.

2. 판 례

이 사건 법률조항(행정심판법 제49조 제1항)은 다층적·다면적으로 설계된 현행 행정심판제도 속에서 각 행정심판기관의 인용재결의 기속력을 인정한 것으로서, 이로 인하여 중앙행정기관이 지방행정기관을 통제하는 상황이 발생한다고 하여 그 자체로 지방자치제도의 본질적 부분을 훼손하는 정도에 이른다고 보기 어렵다. 그러므로 이 사건 법률조항은 지방자치제도의 본질적 부분을 침해하지 아니한다(헌재 2014. 6. 26. 2013헌바122)고 하여 판례는 행정심판법 제49조 제1항을 근거로 부정적 견해를 취하고 있다.

3. 학설(긍정적 견해)

(1) 자치사무의 귀속주체는 피청구인인 행정청이 아니라 지방자치단체이다.

자치사무는 행정심판위원회가 속하는 법주체의 사무가 아니라 피청구인이 속하는 법주체의 사무인바, 조직의 원리에 비추어 볼 때 피청구인이 행정심판위원회의 재결에 구속되어야 한다는 것은 입법 정책적인 것이지 논리필연적인 것이 아니다.

(2) 지방자치단체는 독자적인 법인격체이다.

피청구인이 속하는 지방자치단체는 그 자체가 객관적인 제도라 하여도, 주민과의 관계에서 어느 정도 사인 유사의 독자적·주관적인 지위를 갖기 때문이다.

(3) 지방자치단체장에 대한 재결을 다투는 소송은 항고소송이다.

지방자치단체장에 대한 재결의 경우에는 별개의 법주체 사이의 문제이므로 그에 대한 불복소송은 기관소송이 아니라 일반적인 항고소송으로 보아야 한다.

(4) 인용재결의 실질적 당사자는 단체장이 아니라 지방자치단체이다

인용재결은 형식적으로는 직접 상대방이 행정청으로서의 단체장이지만, 실질적으로는 지방자치단체가 그 직접 상대방이 되므로 법률상 이익을 가지고 있다. 따라서 원고적격이 인정된다고 보아야 한다.

4. 검 토

5. 문제의 해결

[2-21] 제53회 사법시험(2011년) 경원관계에서의 원고적격

〈제1문〉 X시장은 개발제한구역의 지정 및 관리에 관한 특별조치법 제12조 제1항 제1호 마목과 동법 시행령 및 동법 시행규칙의 관련 규정에 의거하여, 개발제한구역 내의 간선도로 중 특정 구간에 고시된 선정 기준에 따라 사업자 1인을 선정하여 자동차용 액화석유가스충전소(이하 '가스충전소'라고 한다) 건축을 허가하기로 하는 가스충전소의 배치 계획을 고시하였다. 이에 A와 B는 각자 자신이 고시된 선정 기준에 따른 우선순위자임을 주장하며 가스충전소의 건축을 허가해 줄 것을 신청하였다. 이에 X시장은 각 신청 서류를 검토한 결과 B가 고시된 선정 기준에 따른 우선순위자라고 인정하여 B에 대한 가스충전소 건축을 허가하였다.

1) A는 우선순위자 결정의 하자를 주장하면서 X시장의 B에 대한 건축허가 결정을 다투려고 한다. 이 경우 A는 행정소송법상 원고적격이 있는가?

답안작성요령

1. 문제의 제기

충전소건축허가결정처분의 상대방이 아닌 A가 상대방 B에게 발령된 처분을 다툴 원고적격이 있는지가 논점이다. 이것은 경원자소송에서 제3자의 원고적격에 관한 문제이다.

2. 행정소송법 제12조의 의미

(1) 원고적격의 의의

(2) 법률상 이익의 주체

(가) 자연인과 법인

(나) 상대방과 제3자

(3) 법률상 이익의 내용

(가) 법률상 이익의 의의

(나) 법률상 이익의 존부의 판단기준

3. 경원자 소송

(1) 의   의

면허나 인·허가 등의 수익적 행정처분을 신청한 수인이 서로 경쟁관계에 있어서 일방에 대한 면허나 인·허가 등의 행정처분이 타방에 대한 불면허, 불인가, 불허가 등으로 귀결될 수밖에 없는 경우(경원 관계)에 불허가 등으로 인해 자기의 법률상 이익을 침해당한 자가 허가 등을 받은 자의 처분을 다투는 소송을 경원자소송이라 한다.

(2) 경원자 신청의 인용가능성

수익처분이 취소되면 반드시 경원자의 신청을 인용하도록 기속될 필요는 없으나, 명백한 법적 장애로 경원자의 신청이 인용될 가능성이 처음부터 배제되어서는 안 될 것이다.

4. 문제의 해결

(1) 경원자 이익의 성질(가스충전소 허가가 허가인가 특허인가)

(2) 소   결

[2-22] 제1회 변호사시험(2012년)   경원관계에서의 원고적격

〈제2문〉   A주식회사는 2000. 3.경 안동시장으로부터 분뇨수집·운반업 허가를 받은 다음 그 무렵 안동
시장과 사이에 분뇨수집·운반 대행계약을 맺은 후 통상 3년 단위로 계약을 연장해 왔는데 2009. 3. 18.
계약기간을 그 다음 날부터 2012. 3. 18.까지로 다시 연장하였다. B주식회사는 안동시에서 분뇨수집·운반
업을 영위하기 위하여 하수도법 및 같은 법 시행령 소정의 시설, 장비 등을 구비하고 2011. 11. 10. 안동시
장에게 분뇨수집·운반업 허가를 신청하여 같은 해 12. 1. 허가처분(이하 '이 사건
처분'이라 한다)을 받았다. 안동시장은 이
사건 처분 후 안동시 전역을 2개 구역으로 나누어 A, B주식회사에 한 구역씩을 책임구역으로 배정하고
각각 2014. 12. 31.까지를 대행기간으로 하는 새로운 대행계약을 체결하였다. A주식회사는 과거 안동시 전
역에서 단독으로 분뇨 관련 영업을 하던 기득권이 전혀 인정되지 않은데다가 수익성이 낮은 구역을 배정
받은 데 불만을 품고, B주식회사에 대한 이 사건 처분은 허가기준에 위배되는 위법한 처분이라고 주장하
면서 안동시장을 상대로 2011. 12. 20. 관할 법원에 그 취소를 구하는 행정소송을 제기하였다.
(2) 위 소송에서 A주식회사에게 원고적격이 인정되는가?

참고조문

하수도법

제1조(목적)   이 법은 하수도의 설치 및 관리의 기준 등을 정함으로써 하수와 분뇨를 적정하게 처리하여 지역사회의 건
전한 발전과 공중위생의 향상에 기여하고 공공수역의 수질을 보전함을 목적으로 한다.

제3조(국가 및 지방자치단체의 책무)   ② 지방자치단체의 장은 공공하수도의 설치·관리를 통하여 관할구역 안에서 발
생하는 하수 및 분뇨를 적정하게 처리하여야 할 책무를 진다.

제41조(분뇨처리 의무)   ① 특별자치도지사·시장·군수·구청장은 관할구역 안에서 발생하는 분뇨를 수집·운반 및 처리
하여야 한다. 이 경우 특별자치도지사·시장·군수·구청장은 당해 지방자치단체의 조례가 정하는 바에 따라 제45조의
규정에 따른 분뇨수집·운반업자로 하여금 그 수집·운반을 대행하게 할 수 있다.

제45조(분뇨수집·운반업)   ① 분뇨를 수집(개인하수처리시설의 내부청소를 포함한다)·운반하는 영업(이하 "분뇨수집·
운반업"이라 한다)을 하고자 하는 자는 대통령령이 정하는 기준에 따른 시설·장비 및 기술인력 등의 요건을 갖추어 특
별자치도지사·시장·군수·구청장의 허가를 받아야 하며, 허가받은 사항 중 환경부령이 정하는 중요한 사항을 변경하
고자 하는 때에는 특별자치도지사·시장·군수·구청장에게 변경신고를 하여야 한다.

⑤ 특별자치도지사·시장·군수·구청장은 관할구역 안에서 발생하는 분뇨를 효율적으로 수집·운반하기 위하여 필요
한 때에는 제1항에 따른 허가를 함에 있어 관할구역의 분뇨 발생량, 분뇨처리시설의 처리용량, 분뇨수집·운반업자의
지역적 분포 및 장비보유 현황, 분뇨를 발생시키는 발생원의 지역적 분포 및 수집·운반의 난이도 등을 고려하여 영업
구역을 정하거나 필요한 조건을 붙일 수 있다.

 답안작성요령

1. 문제의 제기

(1) 분뇨수집·운반업 허가처분의 상대방이 아닌 A가 상대방 B에게 발령된 처분을 다툴 원고적격이 있는지
가 논점이다.

(2) 이것은 경원자소송에서 제3자의 원고적격에 관한 문제이다.

2. 행정소송법 제12조의 의미

[참고조문] 행정소송법 제12조(원고적격)   취소소송은 처분등의 취소를 구할 법률상 이익이 있는 자가 제기할 수 있다. 처분등의 효과가 기간의 경과, 처분등의 집행 그 밖의 사유로 인하여 소멸된 뒤에도 그 처분등의 취소로 인하여 회복되는 법률상 이익이 있는 자의 경우에는 또한 같다.

(1) 원고적격의 의의

(2) 법률상 이익의 주체

⑺ **자연인과 법인**

⑻ **상대방과 제 3 자**

(3) 법률상 이익의 내용

⑺ **취소소송의 본질(기능)**

⑻ **법률상 이익의 의의**

㈐ **법률상 이익의 존부의 판단기준**

1) 학   설

2) 판   례

3. 경원자의 이익의 성질$\binom{\text{법률이 보호}}{\text{하는 이익}}$

(1) 허가인가 특허인가

(2) 허가로 보면, 상대방 B에 대한 분뇨수집·운반업허가로 인해 A가 침해받은 이익 중 ① 경영상 이익은 반사적 이익이지만, ② 영업의 지역적 범위가 제한되는 점, 즉 영업의 자유의 축소(제한)라는 점에서 침해받은 이익은 법률상 이익으로 볼 수 있다.

(3) 특허로 보면, 상대방 B에 대한 분뇨수집·운반업허가로 인해 A가 침해받은 이익은 법률상 이익이다. 특허로 보는 경우에도 앞의 ②가 적용된다.

(4) 판례는 특허로 본다$\binom{\text{대판 2006. 7. 28.}}{\text{2004두6716}}$.

4. 문제의 해결

[2-23] 제 7 회 변호사시험(2018년) 세무조사로서 재조사의 처분성

〈제 2 문〉 법무법인 甲, 乙 및 丙은 2015. 3. 3. 정기세무조사의 대상이 되어 2014 사업연도의 법인세 신고 및 납부내역에 대한 세무조사를 받았다. 정기세무조사는 매년 무작위로 대상자를 추출하여 조사하는 것으로 세무조사로 인한 부담을 덜어주기 위하여 동일한 과세기간에 대해서는 원칙적으로 재조사를 금지하고 있다. 그러나 관할 세무서장은 甲, 乙 및 丙의 같은 세목 및 같은 과세기간에 대하여 재조사 결정 및 이에 따른 통지 후 2016. 5. 20. 재조사를 실시하면서, 재조사 이유에 대해 과거 위 각 법인에서 근무하던 직원들의 제보를 받아 법인세 탈루혐의를 입증할 자료가 확보되었기 때문이라고 밝혔다. 관할 세무서장은 재조사 결과 甲, 乙 및 丙의 법인세 탈루사실이 인정된다고 보아 甲과 乙에 대해서는 2017. 1. 10, 丙에 대해서는 2017. 11. 3. 증액경정된 조세부과처분을 각각 발령하였다. 한편, 甲, 乙 및 丙은 세무조사로서의 재조사에 대하여 제소기간 내에 취소소송을 제기하였다.
1. 甲의 취소소송의 대상적격은 인정되는가?

참고조문

※아래의 법령은 가상의 것임을 전제로 하며, 헌법재판소에서 해당 조항의 위헌 여부에 대하여 판단한 바 없다.
「국세기본법」
제81조의4(세무조사권 남용 금지) ① 세무공무원은 적정하고 공평한 과세를 실현하기 위하여 필요한 최소한의 범위에서 세무조사를 하여야 하며, 다른 목적 등을 위하여 조사권을 남용해서는 아니 된다.
　② 세무공무원은 다음 각 호의 어느 하나에 해당하는 경우가 아니면 같은 세목 및 같은 과세기간에 대하여 재조사를 할 수 없다.
　1. 조세탈루의 혐의가 인정되거나 의심되는 자료가 있는 경우
　2. ~ 6. 〈생략〉
　7. 그 밖에 제 1 호부터 제 6 호까지와 유사한 경우로서 대통령령으로 정하는 경우
제81조의7(세무조사의 통지와 연기신청) ① 세무공무원은 세무조사(「조세범 처벌절차법」에 따른 조세범칙조사는 제외한다)를 하는 경우에는 조사를 받을 납세자(납세자가 제82조에 따라 납세관리인을 정하여 관할 세무서장에게 신고한 경우에는 납세관리인을 말한다. 이하 이 조에서 같다)에게 조사를 시작하기 15일 전에 조사대상 세목, 조사기간 및 조사사유, 그 밖에 대통령령으로 정하는 사항을 통지(이하 이 조에서 "사전통지"라 한다)하여야 한다. 다만, 사전통지를 하면 증거인멸 등으로 조사 목적을 달성할 수 없다고 인정되는 경우에는 그러하지 아니하다.
　② 사전통지를 받은 납세자가 천재지변이나 그 밖에 대통령령으로 정하는 사유로 조사를 받기 곤란한 경우에는 대통령령으로 정하는 바에 따라 관할 세무관서의 장에게 조사를 연기해 줄 것을 신청할 수 있다.
제81조의17(납세자의 협력의무) 납세자는 세무공무원의 적법한 질문·조사, 제출명령에 대하여 성실하게 협력하여야 한다.
「조세범 처벌법」
제17조(명령사항위반 등에 대한 과태료 부과) 관할 세무서장은 다음 각 호의 어느 하나에 해당하는 자에게는 2,000만원 이하의 과태료를 부과한다.
　1.~4. 〈생략〉
　5. 「소득세법」·「법인세법」 등 세법의 질문·조사권 규정에 따른 세무공무원의 질문에 대하여 거짓으로 진술을 하거나 그 직무집행을 거부 또는 기피한 자

🖱 답안작성요령

1. 문제의 제기
⑴ 甲이 제기한 취소소송은 세무조사로서의 재조사에 대한 것이므로 甲의 취소소송의 대상적격의 문제는 세무조사로서의 재조사의 대상적격의 문제이다.

⑵ 대상적격의 인정여부는 행정소송법 제 2 조 제 1 항 제 1 호의 처분개념에 해당하는 여부이다.

2. 행정소송법상 처분개념의 분석과 재조사

[참고조문] 「행정소송법」 제 2 조(정의)　① 이 법에서 사용하는 용어의 정의는 다음과 같다.
1. "처분등"이라 함은 행정청이 행하는 구체적 사실에 관한 법집행으로서의 공권력의 행사 또는 그 거부와 그 밖에 이에 준하는 행정작용(이하 "처분"이라 한다) 및 행정심판에 대한 재결을 말한다.

⑴ 행정소송법 제 2 조 제 1 항 제 1 호의 처분개념의 분석

⑺ 행정청

⑷ 구체적 사실

⒟ 법집행

⒟ 공권력 행사

⑾ 법적 행위

⑵ 재조사$\binom{\text{행정소송법 제 2 조 제 1 항 제 1 호}}{\text{의 처분개념 요소 구비}}$

3. 판례의 처분개념과 재조사

⑴ 판례의 처분개념

"항고소송의 대상이 되는 행정처분은, 행정청의 공법상의 행위로서 특정사항에 대하여 법규에 의한 권리의 설정 또는 의무의 부담을 명하거나 기타 법률상 효과를 발생하게 하는 등 국민의 구체적인 권리 · 의무에 직접적 변동을 초래하는 행위를 말하고, 행정권 내부에서의 행위나 알선, 권유, 사실상의 통지 등과 같이 상대방 또는 기타 관계자들의 법률상 지위에 직접적인 법률적 변동을 일으키지 아니하는 행위 등은 항고소송의 대상이 될 수 없다$\binom{\text{대판 2016. 12. 27,}}{\text{2014두5637}}$."

⑵ 재조사의 성질

재조사도 세무조사이므로 제 1 차 조사의 성질과 본질적으로 다를 바 없다. 세무조사는 국가의 과세권을 실현하기 위한 행정조사의 일종으로서 국세의 과세표준과 세액을 결정 또는 경정하기 위하여 질문을 하고 장부 · 서류 그 밖의 물건을 검사 · 조사하거나 그 제출을 명하는 일체의 행위를 말하며, 부과처분을 위한 과세관청의 질문조사권이 행하여지는 세무조사의 경우 납세자 또는 그 납세자와 거래가 있다고 인정되는 자 등 $\binom{\text{이하 '납세자}}{\text{등'이라 한다}}$은 세무공무원의 과세자료 수집을 위한 질문에 대답하고 검사를 수인하여야 할 법적 의무를 부담한다$\binom{\text{대판 2017. 3. 16,}}{\text{2014두8360}}$.

4. 소　결

甲이 제기한 취소소송은 세무조사로서의 재조사에 대한 것으로서 대상적격이 인정된다.

[2-24] 제2회 변호사시험(2013년)　예비결정(사전결정), 취소소송의 대상적격·원고적격

〈제1문〉　A광역시의 시장 을은 세수증대, 고용창출 등 지역발전을 위해 폐기물처리업의 관내 유치를 결심하고 갑이 제출한 폐기물처리사업계획서를 검토하여 그에 대한 적합통보를 하였다. 이에 따라 갑은 폐기물처리업 허가를 받기 위해 먼저 도시·군관리계획변경을 신청하였고, 을은 관계 법령이 정하는 바에 따라 해당 폐기물처리업체가 입지할 토지에 대한 용도지역을 폐기물처리업의 운영이 가능한 용도지역으로 변경하는 것을 내용으로 하는 도시·군관리계획변경안을 입안하여 열람을 위한 공고를 하였다. 그러나 을의 임기 만료 후 새로 취임한 시장 병은 폐기물처리업에 대한 인근 주민의 반대가 극심하여 실질적으로 폐기물사업 유치가 어려울 뿐만 아니라, 자신의 선거공약인 '생태중심, 자연친화적 A광역시 건설'의 실현 차원에서 용도지역 변경을 승인할 수 없다는 계획변경승인거부처분을 함과 동시에 해당 지역을 생태학습체험장 조성지역으로 결정하였다. 폐기물처리사업계획 적합통보에 따라 사업 착수를 위한 제반 준비를 거의 마친 갑은 병을 피고로 하여 관할 법원에 계획변경승인거부처분 취소소송을 제기하였다.
1. 갑이 제기한 취소소송은 적법한가?

참고조문

폐기물관리법
제25조(폐기물처리업) ① 폐기물의 수집·운반, 재활용 또는 처분을 업(이하 "폐기물처리업"이라 한다)으로 하려는 자(음식물류 폐기물을 제외한 생활폐기물을 재활용하려는 자와 폐기물처리 신고자는 제외한다)는 환경부령으로 정하는 바에 따라 지정폐기물을 대상으로 하는 경우에는 폐기물처리사업계획서를 환경부장관에게 제출하고, 그 밖의 폐기물을 대상으로 하는 경우에는 시·도지사에게 제출하여야 한다. 환경부령으로 정하는 중요 사항을 변경하려는 때에도 또한 같다.
② 환경부장관이나 시·도지사는 제1항에 따라 제출된 폐기물처리사업계획서를 다음 각 호의 사항에 관하여 검토한 후 그 적합 여부를 폐기물처리사업계획서를 제출한 자에게 통보하여야 한다.
③ 제2항에 따라 적합통보를 받은 자는 그 통보를 받은 날부터 2년(제5항 제1호에 따른 폐기물 수집·운반업의 경우에는 6개월, 폐기물처리업 중 소각시설과 매립시설의 설치가 필요한 경우에는 3년) 이내에 환경부령으로 정하는 기준에 따른 시설·장비 및 기술능력을 갖추어 업종, 영업대상 폐기물 및 처리분야별로 지정폐기물을 대상으로 하는 경우에는 환경부장관의, 그 밖의 폐기물을 대상으로 하는 경우에는 시·도지사의 허가를 받아야 한다. 이 경우 환경부장관 또는 시·도지사는 제2항에 따라 적합통보를 받은 자가 그 적합통보를 받은 사업계획에 따라 시설·장비 및 기술인력 등의 요건을 갖추어 허가신청을 한 때에는 지체 없이 허가하여야 한다.
국토의 계획 및 이용에 관한 법률
제2조(정의) 이 법에서 사용하는 용어의 뜻은 다음과 같다.
　15. "용도지역"이란 토지의 이용 및 건축물의 용도, 건폐율(「건축법」 제55조의 건폐율을 말한다. 이하 같다), 용적률(「건축법」 제56조의 용적률을 말한다. 이하 같다), 높이 등을 제한함으로써 토지를 경제적·효율적으로 이용하고 공공복리의 증진을 도모하기 위하여 서로 중복되지 아니하게 도시·군관리계획으로 결정하는 지역을 말한다.
제36조(용도지역의 지정) ① 국토해양부장관, 시·도지사 또는 대도시 시장은 다음 각 호의 어느 하나에 해당하는 용도지역의 지정 또는 변경을 도시·군관리계획으로 결정한다.
　1.~4. 〈생략〉
국토의 계획 및 이용에 관한 법률 시행령
제22조(주민 및 지방의회의 의견청취) ① 〈생략〉
② 특별시장·광역시장·특별자치시장·특별자치도지사·시장 또는 군수는 법 제28조 제4항에 따라 도시·군관리계획의 입안에 관하여 주민의 의견을 청취하고자 하는 때[법 제28조 제2항에 따라 국토교통부장관(법 제40조에 따른 수산자원보호구역의 경우 농림수산식품부장관을 말한다. 이하 이 조에서 같다) 또는 도지사로부터 송부받은 도시·군관리계획안에 대하여 주민의 의견을 청취하고자 하는 때를 포함한다]에는 도시·군관리계획안의 주요내용을 전국 또는 해당 특별시·광역시·특별자치시·특별자치도·시 또는 군의 지역을 주된 보급지역으로 하는 2 이상의 일간신문과 해

당 특별시·광역시·특별자치시·특별자치도·시 또는 군의 인터넷 홈페이지 등에 공고하고 도시·군관리계획안을 14일 이상 일반이 열람할 수 있도록 하여야 한다.

📖 답안작성요령

1. 문제의 제기

⑴ 계획변경승인거부처분 취소소송이 적법하려면 거부처분 취소소송의 소송요건(본안판단의 전제요건)을 갖추어야 한다.

⑵ 소송요건으로 관할법원(행소법 제9조), 원고적격(행소법 제12조), 피고적격(행소법 제13조), 대상적격(행소법 제19조), 제소기간(행소법 제20조), 권리보호의 필요 등의 요건을 갖추어야 한다. 설문의 거부처분취소소송과 관련하여서는 특히 대상적격(특히 신청권의 문제), 원고적격 등의 검토가 보다 중요하다.

2. 대상적격

[참고조문] 「행정소송법」제2조(정의) ① 이 법에서 사용하는 용어의 정의는 다음과 같다.
  1. "처분등"이라 함은 행정청이 행하는 구체적 사실에 관한 법집행으로서의 공권력의 행사 또는 그 거부와 그 밖에 이에 준하는 행정작용(이하 "處分"이라 한다) 및 행정심판에 대한 재결을 말한다.

⑴ 행정소송법 제2조 제1항 제1호의 처분개념의 분석

㈎ 행정청

㈏ 구체적 사실

㈐ 법집행

㈑ 공권력 행사

㈒ 법적 행위

⑵ 거부처분의 성립요건으로서 신청권의 존부의 문제

㈎ 판   례

㈏ 학   설

⑶ 설문에 적용

3. 원고적격

⑴ 원고적격의 의의

⑵ 법률상 이익의 주체

㈎ 자연인과 법인

㈏ 상대방과 제3자

⑶ 법률상 이익의 내용

㈎ 취소소송의 본질(기능)

㈏ 법률상 이익의 의의

㈐ 법률상 이익의 존부의 판단기준

1) 학   설

2) 판   례

4. 문제의 해결

[2-25] 제58회 5급공채(2014년) 거부처분의 대상적격, 원고적격

〈제1문〉 A하천 유역에서 농기계공장을 경영하는 갑은 수질 및 수생태계 보전에 관한 법률 제4조의5에 의한 오염부하량을 할당받은 자이다. 갑의 공장 인근에서 대규모 민물어류양식장을 운영하는 을의 양식어류 절반가량이 갑자기 폐사하였고, 을은 그 원인을 추적한 결과 갑의 공장에서 유출된 할당오염부하량을 초과하는 오염물질에 의한 것이라는 강한 의심을 가지게 되었다. 갑의 공장으로부터 오염물질의 배출이 계속되어 나머지 어류의 폐사도 우려되는 상황에서 을은 동법 제4조의6을 근거로 갑에 대한 수질오염방지시설의 개선 등 필요한 조치를 명할 것을 관할 행정청 병에게 요구하였다. 그러나 병은 갑의 공장으로부터의 배출량이 할당오염부하량을 초과하는지 여부가 명백하지 않다는 이유로 이를 거부하였고, 을은 동 거부처분에 대한 취소소송을 제소기간내에 관할법원에 제기하였다. 다음 물음에 답하시오.
1) 을의 거부처분취소소송은 적법한가?

참고조문

수질 및 수생태계 보전에 관한 법률

제1조(목적) 이 법은 수질오염으로 인한 국민건강 및 환경상의 위해(危害)를 예방하고 하천·호소(湖沼) 등 공공수역의 수질 및 수생태계(水生態系)를 적정하게 관리·보전함으로써 국민이 그 혜택을 널리 향유할 수 있도록 함과 동시에 미래의 세대에게 물려줄 수 있도록 함을 목적으로 한다.

제4조의5(시설별 오염부하량의 할당 등) ① 환경부장관은 오염총량목표수질을 달성·유지하기 위하여 필요하다고 인정되는 경우에는 다음 각 호의 어느 하나의 기준을 적용받는 시설 중 대통령령으로 정하는 시설에 대하여 환경부령으로 정하는 바에 따라 최종방류구별·단위기간별로 오염부하량을 할당하거나 배출량을 지정할 수 있다. 이 경우 환경부장관은 관할 오염총량관리시행 지방자치단체장과 미리 협의하여야 한다.
③ 환경부장관 또는 오염총량관리시행 지방자치단체장은 제1항 또는 제2항에 따라 오염부하량을 할당하거나 배출량을 지정하는 경우에는 미리 이해관계자의 의견을 들어야 하고, 이해관계자가 그 내용을 알 수 있도록 필요한 조치를 하여야 한다.

제4조의6(초과배출자에 대한 조치명령 등) ① 환경부장관 또는 오염총량관리시행 지방자치단체장은 제4조의5 제1항 또는 제2항에 따라 할당된 오염부하량 또는 지정된 배출량(이하 "할당오염부하량등"이라 한다)을 초과하여 배출하는 자에게 수질오염방지시설의 개선 등 필요한 조치를 명할 수 있다.

제4조의7(오염총량초과부과금) ① 환경부장관 또는 오염총량관리시행 지방자치단체장은 할당오염부하량등을 초과하여 배출한 자로부터 총량초과부과금(이하 "오염총량초과부과금"이라 한다)을 부과·징수한다.

답안작성요령

1. 문제의 제기

(1) 조치명령신청거부처분 취소소송이 적법하려면 조치명령신청거부처분 취소소송의 소송요건($^{본안판단의}_{전제요건}$)을 갖추어야 한다.

(2) 소송요건으로 관할법원($^{행소법}_{제9조}$), 원고적격($^{행소법}_{제12조}$), 피고적격($^{행소법}_{제13조}$), 대상적격($^{행소법}_{제19조}$), 제소기간($^{행소법}_{제20조}$), 권리보호의 필요 등의 요건을 갖추어야 한다. 설문의 조치명령신청거부처분 취소소송과 관련하여서는 특히 대상적격($^{특히 신청}_{권의 문제}$), 원고적격 등의 검토가 보다 중요하다.

2. 대상적격

[참고조문] **행정소송법 제 2 조(정의)** ① 이 법에서 사용하는 용어의 정의는 다음과 같다.
　1. "처분등"이라 함은 행정청이 행하는 구체적 사실에 관한 법집행으로서의 공권력의 행사 또는 그 거부와 그 밖에 이에 준하는 행정작용(이하 "*處分*"이라 한다) 및 행정심판에 대한 재결을 말한다.

(1) 행정소송법 제 2 조 제 1 항 제 1 호의 처분개념의 분석

⑺ **행정청**

⑻ **구체적 사실**

⑼ **법집행**

⑽ **공권력 행사**

⑾ **법적 행위**

(2) 거부처분의 성립요건으로서 신청권의 존부의 문제

⑺ **판 례**

⑻ **학 설**

(3) 설문에 적용

조치명령신청거부는 항고소송의 대상이 된다.

3. 원고적격

(1) 원고적격의 의의

(2) 법률상 이익의 주체

⑺ **자연인과 법인**

⑻ **상대방과 제 3 자**

(3) 법률상 이익의 내용

⑺ **취소소송의 본질(기능)**

⑻ **법률상 이익의 의의**

⑼ **법률상 이익의 존부의 판단기준**

1) 학 설

2) 판 례

(4) 설문에 적용

수질 및 수생태계 보전에 관한 법률 제 4 조의5 제 3 항과 제 4 조의6 제 1 항은 주변의 이해관계자의 사익의 보호도 목적으로 하고 있는 것으로 해석된다.

4. 문제의 해결(적법)

[2-26] 제 9 회 변호사시험(2020년) 항고소송의 대상적격

〈제 2 문〉 경기도지사 乙은 2018. 5. 3. 관할 A군에 소재한 분묘가 조선 초 유명 화가의 묘로 구전되어 오는데다가 그 양식이 학술상 원형보존의 가치가 있다는 이유로 「문화재보호법」 제70조, 「경기도 문화재 보호 조례」 제11조에 따라 이를 도지정문화재로 지정·고시하였다. 또한 乙은 2018. 6. 8. 해당 분묘를 보호하기 위하여 분묘경계선 바깥쪽 10m까지의 총 5필지 5,122㎡를 문화재보호구역으로 지정·고시하였다. 이에 해당 화가의 후손들로 이루어진 종중 B는 해당 화가의 진묘가 따로 존재한다고 주장하면서 乙에게 문화재지정처분을 취소 또는 해제하여 줄 것을 요청하는 청원서를 제출하였다. 이에 대해 乙은 문화재지정처분은 정당하여 그 취소 또는 해제가 불가하다는 회신을 하였다(이하 '불가회신'이라고 한다). 한편, 위 문화재보호구역 내에 위치한 일부 토지를 소유하고 있는 甲은 2019. 3. 14. 재산권 행사의 제한 등을 이유로 乙에게 자신의 소유토지를 대상으로 한 문화재보호구역 지정을 해제해 달라는 신청을 하였다. 그러나 乙은 2019. 6. 5. 甲이 해제를 요구한 지역은 역사적·문화적으로 보존가치가 있을 뿐만 아니라 분묘의 보호를 위하여 문화재보호구역 지정해제가 불가함을 이유로 甲의 신청을 거부하는 회신을 하였다(이하 '거부회신'이라고 한다).
1. 乙의 불가회신에 대하여 종중 B가 항고소송을 제기하고자 하며, 乙의 거부회신에 대하여 甲이 항고소송을 제기하고자 한다. 항고소송의 대상적격 여부를 각각 검토하시오.

참고조문

「문화재보호법」 제27조(보호물 또는 보호구역의 지정) ① 문화재청장은 제23조·제25조 또는 제26조에 따른 지정을 할 때 문화재 보호를 위하여 특히 필요하면 이를 위한 보호물 또는 보호구역을 지정할 수 있다.
② (삭제)
③ 문화재청장은 제1항 및 제2항에 따라 보호물 또는 보호구역을 지정하거나 조정한 때에는 지정 또는 조정 후 매 10년이 되는 날 이전에 다음 각 호의 사항을 고려하여 그 지정 및 조정의 적정성을 검토하여야 한다. 다만, 특별한 사정으로 인하여 적정성을 검토하여야 할 시기에 이를 할 수 없는 경우에는 대통령령으로 정하는 기간까지 그 검토시기를 연기할 수 있다.
1. 해당 문화재의 보존가치
2. 보호물 또는 보호구역의 지정이 재산권 행사에 미치는 영향
3. 보호물 또는 보호구역의 주변 환경
제35조(허가사항) ① 국가지정문화재(국가무형문화재는 제외한다. 이하 이 조에서 같다)에 대하여 다음 각 호의 어느 하나에 해당하는 행위를 하려는 자는 대통령령으로 정하는 바에 따라 문화재청장의 허가를 받아야 하며, 허가사항을 변경하려는 경우에도 문화재청장의 허가를 받아야 한다. 다만, 국가지정문화재 보호구역에 안내판 및 경고판을 설치하는 행위 등 대통령령으로 정하는 경미한 행위에 대해서는 특별자치시장, 특별자치도지사, 시장·군수 또는 구청장의 허가(변경허가를 포함한다)를 받아야 한다.
1. 국가지정문화재(보호물·보호구역과 천연기념물 중 죽은 것 및 제41조 제1항에 따라 수입·반입 신고된 것을 포함한다)의 현상을 변경하는 행위로서 대통령령으로 정하는 행위
제70조(시·도지정문화재의 지정 및 시·도등록문화재의 등록 등) ① 시·도지사는 그 관할구역에 있는 문화재로서 국가지정문화재로 지정되지 아니한 문화재 중 보존가치가 있다고 인정되는 것을 시·도지정문화재로 지정할 수 있다.
②~⑤ 〈생략〉
⑥ 시·도지정문화재와 문화재자료의 지정 및 해제절차, 시·도등록문화재의 등록 및 말소절차, 시·도지정문화재, 문화재자료 및 시·도등록문화재의 관리, 보호·육성, 공개 등에 필요한 사항은 해당 지방자치단체의 조례로 정한다.
제74조(준용규정) ① 〈생략〉
② 시·도지정문화재와 문화재자료의 지정과 지정해제 및 관리 등에 관하여는 제27조, 제31조 제1항·제4항, 제32조부터 제34조까지, 제35조 제1항, 제36조, 제37조, 제40조, 제42조부터 제45조까지, 제48조, 제49조 및 제81조를 준용한다. 이 경우 "문화재청장"은 "시·도지사"로, "대통령령"은 "시·도조례"로, "국가"는 "지방자치단체"로 본다.

「문화재보호법 시행령」 제21조의2(국가지정문화재 등의 현상변경 등의 행위) ① 법 제35조 제1항 제1호에서 "대통령령으로 정하는 행위"란 다음 각 호의 행위를 말한다.

1.～2. 〈생략〉

3. 국가지정문화재, 보호물 또는 보호구역 안에서 하는 다음 각 목의 행위

　　가. 건축물 또는 도로·관로·전선·공작물·지하구조물 등 각종 시설물을 신축, 증축, 개축, 이축(移築) 또는 용도 변경(지목변경의 경우는 제외한다)하는 행위

　　나. 〈생략〉

　　다. 토지 및 수면의 매립·간척·땅파기·구멍뚫기, 땅깎기, 흙쌓기 등 지형이나 지질의 변경을 가져오는 행위

「경기도 문화재 보호 조례」 제11조(도지정문화재) ① 도지사는 법 제70조 제1항에 따라 도지정문화재(무형문화재를 제외한다. 이하 제3장에서 같다)를 지정하는 경우 유형문화재·기념물·민속문화재로 구분하여 문화재위원회의 심의를 거쳐 지정한다.

② ～ ③ 〈생략〉

④ 도지정문화재의 지정에 필요한 기준 및 절차는 규칙으로 정한다.

제17조(지정의 해제) ① 도지사는 법 제74조 및 법 제31조 제1항에 따라 도지정문화재 및 문화재자료가 지정문화재로서의 가치를 상실하거나 가치평가를 통하여 지정을 해제할 필요가 있는 때에는 문화재위원회의 심의를 거쳐 그 지정을 해제할 수 있다. 다만, 도지정문화재가 국가지정문화재로 지정된 때에는 그 지정된 날에 도지정문화재에서 해제된 것으로 본다.

② ～ ④ 〈생략〉

⑤ 도지사는 제1항에 따라 문화재의 지정을 해제한 때에는 그 취지를 도보에 고시하고, 해당 문화재의 소유자에게 통지하여야 한다. 이 경우 그 해제의 효력은 도보에 고시한 날로부터 발생한다.

⑥ 도가 지정한 문화재의 소유자가 제1항에 따른 해제 통지를 받으면 그 통지를 받은 날부터 30일 이내에 지정서를 도지사에게 반납하여야 한다.

⑦ 도지사는 제13조 제3항에 따른 검토 결과 보호물 또는 보호구역의 지정이 적정하지 아니하거나 그 밖에 특별한 사유가 있는 때에는 보호물 또는 보호구역의 지정을 해제하거나 그 지정 범위를 조정하여야 한다.

⑧ 도지사는 도지정문화재의 지정이 해제된 때에는 지체 없이 해당 문화재의 보호물 또는 보호구역의 지정을 해제하여야 한다.

「관광진흥법」 제61조(수용 및 사용) (이하 생략)

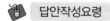 **답안작성요령**

1. 문제의 제기

⑴ 설문은 乙의 불가회신과 乙의 거부회신이 행정소송법 제2조 제1항이 정하는 처분개념에 해당하는가의 문제이다. 이와 관련하여 거부처분의 성립요건으로서 신청권의 존부의 문제를 검토할 필요가 있다.

⑵ 신청권의 유무와 관련하여 종중 B가 신청권의 내용으로 주장할 만한 사항과 갑의 신청권의 내용으로 주장할 만한 사항을 검토할 필요가 있다.

2. 乙의 도지정문화재 지정·고시의 처분성 검토

[참고조문] 행정소송법 제2조(정의) ① 이 법에서 사용하는 용어의 정의는 다음과 같다.

1. "처분등"이라 함은 행정청이 행하는 구체적 사실에 관한 법집행으로서의 공권력의 행사 또는 그 거부와 그 밖에 이에 준하는 행정작용(이하 "處分"이라 한다) 및 행정심판에 대한 재결을 말한다.

⑴ 행정청(경기도지사)

⑵ 구체적 사실

행정행위는 규범정립행위가 아니라 구체적 사실에 대한 법집행작용이다.

구체적 사실의 여부는 관련자가 개별적인가 일반적인가와, 규율대상이 구체적인가 추상적인가에 따라 판단된다.

관련자의 개별성·일반성과 사건의 구체성·추상성의 결합은 4가지, 즉 ① 개별적·구체적(행정행위), ② 개

별적·추상적(행정행위), ③ 일반적·구체적, ④ 일반적·추상적(법규범)의 형태를 갖는다.

설문은 ③의 경우이다. ③은 일반적으로 행정행위로 이해된다. 일반처분이라고도 한다.

(3) 법집행(문화재보호법 제
 27조 등의 집행).

(4) 공권력 행사(문화재청장 또는 시·도지
 사의 일방적·권력적 행위)

(5) 법적 행위

「경기도 문화재 보호 조례」 제11조(도지정문화재)에 따라 특정한 물건이 도지정문화재로 지정·고시되면, 그 문화재는 문화재보호법 제74조 제2항에 근거하여 문제재보호법 35조 제1항이 적용된다.

문화재보호법 제35조 제1항은 문화재청장의 허가 없이는 누구도 동 조항 단서가 정하는 행위를 할 수 없도록 규정하는바, 이러한 제한은 바로 법적인 행위에 해당한다.

3. 거부처분의 성립요건으로서 신청권의 문제

(1) 거부처분의 성립요건으로서 신청권의 요부

⑺ 판   례

⑷ 학   설

⒟ 사   견

(2) 신청권 유무 판단 기준

법령에서 신청할 수 있다는 규정을 둔 경우, 또는 해석상 신청권이 있는 것으로 판단되는 경우에 신청권은 존재한다.

처분의 상대방이나 제3자의 법률상 이익을 위법하게 침해하는 경우에 해석상 신청권이 있는 것으로 판단될 수 있다.

4. 사례에 적용(소결)

(1) 종중 B의 신청권의 유무

⑺ 처분의 근거법령인 문화재보호법 등에 해제신청의 근거규정이 없다.

⑷ 도지정문화재 지정·고시는 문화재의 보존이라는 공익적인 견지에서 객관적으로 이루어지는 행위이다.

⒟ 도지정문화재 지정·고시(지정처분)로 어느 개인이나 그 선조의 명예 내지 명예감정이 손상되었다고 하더라도, 그러한 명예 내지 명예감정은 지정·고시(지정처분)의 근거 법규에 의하여 직접적·구체적으로 보호되는 이익이 아니다.

⒠ 따라서 종중 B는 신청권을 갖지 못하는바, 乙의 거부회신은 종중 B가 제기하려는 항고소송의 대상적격을 갖지 못한다.

[참고판례] 문화재법 제55조 제5항의 위임에 기하여 도지정문화재의 지정해제에 관한 사항을 정하고 있는 조례 제15조는, 도지사는 도지정문화재가 문화재로서의 가치를 상실하거나 기타 특별한 사유가 있는 때에 위원회의 심의를 거쳐 그 지정을 해제한다고 규정하고 있을 뿐이고, 법과 조례에서 개인이 도지사에 대하여 그 지정의 취소 또는 해제를 신청할 수 있다는 근거 규정을 별도로 두고 있지 아니하므로, 법규상으로 개인에게 그러한 신청권이 있다고 할 수 없고, 법과 조례가 이와 같이 개인에게 그러한 신청권을 부여하고 있지 아니한 취지는, 도지사로 하여금 개인의 신청에 구애됨이 없이 문화재의 보존이라는 공익적인 견지에서 객관적으로 지정해제사유 해당 여부를 판정하도록 함에 있다고 할 것이므로, 어느 개인이 문화재 지정처분으로 인하여 불이익을 입거나 입을 우려가 있다고 하더라도, 그러한 개인적인 사정만을 이유로 그에게 문화재 지정처분의 취소 또는 해제를 요구할 수 있는 조리상의 신청권이 있다고도 할 수 없는 것이다(대판 2001. 9. 28.
 99두8565).

(2) 甲의 신청권 유무

㈎ 처분의 근거법령인 문화재보호법 등에 해제신청의 근거규정이 없다.

㈏ 도지정문화재 지정·고시는 문화재의 보존이라는 공익적인 견지에서 객관적으로 이루어지는 행위이다.

㈐ 도지정문화재 지정·고시(지정처분)로 재산권 행사에 제약을 받는다고 하여도 그러한 제약은 일반적으로 「재산권의 사회적 구속성」의 범위 안에 들어오는 것이므로, 그 제약은 사인이 수인하여야 한다.

㈑ 따라서 甲은 신청권을 갖지 못하는바, 乙의 거부회신은 甲이 제기하려는 항고소송의 대상적격을 갖지 못한다.

[2-27] 제60회 5급공채(2016년) 부작위위법확인소송의 대상, 주민소송의 대상, 독촉의 처분성

〈제2문〉 갑은 B광역시장의 허가를 받지 아니하고 B광역시에 공장 건물을 증축하여 사용하고 있다. 이에 B광역시장은 갑에 대하여 증축한 부분을 철거하라는 시정명령을 내렸으나 갑은 이를 이행하지 아니하고 있다. 다음 물음에 답하시오.

(1) B광역시장은 상당한 기간이 경과하였음에도 갑에 대하여 이행강제금을 부과·징수하지 않고 있다. 이에 대하여 B광역시 주민 을은 부작위위법확인소송을 통하여, 주민 병은 적법한 절차를 거쳐 주민소송을 통하여 다투려고 한다. B광역시장이 갑에 대하여 이행강제금을 부과·징수하지 않고 있는 행위는 부작위위법확인소송 및 주민소송의 대상이 되는가?

(2) B광역시장이 갑에 대하여 일정기간까지 이행강제금을 납부할 것을 명하였으나, 갑은 이에 불응하였다. B광역시장은 「지방세외수입금의 징수 등에 관한 법률」 제8조에 따라 다시 갑에게 일정기간까지 위 이행강제금을 납부할 것을 독촉하였다. 위 독촉행위는 항고소송의 대상이 되는가?

> **참고조문**
>
> **건축법**
> **제80조(이행강제금)** ① 허가권자는 제79조 제1항에 따라 시정명령을 받은 후 시정기간 내에 시정명령을 이행하지 아니한 건축주등에 대하여는 그 시정명령의 이행에 필요한 상당한 이행기한을 정하여 그 기한까지 시정명령을 이행하지 아니하면 다음 각 호의 이행강제금을 부과한다.
> 　1.~2. (생략)
> 　⑦ 허가권자는 제4항에 따라 이행강제금 부과처분을 받은 자가 이행강제금을 납부기한까지 내지 아니하면 「지방세외수입금의 징수 등에 관한 법률」에 따라 징수한다.
> **지방세외수입금의 징수 등에 관한 법률**
> **제2조(정의)** 이 법에서 사용하는 용어의 뜻은 다음과 같다.
> 　1. "지방세외수입금"이란 지방자치단체의 장이 행정목적을 달성하기 위하여 법률에 따라 부과·징수하는 조세 외의 금전으로서 과징금, 이행강제금, 부담금 등 대통령령으로 정하는 것을 말한다.
> 　① 납부의무자가 지방세외수입금을 납부기한까지 완납하지 아니한 경우에는 지방자치단체의 장은 납부기한이 지난 날부터 50일 이내에 독촉장을 발급하여야 한다.
> 　② 제1항에 따라 독촉장을 발급할 때에는 납부기한을 발급일부터 10일 이내로 한다.
> **제9조(압류의 요건 등)** ① 지방자치단체의 장은 체납자가 제8조에 따라 독촉장을 받고 지정된 기한까지 지방세외수입금과 가산금을 완납하지 아니한 경우에는 체납자의 재산을 압류한다.

> **답안작성요령**

■ **[제1문] 답안작성요령**

1. 문제의 제기

(1) 부작위위법확인소송의 대상은 행정소송법상 부작위위법확인소송 관련 규정, 주민소송의 대상은 지방자치법상 주민소송 관련 규정을 중심으로 검토할 필요가 있다.

(2) 독촉행위가 항고소송의 대상이 되는가의 문제는 행정소송법상 처분개념을 중심으로 검토할 필요가 있다.

2. 이행강제금 부과·징수의 부작위가 부작위위법확인소송의 대상인지 여부

(1) 부작위위법확인소송의 대상으로서 부작위

[참고조문] 「행정소송법」 제 2 조(정의) ① 이 법에서 사용하는 용어의 정의는 다음과 같다.

  2. "부작위"라 함은 행정청이 당사자의 신청에 대하여 상당한 기간내에 일정한 처분을 하여야 할 법률상 의무가 있음에도 불구하고 이를 하지 아니하는 것을 말한다.

㈎ 부작위의 의의

㈏ 부작위의 성립요건

1) 당사자의 신청이 있을 것

2) 상당한 기간이 경과할 것

3) 행정청에 일정한 처분을 할 법률상 의무가 있을 것

4) 행정청이 아무런 처분도 하지 않았을 것

(2) 사례에 적용

주민 을은 이행강제금 부과·징수행위를 신청하지도 않았고, 주민 을에게는 이행강제금 부과·징수행위를 신청할 신청권도 인정하기 어렵다. 따라서 이행강제금 부과·징수행위는 부작위위법확인소송의 대상으로 보기 어렵다.

3. 이행강제금 부과 · 징수의 부작위가 주민소송의 대상인지 여부

(1) 주민소송의 의의, 주민감사청구전치주의, 주민소송의 대상을 중심으로 주민소송에 관한 일반론을 약술한다.

(2) 주민소송의 형태 4가지 중에서 병이 제기할 수 있는 주민소송의 형태를, 특히 지방자치법 제17조 제 2 항 제 3 호 소송과 관련하여 검토한다.

(3) 부작위위법확인소송의 대상은 처분의 부작위에 한정되지만, 지방자치법 제17조 제 2 항 제 3 호 소송은 공법상 행위와 아울러 사법상의 행위, 그리고 행정내부적인 행위나 사실행위도 포함한다.

(4) 광역시장의 이행강제금 부과·징수행위의 부작위는 지방자치법 제17조 제 2 항 제 3 호 소송의 대상이 된다.

4. 이행강제금 독촉행위가 항고소송의 대상인지 여부

(1) 취소소송 대상적격의 일반론을 약술한다.

(2) 독촉의 성질

㈎ 독촉은 체납액을 납부할 것을 알리는 통지행위이다.

㈏ 독촉은 강제징수절차의 한 요건이다.

(3) 결   론

독촉은 행정소송법상 처분개념에 해당한다. 따라서 항고소송이 대상이 된다.

[2-28] 제57회 사법시험(2015년) 환경소송상 원고적격

〈제2문의 2〉 갑은 환경영향평가 대상사업인 X건설사업에 관한 환경영향평가서 초안에 대하여 주민들의 의견을 수렴하고 그 결과를 반영하여 환경영향평가서를 작성한 후 국토교통부장관에게 제출하였다. 국토교통부장관은 환경부장관과의 협의 등 「환경영향평가법」상의 절차를 거쳐 X건설사업에 대한 승인처분을 하였다. 그러나 이후 환경영향평가서의 내용에 오류가 있고 환경부장관의 협의 내용에 따르지 않았다는 사실이 드러났다.

(2) 환경영향평가 대상지역 밖에 거주하는 주민 병은 사업승인처분의 취소를 구하는 소송을 제기할 수 있는가?

답안작성요령

1. 문제의 제기

환경영향평가 대상지역 밖에 거주하는 주민 병이 갑에게 내준 사업승인처분의 취소를 구할 원고적격이 있는가를 묻고 있다. 이것은 제3자인 병이 원고적격을 갖는가의 문제이다.

2. 원고적격

[참고조문] 행정소송법 제12조(원고적격) 취소소송은 처분등의 취소를 구할 법률상 이익이 있는 자가 제기할 수 있다. 처분등의 효과가 기간의 경과, 처분등의 집행 그 밖의 사유로 인하여 소멸된 뒤에도 그 처분등의 취소로 인하여 회복되는 법률상 이익이 있는 자의 경우에는 또한 같다.

(1) 원고적격의 의의
(2) 법률상 이익의 주체
(3) 법률상 이익의 내용
(4) 이웃소송(인인소송)

⑺ 의   의

이웃하는 자들 사이에서 특정인에게 주어지는 수익적 행위가 타인에게는 법률상 불이익을 초래하는 경우에 그 타인이 자기의 법률상 이익의 침해를 다투는 소송을 이웃소송이라 한다. 이웃소송은 인인소송이라고도 한다.

⑻ 적용영역

과거에는 건축법이나 도시계획법에 의한 규제로 인한 이익은 반사적 이익으로 관념되었으나 현재는 그 규제의 목적이 인근주민의 보호목적도 아울러 가지고 있다고 관념되어 이웃소송의 인정 가능성이 점차 확대되는 경향에 있다. 환경소송도 이웃소송의 일종으로 볼 수 있다.

⑼ 판례$\binom{대판\ 2015.\ 12.\ 10,}{2011두32515}$

1) 판례상 원고적격 인정여부

행정처분의 직접 상대방이 아닌 사람으로서 그 처분에 의하여 자신의 환경상 이익이 침해받거나 침해받을 우려가 있다는 이유로 취소소송을 제기하는 제3자는, 자신의 환경상 이익이 그 처분의 근거 법규 또는 관련 법규에 의하여 개별적·직접적·구체적으로 보호되는 이익, 즉 법률상 보호되는 이익임을 증명하여야 원고적격이 인정된다.

2) 판례상 영향권 내의 주민

그 행정처분의 근거 법규 또는 관련 법규에 그 처분으로써 이루어지는 행위 등 사업으로 인하여 환경상 침해를 받으리라고 예상되는 영향권의 범위가 구체적으로 규정되어 있는 경우에, 그 영향권 내의 주민들은 해당 처분으로 인하여 직접적이고 중대한 환경피해를 입으리라고 예상할 수 있고, 이와 같은 환경상의 이익은 주민 개개인에 대하여 개별적으로 보호되는 직접적·구체적 이익으로서 그들에 대하여는 특단의 사정이 없는 한 환경상 이익에 대한 침해 또는 침해 우려가 있는 것으로 사실상 추정되어 법률상 보호되는 이익으로 인정될 수 있으므로 원고적격이 인정된다.

3) 판례상 영향권 밖의 주민

그 영향권 밖의 주민들은 해당 처분으로 인하여 그 처분 전과 비교하여 수인한도를 넘는 환경피해를 받거나 받을 우려가 있다는 자신의 환경상 이익에 대한 침해 또는 침해 우려가 있음을 증명하여야만 법률상 보호되는 이익으로 인정되어 원고적격이 인정된다.

3. 문제의 해결

병은 환경영향평가 대상지역 밖에 거주하는 주민이지만, 환경상의 이익에 대한 침해(침해우려)가 있다는 것을 입증하면 원고적격을 인정받을 수 있고, 이로써 병은 사업승인처분의 취소를 구하는 소송을 제기할 수 있다.

[2-29] 제61회 5급공채(일반행정)(2017년) 협의의 소의 이익

〈제2문〉 교육부장관은 A학교법인의 이사 甲에게 「고등교육법」 위반사유가 있음을 이유로, A학교법인에 대하여 甲의 임원취임승인을 취소하면서 乙을 임시이사로 선임하는 처분을 하였다. 甲은 교육부장관을 상대로 본인에 대한 임원취임승인취소처분과 乙에 대한 임시이사선임처분의 취소를 구하는 소송을 제기하였다. 소송 진행 중 임시이사 乙의 임기가 만료되어 임시이사는 丙으로 변경되었고, 甲의 원래 임기가 만료되었을 뿐만 아니라 甲에 대한 「사립학교법」 제22조 제2호 소정의 임원결격사유기간도 경과하였다. 甲이 제기한 취소소송에 대하여 다음 물음에 답하시오.

1) 생략 – PART 4 [2-18]을 보라.
2) 甲이 제기한 취소소송은 '협의의 소의 이익'이 있는가?

참고조문

「사립학교법」

제20조의2(임원취임의 승인취소) ① 임원이 다음 각호의 1에 해당하는 행위를 하였을 때에는 관할청은 그 취임승인을 취소할 수 있다.

1. 이 법, 「초·중등교육법」 또는 「고등교육법」의 규정을 위반하거나 이에 의한 명령을 이행하지 아니한 때
2. (이하 생략)

② 제1항의 규정에 의한 취임승인의 취소는 관할청이 당해 학교법인에게 그 사유를 들어 시정을 요구한 날로부터 15일이 경과하여도 이에 응하지 아니한 경우에 한한다. 다만, 시정을 요구하여도 시정할 수 없는 것이 명백하거나 회계부정, 횡령, 뇌물수수 등 비리의 정도가 중대한 경우에는 시정요구 없이 임원취임의 승인을 취소할 수 있으며, 그 세부적 기준은 대통령령이 정한다.

제22조(임원의 결격사유) 다음 각호의 1에 해당하는 자는 학교법인의 임원이 될 수 없다.

1. (생략)
2. 제20조의2의 규정에 의하여 임원취임의 승인이 취소된 자로서 5년이 경과하지 아니한 자
3. (이하 생략)

제25조(임시이사의 선임) ① 관할청은 다음 각 호의 어느 하나에 해당되는 경우에는 이해 관계인의 청구 또는 직권으로 조정위원회의 심의를 거쳐 임시이사를 선임하여야 한다.

1. (생략)
2. 제20조의2에 따라 학교법인의 임원취임 승인을 취소한 때. 다만, 제18조 제1항에 따른 이사회 의결정족수를 초과하는 이사에 대하여 임원취임 승인이 취소된 때에 한한다.
3. (이하 생략)

📋 답안작성요령

(1) 문제의 소재

1) 취임승인취소처분 및 당초의 임시이사승인처분의 취소를 구할 협의의 소의 이익이 있는 여부 검토의 필요를 기술한다.

2) 양자 취소소송의 협의의 소의 이익 인정 여부 검토의 필요성을 기술한다.

(2) 협의의 소의 이익

㈎ 의   의

㈏ 법적 근거

㈐ 유무의 판단기준

1) 원   칙

2) 소의 이익이 없는 경우

– 원고가 추구하는 목적을 소송보다 간이한 방법으로 달성할 수 있는 경우

– 원고가 추구하는 권리보호가 오로지 이론상으로만 의미 있는 경우

– 원고가 오로지 부당한 목적으로 소구하는 경우

– 소권의 실효가 있으면

㈜ 효력소멸의 경우

1) 원   칙

– 처분등이 소멸하면 소의 이익이 없게 됨이 원칙이다.

2) 예외(소의 이익이 있는 경우)

– 위법한 처분이 반복될 위험성이 있는 경우. 그러나 반복의 위험은 추상적인 것이 아니라 구체적이어야
  한다.

– 회복하여야 할 불가피한 이익이 있는 경우(예: 가중된 제재적 처분이 따르는 경우)

3) 행정소송법 제12조 제2문의 성질

– 학설(입법상 과오설, 입법상 비과오설)

– 판   례

(3) 사안의 적용

1) 을의 임시이사선임처분의 취소소송 : 협의의 소의 이익 인정

– 임시이사가 병으로 변경된 경우

– 을의 임시이사선임처분 취소소송 취하, 병에 대한 별소의 제기 시 무익한 소송 반복

– 협의의 소의 이익 긍정하여 그 위법성 내지 하자의 존재를 판결로 명확히 해명하고 확인

– 기판력에 의하여 최초 내지 선행 임시이사 선임처분의 위법성을 다투지 못하게 함

2) 갑의 임원취임승인취소처분의 취소소송 : 협의의 소의 이익 긍정

– 임시이사선임승인처분 취소 시, 후임이사 선임 전까지 긴급처리권 인정

– 판례(대판 2007. 6. 19, 2006
두19297 전원합의체)

(4) 문제의 해결

갑의 취임승인취소처분의 취소를 구할 협의의 소의 이익이 있다.

을에 대한 임시이사승인처분의 취소를 구할 협의의 소의 이익이 있다.

[2-30] 제29회 입법고시(2013년) 처분의 효력소멸 후 협의의 소의 이익(권리보호의 필요)의 유무

〈제1문〉 '미래호프'라는 상호로 일반음식점을 운영하던 갑은 청소년 3명에게 주류를 제공한 것이 적발되어 관할 구청장 을로부터 2012. 2. 3. 영업정지 2월의 처분을 받았다. 한편, 갑은 2월의 영업정지기간이 도과하였지만 추후 있을지도 모르는 가중처벌을 우려하여, 2012. 2. 3.자 영업정지처분에 대해 2012. 4. 25. 관할법원에 취소소송을 제기하였다. 갑은 위조된 주민등록증을 식별하기가 실질적으로 불가능한 점, 법령 위반으로 인한 처분 전력이 없으며 청소년 선도 모범표창을 수차례 받은 점, 그리고 영업정지로 인해 수입이 없게 되면 암투병 중인 아내의 병원비 조달이 어려운 점 등 제반 사정을 종합적으로 고려할 때 2월의 영업정지처분은 과중하여 취소되어야 한다고 주장하고 있다.
1. 갑이 제기한 취소소송의 인용가능성을 논하라.

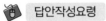 **답안작성요령**

■ [2-31]의 답안작성요령과 같다.

[2-31] 제57회 5급공채(일반행정)(2013년) 처분의 효력소멸 후 협의의 소의 이익(권리보호의 필요)의 유무

〈제1문〉 일반음식점을 운영하는 업주 갑은 2012. 12. 25. 2명의 청소년에게 주류를 제공한 사실이 경찰의 연말연시 일제 단속에 적발되어 2013. 2. 15. 관할 구청장 을로부터 영업정지 2개월의 처분을 통지받았다. 갑은 자신의 업소가 대학가에 소재하고 있어서 주된 고객이 대학생인데, 고등학생이 오는 경우도 있어 신분증으로 나이를 확인하고 출입을 시키도록 종업원 A에게 철저히 교육을 하였다. 그런데 종업원 A는 사건 당일은 성탄절이라 점포 내 많은 손님들로 북적거려서 신분증을 일일이 확인하는 것은 어렵겠다고 판단하여 간헐적으로 신분증 확인을 하였고, 경찰의 단속에서 청소년이 발견된 것이다. 한편 갑은 평소 청소년 선도활동을 활발히 한 유공으로 표창을 받았을 뿐 아니라 지금까지 관계 법령 위반으로 인한 영업정지 등 행정처분과 행정벌을 받은 바가 전혀 없으며, 간암으로 투병중인 남편과 초등학생인 자식 2명을 부양하고 있다.

1. 남편에 대한 간병과 영업정지처분의 충격으로 경황이 없던 갑은 2013. 4. 25. 위 영업정지처분에 대한 취소소송을 제기하였다. 갑의 소송상 청구의 인용가능성을 설명하시오.

참고조문

식품위생법

제44조(영업자 등의 준수사항) ② 식품접객영업자는 청소년 보호법 제2조에 따른 청소년(이하 이 항에서 "청소년"이라 한다)에게 다음 각 호의 어느 하나에 해당하는 행위를 하여서는 아니 된다.

4. 청소년에게 주류(酒類)를 제공하는 행위

제75조(허가취소 등) ① 식품의약품안전처장 또는 특별자치도지사·시장·군수·구청장은 영업자가 다음 각 호의 어느 하나에 해당하는 경우에는 대통령령으로 정하는 바에 따라 영업허가 또는 등록을 취소하거나 6개월 이내의 기간을 정하여 그 영업의 전부 또는 일부를 정지하거나 영업소 폐쇄(제37조 제4항에 따라 신고한 영업 만 해당한다. 이하 이 조에서 같다)를 명할 수 있다.

13. 제44조 제1항·제2항 및 제4항을 위반한 경우

제82조(영업정지 등의 처분에 갈음하여 부과하는 과징금 처분) ① 식품의약품안전처장, 시·도지사 또는 시장·군수·구청장은 영업자가 제75조 제1항 각 호 또는 제76조 제1항 각 호의 어느 하나에 해당하는 경우에는 대통령령으로 정하는 바에 따라 영업정지, 품목 제조정지 또는 품목류 제조정지처분을 갈음하여 2억원 이하의 과징금을 부과할 수 있다. 다만, 제6조를 위반하여 제75조 제1항에 해당하는 경우와 제4조, 제5조, 제7조, 제10조, 제12조의2, 제13조, 제37조 및 제42조부터 제44조까지의 규정을 위반하여 제75조 제1항 또는 제76조 제1항에 해당하는 중대한 사항으로서 총리령으로 정하는 경우는 제외한다.

식품위생법 시행규칙

제89조(행정처분의 기준) 법 제71조, 법 제72조, 법 제74조부터 법 제76조까지 및 법 제80조에 따른 행정처분의 기준은 별표 23과 같다.

[별표 23]

Ⅰ. 일반기준

15. 다음 각 목의 어느 하나에 해당하는 경우에는 행정처분의 기준이, 영업정지 또는 품목·품목류 제조정지인 경우에는 정지처분 기간의 2분의 1 이하의 범위에서, 영업허가 취소 또는 영업장 폐쇄인 경우에는 영업정지 3개월 이상의 범위에서 각각 그 처분을 경감할 수 있다.

마. 위반사항 중 그 위반의 정도가 경미하거나 고의성이 없는 사소한 부주의로 인한 것인 경우

Ⅱ. 개별기준

　3. 식품접객업

위반사항	근거 법령	행정처분기준		
		1차 위반	2차 위반	3차 위반
11. 법 제44조 제2항을 위반한 경우 라. 청소년에게 주류를 제공하는 행위를 한 경우	법 제75조	영업정지 2개월	영업정지 3개월	영업허가·등록취소 또는 영업소 폐쇄

답안작성요령

1. 문제의 제기

영업정지처분 취소소송이 인용되려면 취소소송의 소송요건(본안판단의 전제요건)과 본안요건을 갖추어야 한다.

소송요건과 관련하여 영업정지처분 취소소송이 영업정지기간이 경과 후에 제기되었다는 점, 본안요건과 관련하여 정지처분의 근거인 식품위생법 시행규칙상 행정처분기준의 성질이 문제된다.

2. 협의의 소의 이익(권리보호의 필요)의 구비 여부

(1) 협의의 소의 이익(권리보호의 필요) 일반론을 약술한다(이 책 본문 참조).

(2) 설문에 적용한다.

3. 본안요건의 구비여부

(1) 위법 여부

㈎ 법규명령형식(부령 형식)의 행정규칙 일반론을 약술한다(이 책 행정입법 부분 참조).

㈏ 설문에 적용한다

(a) 행정처분기준을 행정규칙으로 보면,

(i) 2개월의 영업정지처분은 행정처분기준에 따른 것이나

(ii) 갑의 사정을 전혀 고려하지 아니하였으므로 관할 구청장의 재량권 행사에 문제가 있다.

(b) 행정처분기준을 법규명령으로 보면,

(i) 2개월의 영업정지처분은 행정처분기준에 따른 것이나

(ii) 정지처분 기간의 2분의 1 이하의 범위에서 그 처분을 경감할 수 있다는 일반기준을 적용하지 아니하였으므로 관할 구청장의 재량권 행사에 문제가 있다.

(c) 구청장의 재량권 행사와 비례원칙

(i) 비례원칙(행정기본법 제10조)을 약술한다.

(ii) 설문에 적용한다

갑의 사정(갑은 평소 청소년 선도활동을 활발히 한 유공으로 표창을 받았을 뿐 아니라 지금까지 관계 법령 위반으로 인한 영업정지 등 행정처분과 행정벌을 받은 바가 전혀 없으며, 간암으로 투병중인 남편과 초등학생인 자식 2명을 부양하고 있다는 점)을 종합적으로 고려하면서, 2개월 영업정지로 인해 침해되는 갑의 이익과 달성하려는 공익을 저울질 할 때, 전자가 더 크다고 할 것이다. 따라서 구청장의 2월의 영업정지처분은 비례원칙에 위반되는 위법한 처분이다.

(2) 위법성의 정도

㈎ 무효·취소 구별에 관한 일반론을 약술한다.

㈏ 설문에 적용한다(취소사유이다).

4. 문제의 해결

영업정지처분 취소소송은 인용될 수 있다.

[2-32] 제 4 회 변호사시험(2015년) 처분의 효력소멸 후 협의의 소의 이익(권리보호의 필요)의 유무

〈제 2 문의 1〉 甲은 'X가든'이라는 상호로 일반음식점을 운영하는 자로서, 식품의약품안전처 고시인 「식품 등의 표시기준」에 따른 표시사항의 전부가 기재되지 아니한 'Y참기름'을 업소 내에서 보관·사용한 사실이 적발되었다. 관할 구청장 乙은 「식품위생법」 및 「동법 시행규칙」에 근거하여 甲에게 영업정지 1개월과 해당제품의 폐기를 명하였다.

甲은 표시사항의 전부가 기재되지 않은 제품을 보관·사용한 것은 사실이나, 표시사항이 전부 기재되지 아니한 것은 납품업체의 기계작동상의 오류에 의한 것으로서 자신은 그 사실을 알지 못하였고, 이전에 납품받은 제품에는 위 고시에 따른 표시사항이 전부 기재되어 있었던 점, 인근 일반음식점에 대한 동일한 적발사례에서는 15일 영업정지처분과 폐기명령이 내려진 점 등을 고려할 때, 위 처분은 지나치게 과중하다고 주장하면서, 관할 구청장 乙을 상대로 영업정지 1개월과 해당제품 폐기명령의 취소를 구하는 소송을 제기하였다.

(2) 위 취소소송 계속 중 해당제품이 폐기되었고, 1개월의 영업정지처분 기간도 도과되었다면 위 취소소송은 소의 이익이 있는가?

참고조문

식품위생법

제75조(허가취소 등) ① 식품의약품안전처장 또는 특별자치도지사·시장·군수·구청장은 영업자가 다음 각 호의 어느 하나에 해당하는 경우에는 대통령령으로 정하는 바에 따라 영업허가 또는 등록을 취소하거나 6개월 이내의 기간을 정하여 그 영업의 전부 또는 일부를 정지하거나 영업소 폐쇄(제37조 제 4 항에 따라 신고한 영업만 해당한다. 이하 이 조에서 같다)를 명할 수 있다.

1. 제 4 조부터 제 6 조까지, 제 7 조 제 4 항, 제 8 조, 제 9 조 제 4 항, 제10조 제 2 항, 제11조 제 2 항 또는 제12조의2 제 2 항을 위반한 경우

④ 제 1 항 및 제 2 항에 따른 행정처분의 세부기준은 그 위반 행위의 유형과 위반 정도 등을 고려하여 총리령으로 정한다.

식품위생법 시행규칙

제89조(행정처분의 기준) 법 제71조, 법 제72조, 법 제74조부터 법 제76조까지 및 법 제80조에 따른 행정처분의 기준은 별표 23과 같다.

[별표 23] 행정처분 기준(제89조 관련)

Ⅱ. 개별기준

　　3. 식품접객업

위반사항	근거법령	행정처분기준		
		1차 위반	2차 위반	3차 위반
법 제10조 제 2 항을 위반하여 식품·첨가물의 표시사항 전부를 표시하지 아니한 것을 사용한 경우	법 제75조	영업정지 1개월과 해당 제품의 폐기	영업정지 2개월과 해당 제품의 폐기	영업정지 3개월과 해당 제품의 폐기

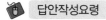 　**답안작성요령**

1. 문제의 제기

협의의 소의 이익($\frac{권리보호}{의 필요}$)의 일반론을 살펴본 후 설문에 적용하기로 한다.

2. 협의의 소의 이익(권리보호의 필요)의 구비 여부

⑴ 의   의

⑵ 법적 근거

⑶ 유무의 판단기준

㈎ 원   칙

㈏ 소의 이익이 없는 경우

– 원고가 추구하는 목적을 소송보다 간이한 방법으로 달성할 수 있는 경우

– 원고가 추구하는 권리보호가 오로지 이론상으로만 의미 있는 경우

– 원고가 오로지 부당한 목적으로 소구하는 경우

– 소권의 실효가 있으면

⑷ 효력소멸의 경우

㈎ 원   칙

– 처분등이 소멸하면 소의 이익이 없게 됨이 원칙이다.

㈏ 예외(소의 이익이 있는 경우)

– 위법한 처분이 반복될 위험성이 있는 경우. 그러나 반복의 위험은 추상적인 것이 아니라 구체적이어야 한다.

– 회복하여야 할 불가피한 이익이 있는 경우(예: 가중된 제재적 처분이 따르는 경우)

㈐ 행정소송법 제12조 제 2 문의 성질

a) 학설(입법상 과오설, 입법상 비과오설)

b) 판   례

3. 문제의 해결

⑴ 1개월의 영업정지기간이 도과되었다면, 승소한다고 하여도 경과한 정지기간이 회복될 수 없다는 점에서는 소의 이익이 없다고 볼 것이다.

⑵ 그러나 또 다시 위반행위를 하는 경우에는 가중된 제재처분을 받을 수 있다는 점에서 1개월의 영업정지기간이 도과되었다고 하여도 취소를 구할 협의의 소의 이익은 있다고 보아야 한다.

[2-33] 제59회 사법시험(2017년) 협의의 소의 이익(권리보호의 필요)

〈제1문〉 A도 B군의 군수 乙은 대형마트를 유치하기 위하여 대규모점포를 개설등록하면 법률상 재량을 행사하여 일체의 영업시간 제한이나 의무휴업일 지정을 하지 않겠다고 甲에게 약속하였다. 이 말을 믿은 甲은 乙에게 대규모점포의 개설등록을 신청하였고, 개설등록이 되었다. 그런데 개설등록 이후 乙은 오전 0시부터 오전 8시까지 영업시간을 제한하고 매월 둘째 주와 넷째 주 일요일을 의무휴업일로 지정하는 내용의 처분($\binom{\text{이하 '제1차}}{\text{처분'이라 한다}}$)을 하였다. 이에 甲은 이 처분에 대해 취소소송을 제기하였다. 그런데 취소소송의 계속 중에 乙이 영업제한시간을 오전 0시부터 오전 10시까지로 변경하되, 의무휴업일은 종전과 동일하게 유지하는 것을 내용으로 하는 처분($\binom{\text{이하 '제2차}}{\text{처분'이라 한다}}$)을 하였다.

1. 생략 – PART 4 [1-10]을 보라
2. 생략 – PART 4 [1-3]을 보라
3. 생략 – PART 4 [2-12]를 보라
4. 甲은 2017. 5. 3. 영업제한시간을 위반하고, 의무휴업일인 2017. 5. 14. 영업을 한 후, 이런 위반사실을 숨긴 채 2017. 5. 30. 해당 대규모점포를 丙에게 양도하였다. 이런 사실을 모르는 丙이 의무휴업일인 2017. 6. 11. 영업을 한 이후, 乙이 丙에게 10일의 영업정지처분을 하였다. 자신은 한 차례만 위반하였음을 들어 영업정지처분이 위법하다는 丙 주장의 당부를 검토하시오.

참고조문

「유통산업발전법」 (※ 가상의 법률임)
제13조(대규모점포개설자의 지위승계) ① 다음 각 호의 어느 하나에 해당하는 자는 종전의 대규모점포개설자의 지위를 승계한다.
　1. 대규모점포개설자가 대규모점포를 양도한 경우 그 양수인
제13조의4(영업정지) 특별자치시장·시장·군수·구청장은 다음 각 호의 어느 하나에 해당하는 경우에는 1개월 이내의 기간을 정하여 영업의 정지를 명할 수 있다.
　1. 영업시간제한명령을 1년 이내에 3회 이상 위반하여 영업제한시간에 영업을 한 자 또는 의무휴업명령을 1년 이내에 3회 이상 위반하여 의무휴업일에 영업을 한 자. 이 경우 영업시간제한명령 위반과 의무휴업명령 위반의 횟수는 합산 한다.

답안작성요령

(1) 문제의 소재　　　제재사유의 승계에 관한 명문규정 없이 양도인의 지위 승계에 관한 명문규정만 있는 경우, 동 규정이 양도인에 대한 제재사유의 승계에 관한 근거가 될 수 있는가($\binom{\text{혹은 양도인의 위법행위를 근거로 양}}{\text{수인에게 제재처분을 할 수 있는가}}$)의 문제임을 기술한다.

(2) 검　　　토

(가) 학　　　설　　　긍정설, 부정설, 절충설

(나) 판　　　례

(3) 양수인의 선의 여부에 관한 검토

식품위생법 제78조($\binom{\text{행정 제재처분}}{\text{효과의 승계}}$)와 같이 양수인이 위반사실을 알지 못하였음을 증명하는 때에는 승계를 명문으로 부정하는 입법례도 있음을 기술하는 등, 양수인의 선의 여부가 제재사유의 여부에 어떠한 영향을 미치는지에 관하여 나름의 논리를 제시할 필요가 있다.

(4) 본 사안에의 적용

[2-34] 제64회 5급공채(2020년) 직위해제처분 취소소송에서 소의 이익 등

〈제2문〉 중앙행정기관의 5급 공무원 甲은 무단결근으로 경고처분을 받았다. 乙장관은 위 경고처분에도 불구하고 甲의 근무태도가 개선되지 아니하자, 「국가공무원법」 제73조의3 제1항 제2호에 따라 甲에 대하여 2020. 3. 5. 제1차 직위해제처분을 하였다. 이후 甲은 감독 대상 업체들로부터 상품권 등을 수수하고 감독업무를 부실하게 한 혐의로 관할 수사기관에서 수사를 받았다. 乙은 수사기관으로부터 甲에 대한 수사상황을 통보받고, 중앙징계위원회에 뇌물수수 및 직무유기 등의 사유로 甲에 대한 징계 의결을 요구하면서, 그 사실을 甲에게 문서로 통지하였다. 이후 乙은 2020. 5. 19. 「국가공무원법」 제73조의3 제1항 제3호의 사유로 甲에게 제2차 직위해제처분을 하였다. 제2차 직위해제기간 중 중앙징계위원회는 같은 사유로 甲에 대한 해임을 의결하였고, 乙은 2020. 6. 24. 甲을 해임하였다. 이에 甲은 해임에 불복하는 소청을 제기하였고, 소청심사위원회는 2020. 8. 11. 甲에 대한 해임을 정직 3월로 변경하였다. 甲은 소청심사위원회의 변경재결서를 2020. 8. 12. 송달받았다.

1) 생략—PART 4 [2-15]를 보라. $\binom{재결소송의 \ 대상 \cdot}{제소기간 \ 관련}$
2) 甲이 제1차 직위해제 및 제2차 직위해제 처분의 취소를 구하는 소송을 제기할 경우 각각 소의 이익이 있는지를 검토하시오.

참고조문

현행 관계 법령 등을 사례해결에 적합하도록 수정하였음
「국가공무원법」 제73조의3(직위해제) ① 임용권자는 다음 각 호의 어느 하나에 해당하는 자에게는 직위를 부여하지 아니할 수 있다.
  2. 직무수행 능력이 부족하거나 근무성적이 극히 나쁜 자
  3. 파면·해임·강등 또는 정직에 해당하는 징계 의결이 요구 중인 자
「공무원보수규정」 제14조(승급의 제한) ① 다음 각 호의 어느 하나에 해당하는 사람은 해당 기간 동안 승급시킬 수 없다.
  1. 징계처분, 직위해제 또는 휴직$\binom{공무상 \ 질병 \ 또는 \ 부상으}{로 \ 인한 \ 휴직은 \ 제외한다}$ 중인 사람
제29조(직위해제기간 중의 봉급 감액) 직위해제된 사람에게는 다음 각 호의 구분에 따라 봉급$\binom{외무공무원의 \ 경우에는 \ 직위}{해제 \ 직전의 \ 봉급을 \ 말한다.}$$\binom{이하 \ 이 \ 조}{에서 \ 같다}$의 일부를 지급한다.
  1. 「국가공무원법」 제73조의3 제1항 제2호에 따라 직위해제된 사람: 봉급의 80퍼센트
  3. 「국가공무원법」 제73조의3 제1항 제3호·제4호 또는 제6호에 따라 직위해제된 사람: 봉급의 50퍼센트. 다만, 직위해제일부터 3개월이 지나도 직위를 부여받지 못한 경우에는 그 3개월이 지난 후의 기간 중에는 봉급의 30퍼센트를 지급한다.

 답안작성요령

1. 선행 검토사항
(1) 직위해제의 의의
(2) 소의 이익$\binom{권리보호}{의 \ 필요}$의 의의
(3) 소의 이익$\binom{권리보호}{의 \ 필요}$의 유무의 판단방법

2. 제1차 직위해제 처분 취소소송의 소의 이익의 유무
(1) 제2차 직위해제처분(2020. 5. 19.)으로 제1차 직위해제처분(2020. 3. 5.)은 소멸되었다.
(2) 소멸한 처분은 대상적격을 갖지 아니한다. 그러나 그 처분등의 취소로 인하여 회복되는 법률상 이익이 있는 경우에는 그러하지 않다$\binom{행정소송법}{제12조 \ 단서}$
(3) 갑은 제2차 직위해제처분을 다툼으로서 제1차 직위해제처분으로 인한 불이익은 회복할 수 있다.
(4) 甲이 제1차 직위해제 처분의 취소를 구하는 소송을 제하는 경우, 소의 이익이 있다고 보기 어렵다.

[2-35] 제55회 5급공채(2011년) 집행정지의 요건

〈제2문〉 갑은 자신의 5번째 자녀(女)의 이름을 첫째에서 넷째 자녀의 돌림자인 '자(子)'자를 넣어, '말자(末子)'라고 지어 출생신고를 하였다. 가족관계의 등록 등에 관한 규칙 [별표 1]에 의하면 '末'자와 '子'자는 이름으로 사용할 수 있는 한자이다. 그러나 갑의 출생신고서를 접수한 공무원 을은 '末子'라는 이름이 개명(改名) 신청이 잦은 이름이라는 이유로 출생신고서의 수리를 거부하였다.
2) 을의 수리거부행위에 대해 행정소송법상 집행정지가 가능한지 검토하시오.

참고조문

「행정소송법」
제23조(집행정지) ① 취소소송의 제기는 처분등의 효력이나 그 집행 또는 절차의 속행에 영향을 주지 아니한다.
② 취소소송이 제기된 경우에 처분등이나 그 집행 또는 절차의 속행으로 인하여 생길 회복하기 어려운 손해를 예방하기 위하여 긴급한 필요가 있다고 인정할 때에는 본안이 계속되고 있는 법원은 당사자의 신청 또는 직권에 의하여 처분등의 효력이나 그 집행 또는 절차의 속행의 전부 또는 일부의 정지(이하 "執行停止"라 한다)를 결정할 수 있다. 다만, 처분의 효력정지는 처분등의 집행 또는 절차의 속행을 정지함으로써 목적을 달성할 수 있는 경우에는 허용되지 아니한다.
③ 집행정지는 공공복리에 중대한 영향을 미칠 우려가 있을 때에는 허용되지 아니한다.
④ 제2항의 규정에 의한 집행정지의 결정을 신청함에 있어서는 그 이유에 대한 소명이 있어야 한다.

답안작성요령

1. 문제의 제기(집행정지의 요건)

2. 집행정지 일반론
(1) 집행정지의 의의
(2) 집행정지의 요건
⑺ 본안이 계속 중일 것
⑷ 처분등이 존재할 것(거부처분의 경우 학설의 대립, 판례는 부인)
⑷ 회복하기 어려운 손해를 예방하기 위한 것일 것
⑷ 긴급한 필요가 있을 것
⑷ 본안청구의 이유 없음이 명백하지 않을 것
(3) 주장·소명책임
(4) 대안으로서 가처분
⑺ 가처분의 의의
⑷ 가처분의 인정가능성

3. 문제의 해결
(1) 거부처분에 대한 집행정지를 부정하는 판례의 입장에 의할 때, 출생신고수리거부행위에 대한 집행정지신청은 인용되지 아니할 것이다.
(2) 제한적 긍정설의 입장에서 가처분을 인정할 필요는 있을 것이다.

[2-36] 제 2 회 변호사시험(2013년) 가구제수단(잠정적 권리구제수단)

〈제1문〉 A광역시의 시장 을은 세수증대, 고용창출 등 지역발전을 위해 폐기물처리업의 관내 유치를 결심하고 갑이 제출한 폐기물처리사업계획서를 검토하여 그에 대한 적합통보를 하였다. 이에 따라 갑은 폐기물처리업 허가를 받기 위해 먼저 도시·군관리계획변경을 신청하였고, 을은 관계 법령이 정하는 바에 따라 해당 폐기물처리업체가 입지할 토지에 대한 용도지역을 폐기물처리업의 운영이 가능한 용도지역으로 변경하는 것을 내용으로 하는 도시·군관리계획변경안을 입안하여 열람을 위한 공고를 하였다. 그러나 을의 임기 만료 후 새로 취임한 시장 병은 폐기물처리업에 대한 인근 주민의 반대가 극심하여 실질적으로 폐기물사업 유치가 어려울 뿐만 아니라, 자신의 선거공약인 '생태중심, 자연친화적 A광역시 건설'의 실현 차원에서 용도지역 변경을 승인할 수 없다는 계획변경승인거부처분을 함과 동시에 해당 지역을 생태학습체험장 조성지역으로 결정하였다. 폐기물처리사업계획 적합통보에 따라 사업 착수를 위한 제반 준비를 거의 마친 갑은 병을 피고로 하여 관할 법원에 계획변경승인거부처분 취소소송을 제기하였다.
2. 폐기물처리사업계획 적합통보에 따라 이미 상당한 투자를 한 갑이 위 취소소송의 본안판결 이전에 잠정적인 권리구제를 도모할 수 있는 행정소송 수단에 관하여 검토하시오.

📋 답안작성요령

1. 문제의 제기
갑이 계획변경승인거부처분 취소소송의 본안판결 이전에 잠정적인 권리구제를 도모할 수 있는 행정소송의 수단으로 집행정지와 가처분을 생각할 수 있다.

2. 집행정지
(1) 집행정지의 요건
(2) 사례에 적용
거부처분에 대한 집행정지를 부정하는 판례의 입장에 의할 때, 출생신고수리거부행위에 대한 집행정지신청은 인용되지 아니할 것이다.

3. 가 처 분
(1) 가처분의 의의
가처분이란 금전 이외의 급부를 목적으로 하는 청구권의 집행을 보전하거나 다툼이 있는 법률관계에 관하여 임시의 지위를 보전하는 것을 내용으로 하는 가구제제도이다. 행정소송법에는 이에 관한 명문의 규정은 없다. 그런데 집행정지제도는 침익적 행정처분이 발해진 것을 전제로 그 효력을 정지시키는 소극적 형성력이 있을 뿐이므로 적극적으로 수익적 처분을 행정청에 명하거나 명령한 것과 동일한 상태를 창출하는 기능이 없고 또한 처분을 행하려고만 하는 단계, 즉 처분이 행해지기 전에는 그 처분을 정지시키는 적극적 기능을 수행할 수 없으므로 가처분의 문제가 논의되고 있다.
(2) 가처분의 인정가능성$\binom{\text{학설,}}{\text{판례}}$
(3) 검토$\binom{\text{긍정적으로 볼}}{\text{필요가 있다}}$

[2-37] 제55회 사법시험(2013년) 가구제수단(잠정적 권리구제수단)

〈제1문〉 갑은 개발제한구역 내에 위치한 지역에서 폐기물 처리시설의 설치를 위하여 관할 시장 A에게 개발행위허가를 신청하였다. 위 처리시설의 예정지역에 거주하는 주민 을은 위 처리시설이 설치되면 주거생활에 심각한 침해를 받는다고 생각하여, 시장 A에게 위 신청을 반려할 것과 주민들의 광범위한 의견을 수렴한 후 다시 허가절차를 밟게 하라고 요구하였다. 그러나 시장 A는 위 처리시설이 필요하고, 개발제한구역이 아닌 지역에 입지하기가 곤란하다는 이유로 위 개발행위를 허가하였다. 다만 민원의 소지를 줄이기 위하여, 위 처리시설로 인하여 환경오염이 심각해질 경우 위 개발행위허가를 취소·변경할 수 있다는 내용의 부관을 붙였다. 그런데 위 처리시설이 가동된 지 얼마 지나지 않아 예상과 달리 폐기물 처리량이 대폭 증가하였다. 이에 주민 을은 위 처리시설로 인하여 평온한 주거생활을 도저히 영위하기 어렵다고 여겨, 시장 A에게 위 부관을 근거로 위 개발행위허가를 취소·변경하여 줄 것을 요구하였다. 그런데 시장 A는 이를 거부하였다.

2. 을이 위 개발행위허가가 행해지기 전에 고려할 수 있는 행정소송상의 수단을 검토하시오.

📝 답안작성요령

1. 문제의 제기

⑴ 개발행위허가 취소·변경 신청에 대한 거부행위(취소·변경신/청거부처분)가 있었다는 점을 전제로 개발행위허가가 행해지기 전에 고려할 수 있는 행정소송상의 수단을 검토하라는 것이 논점이다.

⑵ 수단으로 개발행위허가를 하지말 것을 구하는 예방적 부작위소송을 생각할 수 있다.

2. 예방적 부작위소송

⑴ 의   의

예방적 부작위소송이란 장래에 있을 특정의 위협적인 사실행위 또는 행정행위의 발동을 방지하는 것을 구하는 소송이다. 그 밖에 국회제정법률에 하위하는 법규범의 발령의 저지를 대상으로 하는 것도 예상이 가능하다. 예방적 부작위소송에도 원고는 방어권 내지 부작위청구권을 가져야 할 것이다. 그리고 권리보호의 필요도 요구될 것이다.

⑵ 인정 여부

㈎ 학설(긍정설,/부정설.)

㈏ 판례(부/정)

– 건축건물의 준공처분을 하여서는 아니된다는 내용의 부작위를 구하는 청구는 행정소송에서 허용되지 아니하는 것이므로 부적법하다(대판 1987. 3. 24./86누182).

⑶ 검   토

3. 가처분

⑴ 가처분의 의의

⑵ 가처분의 인정가능성(학설, 판례)

⑶ 검   토

4. 문제의 해결

예방적 부작위소송과 가처분이 시장의 개발행위허가가 행해지기 전에 을이 고려할 수 있는 행정소송상 수단이다.

[2-38] 제29회 입법고시(2013년) 국가배상청구소송과 실질적 확정력

〈제1문〉 '미래호프'라는 상호로 일반음식점을 운영하던 갑은 청소년 3명에게 주류를 제공한 것이 적발되어 관할 구청장 을로부터 2012. 2. 3. 영업정지 2월의 처분을 받았다. 한편, 갑은 2월의 영업정지기간이 도과하였지만 추후 있을지도 모르는 가중처벌을 우려하여, 2012. 2. 3. 자 영업정지처분에 대해 2012. 4. 25. 관할법원에 취소소송을 제기하였다. 갑은 위조된 주민등록증을 식별하기가 실질적으로 불가능한 점, 법령 위반으로 인한 처분 전력이 없으며 청소년 선도 모범표창을 수차례 받은 점, 그리고 영업정지로 인해 수입이 없게 되면 암투병 중인 아내의 병원비 조달이 어려운 점 등 제반 사정을 종합적으로 고려할 때 2월의 영업정지처분은 과중하여 취소되어야 한다고 주장하고 있다.

2. 위 영업정지처분 취소소송에서 법원은 인용판결을 하였고, 이 판결은 피고의 항소포기로 확정되었다. 이에 따라 갑은 영업정지처분으로 인한 재산적·정신적 손해에 대해 국가배상청구소송을 제기하였다. 갑의 국가배상청구는 인용될 수 있는가?

답안작성요령

■ 다음의 [2-39]의 답안작성요령과 같다.

[2-39] 제57회 5급공채(일반행정)(2013년) 국가배상청구소송과 실질적 확정력

〈제1문〉 일반음식점을 운영하는 업주 갑은 2012. 12. 25. 2명의 청소년에게 주류를 제공한 사실이 경찰의 연말연시 일제 단속에 적발되어 2013. 2. 15. 관할 구청장 을로부터 영업정지 2개월의 처분을 통지받았다. 갑은 자신의 업소가 대학가에 소재하고 있어서 주된 고객이 대학생인데, 고등학생이 오는 경우도 있어 신분증으로 나이를 확인하고 출입을 시키도록 종업원 A에게 철저히 교육을 하였다. 그런데 종업원 A는 사건 당일은 성탄절이라 점포 내 많은 손님들로 북적거려서 신분증을 일일이 확인하는 것은 어렵겠다고 판단하여 간헐적으로 신분증 확인을 하였고, 경찰의 단속에서 청소년이 발견된 것이다. 한편 갑은 평소 청소년 선도활동을 활발히 한 유공으로 표창을 받았을 뿐 아니라 지금까지 관계 법령 위반으로 인한 영업정지 등 행정처분과 행정벌을 받은 바가 전혀 없으며, 간암으로 투병중인 남편과 초등학생인 자식 2명을 부양하고 있다.

2. 만약, 영업정지처분에 대한 취소소송에서 갑이 인용판결을 받아 확정되었고 이에 갑은 위법한 영업정지처분으로 인한 재산적·정신적 손해에 대한 국가배상청구소송을 제기한다면, 법원은 어떤 판결을 내려야 하는가?

답안작성요령

1. 문제의 제기

설문은 사례의 내용이 국가배상청구권의 성립요건을 구비하는가를 쟁점으로 한다. 성립요건 중 위법성의 문제와 관련하여 취소판결의 기판력이 국가배상청구소송에 영향을 미치는지 여부가 중요한 쟁점이다.

2. 국가배상청구권의 성립요건

⑴ 성립요건 일반론을 기술한다.

⑵ 취소판결의 기판력이 발생한 후 국가배상청구권에 미치는 영향

㈎ 행정소송법상 위법과 국가배상법상 위법의 관계

국가배상법상 위법을 결과불법설, 상대적 위법설에서 이해하면, 행정소송법상 위법과 국가배상법상 위법은 다른 것으로 보게 된다. 국가배상법상 위법을 행위위법설에서 이해하면, 행장소송법상 위법과 국가배상법상 위법은 동일한 것으로 보게 된다.

㈏ 취소판결의 기판력이 발생한 후 국가배상청구권에 미치는 영향

1) 행정소송법상 위법과 국가배상법상 위법을 다르다고 보는 경우

취소판결의 기판력이 발생한 후 국가배상청구소송에 영향을 미치지 아니한다.

2) 행정소송법상 위법과 국가배상법상 위법을 동일하다고 보는 경우

a) 법령의 범위가 동일하다고 보는 견해(영향을 미친다)

b) 국가배상법상 법령의 범위를 취소소송보다 넓게 이해하는 견해(청구인용의 판결의 기판력은 미치지만, 청구기각의 기판력은 미치지 않는다)

⑶ 설문에 적용한다.

3. 문제의 해결

[2-40] 제 4 회 변호사시험(2015년) 국가배상청구소송과 판결의 실질적 확정력

〈제 2 문의 1〉 甲은 'X가든'이라는 상호로 일반음식점을 운영하는 자로서, 식품의약품안전처 고시인 「식품 등의 표시기준」에 따른 표시사항의 전부가 기재되지 아니한 'Y참기름'을 업소 내에서 보관·사용한 사실이 적발되었다. 관할 구청장 乙은 「식품위생법」 및 「동법 시행규칙」에 근거하여 甲에게 영업정지 1개월과 해당제품의 폐기를 명하였다.

甲은 표시사항의 전부가 기재되지 않은 제품을 보관·사용한 것은 사실이나, 표시사항이 전부 기재되지 아니한 것은 납품업체의 기계작동상의 오류에 의한 것으로서 자신은 그 사실을 알지 못하였고, 이전에 납품받은 제품에는 위 고시에 따른 표시사항이 전부 기재되어 있었던 점, 인근 일반음식점에 대한 동일한 적발사례에서는 15일 영업정지처분과 폐기명령이 내려진 점 등을 고려할 때, 위 처분은 지나치게 과중하다고 주장하면서, 관할 구청장 乙을 상대로 영업정지 1개월과 해당제품 폐기명령의 취소를 구하는 소송을 제기하였다.

(3) 만약 위 취소소송에서 원고 승소판결이 확정된 후에 甲이 영업정지처분으로 인한 손해에 대해 국가배상청구소송을 제기하는 경우, 甲의 청구는 인용될 수 있는가?

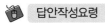 답안작성요령

■ 앞서 본 [2-39]의 답안작성요령과 같다.

[2-41] 제62회 5급공채(2018년) 처분사유의 사후 추가의 가부

〈제1문〉 가구제조업을 운영하는 甲은 사업상 필요에 의해 자신이 소유하는 산림 50,000㎡ 일대에서 입목을 벌채하고자 「산림자원의 조성 및 관리에 관한 법률」 제36조 및 같은 법 시행규칙 제44조의 규정에 따라 관할 행정청 乙시장에게 입목벌채허가를 신청하였다. 이에 대해서 인근 A사찰의 신도들은 해당 산림의 입목벌채로 인하여 사찰의 고적하고 엄숙한 분위기가 저해될 것을 우려하여 乙시장에게 당해 허가를 내주지 말라는 민원을 강력히 제기하였다. 그러나 乙시장은 甲의 입목벌채허가신청이 관계 법령이 정하는 허가요건을 모두 갖추었음을 이유로 입목벌채허가를 하였다. 다음 물음에 답하시오(각 문항들은 상호 독립적임).
2) A사찰 신도들의 민원이 계속되자 乙시장은 민원을 이유로 甲에 대한 입목벌채허가를 취소하였고, 이에 대해 甲은 입목벌채허가취소처분 취소소송을 제기하였다. 乙시장은 취소소송 계속 중 A사찰이 유서가 깊은 사찰로 보존가치가 높고 사찰 인근의 산림이 수려하여 보호의 필요가 있다는 처분사유를 추가하였다. 이러한 처분사유의 추가가 허용되는가?

 답안작성요령

1. 문제의 제기
설문은 민원을 사유로 허가취소처분을 한 후, 취소소송이 제기되자 취소소송 계속 중 사찰보존과 산림보호를 허가취소처분의 사유로 추가하는 것이 가능한가를 묻고 있다. 이것은 학문상 처분사유의 사후변경(처분이유의 추가·변경)의 문제가 된다.

2. 처분이유의 사후변경
(1) 의의(개념, 제도적 의미)
(2) 인정여부
(가) 학설(부정설, 긍정설, 제한적 긍정설)
(나) 판 례
당초 처분의 근거로 삼은 사유와 기본적 사실관계가 동일하다고 인정되는 한도 내에서만 다른 처분사유를 새로 추가하거나 변경하는 것을 인정한다.
(다) 검토(지배적 견해인 제한적 긍정설이 타당)
(3) 인정범위
(가) 객관적 범위
(나) 시간적 범위
(다) 한 계
(4) 검 토

3. 문제의 해결
취소소송 계속 중 추가한 「사찰보존과 산림보호」라는 사유는 처분 시에 제시한 「민원」이라는 사유와 기본적 사실관계에 동일성이 인정되기 어렵다. 따라서 乙시장의 「사찰보존과 산림보호」라는 사유의 추가는 인정되기 어렵다.

[2-41a] 제36회 입법고시(2020년) 건축허가 거부처분의 사유와 사유의 사후변경

〈제2문〉 甲은 사실상의 도로가 포함된 일단의 토지를 매수하여 임대용 건물을 건축하고자 관할 구청장 A에게 건축허가를 신청하였으나 A는 건축허가신청을 거부하였다. 이에 대해 甲은 건축허가거부처분 취소소송을 제기하였다.

(1) 구청장 A가 비록 건축법령상 명문으로 규정되지는 않았지만 해당 토지에 건물이 신축될 경우 주민들의 통행에 막대한 지장을 초래하는 등 중대한 공익상의 이유로 甲의 건축허가신청을 거부하였다면 이는 적법한가?

(2) 구청장 A가 거부처분의 사유로 '위 토지에 포함된 도로는 「건축법」상 도로이고, 도로상에는 건축을 할 수 없음'을 들었다가 위 취소소송의 계속 중 '해당 토지에 건물이 신축될 경우 주민들의 통행에 지장을 초래한다는 중대한 공익상의 이유'로 거부사유를 변경할 수 있는가?

참고조문

건축법

제11조(건축허가) ① 건축물을 건축하거나 대수선하려는 자는 특별자치시장·특별자치도지사 또는 시장·군수·구청장의 허가를 받아야 한다. 다만, 21층 이상의 건축물 등 대통령령으로 정하는 용도 및 규모의 건축물을 특별시나 광역시에 건축하려면 특별시장이나 광역시장의 허가를 받아야 한다.

👜 답안작성요령

[1] 제1문에 관하여 (공익을 이유로 건축허가신청을 거부할 수 있는지 여부)

1. 문제의 제기

(1) 건축법에 공익이 건축허가신청의 거부 사유인지 여부에 관해 규정하는 바가 없다. 따라서 공익이 건축허가신청의 거부 사유인지 여부는 법해석의 문제가 된다.

(2) 이 문제를 해결하기 위해서는 건축허가의 성질의 규명이 필요하다.

(3) (2)에 앞서서 기속행위와 재량행위의 구별기준의 검토가 필요하다.

2. 건축허가의 성질 (기속행위 여부)

(1) 효과재량설에서 보면, 건축허가는 재량행위이다.

(2) 전통적 견해는 허가는 특정의 권리설정이 아니라 위험방지 목적을 위해 제한되었던 자유를 회복시켜 주는 것이므로, 법령에 특별한 규정이 없는 한 기속행위로 본다.

(3) 기본권기준설에서 보면, 기본권의 최대한의 보장과 공익의 실현이 구분기준이 된다. 기본권의 최대한 보장이 보다 중요한 경우로서 요건을 구비하였다면, 건축허가는 기속행위이고, 공익의 실현이 보다 중대한 요청이라면 건축허가는 재량행위로 본다.

3. 문제의 해결

구청장 A가 제시한 거부 사유, 즉 "비록 건축법령상 명문으로 규정되지는 않았지만 해당 토지에 건물이 신축될 경우 주민들의 통행에 막대한 지장을 초래하는 등 중대한 공익상의 이유가 있다"는 사유가 사실이라면, 건축허가신청 거부처분은 적법하다.

[2] 제 2 문에 관하여$\binom{\text{거부처분 사유}}{\text{의 사후변경}}$

1. 문제의 제기

설문은 처분사유의 사후변경을 논점으로 한다.

2. 처분의 사후변경

(1) 의의$\binom{\text{개념, 제}}{\text{도적 의미}}$

(2) 인정여부$\binom{\text{학설,}}{\text{판례}}$

[**참고판례**]   행정처분의 취소를 구하는 항고소송에서 처분청이 당초 처분의 근거로 삼은 사유가 아닌 별개의 사실을 들어 처분사유로 주장함은 허용되지 아니하나, 당초 처분의 근거로 삼은 사유와 기본적 사실관계에 동일성이 있다고 인정되는 한도 내에서는 다른 사유를 추가하거나 변경할 수 있고, 여기서 기본적 사실관계의 동일성 유무는 처분사유를 법률적으로 평가하기 이전의 구체적인 사실에 착안하여 그 기초가 되는 사회적 사실관계가 기본적인 점에서 동일한지 여부에 따라 결정된다$\binom{\text{대판 2020. 6. 11,}}{\text{2019두49359}}$.

(3) 인정범위$\binom{\text{객관적 범위, 시}}{\text{간적 범위, 한계}}$

3. 문제의 해결

'토지에 포함된 도로는 건축법상 도로이고, 도로상에는 건축을 할 수 없다'는 사유와 '해당 토지에 건물이 신축될 경우 주민들의 통행에 지장을 초래한다는 중대한 공익상의 이유'는 기본적 사실관계에 동일성이 인정되기 어렵다. 따라서 구청장 A는 사유를 변경할 수 없다.

[2-42] 제34회 입법고시(2018년)　처분이유의 사후변경과 판결의 기판력

〈제1문〉 甲은 법무부장관에게 광복절 특별사면과 관련한 '사면실시건의서 및 사면심의에 관한 국무회의 안건자료'의 공개를 청구하였다. 이에 대하여 법무부장관은 위 정보에는 사면대상자 또는 제외자의 이름 및 그 사유 등이 포함되어 있어 「공공기관의 정보공개에 관한 법률」 제9조 제1항 제6호에 해당하여 공개될 경우 사생활의 비밀을 침해할 우려가 있다는 이유로 공개를 거부하였다. 甲은 이에 대해 법무부장관을 피고로 하여 정보공개거부처분 취소소송을 제기하였다.

1. 법무부장관이 위 취소소송 중에 위 정보가 같은 항 제4호의 형의 집행, 교정, 보안처분에 관한 사항으로서 공개될 경우 그 직무수행을 현저히 곤란하게 한다고 인정할 만한 상당한 이유가 있는 정보에 해당한다는 점을 비공개사유로 추가하는 것은 허용되는가?

2. 만약 위 제4호의 처분사유의 추가가 거부되고 법무부장관이 위 소송에서 패소하여 그 판결이 확정되었다면, 그 후 법무부장관이 다시 위 정보가 같은 항 제4호에 해당한다는 사유로 정보공개를 거부하는 것은 가능한가?

답안작성요령

■ [제1문] 답안작성요령

1. 문제의 제기

설문은 정보공개거부처분 취소소송 계속 중 「공공기관의 정보공개에 관한 법률^(이하 공개법으로 부르기로 한다)」 제9조 제1항 제4호를 처분사유로 추가할 수 있는가의 여부를 묻고 있다. 이것은 행정소송법상 처분사유(처분이유)의 사후변경의 문제가 된다.

2. 처분사유의 사후변경

(1) 의의^(개념, 제도적 의미)

(2) 인정여부

(가) 학설^(부정설, 긍정설, 제한적 긍정설)

(나) 판　례

당초 처분의 근거로 삼은 사유와 기본적 사실관계가 동일하다고 인정되는 한도 내에서만 다른 처분사유를 새로 추가하거나 변경하는 것을 인정

(다) 검토^(지배적 견해인 제한적 긍정설이 타당)

(3) 인정범위

(가) 객관적 범위

(나) 시간적 범위

(다) 한　계

(4) 검　토

① 공개법 제9조 제1항 제6호의 "공개될 경우 사생활의 비밀 또는 자유를 침해할 우려가 있다고 인정되는 정보"는 관련자의 사생활의 보호와 관련되고, ② 공개법 제9조 제1항 제4호의 "형의 집행, 교정(矯正), 보안처분에 관한 사항으로서 공개될 경우 그 직무수행을 현저히 곤란하게 하거나 형사피고인의 공정한 재판을 받을 권리를 침해한다고 인정할 만한 상당한 이유가 있는 정보"는 국가기관의 기능보호와 관련자의 재판청구권의 보호와 관련되는바, ③ 기본적 사실관계에 동일성이 있다고 보기 어렵다.

3. 문제의 해결

법무부장관은 공개법 제9조 제1항 제4호를 처분사유로 추가할 수 없다.

■ [제2문] 답안작성요령

1. 문제의 제기

설문은 패소판결의 기판력($^{실질적}_{확정력}$)이 처분사유에 관한 사항에 미치는가의 여부를 묻고 있다. 달리 말한다면, 처분사유의 추가변경의 거부와 패소판결의 기판력의 관계를 묻고 있다.

2. 판결의 확정력

(1) 확정력의 의의($^{형식적\ 확정력,}_{실질적\ 확정력}$)

(2) 형식적 확정력

(3) 실질적 확정력($^{기판}_{력}$)

㈎ 의   의

㈏ 취   지

㈐ 법적 근거

㈑ 내   용

㈒ 효력범위($^{주관적\ 효력범위,\ 객관적\ 효}_{력범위,\ 시간적\ 효력범위}$)

(4) 검   토

㈎ 기판력은 판결주문에 나타난 판단에만 미친다. 공개법 제9조 제1항 제4호의 처분사유의 추가가 거부되었다는 것은 계속 중인 정보공개거부처분 취소소송에서 그 제4호를 그 처분의 이유로 삼을 수 없다는 사법적 판단으로서 처분사유에 관한 것이지, 주문에 관한 것은 아니다.

㈏ 따라서 법무부장관이 공개법 제9조 제1항 제4호를 사유로 하여 정보공개거부처분을 한다고 하여도 기판력에 위반되는 것이 아니다. 법원이 공개법 제9조 제1항 제4호를 정보공개처분의 정당한 사유로 받아들일 것인가는 별개의 문제이다.

3. 문제의 해결

[2-43] 제54회 사법시험(2012년) 처분이유의 사후변경과 판결의 기속력

〈제1문〉 갑은 주택을 소유하고 있었는데 그 지역이 한국토지주택공사가 사업자가 되어 시행하는 주택건설사업의 사업시행지구로 편입되면서 갑의 주택도 수용되었다. 사업시행인인 한국토지주택공사는 「공익사업을 위한 토지 등의 취득 및 보상에 관한 법률」 제78조에 따라 이주대책의 일환으로 주택특별공급을 실시하기로 하였다. 그 후 갑은 「주택공급에 관한 규칙」 제19조 제1항 제3호 규정에 따라 A아파트입주권을 특별분양하여 줄 것을 신청하였다. 그런데 한국토지주택공사는 갑이 A아파트의 입주자모집공고일을 기준으로 무주택세대주가 아니어서 특별분양 대상자에 해당되지 않는다는 이유로 특별분양신청을 거부하였다.

(3) 취소소송의 계속 중에 입주자모집공고일 당시 무주택세대주였다는 갑의 주장이 사실로 인정될 상황에 처하자 한국토지주택공사는 갑의 주택이 무허가주택이었기 때문에 갑은 특별분양대상자에 해당되지 않는다고 처분사유를 변경하였고, 심리결과 갑의 주택이 무허가주택이었음이 인정되었다. 이 경우 법원은 변경된 처분사유를 근거로 갑의 청구를 기각할 수 있는가? 법원의 판결 확정 후 한국토지주택공사가 갑의 주택이 무허가주택임을 이유로 특별분양신청을 재차 거부할 수 있는지 여부도 함께 검토하시오.

🎒 답안작성요령

1. 문제의 제기

⑴ 법원은 변경된 처분사유를 근거로 갑의 청구를 기각할 수 있는가의 문제는 처분사유의 변경가능성 유무를 쟁점으로 한다.

⑵ 판결 확정 후 한국토지주택공사가 갑의 주택이 무허가주택임을 이유로 특별분양신청을 재차 거부할 수 있는가의 문제는 판결의 기속력과 관련된 문제이다.

2. 처분이유의 사후변경

⑴ 처분이유의 사후변경 일반론을 기술한다.

⑵ 검   토

㈎ 입주자모집공고일을 기준으로 무주택세대주가 아니어서 특별분양 대상자에 해당되지 않는다는 이유와 갑의 주택이 무허가주택이라는 이유는 기본적 사실관계에 동일성이 있다고 보기 어렵다.

㈏ 한국주택공사는 처분이유를 변경할 수 없고 법원은 변경된 처분이유를 근거로 갑의 청구를 기각할 수 없다.

3. 판결의 기속력

⑴ 판결의 기속력 일반론을 기술한다

⑵ 검   토

㈎ 입주자모집공고일을 기준으로 무주택세대주가 아니어서 특별분양 대상자에 해당되지 않는다는 이유와 갑의 주택이 무허가주택이라는 이유는 기본적 사실관계에 동일성이 있다고 보기 어렵다.

㈏ 재거부사유가 기속력의 객관적 범위를 벗어났기 때문에 한국토지주택공사는 재거부처분을 할 수 있다.

[2-44] 제55회 5급공채(2011년) 거부처분에 대한 간접강제

〈제1문〉 서울특별시 X구에 위치한 대학입학전문상담사로 근무하는 갑은 과학적이고 체계적인 학생입학지도를 위해 '공공기관의 정보공개에 관한 법률'에 따라 교육과학기술부장관 을에게 학교별 성적분포도를 포함하여 서울지역 2010년 대학수학능력시험평가 원데이터에 대한 정보(수능시험정보)의 공개를 청구하였다. 이에 대해 을은 갑의 청구대로 응할 경우 학교의 서열화를 야기할 뿐만 아니라 업무의 공정한 수행에 현저한 지장을 초래한다는 이유로 비공개결정을 하였다. 갑의 권리구제와 관련하여 다음의 질문에 답하시오(단, 무효확인심판과 무효확인소송은 제외한다).
4) 만약 갑이 취소소송을 제기하여 인용판결이 확정되었음에도 불구하고 을이 계속 정보를 공개하지 않을 경우 갑의 권리구제를 위한 행정소송법상 실효성 확보수단과 그 요건 및 성질에 대해 기술하시오.

답안작성요령

1. 문제의 제기

(1) 비공개결정 거부처분에 대한 취소판결이 확정되었음에도 을이 공개하지 아니한 경우, 갑의 권리구제수단은 판결의 집행력과 관련하여 간접강제를 생각할 수 있다.

2. 간접강제

(1) 의   의

간접강제란 거부처분취소판결이나 부작위위법확인판결이 확정되었음에도 행정청이 행정소송법 제30조 제2항의 판결의 취지에 따른 처분을 하지 않는 경우 법원이 행정청에게 일정한 배상을 명령하는 제도를 말한다($\binom{\text{행정소송법 제34조}}{\text{제1항, 제38조 제2항}}$).

(2) 적용범위

– 거부처분취소판결($\binom{\text{행정소송법 제}}{\text{34조 제1항}}$)
– 부작위위법확인판결($\binom{\text{행정소송법 제38조 제2항에서}}{\text{행정소송법 제34조 제1항 준용}}$)
– 거부처분무효확인판결($\binom{\text{행정소송법 제38조 제1항에서}}{\text{행정소송법 제34조 제1항 준용}}$)
– 무효등확인판결에는 관련 규정 없음. 인정여부가 문제

(가) 학   설($\binom{\text{부정설,}}{\text{긍정설}}$)
(나) 판   례($\binom{\text{부정}}{\text{설}}$)
(다) 검   토

– 거부처분 무효확인판결도 재처분의무가 있으며($\binom{\text{행정소송법 제38조}}{\text{제1항, 제30조 제2항}}$), 그 의무의 불이행을 강제할 필요성은 취소판결의 경우와 다를 바 없으므로 긍정함이 타당하다.

(3) 적용요건

(가) 거부처분취소판결 등이 확정되었을 것
(나) 행정청이 아무런 처분을 하지 않았을 것

(4) 절   차

3. 문제의 해결

[2-45] 제56회 5급공채(2012년) 거부처분과 판결의 기속력

〈제3문〉 갑은 위치정보의 보호 및 이용 등에 관한 법률에 의한 위치정보사업을 하기 위하여 위치정보사업 허가신청서에 관련 서류를 첨부하여 방송통신위원회에 허가신청을 하였다. 방송통신위원회는 갑의 위치정보사업 관련 계획의 타당성 및 설비규모의 적정성 등을 종합 심사한 후에 허가기준에 미달되었음을 이유로 이를 거부하였다.

(2) 허가신청 거부에 대한 갑의 취소청구를 인용하는 수소법원의 판결이 확정되었고, 그 후에 방송통신위원회가 다시 허가신청을 거부하였다면, 이는 취소판결의 효력과 관련하여 어떠한 문제점이 있는지 설명하시오.

답안작성요령

1. 문제의 제기

(1) 허가거부처분 취소의 확정판결 후 방송통신위원회가 갑에게 발령한 재허가거부처분이 확정판결에 위반되는지의 여부가 쟁점의 하나이다. 이것은 판결의 기속력과 관련한다.

(2) 위반된다고 하면, 갑이 확정판결의 취지에 따른 재처분을 받을 수 있는 강제수단 활용여부도 쟁점이 된다. 이것은 간접강제와 관련한다.

2. 거부처분과 판결의 기속력

(1) 기속력의 의의

(2) 기속력의 성질$\binom{기판력설,}{특수효력설}\binom{학설, 판}{례, 검토}$

(3) 내   용

(가) 소극적인 관점에서의 기속력$\binom{반복금}{지효}$

(나) 적극적인 관점에서의 기속력$\binom{재처분}{의무}$

1) 의   의

2) 거부처분취소소송의 인용판결에 따른 재처분의무

3) 절차의 하자를 이유로 처분을 취소하는 판결에 따른 재처분의무

(4) 효력범위$\binom{주관적 범위, 객관적}{범위, 시간적 범위}$

(5) 기속력의 위반

(6) 문제의 해결$\binom{기속력위반의 효과로서}{재허가처분은 무효이다}$

3. 재처분과 간접강제

(1) 의   의

(2) 적용범위

(3) 적용요건$\binom{거부처분취소판결 등이 확정되었을 것,}{행정청이 아무런 처분을 하지 않았을 것}$

(4) 절   차

(5) 문제의 해결$\binom{간접강제를 신}{청할 수 있다}$

[2-46] 제 9 회 변호사시험(2020년) 거부처분 취소소송의 판결의 기속력 등

〈제 2 문〉 경기도지사 乙은 2018. 5. 3. 관할 A군에 소재한 분묘가 조선 초 유명 화가의 묘로 구전되어 오는데다가 그 양식이 학술상 원형보존의 가치가 있다는 이유로 「문화재보호법」 제70조, 「경기도 문화재 보호 조례」 제11조에 따라 이를 도지정문화재로 지정·고시하였다. 또한 乙은 2018. 6. 8. 해당 분묘를 보호하기 위하여 분묘경계선 바깥쪽 10m까지의 총 5필지 5,122㎡를 문화재보호구역으로 지정·고시하였다. 이에 해당 화가의 후손들로 이루어진 종중 B는 해당 화가의 진묘가 따로 존재한다고 주장하면서 乙에게 문화재지정처분을 취소 또는 해제하여 줄 것을 요청하는 청원서를 제출하였다. 이에 대해 乙은 문화재지정처분은 정당하여 그 취소 또는 해제가 불가하다는 회신을 하였다(이하 '불가회신'이라고 한다). 한편, 위 문화재보호구역 내에 위치한 일부 토지를 소유하고 있는 甲은 2019. 3. 14. 재산권 행사의 제한 등을 이유로 乙에게 자신의 소유토지를 대상으로 한 문화재보호구역 지정을 해제해 달라는 신청을 하였다. 그러나 乙은 2019. 6. 5. 甲이 해제를 요구한 지역은 역사적·문화적으로 보존가치가 있을 뿐만 아니라 분묘의 보호를 위하여 문화재보호구역 지정해제가 불가함을 이유로 甲의 신청을 거부하는 회신을 하였다(이하 '거부회신'이라고 한다).

2. 乙의 거부회신에 대하여 甲이 제기한 항고소송에서 甲이 승소하여 판결이 확정되었음에도 乙이 재차 문화재보호구역해제 신청을 거부할 수 있을지 검토하시오.

참고조문

「**문화재보호법」 제27조(보호물 또는 보호구역의 지정)** ① 문화재청장은 제23조·제25조 또는 제26조에 따른 지정을 할 때 문화재 보호를 위하여 특히 필요하면 이를 위한 보호물 또는 보호구역을 지정할 수 있다.

② (삭제)

③ 문화재청장은 제 1 항 및 제 2 항에 따라 보호물 또는 보호구역을 지정하거나 조정한 때에는 지정 또는 조정 후 매 10년이 되는 날 이전에 다음 각 호의 사항을 고려하여 그 지정 및 조정의 적정성을 검토하여야 한다. 다만, 특별한 사정으로 인하여 적정성을 검토하여야 할 시기에 이를 할 수 없는 경우에는 대통령령으로 정하는 기간까지 그 검토시기를 연기할 수 있다.

1. 해당 문화재의 보존가치

2. 보호물 또는 보호구역의 지정이 재산권 행사에 미치는 영향

3. 보호물 또는 보호구역의 주변 환경

제35조(허가사항) ① 국가지정문화재(국가무형문화재는 제외한다. 이하 이 조에서 같다)에 대하여 다음 각 호의 어느 하나에 해당하는 행위를 하려는 자는 대통령령으로 정하는 바에 따라 문화재청장의 허가를 받아야 하며, 허가사항을 변경하려는 경우에도 문화재청장의 허가를 받아야 한다. 다만, 국가지정문화재 보호구역에 안내판 및 경고판을 설치하는 행위 등 대통령령으로 정하는 경미한 행위에 대해서는 특별자치시장, 특별자치도지사, 시장·군수 또는 구청장의 허가(변경허가를 포함한다)를 받아야 한다.

1. 국가지정문화재(보호물·보호구역과 천연기념물 중 죽은 것 및 제41조제 1 항에 따라 수입·반입 신고된 것을 포함한다)의 현상을 변경하는 행위로서 대통령령으로 정하는 행위

제70조(시·도지정문화재의 지정 및 시·도등록문화재의 등록 등) ① 시·도지사는 그 관할구역에 있는 문화재로서 국가지정문화재로 지정되지 아니한 문화재 중 보존가치가 있다고 인정되는 것을 시·도지정문화재로 지정할 수 있다.

②∼⑤ 〈생략〉

⑥ 시·도지정문화재와 문화재자료의 지정 및 해제절차, 시·도등록문화재의 등록 및 말소절차, 시·도지정문화재, 문화재자료 및 시·도등록문화재의 관리, 보호·육성, 공개 등에 필요한 사항은 해당 지방자치단체의 조례로 정한다.

제74조(준용규정) ① 〈생략〉

② 시·도지정문화재와 문화재자료의 지정과 지정해제 및 관리 등에 관하여는 제27조, 제31조 제 1 항·제 4 항, 제32조부터 제34조까지, 제35조 제 1 항, 제36조, 제37조, 제40조, 제42조부터 제45조까지, 제48조, 제49조 및 제81조를 준용한다. 이 경우 "문화재청장"은 "시·도지사"로, "대통령령"은 "시·도조례"로, "국가"는 "지방자치단체"로 본다.

「**문화재보호법 시행령」 제21조의2(국가지정문화재 등의 현상변경 등의 행위)** ① 법 제35조 제 1 항 제 1 호에서 "대통령령으로 정하는 행위"란 다음 각 호의 행위를 말한다.

1.∼2. 〈생략〉

3. 국가지정문화재, 보호물 또는 보호구역 안에서 하는 다음 각 목의 행위

가. 건축물 또는 도로·관로·전선·공작물·지하구조물 등 각종 시설물을 신축, 증축, 개축, 이축(移築) 또는 용도변경(지목변경의 경우는 제외한다)하는 행위

나. 〈생략〉

다. 토지 및 수면의 매립·간척·땅파기·구멍뚫기·땅깎기, 흙쌓기 등 지형이나 지질의 변경을 가져오는 행위

「경기도 문화재 보호 조례」 제11조(도지정문화재) ① 도지사는 법 제70조 제1항에 따라 도지정문화재(무형문화재를 제외한다. 이하 제3장에 서 같다)를 지정하는 경우 유형문화재·기념물·민속문화재로 구분하여 문화재위원회의 심의를 거쳐 지정한다.

② ∼ ③ 〈생략〉

④ 도지정문화재의 지정에 필요한 기준 및 절차는 규칙으로 정한다.

제17조(지정의 해제) ① 도지사는 법 제74조 및 법 제31조 제1항에 따라 도지정문화재 및 문화재자료가 지정문화재로서의 가치를 상실하거나 가치평가를 통하여 지정을 해제할 필요가 있는 때에는 문화재위원회의 심의를 거쳐 그 지정을 해제할 수 있다. 다만, 도지정문화재가 국가지정문화재로 지정된 때에는 그 지정된 날에 도지정문화재에서 해제된 것으로 본다.

② ∼ ④ 〈생략〉

⑤ 도지사는 제1항에 따라 문화재의 지정을 해제한 때에는 그 취지를 도보에 고시하고, 해당 문화재의 소유자에게 통지하여야 한다. 이 경우 그 해제의 효력은 도보에 고시한 날로부터 발생한다.

⑥ 도가 지정한 문화재의 소유자가 제1항에 따른 해제 통지를 받으면 그 통지를 받은 날부터 30일 이내에 지정서를 도지사에게 반납하여야 한다.

⑦ 도지사는 제13조 제3항에 따른 검토 결과 보호물 또는 보호구역의 지정이 적정하지 아니하거나 그 밖에 특별한 사유가 있는 때에는 보호물 또는 보호구역의 지정을 해제하거나 그 지정 범위를 조정하여야 한다.

⑧ 도지사는 도지정문화재의 지정이 해제된 때에는 지체 없이 해당 문화재의 보호물 또는 보호구역의 지정을 해제하여야 한다.

「관광진흥법」 제61조(수용 및 사용) (이하 생략)

 답안작성요령

1. 문제의 제기

설문은 문화재보호구역 지정해제신청 거부처분 취소소송에서 취소판결이 확정된 경우, 그 판결의 기속력과 관련한다. 특히 소극적 관점에서 기속력의 문제가 된다.

2. 기속력의 의의

3. 기속력의 효력범위

(가) 주관적 범위(기속력은 그 사건(취소처분)에 관하여 당사자인 행정청과 그 밖의 관계 행정청을 기속한다(인적 효력범위))(판례)

(나) 객관적 범위

(다) 시간적 범위

4. 반복금지효(소극적 관점에서 기속력)

반복금지효란 당사자인 행정청은 물론이고 그 밖의 관계 행정청(예: 재결취소소송에서 원처분청)도 확정판결에 저촉되는 처분을 할 수 없음을 의미한다. 즉, 동일한 사실관계 아래서 동일 당사자에 대하여 동일한 내용의 처분을 반복하여서는 안 된다는 부작위의무를 말한다.

5. 소 결

甲이 승소하여 판결이 확정되었다면, 乙을 판결의 기속력으로 인해 재차 문화재보호구역해제 신청을 거부할 수는 없다.

만약 乙이 재차 문화재보호구역해제 신청을 거부한다면, 이러한 처분은 위법한 행위로서 하자가 중대하고 명백하여 무효이다(판례).

[2-47] 제29회 입법고시(2013년)   국가배상청구소송과 실질적 확정력

〈제1문〉   갑은 개발제한구역 내에 위치한 지역에서 폐기물 처리시설의 설치를 위하여 관할 시장 A에게 개발행위허가를 신청하였다. 위 처리시설의 예정지역에 거주하는 주민 을은 위 처리시설이 설치되면 주거생활에 심각한 침해를 받는다고 생각하여, 시장 A에게 위 신청을 반려할 것과 주민들의 광범위한 의견을 수렴한 후 다시 허가절차를 밟게 하라고 요구하였다. 그러나 시장 A는 위 처리시설이 필요하고, 개발제한구역이 아닌 지역에 입지하기가 곤란하다는 이유로 위 개발행위를 허가하였다. 다만 민원의 소지를 줄이기 위하여, 위 처리시설로 인하여 환경오염이 심각해질 경우 위 개발행위허가를 취소·변경할 수 있다는 내용의 부관을 붙였다. 그런데 위 처리시설이 가동된 지 얼마 지나지 않아 예상과 달리 폐기물 처리량이 대폭 증가하였다. 이에 주민 을은 위 처리시설로 인하여 평온한 주거생활을 도저히 영위하기 어렵다고 여겨, 시장 A에게 위 부관을 근거로 위 개발행위허가를 취소·변경하여 줄 것을 요구하였다. 그런데 시장 A는 이를 거부하였다.
3. 위 부관을 근거로 한 을의 요구에 대한 시장 A의 거부행위와 관련하여, 을이 자신의 권익보호를 국가배상청구소송과 행정소송에서 실현할 수 있는지 검토하시오.

답안작성요령

1. 문제의 제기

⑴ 설문은 ① 을의 권익과 국가배상청구소송, ② 을의 권익보호와 행정소송을 쟁점으로 한다.

⑵ 이러한 쟁점의 해결을 위한 선행개념으로서 「을의 요구에 대한 시장 A의 거부행위와 관련된 을의 권익」이 무엇인지를 검토할 필요가 있다.

2. 을의 권익의 내용과 권익실현을 위한 주장의 의미

⑴ 권익의 내용

설문에서 "주민 을은 위 처리시설이 설치되면 주거생활에 심각한 침해를 받는다고 생각한다"는 표현에 비추어 설문상 을이 자신의 권익으로 내세우는 것은 「주거생활의 평온」이다.

⑵ 권익실현을 위한 주장의 의미

을은 자신의 주거생활의 평온을 관철시키기 위해 시장 A에게 「갑에 대한 개발행위허가의 취소·변경」을 요구하였는데, 이것은 사인이 행정청에 대하여 권한을 행사할 것을 요구한 것이다. 이것은 학문상 행정개입청구권의 문제가 된다.

⑶ 행정개입청구권의 존부

행정개입청구권 일반론을 약술한다.

3. 을의 권익과 국가배상청구소송

⑴ 국가배상청구권의 성립요건 일반론

국가배상청구권의 성립요건 일반론을 기술한다.

⑵ 선결문제

위법성 요건과 관련하여 수소법원이 「개발행위허가취소·변경거부처분의 위법성」을 심리할 수 있는지 여부에 중점을 두어야 한다. 이것은 선결문제와 관련한다.

⑶ 설문에 적용(승소하기 어렵다)

4. 을의 권익보호와 행정소송

(1) 개발행위허가취소·변경 거부처분 취소소송

㈎ 취소소송의 제기

취소소송의 제소요건 일반론을 약술하고 사례에 적용한다.

㈏ 집행정지의 신청

판례의 입장에 의하면, 법원에서 집행정지를 결정할 가능성은 없다.

㈐ 판결의 기속력

(a) 판결의 기속력의 일반론을 약술하고 사례에 적용한다.

(b) 시장이 재처분의무를 이행하지 아니하면, 강제(간접강제)가 필요하다.

㈑ 간접강제

간접강제의 일반론을 약술하고 사례에 적용한다.

(2) 의무이행소송

의무이행소송 일반론을 약술한다.

5. 소송병합

(1) 소송병합의 일반론을 약술한다.

(2) 을은 국가배상청구소송과 거부처분취소소송을 병합하여 제기할 수 있다(행소법 제10조).

[2-48] 제 2 회 변호사시험(2013년) 판결의 기속력과 간접강제

〈제1문〉 A광역시의 시장 을은 세수증대, 고용창출 등 지역발전을 위해 폐기물처리업의 관내 유치를 결심하고 갑이 제출한 폐기물처리사업계획서를 검토하여 그에 대한 적합통보를 하였다. 이에 따라 갑은 폐기물처리업 허가를 받기 위해 먼저 도시·군관리계획변경을 신청하였고, 을은 관계 법령이 정하는 바에 따라 해당 폐기물처리업체가 입지할 토지에 대한 용도지역을 폐기물처리업의 운영이 가능한 용도지역으로 변경하는 것을 내용으로 하는 도시·군관리계획변경안을 입안하여 열람을 위한 공고를 하였다. 그러나 을의 임기 만료 후 새로 취임한 시장 병은 폐기물처리업에 대한 인근 주민의 반대가 극심하여 실질적으로 폐기물사업 유치가 어려울 뿐만 아니라, 자신의 선거공약인 '생태중심, 자연친화적 A광역시 건설'의 실현 차원에서 용도지역 변경을 승인할 수 없다는 계획변경승인거부처분을 함과 동시에 해당 지역을 생태학습체험장 조성지역으로 결정하였다. 폐기물처리사업계획 적합통보에 따라 사업 착수를 위한 제반 준비를 거의 마친 갑은 병을 피고로 하여 관할 법원에 계획변경승인거부처분 취소소송을 제기하였다.
4. 법원은 위 취소소송에서 갑의 소송상 청구를 인용하였고, 그 인용판결은 병의 항소 포기로 확정되었다. 그럼에도 불구하고 병은 재차 계획변경승인거부처분을 발령하였는데, 그 사유는 취소소송의 계속 중 A광역시의 관련 조례가 개정되어 계획변경을 승인할 수 없는 새로운 사유가 추가되었다는 것이었다. 병의 재거부처분은 적법한가? (단, 개정된 조례의 합헌·적법을 전제로 함)
5. 위 취소소송의 인용판결이 확정되었음에도 불구하고 병이 아무런 조치를 취하지 않을 경우 갑이 행정소송법상 취할 수 있는 효율적인 권리구제 수단을 설명하시오.

📋 답안작성요령

1. 문제의 제기
⑴ 설문 4.는 확정판결 후 병이 새로운 사유로 재거부처분을 한 것이 적법한가를 묻고 있다. 이것은 재거부처분이 판결의 기속력에 위반되는 것이 아닌가를 논점으로 한다.
⑵ 설문 5.는 인용판결에도 불구하고 병이 아무런 조치를 취하지 않을 경우에 갑이 행정소송법상 취할 수 있는 효율적인 권리구제 수단을 묻고 있다. 이것은 판결의 집행력의 문제로서 간접강제를 논점으로 한다.

2. 재거부처분이 판결의 기속력에 위반하는지 여부
⑴ 판결의 기속력 일반론을 기술한다.
⑵ 문제의 해결
㈎ 당초 거부사유인 "폐기물처리업에 대한 인근 주민의 반대가 극심하여 실질적으로 폐기물사업 유치가 어려울 뿐만 아니라, 자신의 선거공약인 '생태중심, 자연친화적 A광역시 건설'의 실현 차원에서 용도지역 변경을 승인할 수 없다"라는 이유와 "A광역시의 관련 조례가 개정되어 계획변경을 승인할 수 없다"는 이유는 기본적 사실관계를 달리하는바, 판결의 기속력이 미치지 않는다.
㈏ 광역시장의 재거부처분은 적법하다.

3. 병의 무조치에 대한 간접강제의 가부
⑴ 간접강제 일반론을 기술한다.
⑵ 문제의 해결
설문의 경우, 간접강제를 신청할 수 있다.

[2-49] 제30회 입법고시(2014년) 판결의 기속력과 간접강제

〈제1문〉 중학교의 출입문으로부터 직선거리 100미터 지점의 도로에 인접한 3층 상가건물을 소유한 A는 비어 있는 2층 165㎡(약 50평)를 임대하고자 한다. B는 당구장 또는 PC방(인터넷컴퓨터게임시설제공업)을 영위하기 위해 위 건물 2층을 임대받고자 A와 해당 건물의 임대차계약을 체결하였다. 위 상가건물 2층에 대하여 당구장영업(또는 PC방영업)의 금지해제를 구하는 B의 신청이 관할 교육청에 접수되었고, 그 신청을 받은 관할 교육청은 모든 절차를 적법하게 거친 후 "현재 위 중학교의 학교환경위생 정화구역 내에서는 당구장이나 PC방 등 교육환경을 해치는 업소가 단 하나도 없는 교육청정구역이다"는 점과 "만일 이 건의 금지해제를 받아들이게 되면, 장차 학생들의 학습과 학교보건위생에 나쁜 영향을 줄 수 있는 각종 업소의 난립을 막을 수 없게 된다"는 해당 학교장 및 학교환경위생정화위원회의 반대의견에 따라 그 금지해제 신청을 거부하였다. B는 이 건의 거부에 대해 행정심판을 제기하고자 한다. 단, 위 건물이 소재한 지역은 상가지역이며, 해당 중학교의 전체 학생 중 3%만이 해당 건물이 소재한 도로를 통학로로 사용하고 있는 것으로 밝혀졌다.

4) 만약, B가 행정심판을 거치지 아니하고 행정소송을 제기하여 1심법원에서 인용판결을 받았다고 한다면, 행정심판을 통해 인용재결을 받은 경우와는 어떤 차이점이 있게 되는지를 설명하시오.

📎 답안작성요령

1. 문제의 제기

⑴ 설문은 B가 당구장영업(또는 PC방영업)의 금지해제신청을 하였으나 거부당하였음을 전제로 행정법원(1심법원)에서 인용판결을 받은 경우와 행정심판에서 인용재결을 받은 경우의 차이점을 묻고 있다.

⑵ 이에 답하기 위해 거부처분과 관련된 행정심판과 행정소송의 차이를 살피기로 한다.

2. 거부처분에 대한 행정심판

⑴ 의무이행심판

㈎ 의   의

당사자의 신청에 대한 행정청의 위법 또는 부당한 거부처분이나 부작위에 대하여 일정한 처분을 하도록 하는 행정심판을 말한다.

㈏ 재   결

(a) 처분재결·처분명령재결

위원회는 의무이행심판의 청구가 이유가 있다고 인정하면 지체 없이 신청에 따른 처분을 하거나 처분을 할 것을 피청구인에게 명한다(행심법 제43조 제5항).

(b) 처분명령재결 시, 재처분하지 아니하면 위원회가 직접 처분할 수 있다(행심법 제50조 제1항).

⑵ 거부처분 취소심판

㈎ 인정여부 논란이 있다. 판례는 긍정한다.

㈏ 인용재결시, 행정청이 재처분의무를 부담(다수설·판례).

⑶ 불   복

인용재결에 대하여 행정청은 제소할 수 없다(판례).

3. 거부처분에 대한 행정소송

(1) 의   의

취소소송이란 행정청의 위법한 처분등을 취소 또는 변경하는 소송을 말한다.

(2) 판결의 효력발생

판결의 효력은 판결이 확정되어야 발생한다. 제1심법원의 판결이 확정되면 효력이 발생한다.

(3) 판결의 효력의 종류

판결이 선고되면, 판결의 확정 전후에 따라 자박력, 확정력$\binom{\text{형식적 확정력,}}{\text{실질적 확정력}}$, 형성력, 기속력, 집행력 등이 발생한다. 설문과 관련하여서는 기속력과 집행력$\binom{\text{간접}}{\text{강제}}$에 대한 검토가 필요하다.

(가) 기속력

1) 기속력의 의의

2) 기속력의 성질$\binom{\text{기판력설,}}{\text{특수효력설}}\binom{\text{학설, 판}}{\text{례, 검토}}$

3) 내   용

– 소극적인 관점에서의 기속력$\binom{\text{반복금}}{\text{지효}}$

– 적극적인 관점에서의 기속력$\binom{\text{재처분}}{\text{의무}}$

4) 효력범위$\binom{\text{주관적 범위, 객관적}}{\text{범위, 시간적 범위}}$

5) 기속력의 위반

(나) 집행력

1) 의   의

2) 적용범위

3) 적용요건$\binom{\text{거부처분취소판결 등이 확정되었을 것,}}{\text{행정청이 아무런 처분을 하지 않았을 것}}$

4) 절   차

5) 문제의 해결$\binom{\text{간접강제를 신}}{\text{청할 수 있다}}$

(4) 불   복

인용판결에 대하여 행정청은 제소할 수 없다$\binom{\text{판}}{\text{례}}$.

4. 양자의 비교

(1) 처분재결로 금지해제의 효과가 바로 발생한다.

(2) 처분명령재결의 경우, 재처분이 있어야 효과가 발생한다.

(3) 취소소송의 인용판결의 경우, 기속력에 따라 재처분이 이루어져야 효과가 발생한다.

(4) 처분재결이 신속한 권리보호에 가장 적합하다.

[2-50] 제58회 5급공채(2014년) 판결의 기속력과 간접강제

〈제1문〉 A하천 유역에서 농기계공장을 경영하는 갑은 수질 및 수생태계 보전에 관한 법률 제4조의5에 의한 오염부하량을 할당받은 자이다. 갑의 공장 인근에서 대규모 민물어류양식장을 운영하는 을의 양식어류 절반가량이 갑자기 폐사하였고, 을은 그 원인을 추적한 결과 갑의 공장에서 유출된 할당오염부하량을 초과하는 오염물질에 의한 것이라는 강한 의심을 가지게 되었다. 갑의 공장으로부터 오염물질의 배출이 계속되어 나머지 어류의 폐사도 우려되는 상황에서 을은 동법 제4조의6을 근거로 갑에 대한 수질오염방지시설의 개선 등 필요한 조치를 명할 것을 관할 행정청 병에게 요구하였다. 그러나 병은 갑의 공장으로부터의 배출량이 할당오염부하량을 초과하는지 여부가 명백하지 않다는 이유로 이를 거부하였고, 을은 동 거부처분에 대한 취소소송을 제소기간내에 관할법원에 제기하였다. 다음 물음에 답하시오.
2) 을의 거부처분취소소송에 대하여 인용판결이 내려지고 동 판결은 확정되었다. 그럼에도 불구하고 병은 개선명령 등의 조치가 재량행위임을 이유로 상당한 기간이 지났음에도 아무런 조치를 취하지 않고 있는바 이러한 병의 태도는 적법한가? 만약 적법하지 않다면 이에 대한 현행 행정소송법상 을의 대응수단은?

🖋 답안작성요령

1. 문제의 제기

행정청 병의 태도의 적법 여부는 판결의 기속력과 관련하여 검토를 요하고 대응수단으로는 간접강제와 의무이행소송을 생각할 수 있다.

2. 병의 무조치와 판결의 기속력

⑴ 판결의 기속력의 일반론을 기술한다.

⑵ 문제의 해결 $\binom{행소법\ 제}{30조\ 위반}$

3. 현행법상 대응수단으로서 재처분과 간접강제

⑴ 간접강제 일반론을 기술한다.

⑵ 문제의 해결 $\binom{설문의\ 경우,\ 간접강}{제를\ 신청할\ 수\ 있다}$

4. 해석상 대응수단으로서 의무이행소송

⑴ 의무이행소송의 의의

⑵ 의무이행소송의 인정여부

㈎ 학설 $\binom{긍정설,}{부정설}$

㈏ 판례 $\binom{부인}{한다}$

㈐ 검 토

- 허가 등 신청에 대한 행정청의 위법한 부작위 또는 거부처분을 다투는 방법으로 현행법상 부작위법확인소송과 거부처분취소소송이 있으나, 권리구제절차가 불완전하고 우회적이므로 의무이행소송의 도입이 필요하다.

- 국민의 권익구제의 폭을 넓힌다는 점, 소송형식은 학문과 판례에 의해서도 발전될 수 있다는 점 등을 고려할 때, 긍정설이 타당하다

⑶ 문제의 해결

[2-50a] 제66회 5급공채(행정)(2022년) 간접강제

〈제1문〉 甲은 X시의 시장 乙에게 X시에 소재한 자신의 토지에 공동주택의 건설사업을 위한 개발행위 허가 신청을 하였다. 乙은 "甲의 신청지는 X시 도시기본계획상 도시의 자연환경 및 경관을 보호하기 위하여 도시자연공원구역으로 지정이 예정되어 있어 전체적인 개발계획이 수립되지 않은 상태에서 개별적인 공동주택 입지를 위한 개발행위허가는 불합리하다."라는 이유로, 2020. 10. 9. 甲의 신청을 거부하였다(이하 '제1차 거부처분'). 이에 甲은 乙을 상대로 제1차 거부처분의 취소를 구하는 소를 제기하였고, 법원은 제1차 거부처분이 구체적이고 합리적인 근거 없이 甲의 신청을 불허한 것으로 재량권의 일탈·남용이라고 보아 甲의 청구를 인용하는 판결을 하였다. 이 취소판결은 확정되었고, 사실심 변론종결일은 2021. 11. 16.이다. 甲은 위 판결 확정 이후인 2021. 12. 17. 乙에게 위 확정판결에 따른 후속조치의 이행을 촉구하는 내용의 민원을 제기하였는데, 당시 X시의 담당과장은 민원을 접수하면서 甲에게 "법적으로 가능하다면 개발행위를 허가해 주겠다."라고 구두로 답변하였다. 그러나 乙은 2021. 12. 28. 甲에게 "甲이 신청한 토지는 국토교통부에서 확정 발표한 도시자연공원 확대사업이 반영된 대상지로서 우리 시에서는 체계적인 도시개발 및 난개발 방지를 위해 「국토의 계획 및 이용에 관한 법률」에 따라 2021. 10. 26. 개발행위허가가 제한지역으로 고시하여 현재 신규 개발행위허가는 불가능하다."라는 사유로 甲의 개발행위를 불허하는 통지를 하였다(이하 '제2차 거부처분'). 다음 물음에 답하시오.

1) 甲은 제2차 거부처분이 확정된 취소판결의 취지에 따르지 아니한 것으로 보아 「행정소송법」상 간접강제를 신청하였다. 그 신청의 인용 가능성을 검토하시오.

2) 생략-PART 4 [1-33b]를 보라

3) 생략-PART 4 [2-0]을 보라

> **참고조문** 현행 법령을 사례해결에 적합하도록 수정하였음

국토의 계획 및 이용에 관한 법률 제56조(개발행위의 허가) ① 다음 각 호의 어느 하나에 해당하는 행위로서 대통령령으로 정하는 행위(이하 "개발행위"라 한다)를 하려는 자는 특별시장·광역시장·특별자치시장·특별자치도지사·시장 또는 군수의 허가(이하 "개발행위허가"라 한다)를 받아야 한다.
  1. 건축물의 건축 또는 공작물의 설치

제58조(개발행위허가의 기준) ① 특별시장·광역시장·특별자치시장·특별자치도지사·시장 또는 군수는 개발행위허가의 신청 내용이 다음 각 호의 기준에 맞는 경우에만 개발행위허가 또는 변경허가를 하여야 한다.
  1. 용도지역별 특성을 고려하여 대통령령으로 정하는 개발행위의 규모에 적합할 것
  2. 도시·군관리계획 및 성장관리계획의 내용에 어긋나지 아니할 것
  3. 도시·군계획사업의 시행에 지장이 없을 것
  4. 주변지역의 토지이용실태 또는 토지이용계획, 건축물의 높이, 토지의 경사도, 수목의 상태, 물의 배수, 하천·호소·습지의 배수 등 주변환경이나 경관과 조화를 이룰 것
  5. 해당 개발행위에 따른 기반시설의 설치나 그에 필요한 용지의 확보계획이 적절할 것

📦 답안작성요령

1. 문제의 제기

거부처분취소판결의 간접강제는 행정청이 제30조 제2항의 규정에 의한 처분을 하지 아니하는 때에 가능하다(행소법 제34조 제1항). 따라서 설문은 제2차 거부처분이 행정소송법 제30조 제2항에 따른 처분인지 여부를 논점으로 한다. 이 때문에 행정소송법 제30조 제2항에 대한 검토가 필요하다.

2. 제2차 거부처분이 행정소송법 제30조 제 2 항에 따른 처분인지 여부

⑴ 행정소송법 제30조 제 2 항의 내용

㈎ 반복금지효

㈏ 재처분의무

⑵ 기속력의 시간적 범위

기속력은 처분 당시$\left(\begin{smallmatrix}2020.\\10.\ 9.\end{smallmatrix}\right)$를 기준으로 한다.

처분청은 처분 후 변경된 법령$\left(\begin{smallmatrix}2021.\\10.\ 26.\end{smallmatrix}\right)$ 및 사실 상태를 근거로 거부처분을 할 수 있다.

3. 소　　결

반복금지의무 위반이 아니다. 제 2 차 거부처분은 재처분에 해당한다.

[2-51] 제53회 사법시험(2011년) 제 3 자의 소송참가, 제 3 자에 의한 재심청구

〈제1문〉 X시장은 개발제한구역의 지정 및 관리에 관한 특별조치법 제12조 제1항 제1호 마목과 동법 시행령 및 동법 시행규칙의 관련 규정에 의거하여, 개발제한구역 내의 간선도로 중 특정 구간에 고시된 선정 기준에 따라 사업자 1인을 선정하여 자동차용 액화석유가스충전소(이하 '가스충전소'라고 한다) 건축을 허가하기로 하는 가스충전소의 배치 계획을 고시하였다. 이에 A와 B는 각자 자신이 고시된 선정 기준에 따른 우선순위자임을 주장하며 가스충전소의 건축을 허가해 줄 것을 신청하였다. 이에 X시장은 각 신청 서류를 검토한 결과 B가 고시된 선정 기준에 따른 우선순위자라고 인정하여 B에 대한 가스충전소 건축을 허가하였다.

3) A가 X시장의 처분에 불복하여 소송을 제기하였을 경우, B는 이에 대응하여 행정소송법상 어떤 방법(B가 아무런 조치를 취하지 못하는 사이 A가 제기한 위 소송에서 A가 승소하여 그 판결이 확정된 경우를 포함한다)을 강구할 수 있는가?

답안작성요령

1. 문제의 제기

(1) A와 B는 이해가 교차되는 경원자관계에 있다.

(2) 이해관계 있는 이들 간의 이해충돌을 조정하기 위한 제도로 소송참가가 있다.

(3) 행정소송법상 소송참가에는 제 3 자의 소송참가(행소법 제17조)와 제 3 자에 의한 재심청구(행소법 제31조)가 있다. 전자는 판결 확정 전의 경우와 관련하고 후자는 판결 확정 후와 관련한다.

2. 제 3 자의 소송참가

(1) 의   의

(2) 요   건

(3) 절   차

(4) 소송참가인의 지위

(5) 문제의 해결

(가) B는 A의 소송의 결과에 따라 권리나 이익의 침해를 받는 자이다. 따라서 B는 A가 제기한 소송에 참가할 수 있다.

(나) B가 소송에 참가하면, B는 공동소송적 보조참가인의 지위에 서고, 추후 판결의 효력을 받게 된다.

3. 제 3 자에 의한 재심청구

(1) 의의(취지)

(2) 청구요건

(가) 전제요건(재심은 처분등을 취소하는 종/국판결의 확정을 전제로 한다)

(나) 당사자

(다) 재심사유

(라) 재심청구기간

(3) 문제의 해결

B는 처분등을 취소하는 판결에 의하여 권리 또는 이익의 침해를 받는 지위에 서지만, 자기에게 책임없는 사유로 소송에 참가하지 못한 것이 아니므로, A가 제기한 소송에 참가할 수 있다.

[2-52] 제57회 사법시험(2015년) 부당이득반환청구, 무효확인소송, 선결문제

〈제2문의 1〉 행정청 A는 미성년자에게 주류를 판매한 업주 갑에게 영업정지처분에 갈음하여 과징금부과처분을 하였고, 갑은 부과된 과징금을 납부하였다. 그러나 갑은 이후 과징금부과처분에 하자가 있음을 알게 되었다(아래 각 문제는 독립된 것임).
(1) A가 권한 없이 과징금부과처분을 한 경우, 갑이 이미 납부한 과징금을 반환받기 위해 제기할 수 있는 소송유형들을 검토하시오.

답안작성요령

1. 문제의 제기
(1) 먼저 A가 권한 없이 과징금부과처분을 한 경우, 그 처분의 효과를 검토할 필요가 있다.
(2) 무효라고 한다면, 이미 납부한 과징금을 반환받기 위해 제기할 수 있는 소송으로 ① 무효를 원인으로 하는 부당이득반환청구소송을 제기하는 방법, ② 무효확인소송의 제기와 아울러 부당이득반한청구소송을 병합 제기하는 방법을 생각할 수 있다.
(3) 취소할 수 있는 행위라면, 취소소송의 제기와 아울러 부당이득반한청구소송을 병합 제기하는 방법을 생각할 수 있다.

2. A가 권한 없이 과징금부과처분을 한 경우의 효과
(1) 무권한의 행위에 대한 검토를 할 필요가 있다.
(2) 무권한의 행위는 기본적으로 무효사유로 본다(일반적 견해).

3. 과징금부과처분이 무효임을 전제로 과징금을 반환받기 위한 소송
(1) 과징금부과처분 무효확인소송 제기 없이 부당이득반환청구소송 제기하는 방법
(개) 당사자 소송이다.
(내) 과징금부과처분의 무효를 선결문제로 한다
(a) 선결문제 일반론을 약술한다.
(b) 설문에 적용한다.
(대) 관할법원(학설상 행정법원, 판례상 민사법원)
(래) 반환받을 수 있다.
(2) 과징금부과처분 무효확인소송과 부당이득반환청구소송을 병합 제기하는 방법
(개) 무효등확인소송의 소송요건을 약술한다. 특히 확인의 이익과 확인소송의 보충성에 중점을 둔다.
(내) 관련청구소송의 병합 일반론을 약술한다.
(대) 반환받을 수 있다.

4. 과징금부과처분이 취소할 수 있는 행위임을 전제로 과징금을 반환받기 위한 소송
(1) 과징금부과처분 취소소송과 부당이득반환청구소송을 병합 제기한다
(2) 취소소송의 소송요건을 약술한다.
(3) 관련청구소송의 병합 일반론을 약술한다.
(4) 취소소송이 인용되면, 반환받을 수 있다.

5. 문제의 해결
위의 3.과 4.를 간략히 요약한다.

[2-53] 제57회 5급공채(2013년) 위헌법률에 근거한 처분의 효력, 선결문제 등

〈제 1 문〉 정부는 문화한국의 기치를 내걸고 전국에 문화시설을 확충하기로 하였다. 이에 부응하여 국회는 새로 개발되는 지역에는 반드시 일정규모의 문화시설을 갖추도록 하고 문화시설의 용지 확보를 위하여 개발사업지역에서 단독주택건축을 위한 토지 또는 공동주택 등을 분양받는 자에게 부담금을 부과·징수할 수 있도록 하는 것을 골자로 하는 문화시설용지 확보에 관한 특례법(가상의 법률임. 이하 '특례법'이라 한다)을 제정·공포하였고, 특례법은 2012. 1. 1.부터 시행되었다. 이에 A도(道)의 B군수는 A도로부터 A도 조례가 정하는 바에 의하여 권한을 위임받아 도시 및 주거환경정비법에 따른 개발사업을 실시하였다. 이에 따라 건축된 관내 C아파트를 분양받은 갑에 대하여 2012. 2. 26. 특례법 제 3 조 제 1 항에 따라 문화시설용지부담금을 부과하는 처분을 하였다. 이에 갑은 위 처분에 따라 부과된 부담금을 납부했다. 그 후 헌법재판소는 2013. 3. 31. "특례법 제 3 조 제 1 항 중 같은 법 제 2 조 제 2 호가 정한 도시 및 주거환경정비법에 의하여 시행하는 개발사업지역에서 공동주택을 분양받은 자에게 문화시설용지 확보를 위하여 부담금을 부과·징수할 수 있다는 부분은 헌법에 위반된다"는 결정을 하였다. 이에 갑은 자신이 이미 납부한 문화시설용지부담금을 되돌려 받고자 한다. 갑이 취할 수 있는 행정소송법상 수단과 그 승소 가능성은?

참고조문

문화시설용지 확보에 관한 특례법(가상의 법률임)
제 2 조(정의) 이 법에서 사용하는 용어의 정의는 다음과 같다.
 2. "개발사업"이라 함은 도시 및 주거환경정비법에 의하여 시행하는 사업 중 300세대 규모 이상의 주택건설용 토지를 조성·개발하는 사업을 말한다.
제 3 조(부담금의 부과·징수) ① 시·도지사는 문화시설용지의 확보를 위하여 개발사업지역에서 단독주택 건축을 위한 토지(공익사업을 위한 토지 등의 취득 및 보상에 관한 법률에 의한 이주용 택지로 분양받은 토지를 제외한다) 또는 공동주택(임대주택을 제외한다) 등을 분양받는 자에게 부담금을 부과·징수할 수 있다.
제 8 조(권한의 위임) ① 시·도지사는 당해 시·도의 조례가 정하는 바에 의하여 제 3 조의 규정에 의한 부담금의 부과·징수에 관한 업무를 시장·군수·구청장(자치구의 구청장을 말한다)에게 위임할 수 있다.

답안작성요령

1. 문제의 제기

⑴ 부담금부과처분의 근거가 되었던 법률이 사후에 위헌으로 결정되자, 이미 납부하였던 부담금을 반환받기 위해 생각할 수 있는 행정소송법상 수단과 그 승소 가능성을 묻고 있다. 이에 답하기 위해 다음의 논점을 검토할 필요가 있다.

⑵ 근거법률의 위헌결정의 효력은 소급하는가? 위헌결정이 바로 부담금부과처분의 효력에 영향을 미치는가?

⑶ 사후에 위헌으로 선언된 법률에 근거한 부담금부과처분의 하자와 그 효과는?

⑷ 부담금부과처분이 무효라고 하면, 이미 납부한 부담금을 반환받기 위해 제기할 수 있는 소송으로 ① 무효를 원인으로 하는 부당이득반환청구소송을 제기하는 방법, ② 무효확인소송의 제기와 아울러 부당이득반환청구소송을 병합 제기하는 방법을 생각할 수 있다.

⑸ 취소할 수 있는 행위라면, ① 단순위법을 원인으로 하는 부당이득반환청구소송을 제기하는 방법, ② 취소소송의 제기와 아울러 부당이득반환청구소송을 병합 제기하는 방법을 생각할 수 있다.

2. 위헌결정의 소급효 인정여부와 인정범위

⑴ 위헌결정의 소급효 인정여부와 인정범위에 관한 일반론을 약술한다.

(2) 위헌법률의 소급효는 법률 그 자체의 효력에 관한 문제이다.

(3) 위헌결정의 소급 여부가 바로 과징금부과처분의 무효 또는 취소를 가져오는 것은 아니다.

3. 사후에 위헌으로 선언된 법률에 근거한 부담금부과처분의 하자와 효과

(1) 하자있는 행위

사후적으로 위헌으로 결정되었고, 또한 그 위헌결정의 효과가 소급하지 아니한다고 하여도, 그러한 법률에 근거한 처분은 내용상 하자가 있는 처분이다.

(2) 하자의 유형과 효과

무효와 취소 일반론을 기술한다.

(3) 설   문

취소할 수 있는 행위이다.

이하에서는 취소할 수 있는 경우와 무효인 경우를 모두 검토하기로 한다.

4. 과징금부과처분이 취소할 수 있는 행위임을 전제로 과징금을 반환받기 위한 소송

(1) 과징금부과처분 취소소송 제기없이 부당이득반환청구소송을 제기하는 방법

과징금부과처분의 단순위법을 선결문제로 힌다

(a) 선결문제 일반론을 약술한다.

(b) 설문에 적용한다.

(i) 법원은 직권으로 취소할 수 없다.

(ii) 과징금부과처분이 유효하게 존재하는바, 과징금납부는 법적근거가 있는 것이므로 부당이득이 아니다.

(c) 반환받을 수 없다.

(2) 과징금부과처분 취소소송과 부당이득반환청구소송을 병합 제기하는 방법

㈎ 취소소송의 소송요건을 약술한다.

㈏ 관련청구소송의 병합

[참고조문] 「행정소송법」 제10조(관련청구소송의 이송 및 병합) ① 취소소송과 다음 각호의 1에 해당하는 소송(이하 "관련청구소송"이라 한다)이 각각 다른 법원에 계속되고 있는 경우에 관련청구소송이 계속된 법원이 상당하다고 인정하는 때에는 당사자의 신청 또는 직권에 의하여 이를 취소소송이 계속된 법원으로 이송할 수 있다.

    1. 당해 처분등과 관련되는 손해배상·부당이득반환·원상회복등 청구소송
    2. 당해 처분등과 관련되는 취소소송
    ② 취소소송에는 사실심의 변론종결시까지 관련청구소송을 병합하거나 피고외의 자를 상대로 한 관련청구소송을 취소소송이 계속된 법원에 병합하여 제기할 수 있다.

ⅰ) 관련청구소송 병합의 의의

청구의 병합이란 하나의 소송절차에서 같은 원고가 같은 피고에 대하여 수개의 청구를 하는 경우(소의 객관적 병합) 소송당사자가 다수가 되는 경우를 말한다(소의 주관적 병합). 행정소송법 제10조 제2항은 소의 주관적 병합과 소의 객관적 병합 및 원시적 병합과 추가적 병합을 모두 인정하고 있다

ⅱ) 관련청구소송 병합의 요건

① 관련청구의 병합은 그 청구를 병합할 취소소송을 전제로 하여 그 항고소송에 관련되는 청구를 병합하는 것이므로, 관련청구소송이 병합될 기본인 취소소송은 적법하여야 한다.

② 행정소송법 제10조 제1항의 관련청구소송이어야 한다.

③ 관련청구의 병합은 사실심변론 종결 전에 하여야 한다.

ⅲ) 반환받을 수 있다.

⑷ 설문에 적용

⒜ 부담금부과처분은 2012. 2. 26, 위헌결정은 2013. 3. 31.이다. 위헌결정을 한 날은 처분이 있은 날부터 1년이 지났다. 따라서 정당한 사유가 없는 한, 제소기간 경과로 인해 부담금부과처분취소소송을 제기하면 각하될 것이다(행소법 제20조 제1항 참조).

⒝ 제소기간 요건이 충족되어 취소소송이 인용되면, 반환받을 수도 있다.

5. 과징금부과처분이 무효임을 전제로 과징금을 반환받기 위한 소송

⑴ 과징금부과처분 무효확인소송 제기 없이 부당이득반환청구소송을 제기하는 방법

⑺ 당사자 소송이다.

⑻ 과징금부과처분의 무효를 선결문제로 한다.

⒜ 선결문제 일반론을 약술한다.

⒝ 설문에 적용한다.

⑼ 관할법원(학설상 행정법원, 판례상 민사법원)

⑽ 반환받을 수 있다.

⑵ 과징금부과처분 무효확인소송과 부당이득반환청구소송을 병합 제기하는 방법

⑺ 무효등확인소송의 소송요건을 약술한다.

⑻ 관련청구소송의 병합

행정소송법 제10조 제2항에 따라 병합하여 제기할 수 있다.

⑼ 반환받을 수 있다.

6. 문제의 해결

위의 4.와 5.를 간략히 정리한다.

[2-54] 제63회 5급공채(2019년)　원고적격, 집행정지, 예방적 금지소송

〈제1문〉　甲은 국립 K대학교의 교수로 재직 중이다. K대학교는 「교육공무원법」 제24조 등 관계 법령 및 「K대학교 학칙」에 근거한 「K대학교 총장임용후보자 선정에 관한 규정」에 따라 총장임용후보자 선정관리위원회 구성, 총장임용후보자 공모, 정책토론회 등의 절차를 거쳐 총장임용추천위원회 투표 결과 가장 많은 득표를 한 甲을 1순위 총장임용후보자로, 그 다음으로 많은 득표를 한 乙을 2순위로 선정하였다. 이에 따라 K대학교는 교육부장관에게 총장임용후보자로 甲을 1순위, 乙을 2순위로 추천하였는데, 장관은 대통령에게 乙만을 총장임용후보자로 제청하였다. 甲은 1순위 임용후보자인 자신이 아닌 2순위 후보자인 乙을 총장으로 임용하는 것은 위법하다고 주장한다.

1) 임용제청을 받은 대통령은 乙을 총장으로 임용하려 한다. 대통령의 임용행위를 저지하기 위해 甲이 취할 수 있는 행정소송상의 수단을 검토하시오.

2) 대통령은 교육부장관의 임용 제청에 따라 乙을 K대학교 총장으로 임용하였다. 대통령의 임용행위의 위법 여부를 검토하시오. (단, 절차적 하자는 제외함)

3) 대통령이 乙을 총장으로 임용한 것에 대하여 총장임용추천위원회 위원으로 학생위원을 추천한 총학생회가 취소소송을 제기한 경우, 총학생회의 원고적격 인정 여부를 검토하시오.

참고조문 현행 관계 법령 등을 사례해결에 적합하도록 수정하였음

교육공무원법

제24조(대학의 장의 임용)　① 대학(「고등교육법」 제2조 각 호의 학교를 말하되, 공립대학은 제외한다)의 장은 해당 대학의 추천을 받아 교육부장관의 제청으로 대통령이 임용한다.

② 제1항 본문에 따른 대학의 장의 임용추천을 위하여 대학에 대학의 장 임용추천위원회(이하 "추천위원회"라 한다)를 둔다.

③ 추천위원회는 해당 대학에서 정하는 바에 따라 다음 각 호의 어느 하나의 방법에 따라 대학의 장 후보자를 선정하여야 한다.

1. 추천위원회에서의 선정

④ 대학의 장 후보자는 대학의 장으로서 요구되는 학식과 덕망을 갖추고 통솔력과 행정능력을 고루 갖춘 사람으로 다음 각 호의 자격을 모두 충족하여야 한다.

1. 법 제10조의4 각 호의 교육공무원 결격 사유가 없는 사람

⑤ 추천위원회의 구성·운영 등에 필요한 사항은 대통령령으로 정한다.

교육공무원임용령

제12조의2(대학의 장의 추천)　대학은 법 제24조 제1항 또는 제55조 제1항의 규정에 의하여 대학의 장의 임용추천을 할 때에는 2인 이상의 후보자를 대학의 장의 임기만료일 30일전까지 교육부장관에게 추천하여야 한다.

제12조의3(대학의 장 임용추천위원회의 구성 및 운영)　① 법 제24조 제2항에 따른 대학의 장 임용추천위원회(이하 "추천위원회"라 한다)는 다음 각 호의 사람 중에서 해당 대학의 학칙으로 정하는 바에 따라 10명 이상 50명 이하의 위원으로 구성한다.

3. 해당 대학의 재학생

② 추천위원회의 위원에는 제1항 각 호에 해당하는 위원이 각 1명 이상 포함되어야 한다.

③ 추천위원회의 운영 등에 필요한 세부사항은 해당 대학의 학칙으로 정한다.

고등교육법

제6조(학교규칙)　① 학교의 장은 법령의 범위에서 학교규칙(이하 "학칙"이라 한다)을 제정하거나 개정할 수 있다.

② 학칙의 기재사항, 제정 및 개정 절차 등 필요한 사항은 대통령령으로 정한다.

제12조(학생자치활동)　학생의 자치활동은 권장·보호되며, 그 조직과 운영에 관한 기본적인 사항은 학칙으로 정한다.

「고등교육법 시행령」
제 4 조(학칙) ① 법 제 6 조에 따른 학교규칙(이하 "학칙"이라 한다)에는 다음 각 호의 사항을 기재하여야 한다.
　10. 학생회 등 학생자치활동
「K대학교 학칙」
제12조(총장) ③ 총장후보자는 공모에 의한 방법으로 선정하되, 총장임용추천위원회를 두어 추천하며 세부사항은 따로
　정한다.
제92조(학생활동) ① 학생은 학생회구성 등 자치활동을 할 수 있다.
「K대학교 총장임용후보자 선정에 관한 규정」
제 4 조(추천위원회의 구성) ③ 추천위원회는 다음 각 호에 해당하는 총 30인의 위원으로 구성한다.
　3. 학생위원 2인
제 5 조(추천위원회 위원의 선정) ③ 제 4 조 제 3 항 제 3 호의 학생위원 2인은 총학생회가 추천한다.

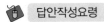 **답안작성요령**

Ⅰ. 대통령의 임용행위를 저지하기 위해 甲이 취할 수 있는 행정소송상의 수단

1. 문제의 제기
국립대학교 총장은 해당 대학의 추천을 받아 교육부장관의 제청으로 대통령이 임용한다($\binom{교육공무원법}{제24조 제 1 항}$). 따라서 임용을 저지하기 위한 행정쟁송은 임용 전에 이루어져야 한다. 그러한 방식으로 교육부장관 제청의 효력을 정지시키거나($\binom{집행}{정지}$), 대통령이 임용행위를 하지 말 것을 사전 예방적으로 구하는 방법($\binom{예방적}{금지소송}$)을 생각할수 있다. 물론 이를 위해 甲은 원고적격을 가져야 한다.

2. 甲의 원고적격 유무
(1) 원고적격의 의의($\binom{내용은 본}{문 참조}$)
(2) 甲은 K대학교 총장의 임용에 있어서 경쟁자의 지위에 있는 바 원고적격이 인정된다.

3. 집행정지의 신청
(1) 집행정지 신청의 의의($\binom{내용은 본}{문 참조}$)
(2) 임용제청행위의 처분성($\binom{처분성 관련 내}{용은 본문 참조}$)
(3) 소결($\binom{처분성 유무에}{따른 결론 기술}$)($\binom{처분성이 있다고 하는}{경우, 본안제소 필요}$)

4. 예방적 금지소송
(1) 예방적 금지소송의 의의($\binom{내용은 본}{문 참조}$)
(2) 인정 여부 학설/판례($\binom{내용은 본}{문 참조}$)
(3) 소결($\binom{인정 여부에 따}{른 결론 기술}$), 행정소송법 개정 논의 추가

5. 결　　론

Ⅱ. 대통령의 임용행위의 위법 여부

1. 문제의 제기
설문에 답하기 위해서는 ① 총장 임용행위의 법적 성질($\binom{형성적 행위, 재량}{행위/판단여지}$), ② 임용제청이나 총장임용제의 결정이 정당하기 위한 요건에 대한 검토가 필요하다.

2. 설권적 행위($\binom{내용은 본}{문 참조}$)

3. 재량행위
(1) 재량행위 일반론($\binom{의의, 기속행위·판단여지와}{구별 등, 내용은 본문 참조}$)

(2) 재량행위의 위법성 판단

(3) 소결$\binom{\text{사안에}}{\text{적용}}$

교육공무원법 제24조 제 4 항 본문의 판단여지, 총장임용행위의 재량성, 학교총장후보추천의 구속 여부에 대한 판단을 기술한 후 수험자가 자신의 결론을 기술한다.

Ⅲ. 총학생회의 원고적격 인정 여부

1. 문제의 제기

총장후보자 임용추천위원회의 구성에 관여한 총학생회가 B에 대한 대통령의 임용처분의 취소를 구할 법률상 이익이 있는지 여부가 문제된다.

2. 원고적격

(1) 원고적격 일반론$\binom{\text{내용은 본}}{\text{문 참조}}$

(2) 총학생회가 법률상 이익의 주체인지 여부

[참고판례] 민사소송법 제48조가 비법인의 당사자능력을 인정하는 것은 법인이 아닌 사단이나 재단이라도 사단 또는 재단으로서의 실체를 갖추고 대표자 또는 관리인을 통하여 사회적 활동이나 거래를 하는 경우에는, 그로 인하여 발생하는 분쟁은 그 단체의 이름으로 당사자가 되어 소송을 통하여 해결하게 하고자 함에 있다 할 것이므로 여기서 말하는 사단이라 함은 일정한 목적을 위하여 조직된 다수인의 결합체로서 대외적으로 사단을 대표할 기관에 관한 정함이 있는 단체를 말한다($\binom{\text{대판 1999. 4. 23,}}{\text{99다4504}}$).

(3) 총학생회가 법률상 이익을 갖는지 여부

(가) 긍정설을 취하는 경우의 논거

• 대통령의 총장임용권의 근거 및 절차에 관한 직접적인 근거 규정($\binom{\text{교육공무원법 제24조 제 2 항, 교육공무원임용령 제}}{\text{12조의3 제 1 항 제 3 호, 교육공무원임용령 제12조의}}$ 3 제 3 항과 이에 근거하여 마련된 K대학교 학칙 및 K대학교 총장임용후보자 선정에 관한 규정)은 임용추천위원회에 재학생의 참여기회를 보장하고 있다.

• 대학의 자율성을 보장하고 있는 헌법 제31조 제 4 항과 학생의 자치활동을 보장하는 고등교육법 제 6 조, 제12조, 고등교육법 시행령 제 4 조 제 1 항 제10호 등 관련 법령은 대학의 자치를 보호하고 있다. 대학의 자치는 학생회의 자치를 포함한다.

• 따라서 총학생회의 참여권은 이 사건 근거법령 및 관련법령이 보호하는 이익에 해당한다.

(나) 부정설을 취하는 경우의 논거

총학생회가 추천권을 부여하고 있는 K대학교 선정규정은 법령이 아닌 내부규정에 불과하므로 이 사건 처분의 근거법령이 직접적으로 총학생회의 참여권을 보장하는 것으로 볼 수 없다.

(다) 소   결

3. 문제의 해결

SECTION 3 행정법각론(특별행정법)

[3-1] 제56회 사법시험(2014년) 권한의 내부위임과 피고적격 등

A시의 X구(자치구 아닌 구) 주민들은 노후 주택재개발을 위하여 추진위원회를 구성하여 조합설립 준비를 하였다. 추진위원회는 토지소유자 4분의 3 이상의 동의를 받아 조합설립결의를 거쳐 설립인가를 신청하였다. 한편, A시 시장 을은 법령상 위임규정이 없으나, X구 구청장 병에게 조합설립인가에 관한 권한을 내부위임하고 이에 따라 병이 자신의 이름으로 조합설립인가를 하였다.
2) 갑 등이 병이 한 조합설립인가처분의 효력을 다투고자 행정소송을 제기하는 경우에, 피고적격과 승소 가능성을 검토하시오.

 답안작성요령

1. 문제의 제기
(1) 설문에서 피고적격의 문제는 내부위임에 따른 행위의 경우에 누가 정당한 피고인가를 쟁점으로 한다.
(2) 승소가능성을 살피기 위해서는 일반적으로 제소요건과 본안요건을 모두 검토하여야 하지만, 설문에서는 행정행위(조합설립인가처분)의 적법요건 중 주체요건의 하자만 나타나므로 이를 중심으로 살피기로 한다.

2. 피고적격
(1) 피고적격 일반론
(2) 내부위임
(가) 의   의
(나) 종   류
(다) 권한의 위임과 구별
(라) 내부위임의 경우, 권한행사방식의 위반의 효과
– 수임자의 명의로 처분을 한 경우
– 전결권자가 아닌 자가 처분을 한 경우
(3) 설문에 적용한다. 구청장은 조합설립인가에 관한 권한을 내부위임 받았을 뿐이므로 구청장이 자신의 이름으로 조합설립인가를 하였다면 구청장이 피고가 된다.

3. 조합설립인가처분의 하자
(1) 하자의 사유
구청장이 자신의 이름으로 조합설립인가를 한 것은 조합설립인가의 적법요건 중 주체요건의 하자가 된다.
(2) 하자의 정도
(가) 무효와 취소의 일반론을 약술한다.
(나) 무권한의 행위는 일반적으로 무효사유로 본다(중대명백설, 판례).

4. 문제의 해결
갑 등이 병이 한 조합설립인가처분의 효력을 다투는 행정소송을 제기하면 승소할 수 있다.

[3-2] 제61회 5급공채(일반행정)(2017년)　주민소송

〈제3문〉　A시에서 B백화점을 경영하고 있는 甲은 A시의 乙시장에게 A시 소유 지하도에서 B백화점으로 연결하는 연결통로 및 에스컬레이터 설치를 위한 도로점용허가를 신청하였고, 乙시장은 위 시설물을 건설하여 이를 A시에 기부채납할 것을 조건으로 20년간 도로점용을 허가하였다. 甲은 위 시설물을 건설하여 A시에 기부채납하였고, 그 시설물은 일반 공중의 교통에도 일부 이용되었지만 주로 백화점 고객들이 이용하고 있다. 그 후 새로 A시 시장으로 취임한 丙은 A시 관할의 도로점용허가 실태에 대하여 조사를 실시한 결과 甲이 원래 허가받은 것보다 3분의 1 정도 더 넓은 면적의 도로를 점용하고 있을 뿐만 아니라 연결통로의 절반에 해당하는 면적에 B백화점의 매장을 설치하여 이용하고 있음을 확인하고 甲에게 「도로법」 제72조에 근거하여 변상금을 부과하였다. 다음 물음에 답하시오.

1) 생략 – PART 4 [3-18]을 보라.

2) 한편 주민 丁은 A시 乙시장의 甲에 대한 도로점용허가가 사실상 도로의 영구점용을 허용하는 것이므로 도로점용허가 자체가 위법하다고 주장하면서 A시를 관할하는 도지사에게 감사청구를 하였으나, 그 주장은 받아들여지지 아니하였다. 丁은 「지방자치법」상의 주민소송을 제기할 수 있는가?

참고조문

지방자치법 제22조(주민소송) ① 제21조 제1항에 따라 공금의 지출에 관한 사항, 재산의 취득·관리·처분에 관한 사항, 해당 지방자치단체를 당사자로 하는 매매·임차·도급 계약이나 그 밖의 계약의 체결·이행에 관한 사항 또는 지방세·사용료·수수료·과태료 등 공금의 부과·징수를 게을리한 사항을 감사청구한 주민은 다음 각 호(생략)의 어느 하나에 해당하는 경우에 그 감사청구한 사항과 관련이 있는 위법한 행위나 업무를 게을리 한 사실에 대하여 해당 지방자치단체의 장(해당 사항의 사무처리에 관한 권한을 소속 기관의 장에게 위임한 경우에는 그 소속 기관의 장을 말한다. 이하 이 조에서 같다)을 상대방으로 하여 소송을 제기할 수 있다.

② 제1항에 따라 주민이 제기할 수 있는 소송은 다음 각 호와 같다.

1. 생략

2. 행정처분인 해당 행위의 취소 또는 변경을 요구하거나 그 행위의 효력 유무 또는 존재 여부의 확인을 요구하는 소송

3. 생략

4. 생략

🎁 답안작성요령

1. 문제의 제기

설문은 주민 丁이 지방자치법 제22조의 주민소송을 제기할 수 있는가의 여부를 묻고 있는바, 이하에서 지방자치법상 주민소송을 살펴보고 설문에 답하기로 한다.

2. 지방자치법상 주민소송

(1) 의　　의

지방자치법 제21조 제1항에 따라 공금의 지출에 관한 사항 등을 감사청구한 주민은 그 감사청구한 사항과 관련이 있는 위법한 행위나 업무를 게을리 한 사실에 대하여 해당 지방자치단체의 장을 상대방으로 하여 소송을 제기할 수 있는바, 이러한 소송을 주민소송이라 한다.

(2) 당사자 등 $\binom{원고, 피고,}{이해관계자}\binom{지방자치법 제22조}{제1항, 제10항}$

(3) 소의 대상 $\binom{지방자치법 제}{22조 제1항}$

(4) 소송유형 $\binom{지방자치법 제}{22조 제2항}$

(5) 제소기간($\binom{지방자치법 제}{22조 제 4 항}$)

(6) 관할법원($\binom{지방자치법 제}{22조 제 9 항}$)

제 2 항에 따른 소송은 해당 지방자치단체의 사무소 소재지를 관할하는 행정법원($\binom{행정법원이 설치되지 아니한 지역}{에서는 행정법원의 권한에 속하는}$ 사건을 관할하는 지방 법원본원을 말한다)의 관할로 한다.

3. 문제의 해결

(1) 원고적격 요건 구비 여부

丁은 감사청구를 한 주민으로서 원고적격을 갖는다.

(2) 소의 대상 요건 구비 여부

당해 사건은 지방자치법 제22조 제 1 항의 재산의 취득·관리·처분에 관한 사항에 해당한다.

> 주민소송 제도는 지방자치단체 주민이 지방자치단체의 위법한 재무회계행위의 방지 또는 시정을 구하거나 그로 인한 손해의 회복 청구를 요구할 수 있도록 함으로써 지방자치단체의 재무행정의 적법성과 지방재정의 건전하고 적정한 운영을 확보하려는 데 목적이 있다. 그러므로 주민소송은 원칙적으로 지방자치단체의 재무회계에 관한 사항의 처리를 직접 목적으로 하는 행위에 대하여 제기할 수 있고, 지방자치법 제17조(현행법 제22조) 제 1 항에서 주민소송의 대상으로 규정한 '재산의 취득·관리·처분에 관한 사항'에 해당하는지도 그 기준에 의하여 판단하여야 한다. 특히 도로 등 공물이나 공공용물을 특정 사인이 배타적으로 사용하도록 하는 점용허가가 도로 등의 본래 기능 및 목적과 무관하게 그 사용가치를 실현·활용하기 위한 것으로 평가되는 경우에는 주민소송의 대상이 되는 재산의 관리·처분에 해당한다($\binom{대판 2016. 5. 27.}{2014두8490}$).

(3) 적합한 소송유형의 유무

지방자치법 제22조 제 2 항 제 2 호는 "행정처분인 해당 행위의 취소 또는 변경을 요구하거나 그 행위의 효력 유무 또는 존재 여부의 확인을 요구하는 소송" 형식을 규정하고 있다.

(4) 제소기간 요건 구비 여부

설문의 사실관계에서 제소기간·관련된 사항은 찾아보기 어렵다. 이에 관한 논의는 생략한다.

(5) 설문의 관할법원

A시가 소속하는 지방자치단체의 사무소 소재지를 관할하는 행정법원($\binom{행정법원이 설치되지 아니한 지역에서는 행정법원}{의 권한에 속하는 사건을 관할하는 지방법원본원}$을 말한다)이 관할법원이 된다.

(6) 결   론

당해 사안은 지방자치법 제22조의 주민소송의 대상이 되는바, 원고적격을 가진 丁은 A시가 소속하는 지방자치단체의 사무소 소재지를 관할하는 행정법원(생략)에 지방자치법 제22조 제 2 항 제 2 호가 정하는 "행정처분인 해당 행위의 취소 또는 변경을 요구하거나 그 행위의 효력 유무 또는 존재 여부의 확인을 요구하는 소송"을 제기할 수 있다.

[3-2a] 제10회 변호사시험(2021년) 주민소송

〈제1문의2〉 甲은 2010. 6. 실시된 지방선거에서부터 2018. 6. 실시된 지방선거에서까지 세 차례 연속하여 A시의 시장으로 당선되어 2022. 6.까지 12년간 연임하게 되었다. (생략) 한편, 甲의 후원회 회장은 자신이 운영하는 주유소 확장 공사를 위하여 보도의 상당 부분을 점하는 도로점용허가를 신청하였고, 甲은 이를 허가하였다. A시의 주민 丙은 甲이 도로 본래의 기능과 목적을 침해하는 과도한 범위의 도로점용을 허가하였다고 주장하며, 이 도로점용허가(이하 '이 사건 허가'라 한다)에 대하여 다투고자 한다.
4. 丙은 위 3.의 취소소송과는 별도로 주민소송을 제기하고자 한다. 이때 주민소송이 가능한 요건을 검토하고, 주민소송이 가능하다면 어떤 종류의 주민소송을 제기하여야 하는지 검토하시오.

참고조문

지방자치법
제22조(주민소송) ① 제21조 제1항에 따라 공금의 지출에 관한 사항, 재산의 취득·관리·처분에 관한 사항, 해당 지방자치단체를 당사자로 하는 매매·임차·도급 계약이나 그 밖의 계약의 체결·이행에 관한 사항 또는 지방세·사용료·수수료·과태료 등 공금의 부과·징수를 게을리한 사항을 감사 청구한 주민은 다음 각 호의 어느 하나에 해당하는 경우에 그 감사 청구한 사항과 관련이 있는 위법한 행위나 업무를 게을리한 사실에 대하여 해당 지방자치단체의 장(해당 사항의 사무처리에 관한 권한을 소속 기관의 장에게 위임한 경우에는 그 소속 기관의 장을 말한다. 이하 이 조에서 같다)을 상대방으로 하여 소송을 제기할 수 있다.
1. 주무부장관이나 시·도지사가 감사 청구를 수리한 날부터 60일(제21조 제9항 단서에 따라 감사기간이 연장된 경우에는 연장된 기간이 끝난 날을 말한다)이 지나도 감사를 끝내지 아니한 경우
2. 제21조 제9항 및 제10항에 따른 감사 결과 또는 같은 조 제12항에 따른 조치 요구에 불복하는 경우
3. 제21조 제12항에 따른 주무부장관이나 시·도지사의 조치 요구를 지방자치단체의 장이 이행하지 아니한 경우
4. 제21조 제12항에 따른 지방자치단체의 장의 이행 조치에 불복하는 경우
② 제1항에 따라 주민이 제기할 수 있는 소송은 다음 각 호와 같다.
1. 해당 행위를 계속하면 회복하기 어려운 손해를 발생시킬 우려가 있는 경우에는 그 행위의 전부나 일부를 중지할 것을 요구하는 소송
2. 행정처분인 해당 행위의 취소 또는 변경을 요구하거나 그 행위의 효력 유무 또는 존재 여부의 확인을 요구하는 소송
3. 게을리한 사실의 위법 확인을 요구하는 소송
4. 해당 지방자치단체의 장 및 직원, 지방의회의원, 해당 행위와 관련이 있는 상대방에게 손해배상청구 또는 부당이득 반환청구를 할 것을 요구하는 소송. 다만, 그 지방자치단체의 직원이「회계관계직원 등의 책임에 관한 법률」제4조에 따른 변상책임을 져야 하는 경우에는 변상명령을 할 것을 요구하는 소송을 말한다.

답안작성요령

1. 문제의 제기
설문은 丙이 지방자치법 제22조가 규정하는 주민소송을 제기할 수 있는지 여부를 논점으로 한다.

2. 주민소송 제소요건 검토
(1) 주민소송의 대상(지자법 제21조 제1항)
(2) 주민소송의 당사자(지자법 제22조 제1항)
(3) 주민소송의 사유(지자법 제22조 제1항)
(4) 주민소송의 제소기간(지자법 제22조 제4항)
(5) 주민소송의 관할법원(지자법 제22조 제9항)

3. 주민소송의 종류 검토

(1) 주민소송 종류 개관$\binom{\text{지자법 제22}}{\text{조 제 2 항}}$

(2) 甲이 소송을 제기하려는 취지$\binom{\text{도로점용허가의}}{\text{취소 또는 무효}}$

(3) 소결$\binom{\text{甲은 주민소송요건을 구비한다면, 지방자치}}{\text{법 제22조 제 2 항 제 2 호를 제기할 수 있다}}$.

4. 문제의 해결

[3-2b] 제11회 변호사시험(2022년) 조례 개정 관련 주민참여

〈제 2 문〉 甲은 A군 소재 농지에서 농업경영을 하던 중 양돈업을 시작하고자 한다. A군의 군수 乙은 2021. 5.경 「가축분뇨의 관리 및 이용에 관한 법률」 제 8 조 제 1 항 및 「A군 가축사육 제한에 관한 조례」(이하 '이 사건 조례'라 한다) 제 3 조 제 2 항에 의거하여 「A군 가축사육 제한구역 지정 고시」(이하 '이 사건 고시'라 한다)를 발령하였다. 이 사건 고시 제 4 조 제 3 호에 의하면, "도로(고속국도, 일반국도, 지방도, 군도)나 철도, 농어촌도로 경계선으로부터 가축 사육 시설 건축물 외벽까지 직선거리 200m 이내 지역"을 가축사육 제한구역의 하나로 정하고 있다.

축사 예정지로 삼고 있는 甲의 토지는 주거 밀집지역인 농가에서 1km 이상 벗어나 있는데 甲이 짓고자 하는 축사의 외벽은 지방도 경계선으로부터 직선거리 200m 이내에 소재하고 있어 가축사육 제한구역에 편입되게 되었다.

甲은 2021. 11. 30. 돼지를 사육하려고 乙에게 축사 건축허가를 신청하였다. 그러나 乙은 2021. 12. 15. 이 사건 조례 제 3 조 및 이 사건 고시 제 4 조 제 3 호에 의거하면 축사 예정지가 가축사육 제한구역에 해당 하여 여기에 축사를 건축할 수 없다는 이유로 허가를 거부하는 처분(이하 '이 사건 처분'이라고 한다)을 하였다.

乙은 이 사건 처분을 함에 있어서 「행정절차법」에 따른 사전통지를 하지 않았고, 「행정심판법」상 처분의 상대방에게 알려야 하는 행정심판 청구가능성, 그 절차 및 청구기간도 알리지 않았다.

1. 생략–PART 4 [1–11a]를 보라.

2. 생략–PART 4 [2–0a]를 보라

3. 甲을 비롯한 A군의 주민 과반수는 이 사건 조례가 가축사육 제한구역을 지나치게 광범위하게 규정하여 농업경영인의 경제활동을 너무 많이 제약한다는 이유에서 이를 보다 완화하는 내용으로 개정되어야 한다고 생각하고 있다. 甲을 비롯한 A군의 위 주민들이 행사할 수 있는 「지방자치법」상 권리를 모두 검토하시오. (단, 주민감사청구권과 주민 소환권은 논의에서 제외함)

4. 생략–PART 4 [3–3a]를 보라

답안작성요령

1. 지방자치법상 조례개정 관련 주민의 권리 개관

2. 조례제정 · 개정 · 폐지 청구권(상세는 본책 중 해당 부분을 보라)

3. 기타 권리(상세는 본책 중 해당 부분을 보라)

(1) 정책 결정 · 집행 과정에 참여권

(2) 선거권

(3) 청원권

[3-3] 제58회 사법시험(2016년) 조례의 적법요건, 조례의 통제

〈제2문의 1〉「사설묘지 등의 설치에 관한 법률」은 국가사무인 사설묘지 등의 설치허가를 시·도지사에게 위임하면서, 설치허가를 받기 위해서는 사설묘지 등의 설치예정지역 인근주민 2분의 1 이상의 찬성을 얻도록 규정하고 있다. X도의 도지사 갑은 「X도 사무위임조례」에 따라 사설묘지 등의 설치에 관한 사무의 집행을 관할 Y군의 군수 을에게 위임하였다. Y군의 군의회는 을이 사설묘지 등의 설치를 허가하기 위해서는 사설묘지 설치예정지역 인근주민 3분의 2 이상의 찬성을 얻도록 하는 내용의 「Y군 사설묘지 등 설치허가 시 주민동의에 관한 조례안(이하 '이 사건 조례안'이라 한다)」을 의결하였다. 이에 을은 이 사건 조례안이 위법하다는 이유로 Y군 군의회에 재의를 요구하였으나, Y군 군의회는 원안대로 이를 재의결하였다.

(1) 이 사건 조례안은 적법한가?

(2) 재의결된 이 사건 조례안에 대하여 갑과 을이 취할 수 있는 통제방법은 각각 무엇인가?

※「사설묘지 등의 설치에 관한 법률」과「Y군 사설묘지 등 설치허가 시 주민동의에 관한 조례안」은 가상의 것임

🖱 답안작성요령

■ [제2문의1] (1)의 답안작성요령

1. 문제의 제기

⑴ 조례가 적법하기 위해서는 주체·절차·형식·이송·공포요건과 내용요건을 구비하여야 한다. 설문에서는 군수에게 위임된 권한에 관해 지방의회가 조례로 정하였다는 점이 문제로 보이는데, 이것은 내용요건의 문제가 된다.

⑵ 조례의 적법요건으로서 내용요건과 관련하여서는 조례의 대상사무, 내용상 한계, 형식상 한계를 살펴볼 필요가 있다.

2. 조례제정권의 범위

(1) 대상사무

㈎ 지방자치단체 사무의 종류

㈏ 기관위임사무의 의의

㈐ 지방의회의 조례제정 대상 사무

(2) 내용상 한계

㈎ 조례와 법률유보

㈏ 조례와 법률우위

㈐ 초과조례의 위법성$\binom{\text{법률우위의 원칙의 위반 여}}{\text{부의 판단기준 부분 참조}}$

(3) 형식상 한계-기관위임사무 재위임의 위법성

㈎ 국가의 기관사무를 재위임하는 경우, 위임기관의 장의 승인을 받아야 한다$\binom{\text{임탁정}}{\text{제 4 조}}$.

㈏ 지방자치단체의 기관사무를 재위임하는 경우, 미리 그 사무를 위임하거나 위탁한 기관의 장의 승인을 받아야 한다$\binom{\text{지자법 제117}}{\text{조 제 4 항}}$.

㈐ 대판 1995. 11. 14. 94누13572.

3. 문제의 해결

Y군 군의회가 재의결한 조례안은 조례규정 대상 사무가 아니라는 점, 설령 조례규정 대상 사무라 하여도 위임기관의 사전 승인을 받지 않았다는 점 등으로 인해 위법하다.

■ [제 2 문의1] (2)의 답안작성요령

참고조문

「지방자치법」

제192조(지방의회 의결의 재의와 제소) ⑤ 주무부장관이나 시·도지사는 재의결된 사항이 법령에 위반된다고 판단됨에도 불구하고 해당 지방자치단체의 장이 소를 제기하지 아니하면 시·도에 대해서는 주무부장관이, 시·군 및 자치구에 대해서는 시·도지사(제 2 항에 따라 주무부장관이 직접 재의 요구 지시를 한 경우에는 주무부장관을 말한다. 이하 이 조에서 같다)가 그 지방자치단체의 장에게 제소를 지시하거나 직접 제소 및 집행정지결정을 신청할 수 있다.

⑥ 제 5 항에 따른 제소의 지시는 제 4 항의 기간이 지난 날부터 7일 이내에 하고, 해당 지방자치단체의 장은 제소 지시를 받은 날부터 7일 이내에 제소하여야 한다.

⑦ 주무부장관이나 시·도지사는 제 6 항의 기간이 지난 날부터 7일 이내에 제 5 항에 따른 직접 제소 및 집행정지결정을 신청할 수 있다.

⑧ 제 1 항 또는 제 2 항에 따라 지방의회의 의결이 법령에 위반된다고 판단되어 주무부장관이나 시·도지사로부터 재의 요구 지시를 받은 해당 지방자치단체의 장이 재의를 요구하지 아니하는 경우(법령에 위반되는 지방의회의 의결사항이 조례안인 경우로서 재의 요구 지시를 받기 전에 그 조례안을 공포한 경우를 포함한다)에는 주무부장관이나 시·도지사는 제 1 항 또는 제 2 항에 따른 기간이 지난 날부터 7일 이내에 대법원에 직접 제소 및 집행정지 결정을 신청할 수 있다.

제32조(조례와 규칙의 제정 절차 등) ③ 지방자치단체의 장은 이송받은 조례안에 대하여 이의가 있으면 제 2 항의 기간에 이유를 붙여 지방의회로 환부(還付)하고, 재의(再議)를 요구할 수 있다. 이 경우 지방자치단체의 장은 조례안의 일부에 대하여 또는 조례안을 수정하여 재의를 요구할 수 없다.

⑥ 지방자치단체의 장은 제 4 항과 제 5 항에 따라 확정된 조례를 지체 없이 공포하여야 한다. ….

제120조(지방의회의 의결에 대한 재의요구와 제소) ① 지방자치단체의 장은 지방의회의 의결이 월권이거나 법령에 위반되거나 공익을 현저히 해친다고 인정되면 그 의결사항을 이송받은 날부터 20일 이내에 이유를 붙여 재의를 요구할 수 있다.

② 제 1 항의 요구에 대하여 재의한 결과 재적의원 과반수의 출석과 출석의원 3분의 2 이상의 찬성으로 전과 같은 의결을 하면 그 의결사항은 확정된다.

③ 지방자치단체의 장은 제 2 항에 따라 재의결된 사항이 법령에 위반된다고 인정되면 대법원에 소(訴)를 제기할 수 있다. 이 경우에는 제192조 제 4 항을 준용한다.

1. 문제의 제기

조례(안)에 대한 통제방법은 여러 종류가 있으나, 설문은 감독청(X도의 도지사)에 의한 통제와 해당 지방자치단체장(Y군의 군수)에 의한 통제수단을 묻고 있는바, 이에 관해 검토한다.

2. X도지사의 통제방법(지방자치법 제192조 관련)

(1) 제소지시

(2) 직접제소와 집행정지

3. Y군수의 통제방법(지방자치법 제32조, 제120조 관련)

(1) 직접제소와 집행정지

(2) 지방자치단체장의 공포거부권

4. 문제의 해결

위의 2.와 3.의 결론을 정리한다.

[3-3a] 제11회 변호사시험(2022년) 조례와 법률의 관계, 위임입법의 한계

〈제1문〉 甲은 A군 소재 농지에서 농업경영을 하던 중 양돈업을 시작하고자 한다. A군의 군수 乙은 2021. 5.경 「가축분뇨의 관리 및 이용에 관한 법률」 제8조 제1항 및 「A군 가축사육 제한에 관한 조례」(이하 '이 사건 조례'라 한다) 제3조 제2항에 의거하여 「A군 가축사육 제한구역 지정 고시」(이하 '이 사건 고시'라 한다)를 발령하였다. 이 사건 고시 제4조 제3호에 의하면, "도로(고속국도, 일반국도, 지방도, 군도)나 철도, 농어촌도로 경계선으로부터 가축 사육 시설 건축물 외벽까지 직선거리 200m 이내 지역"을 가축사육 제한구역의 하나로 정하고 있다.

축사 예정지로 삼고 있는 甲의 토지는 주거 밀집지역인 농가에서 1km 이상 벗어나 있는데 甲이 짓고자 하는 축사의 외벽은 지방도 경계선으로부터 직선거리 200m 이내에 소재하고 있어 가축사육 제한구역에 편입되게 되었다.

甲은 2021. 11. 30. 돼지를 사육하려고 乙에게 축사 건축허가를 신청하였다. 그러나 乙은 2021. 12. 15. 이 사건 조례 제3조 및 이 사건 고시 제4조 제3호에 의거하면 축사 예정지가 가축사육 제한구역에 해당하여 여기에 축사를 건축할 수 없다는 이유로 허가를 거부하는 처분(이하 '이 사건 처분'이라고 한다)을 하였다.

乙은 이 사건 처분을 함에 있어서 「행정절차법」에 따른 사전통지를 하지 않았고, 「행정심판법」상 처분의 상대방에게 알려야 하는 행정심판 청구가능성, 그 절차 및 청구기간도 알리지 않았다.

1. 생략—PART 4 [1-11a]를 보라.

2. 생략—PART 4 [2-0a]를 보라

3. 생략—PART 4 [3-2b] 를 보라

4. 甲은 이 사건 처분에 대하여 불만을 품고 「헌법재판소법」 제68조 제1항에 의한 헌법소원심판 청구를 검토하였다. 그 결과 甲은 「가축분뇨의 관리 및 이용에 관한 법률」 제8조가 가축사육 제한에 관하여 이 사건 조례에 위임한 것은 「지방자치법」 제22조 단서에 따른 것이나, 「지방자치법」 제22조 단서는 헌법에 위반되고, 설령 동 조항을 합헌으로 보더라도 해당 위임은 위임입법의 한계를 일탈한 것이 명백하며, 나아가 이 사건 고시는 자신의 직업의 자유를 침해한다고 주장한다. 甲의 주장이 타당한지 여부를 검토하시오. (단, 「헌법재판소법」 제68조 제1항에 의한 헌법소원심판 청구의 적법요건은 논하지 말 것)

📋 답안작성요령

1. 「지방자치법」 제22조 단서의 위헌 여부

(1) 문제상황

(2) 학   설

(3) 판   례

(4) 소   결

2. 위임입법의 한계로서 포괄적 위임의 금지(상세는 본책 중 위임명령의 한계 부분을 보라)

(1) 포괄적 위임의 금지의 의의

(2) 구체적으로 범위를 정하여(의의, 사례에 적용)

(3) 예측가능성(의의, 사례에 적용)

[3-4] 제 4 회 변호사시험(2015년) 초과조례 등

〈제 2 문의 2〉 조례로 정하고자 하는 특정사항에 관하여 이미 법률이 그 사항을 규율하고 있는 경우에, 지방자치단체는 법률이 정한 기준보다 더 강화되거나 더 약화된 기준을 조례로 제정할 수 있는가?

답안작성요령

1. 문제의 제기

설문은 조례의 법률과의 관계에 대한 해명이 있어야 답할 수 있는바, 아래에서 먼저 법률과 조례의 관계를 검토한 후, 설문에 답하기로 한다.

2. 법치행정의 원칙과 조례의 관계

[참고조문] **행정기본법 제 8 조(법치행정의 원칙)** 행정작용은 법률에 위반되어서는 아니 되며, 국민의 권리를 제한하거나 의무를 부과하는 경우와 그 밖에 국민생활에 중요한 영향을 미치는 경우에는 법률에 근거하여야 한다.

지방자치법 제28조(조례) ① 지방자치단체는 법령의 범위에서 그 사무에 관하여 조례를 제정할 수 있다. 다만, 주민의 권리 제한 또는 의무 부과에 관한 사항이나 벌칙을 정할 때에는 법률의 위임이 있어야 한다.

② 법령에서 조례로 정하도록 위임한 사항은 그 법령의 하위 법령에서 그 위임의 내용과 범위를 제한하거나 직접 규정할 수 없다.

(1) 의 의
(2) 법률의 우위의 원칙과 조례(조례에 당연히 적용된다)
(3) 법률의 유보의 원칙과 조례(판례는 지방자치법 제28조 제 1 항 단서를 합헌으로 본다)

3. 문제의 해결

(1) 조례규정사항과 관련된 법령의 규정이 없는 경우

조례규정사항과 관련된 법령의 규정이 없거나 조례와 법령의 입법목적이 다른 경우는 일반적으로 지방자치법 제28조 제 1 항 단서의 법률유보의 원칙에 반하지 않는 한 조례로 규정할 수 있다.

따라서 지방자치법 제28조 제 1 항 단서에 반하지 아니하는 한, 지방자치단체는 법률이 정하는 기준보다 강화된 기준을 정하는 조례나 약화된 기준을 정하는 조례를 정할 수 있다.

(2) 조례규정사항과 관련된 법령의 규정이 있는 경우

(가) 추가조례

(a) 추가조례의 의의

조례와 법령의 입법목적은 동일하지만, 법령이 정하지 아니한 사항을 정하는 조례를 추가조례라 한다.

(b) 기준을 강화하는 추가조례의 제정가능성

① 주민의 권익을 침해하는 조례의 경우, 기준의 강화가 주민의 권익침해를 보다 어렵게 하는 것이라면, 기준의 강화는 주민에게 수익적이므로, 법령의 취지가 지방자치단체의 실정에 맞도록 별도 규율을 용인하려는 것이라면 지방자치단체는 그러한 조례를 정할 수 있다.

② 주민에게 수익을 가져오는 조례의 경우, 기준의 강화가 주민에게 수익 부여를 보다 어렵게 하는 것이라면, 기준의 강화는 주민에게 침익적이므로 지방자치법 제28조 제 1 항 단서에 반하지 아니하는 범위 안에서 지방자치단체는 그러한 조례를 정할 수 있다.

(c) 기준을 약화하는 추가조례의 제정가능성

① 주민의 권익을 침해하는 조례의 경우, 기준의 약화가 주민의 권익침해를 보다 쉽게 하는 것이라면, 기준의 약화는 주민에게 침익적이므로, 지방자치법 제28조 제1항 단서에 반하지 않는 범위 안에서 지방자치단체는 그러한 조례를 정할 수 있다.

② 주민에게 수익을 가져오는 조례의 경우, 기준의 약화가 주민에게 수익부여를 보다 쉽게 하는 것이라면, 기준의 약화는 주민에게 수익적이므로, 법령의 취지가 지방자치단체의 실정에 맞도록 별도 규율을 용인하려는 것이라면 지방자치단체는 그러한 조례를 정할 수 있다.

(나) 초과조례

(a) 초과조례의 의의

조례와 법령이 동일한 사항을 규율하고 입법목적도 동일한 경우에 법령이 정하는 요건을 강화하는 기준을 정하는 조례를 초과조례라 한다.

(b) 기준을 강화하는 초과조례의 제정가능성

① 주민의 권익을 침해하는 조례의 경우, 기준의 강화가 주민에게 권익침해를 보다 어렵게 하는 것이라면, 기준의 강화는 주민에게 수익적이므로, 법령의 취지가 지방자치단체의 실정에 맞도록 별도 규율을 용인하려는 것이라면 지방자치단체는 그러한 조례를 정할 수 있다.

② 주민에게 수익을 가져오는 조례의 경우, 기준의 강화가 주민에게 수익 부여를 보다 어렵게 하는 것이라면, 기준의 강화는 주민에게 침익적이므로 지방자치법 제28조 제1항 단서에 반하는바 지방자치단체는 그러한 조례를 정할 수 없다.

(c) 기준을 약화하는 초과조례의 제정가능성

① 주민의 권익을 침해하는 조례의 경우, 기준의 약화가 주민의 권익침해를 보다 쉽게 하는 것이라면, 기준의 약화는 주민에게 침익적이므로, 지방자치법 제28조 제1항 단서에 반하는바 지방자치단체는 그러한 조례를 정할 수 없다.

② 주민에게 수익을 가져오는 조례의 경우, 기준의 약화가 주민에게 수익부여를 보다 쉽게 하는 것이라면, 기준의 약화는 주민에게 수익적이므로, 법령의 취지가 지방자치단체의 실정에 맞도록 별도 규율을 용인하려는 것이라면 지방자치단체는 그러한 조례를 정할 수 있다.

[3-5] 제33회 입법고시(2017년) 초과조례·추가조례

〈제3문〉 추가조례와 초과조례에 관하여 약술하시오.

답안작성요령

1. 문제의 제기와 법치행정의 원칙

(1) 문제의 제기

(2) 법치행정의 원칙과 조례의 관계

(3) 추가조례와 초과조례의 의의

추가조례와 초과조례는 조례규율의 대상에 관해 법령상 규정이 있는 경우와 관련한다. ① 추가조례란 조례와 법령의 입법목적은 동일하지만, 법령이 정하지 아니한 사항을 정하는 조례를 말한다. ② 초과조례란 조례와 법령이 동일한 사항을 규율하고 입법목적도 동일한 경우에 법령이 정하는 요건을 강화하는 기준을 정하는 조례를 말한다.

2. 추가조례의 제정가능성

(1) 추가조례로서 요건을 강화하는 조례의 제정가능성

[3-4] 3.(2)(가)(b)와 동일

(2) 추가조례로서 요건을 약화하는 조례의 제정가능성

[3-4] 3.(2)(가)(c)와 동일

3. 초과조례의 제정가능성

(1) 초과조례로서 요건을 강화하는 조례의 제정가능성

[3-4] 3.(2)(나)(b)와 동일

(2) 추가조례로서 요건을 약화하는 조례의 제정가능성

[3-4] 3.(2)(나)(c)와 동일

[3-6] 제58회 5급공채(2014년) 조례의 적법요건, 조례의 통제

〈제3문〉 A시의회는 공개된 장소 뿐만 아니라 주거용 주택의 내부인 비공개장소에도 영상정보처리기기를 설치하려는 자는 영상정보처리기기 설치허가를 받도록 하고, 이를 위반한 경우 50만원 이하의 과태료를 부과하는 것을 내용으로 하는 조례안을 의결하였다. 위 조례안은 적법한가? 만약 A시 시장이 위 조례안을 위법하다고 판단한 경우, A시 시장이 조례안의 위법성을 통제할 수 있는 법적 수단은?

참고조문

개인정보 보호법
제25조(영상정보처리기기의 설치·운영 제한) ① 누구든지 다음 각 호의 경우를 제외하고는 공개된 장소에 영상정보처리기기를 설치·운영하여서는 아니 된다.
 1. 법령에서 구체적으로 허용하고 있는 경우
 2. 범죄의 예방 및 수사를 위하여 필요한 경우
 3. 시설안전 및 화재 예방을 위하여 필요한 경우
 4. 교통단속을 위하여 필요한 경우
 5. 교통정보의 수집·분석 및 제공을 위하여 필요한 경우
 ② 누구든지 불특정 다수가 이용하는 목욕실, 화장실, 발한실(發汗室), 탈의실 등 개인의 사생활을 현저히 침해할 우려가 있는 장소의 내부를 볼 수 있도록 영상정보처리기기를 설치·운영하여서는 아니 된다. 다만, 교도소, 정신보건 시설 등 법령에 근거하여 사람을 구금하거나 보호하는 시설로서 대통령령으로 정하는 시설에 대하여는 그러하지 아니하다.

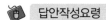 답안작성요령

Ⅰ. 조례안의 적법여부

1. 문제의 제기
⑴ 조례가 적법하기 위해서는 주체·절차·형식·이송·공포요건과 내용요건을 구비하여야 한다. 과태료부과의 내용이 문제이다. 이것은 내용요건의 문제가 된다.
⑵ 조례의 적법요건으로서 내용요건과 관련하여서는 조례의 대상사무, 내용상 한계를 살펴볼 필요가 있다.

2. 조례제정권의 범위
⑴ 대상사무
㈎ 지방자치단체 사무의 종류
㈏ 자치사무와 기관위임사무의 구분
㈐ 지방의회의 조례제정 대상 사무
⑵ 내용상 한계
㈎ 조례와 법률유보의 원칙
㈏ 조례와 법률우위의 원칙

3. 문제의 해결
조례안은 개인정보 보호법 제25조(영상정보처리기기의 설치·운영 제한) 제1항의 기본권제한보다 가중된 제한이므로 법률우위의 원칙에 반하여 위법하다.

Ⅱ. 통제수단

1. 문제의 제기

조례(안)에 대한 통제방법은 여러 종류가 있으나, 설문은 해당 지방자치단체장(A시장)에 의한 통제수단을 묻고 있는바, 이에 관해 검토한다.

[참고조문]「지방자치법」제32조(조례와 규칙의 제정 절차 등) ③ 지방자치단체의 장은 이송받은 조례안에 대하여 이의가 있으면 제2항의 기간에 이유를 붙여 지방의회로 환부(還付)하고, 재의(再議)를 요구할 수 있다. 이 경우 지방자치단체의 장은 조례안의 일부에 대하여 또는 조례안을 수정하여 재의를 요구할 수 없다.

⑥ 지방자치단체의 장은 제4항과 제5항에 따라 확정된 조례를 지체 없이 공포하여야 한다. ….

제120조(지방의회의 의결에 대한 재의요구와 제소) ① 지방자치단체의 장은 지방의회의 의결이 월권이거나 법령에 위반되거나 공익을 현저히 해친다고 인정되면 그 의결사항을 이송받은 날부터 20일 이내에 이유를 붙여 재의를 요구할 수 있다.

② 제1항의 요구에 대하여 재의한 결과 재적의원 과반수의 출석과 출석의원 3분의 2 이상의 찬성으로 전과 같은 의결을 하면 그 의결사항은 확정된다.

③ 지방자치단체의 장은 제2항에 따라 재의결된 사항이 법령에 위반된다고 인정되면 대법원에 소(訴)를 제기할 수 있다. 이 경우에는 제172조 제3항을 준용한다.

제192조(지방의회 의결의 재의와 제소) ⑤ 주무부장관이나 시·도지사는 재의결된 사항이 법령에 위반된다고 판단됨에도 불구하고 해당 지방자치단체의 장이 소를 제기하지 아니하면 시·도에 대해서는 주무부장관이, 시·군 및 자치구에 대해서는 시·도지사(제2항에 따라 주무부장관이 직접 재의 요구 지시를 한 경우에는 주무부장관을 말한다. 이하 이 조에서 같다)가 그 지방자치단체의 장에게 제소를 지시하거나 직접 제소 및 집행정지결정을 신청할 수 있다.

⑥ 제5항에 따른 제소의 지시는 제4항의 기간이 지난 날부터 7일 이내에 하고, 해당 지방자치단체의 장은 제소 지시를 받은 날부터 7일 이내에 제소하여야 한다.

⑦ 주무부장관이나 시·도지사는 제6항의 기간이 지난 날부터 7일 이내에 제5항에 따른 직접 제소 및 집행정지결정을 신청할 수 있다.

⑧ 제1항 또는 제2항에 따라 지방의회의 의결이 법령에 위반된다고 판단되어 주무부장관이나 시·도지사로부터 재의 요구 지시를 받은 해당 지방자치단체의 장이 재의를 요구하지 아니하는 경우(법령에 위반되는 지방의회의 의결사항이 조례안인 경우로서 재의 요구 지시를 받기 전에 그 조례안을 공포한 경우를 포함한다)에는 주무부장관이나 시·도지사는 제1항 또는 제2항에 따른 기간이 지난 날부터 7일 이내에 대법원에 직접 제소 및 집행정지 결정을 신청할 수 있다.

2. A시장의 통제방법

(1) 직접제소와 집행정지

(2) 지방자치단체장의 공포거부권$\binom{\text{지자법 제32조 제5}}{\text{항, 제6항 관련}}$

3. 문제의 해결

위의 결론을 정리한다.

[3-7] 제6회 변호사시험(2017년) 조례에 의한 기관위임사무의 재위임, 무권한의 하자, 하자의 승계

〈제2문〉「석유 및 석유대체연료 사업법」상 석유정제업에 대한 등록 및 등록취소 등의 권한은 산업통상자원부장관의 권한이나, 산업통상자원부장관은 같은 법 제43조 및 같은 법 시행령 제45조에 의해 위 권한을 시·도지사에게 위임하였다. 석유정제업 등록 및 등록취소 등의 권한을 위임받은 A도지사는 위임받은 권한 중 석유정제업의 사업정지에 관한 권한을 A도 조례에 의하여 군수에게 위임하였다.

사업정지권한을 위임받은 B군수는, A도 내 B군에서 석유정제업에 종사하는 甲이 같은 법 제27조를 위반하였다는 이유로 같은 법 제13조 제1항 제11호에 따라 6개월의 사업정지처분을 하였다.

甲은 위 사업정지처분에 대해 따로 불복하지 않은 채, 사업정지처분서를 송달받은 후 4개월이 넘도록 위 정지기간 중 석유정제업을 계속하였다. 이에 A도지사는 같은 법 제13조 제5항에 따라 甲의 석유정제업 등록을 취소하였다.

1. B군수에 대한 A도지사의 권한 재위임은 적법한가?
2. B군수가 甲에 대하여 한 사업정지처분의 효력에 대하여 검토하시오.
3. 사업정지처분에 대하여 다투지 않은 甲은, A도지사가 한 석유정제업 등록취소처분에 대하여 항고소송을 통해 권리구제를 받을 수 있는가?
4. 생략(헌법 문제)

참고조문

석유 및 석유대체연료 사업법
제5조(석유정제업의 등록 등) ① 석유정제업을 하려는 자는 산업통상자원부령으로 정하는 바에 따라 산업통상자원부장관에게 등록하여야 한다.
제11조의2(석유사업 등록 등의 제한) 제5조, 제9조 및 제10조에 따라 다음 각 호의 석유사업의 등록 또는 신고를 하려는 자는 해당 호의 각 목의 사유가 있은 후 2년이 지나기 전에는 그 영업에 사용하였던 시설의 전부 또는 대통령령으로 정하는 중요 시설을 이용하여 해당 호의 석유사업에 대한 등록 또는 신고를 할 수 없다.
 1. 석유정제업
 나. 제13조 제5항에 해당하여 석유정제업의 등록이 취소되거나 그 영업장이 폐쇄된 경우
제13조(등록의 취소 등) ① 산업통상자원부장관은 석유정제업자가 다음 각 호의 어느 하나에 해당하면 그 석유정제업의 등록을 취소하거나 그 석유정제업자에게 영업장 폐쇄(신고한 사업자에 한한다. 이하 이 조에서 같다) 또는 6개월 이내의 기간을 정하여 그 사업의 전부 또는 일부의 정지를 명할 수 있다. 다만, 제1호 또는 제3호부터 제5호까지의 어느 하나에 해당하는 경우에는 그 등록을 취소하거나 영업장 폐쇄를 명하여야 한다.
 11. 제27조에 따른 품질기준에 맞지 아니한 석유제품의 판매 금지 등을 위반한 경우
 ⑤ 산업통상자원부장관은 제1항부터 제3항까지의 규정에 따라 사업의 정지명령을 받은 자가 그 정지기간 중 사업을 계속하는 경우에는 그 석유정제업·석유수출입업 또는 석유판매업의 등록을 취소하거나 영업장 폐쇄를 명하여야 한다.
제27조(품질기준에 맞지 아니한 석유제품의 판매 금지 등) 석유정제업자등은 제24조 제1항의 품질기준에 맞지 아니한 석유제품 또는 제25조 제1항·제2항에 따른 품질검사 결과 불합격 판정을 받은 석유제품(품질보정행위에 의하여 품질기준에 맞게 된 제품은 제외한다)을 판매 또는 인도하거나 판매 또는 인도할 목적으로 저장·운송 또는 보관하여서는 아니 된다.
제43조(권한의 위임·위탁) ① 산업통상자원부장관은 이 법에 따른 권한의 일부를 대통령령으로 정하는 바에 따라 시·도지사 또는 시장·군수·구청장에게 위임할 수 있다.
석유 및 석유대체연료 사업법 시행령
제45조(권한의 위임·위탁) ① 산업통상자원부장관은 법 제43조 제1항에 따라 석유정제업자등에 관한 다음 각 호의 권한을 시·도지사에게 위임한다.
 1. 법 제13조 제1항 및 제5항의 규정에 의한 석유정제업 등록취소, 영업장 폐쇄 또는 사업정지

행정권한의 위임 및 위탁에 관한 규정

제4조(재위임) 특별시장·광역시장·특별자치시장·도지사 또는 특별자치도지사(특별시·광역시·특별자치시·도 또는 특별자치도의 교육감을 포함한다. 이하 같다)나 시장·군수 또는 구청장(자치구의 구청장을 말한다. 이하 같다)은 행정의 능률향상과 주민의 편의를 위하여 필요하다고 인정될 때에는 수임사무의 일부를 그 위임기관의 장의 승인을 받아 규칙으로 정하는 바에 따라 시장·군수·구청장(교육장을 포함한다) 또는 읍·면·동장, 그 밖의 소속기관의 장에게 다시 위임할 수 있다.

※ 이상의 법령 조항은 현행법과 불일치할 수 있으며 현재 시행 중임을 전제로 할 것

답안작성요령

1. B군수에 대한 A도지사의 권한 재위임은 적법한가?

(1) 문제의 소재

– 행정권한의 위임 및 위탁에 관한 규정 제4조는 도지사 등의 군수 등에 대한 재위임은 도지사 등이 정하는 규칙에 의할 것을 규정하고 있다.

– 설문에서는 A도의 조례에 근거하여 재위임이 이루어졌다.

– A도의 도지사의 규칙이 아니라 A도의 조례에 의한 재위임이 적법한가의 문제이다.

(2) 조례제정권의 범위$\binom{\text{기관위임사무도}}{\text{포함되는지 여부}}$

(가) 판 례

– 원칙적으로 기관위임사무는 조례제정권의 범위에 속하지 않는다.

– 예외적으로 개별법령에서 조례로 정하도록 규정하고 있는 경우에는 조례제정이 가능하다.

(나) 사 견

판례와 같다.

(3) 사례에 적용

– 석유 및 석유대체연료 사업법과 동법 시행령에는 재위임에 관해 규정하는 바가 없다. 따라서 A도 조례는 조례제정권의 범위를 벗어나서 무효이다.

– 무효인 A도 조례에 근거하여 A도 도지사가 위임받은 사업정지권한 중 석유정제업의 사업정지에 관한 권한을 B군수에게 재위임한 것은 무효이다.

2. B군수가 甲에 대하여 한 사업정지처분의 효력에 대하여 검토하시오.

(1) 문제의 소재

– B군수가 A도 도지사로부터 사업정지권한 중 석유정제업의 사업정지에 관한 권한을 재위임받은 것은 무효이다. 따라서 B군수는 사업정지에 관한 권한을 갖지 못한다.

– 따라서 설문은 무권한의 B군수가 한 사업정지처분의 효력의 유무를 쟁점으로 한다.

(2) 무권한 행정청이 발령한 행정행위의 하자의 유무

– 처분이 적법하기 위해서는 주체요건 등 적법요건을 구비하여야 한다.

– 주체요건의 하나로서 행정행위는 권한을 가진 기관이 하여야 하며, 그러하지 아니하면 하자있는 행위가 된다.

(3) 무권한 행정청이 발령한 행정행위의 하자의 유무

(가) 학 설

무효사유라는 견해$\binom{\text{그 하자가 중대하고 명백하기}}{\text{때문에 무효사유라는 견해}}$와 취소사유라는 견해$\binom{\text{하자가 중대하지만 명}}{\text{백하지는 않다는 견해}}$가 있다.

(나) 판　　례

과거의 판례는 무효사유로 보았으나($^{76누1;}_{75누410}$), 근년의 판례는 취소사유로 본다($^{2001두}_{4566}$).

(다) 사　　견

중대명백설에 따라 판단하여야 할 것이다. 무권한 행위의 하자는 중대하기 때문에 그 하자가 외관상 명백한 경우에는 무효사유, 그러하지 아니한 경우는 취소사유로 볼 것이다.

(4) 소　　결

– 권한의 재위임의 경우, 어떠한 행정청이 정당한 권한 행정청인지가 외관상 명백하다고 보기 어려우므로, B군수의 사업정지처분은 취소할 수 있는 행위로 볼 것이다.

– 따라서 B군수의 사업정지처분은 취소될 때까지는 유효하다.

3. 사업정지처분에 대하여 다투지 않은 甲은, A도지사가 한 석유정제업 등록취소처분에 대하여 항고소송을 통해 권리구제를 받을 수 있는가?

(1) 문제의 소재

– 설문은 사업정지처분에 따른 정지기간 중 영업의 계속을 이유로 등록취소처분이 이루어진 경우, 등록취소처분을 통해 권리구제가 가능한가의 여부를 묻고 있다.

– 등록취소처분을 다투는 방식에는 등록취소처분 자체의 하자를 이유로 다투는 방법, 사업정지처분의 하자를 이유로 다투는 방법이 있다.

(2) 등록취소처분 자체의 하자를 이유로 등록취소처분을 다투는 방법

– A도지사의 등록취소처분도 독립의 행정행위($^{처}_{분}$)이므로, 적법요건을 갖추어야 한다.

– 설문만으로 A도지사의 등록취소처분 자체에 하자가 있는지에 관해서는 판단할 수 없다.

– 적법한 것으로 보기로 한다.

(3) 사업정지처분의 하자를 이유로 등록취소처분을 다투는 방법

(가) 쟁점의 정리

– 선행행위의 하자를 이유로 후행행위를 다투는 방식이 된다.

– 행정행위의 하자의 승계문제가 된다.

(나) 행정행위의 하자의 승계론

– 하나의 법률 효과를 목적으로 하는 경우

– 별개의 법률 효과를 목적으로 하는 경우

(4) 소　　결

(가) 하나의 효과인지 여부

B군수의 사업정지처분은 석유정제업의 일시 정지를 목적으로 하는 처분이고, A도지사의 등록취소처분은 석유정제업 자체의 금지를 목적으로 하는바, 양자는 하나의 효과를 목적으로 한다고 말하기 어렵다.

(나) 하자의 승계여부

– B군수의 사업정지처분과 A도지사의 등록취소처분은 상이한 법률 효과를 목적으로 한다. 그런데 B군수의 사업정지처분은 취소할 수 있는 행위에 불과하므로 후행행위인 A도지사의 등록취소처분에 승계되지 아니한다. 따라서 B군수의 사업정지처분의 하자를 이유로 A도지사의 등록취소처분을 다툴 수 없다.

– 만약 B군수의 사업정지처분이 무효라면, A도지사의 등록취소처분을 다툴 수 있다.

[3-8] 제59회 5급공채(2015년) 조례의 적법요건, 조례의 통제

〈제 3 문〉 X광역시 Y구의회는 「X광역시 Y구 행정사무감사 및 조사에 관한 조례 중 일부 개정조례안」을 의결하여 Y구청장에게 이송하였다. 위 조례안의 개정취지는 지방의회가 의결로 집행기관 소속 특정 공무원에 대하여 의원의 자료제출요구에 성실히 이행하지 않았다는 구체적인 징계사유를 들어 징계를 요구할 수 있다는 것이다. 이에 Y구청장은 위 개정조례안이 법령에 없는 새로운 견제장치를 만들어 지방의회가 집행기관의 고유권한을 침해하는 것으로 위법하다고 주장하였다. 위 개정조례안에 대한 Y구청장의 통제방법을 검토하고, Y구청장의 주장이 타당한지를 논하시오.

참고조문

「지방자치법」

제32조(조례와 규칙의 제정 절차 등) ③ 지방자치단체의 장은 이송받은 조례안에 대하여 이의가 있으면 제 2 항의 기간에 이유를 붙여 지방의회로 환부(還付)하고, 재의(再議)를 요구할 수 있다. 이 경우 지방자치단체의 장은 조례안의 일부에 대하여 또는 조례안을 수정하여 재의를 요구할 수 없다.

⑥ 시방사치난체의 상은 제 4 항과 제 5 항에 따라 확정된 조례를 지체 없이 공포하여야 한다. ….

제120조(지방의회의 의결에 대한 재의요구와 제소) ① 지방자치단체의 장은 지방의회의 의결이 월권이거나 법령에 위반되거나 공익을 현저히 해친다고 인정되면 그 의결사항을 이송받은 날부터 20일 이내에 이유를 붙여 재의를 요구할 수 있다.

② 제 1 항의 요구에 대하여 재의한 결과 재적의원 과반수의 출석과 출석의원 3분의 2 이상의 찬성으로 전과 같은 의결을 하면 그 의결사항은 확정된다.

③ 지방자치단체의 장은 제 2 항에 따라 재의결된 사항이 법령에 위반된다고 인정되면 대법원에 소(訴)를 제기할 수 있다. 이 경우에는 제172조 제 3 항을 준용한다.

제192조(지방의회 의결의 재의와 제소) ⑤ 주무부장관이나 시·도지사는 재의결된 사항이 법령에 위반된다고 판단됨에도 불구하고 해당 지방자치단체의 장이 소를 제기하지 아니하면 시·도에 대해서는 주무부장관이, 시·군 및 자치구에 대해서는 시·도지사(제 2 항에 따라 주무부장관이 직접 재의 요구 지시를 한 경우에는 주무부장관을 말한다. 이하 이조에서 같다)가 그 지방자치단체의 장에게 제소를 지시하거나 직접 제소 및 집행정지결정을 신청할 수 있다.

⑥ 제 5 항에 따른 제소의 지시는 제 4 항의 기간이 지난 날부터 7일 이내에 하고, 해당 지방자치단체의 장은 제소 지시를 받은 날부터 7일 이내에 제소하여야 한다.

⑦ 주무부장관이나 시·도지사는 제 6 항의 기간이 지난 날부터 7일 이내에 제 5 항에 따른 직접 제소 및 집행정지결정을 신청할 수 있다.

⑧ 제 1 항 또는 제 2 항에 따라 지방의회의 의결이 법령에 위반된다고 판단되어 주무부장관이나 시·도지사로부터 재의 요구 지시를 받은 해당 지방자치단체의 장이 재의를 요구하지 아니하는 경우(법령에 위반되는 지방의회의 의결사항이 조례안인 경우로서 재의 요구 지시를 받기 전에 그 조례안을 공포한 경우를 포함한다)에는 주무부장관이나 시·도지사는 제 1 항 또는 제 2 항에 따른 기간이 지난 날부터 7일 이내에 대법원에 직접 제소 및 집행정지 결정을 신청할 수 있다.

답안작성요령

Ⅰ. Y구청장의 위법한 조례안에 대한 법적 통제 수단

1. 문제의 제기

조례(안)에 대한 통제방법은 여러 종류가 있으나, 설문은 해당 지방자치단체장(Y구청장)에 의한 통제수단을 묻고 있는바, 이에 관해 검토한다.

2. Y구청장의 통제방법

(1) 재의요구

(2) 직접제소와 집행정지

(3) 감독청의 제소지시·단체장의 제소

(4) 지방자치단체장의 공포거부권$\left(\substack{\text{지자법 제32조 제 5}\\ \text{항, 제 6 항 관련}}\right)$

3. 문제의 해결

위의 통제방법을 간략히 정리한다.

Ⅱ. Y구청장 주장의 타당성 유무

1. 문제의 제기

(1) 조례가 적법하기 위해서는 주체·절차·형식·이송·공포요건과 내용요건을 구비하여야 한다. 새로운 견제장치의 마련의 내용이 문제이다. 이것은 내용요건의 문제가 된다.

(2) 조례의 적법요건으로서 내용요건과 관련하여서는 조례의 대상사무, 내용상 한계를 살펴볼 필요가 있다.

2. 조례제정권의 범위

(1) 대상사무

(개) 지방자치단체 사무의 종류

(내) 자치사무와 기관위임사무의 구분

(대) 지방의회의 조례제정 대상 사무

(2) 내용상 한계

(개) 조례와 법률유보의 원칙

(내) 조례와 법률우위의 원칙

(a) 조례규정사항과 관련된 법령의 규정이 없는 경우

(b) 조례규정사항과 관련된 법령의 규정이 있는 경우

3. 문제의 해결

(1) 지방자치법 제48조 제 1 항, 제49조, 제13조 제 2 항 제 1 호 등에 비추어 지방의회가 의결로 집행기관 소속 특정 공무원에 대하여 의원의 자료제출요구에 성실히 이행하지 않았다는 구체적인 징계사유를 들어 징계를 요구하는 것은 조례제정의 대상일 수 있다.

(2) 개정조례안은 법령에 없는 새로운 견제장치를 만들어 지방의회가 집행기관의 고유권한을 침해하는 것으로서 위법하다.

(3) 따라서 Y구청장의 주장은 타당하다.

[3-8a] 제67회 5급공채(2023년) 지방자치단체조직 법정주의, 감독청의 조례안에 대한 감독청의 통제수단

〈제 3 문〉 기초지방자치단체 A시 의회는 '합의제행정기관'인 A시 시정연구위원회를 설치하기 위하여 'A시 시정연구위원회 설치 및 운영에 관한 조례안'$\binom{\text{이하 '이 사건 조}}{\text{례안'이라 한다}}$을 독자적으로 발의하고, 의결한 후 A시 시장에게 이송하였다. 이 사건 조례안의 주된 내용은 다음과 같다.

(1) 시정연구위원회는 A시 의회 소속 하에 두되 그 직무에 있어서는 독립된 지위를 가진다.

(2) A시의 위상 강화 방안, 의결기관과 집행기관의 통합형과 대립형 구조에 관한 검토, 주민참여제도의 활성화 방안 수립 등을 그 업무범위로 한다.

1) 이 사건 조례안은 적법한지 검토하시오.

2) 만약 이 사건 조례안이 법령에 위반됨에도 불구하고 A시 시장이 재의요구를 하지 않고 있다면, 행정안전부장관은 「지방자치법」상 어떤 조치를 강구할 수 있는지 검토하시오.

답안작성요령

1. 제 1 문 $\binom{\text{조례안의}}{\text{적법 여부}}$

(1) 문제의 제기

설문은 지방의회가 임의로 소속기관을 설치할 수 있는가의 여부를 쟁점으로 한다. 이와 관련하여 이 사건 조례안의 법적 근거가 문제된다.

(2) 지방자치단체조직 법정주의 위반 여부

(개) 지방자치단체의 종류는 법률로 정한다$\binom{\text{헌법 제117}}{\text{조 제 2 항}}$. 따라서 지방자치단체의 각종 기관을 설치하기 위해서는 법률$\binom{\text{지방자}}{\text{치법}}$의 근거가 필요하다.

(내) 지방자치법에는 집행기관에 두는 합의제행정기관 등의 설치에 관한 규정은 있으나$\binom{\text{지방자치법}}{\text{제129조 등}}$ 지방의회에 두는 합의제행정기관 등의 설치에 관한 규정은 없다.

(대) 이 사건 조례는 법적 근거가 없는바, 위법하다.

2. 제 2 문 $\binom{\text{시장이 재의요구에 불응하는 경우, 행정안}}{\text{전부장관이 지방자치법상 취할 수 있는 조치}}$

(1). 문제의 제기

설문은 지방자치법 제192조의 해석문제이다.

(2) 행정안전부장관의 통제수단$\binom{\text{본문}}{\text{참조}}$

(개) 지방자치법 제192조 제 2 항에 따른 행정안전부장관의 통제수단

(내) 지방자치법 제192조 제 5 항에 따른 행정안전부장관의 통제수단

(대) 지방자치법 제192조 제 7 항에 따른 행정안전부장관의 통제수단

(라) 지방자치법 제192조 제 9 항에 따른 행정안전부장관의 통제수단

[3-9] 제 7 회 변호사시험(2018년) 조례안이 공포된 경우, 감독청의 지방자치법상 쟁송수단

〈제1문〉 A도 교육청 교육감 甲은 교육의 경제적 효율성을 제고하고 인구절벽이라는 시대상황을 정책에 반영하기 위하여, ① 전체 재학생수가 10명 미만인 초등학교의 경우 인근 학교와의 적극적인 통·폐합을 추진하고, ② 전체 재학생수가 3명 미만인 경우에는 해당 학교를 폐지하기 위한 작업을 준비하였다. 또한 A도 의회는 2016. 12. 20. 'A도 학교설치 조례' 제 2 조의 [별표 1] 란 중 "다동초등학교"란을 삭제하는 내용의 'A도 학교설치조례 개정안'을 의결하였다. 이 조례는 2016. 12. 31. 공포되었고, 이 조례에 대해서는 어떠한 재의요구도 없었다.

4. 교육부장관 戊는 위 학교폐지사무는 조례의 제정대상이 아니라고 주장한다.

(2) 위 조례에 대한 戊의 지방자치법상 쟁송수단을 설명하시오.

참고조문

※ 아래의 법령은 가상의 것임을 전제로 한다.

「지방교육자치에 관한 법률」

제 2 조(교육·학예사무의 관장) 지방자치단체의 교육·과학·기술·체육 그 밖의 학예(이하 "교육·학예"라 한다)에 관한 사무는 특별시·광역시 및 도(이하 "시·도"라 한다)의 사무로 한다.

제 3 조(「지방자치법」과의 관계) 지방자치단체의 교육·학예에 관한 사무를 관장하는 기관의 설치와 그 조직 및 운영 등에 관하여 이 법에서 규정한 사항을 제외하고는 그 성질에 반하지 않는 한 「지방자치법」의 관련 규정을 준용한다. 이 경우 "지방자치단체의 장" 또는 "시·도지사"는 "교육감"으로, "지방자치단체의 사무"는 "지방자치단체의 교육·학예에 관한 사무"로, "자치사무"는 "교육·학예에 관한 자치사무"로, "행정안전부장관"·"주무부장관" 및 "중앙행정기관의 장"은 "교육부장관"으로 본다.

제18조(교육감) ① 시·도의 교육·학예에 관한 사무의 집행기관으로 시·도에 교육감을 둔다.

② 교육감은 교육·학예에 관한 소관 사무로 인한 소송이나 재산의 등기 등에 대하여 당해 시·도를 대표한다.

제19조(국가행정사무의 위임) 국가행정사무 중 시·도에 위임하여 시행하는 사무로서 교육·학예에 관한 사무는 교육감에게 위임하여 행한다. 다만, 법령에 다른 규정이 있는 경우에는 그러하지 아니하다.

제20조(관장사무) 교육감은 교육·학예에 관한 다음 각 호의 사항에 관한 사무를 관장한다.

1. 조례안의 작성 및 제출에 관한 사항
2. 예산안의 편성 및 제출에 관한 사항
3. 결산서의 작성 및 제출에 관한 사항
4. 교육규칙의 제정에 관한 사항
5. 학교, 그 밖의 교육기관의 설치·이전 및 폐지에 관한 사항
6. 교육과정의 운영에 관한 사항

「초·중등교육법 시행령」

제15조(취학아동명부의 작성 등) ① 읍·면·동의 장은 매년 10월 1일 현재 그 관내에 거주하는 자로서 그 해 1월 1일부터 12월 31일까지 연령이 만 6세에 달하는 자를 조사하여 그 해 10월 31일까지 취학아동명부를 작성하여야 한다. 이 경우 제 3 항에 따라 만 6세가 되는 날이 속하는 해에 입학연기를 신청하여 취학아동명부에서 제외된 자는 포함하여야 한다.

② 취학아동의 조사 및 명부작성에 관하여 필요한 사항은 교육감이 정한다.

개정된 「A도 학교설치 조례」

제 2 조 ① A도 내 도립초등학교는 [별표 1]과 같이 설치한다.

[별표 1]의 내용

A도 내 도립초등학교

(개정 전)   (개정 후)

A도 B군
1. 가동 초등학교
2. 나동 초등학교
3. 다동 초등학교

A도 B군
1. 가동 초등학교
2. 나동 초등학교
3. (삭제)

※ 별도의 부칙은 없음

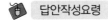 답안작성요령

Ⅰ. 문제의 제기

⑴ 설문은 조례(안)이 이미 공포된 경우, 주무부장관인 교육부장관의 지방자치법상 쟁송수단을 묻고 있다.

⑵ 따라서 설문은 지방자치법 제192조의 적용이 문제된다.

Ⅱ. 지방자치법 제192조 제8항에 따른 무효확인소송

1. 지방자치법 제192조 제8항에 의한 제소절차

⑴ 설문은 "법령에 위반되는 지방의회의 의결사항이 조례안인 경우로서 재의요구지시를 받기 전에 그 조례 안을 공포한 경우"에 해당하여 지방자치법 제192조 제8항의 적용을 받는다.

⑵ 따라서 교육부장관 戊는 지방자치법 제192조 제1항 또는 제2항에 따른 기간이 지난 날부터 7일 이내 에 대법원에 소($^{조례무효}_{확인의 소}$)를 제기할 수 있다.

2. 지방자치법 제192조 제8항에 따른 무효확인소송의 성격

⑴ 객관적 소송(기관소송)·추상적 규범통제

– 구체적 사건과 관련이 없는 객관적 소송으로서 행정소송법 제45조의 기관소송(다수설)에 해당한다.

– 일종의 추상적 규범통제소송의 성질을 갖는다.

⑵ 절차규정과 피고

– 절차규정은 행정소송법 제8조 제2항에 따라 당사자소송에 관한 규정이 준용된다.

– 피고는 도지사가 아니라 교육감이다($^{관련판례: 대판 1996. 9. 20,}_{95누8003}$)

Ⅲ. 문제의 해결

– 설문은 공포된 조례를 대상으로 하는 것이므로 지방자치법 제192조 제8항이 적용된다.

– 교육부장관 戊는 지방자치법 제192조 제8항이 정하는 기간 내에 대법원에 'A도 학교설치조례 무효확인 의 소'를 제기할 수 있다.

– 조례에 대한 집행정지결정을 신청할 수도 있다.

[3-10] 제 7 회 변호사시험(2018년) 초등학교폐지사무의 성질

〈제1문〉 [3-9]의 설문과 동일
  4. 교육부장관 戊는 위 학교폐지사무는 조례의 제정대상이 아니라고 주장한다.
  (1) 학교폐지사무의 법적 성격을 검토하시오.

참고조문

[3-9]의 참고조문과 동일

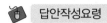 **답안작성요령**

Ⅰ. 문제의 제기

(1) 초등학교폐지사무가 자치사무인지 국가사무인지 여부가 쟁점이다.

(2) 사무의 성격에 따라 교육부장관 주장의 정당성 및 향후 법적 취급이 달라진다.

Ⅱ. 지방자치단체 사무

1. 사무의 종류(자치사무, 단체위임사무, 기관위임사무)

[관련조문] **지방자치법 제9조(지방자치단체의 사무범위)** ① 지방자치단체는 관할 구역의 자치사무와 법령에 따라 지방자치단체에 속하는 사무를 처리한다.
제102조(국가사무의 위임) 시·도와 시·군 및 자치구에서 시행하는 국가사무는 법령에 다른 규정이 없으면 시·도지사와 시장·군수 및 자치구의 구청장에게 위임하여 행한다.

2. 사무종류의 구분

(1) 학   설

(2) 판   례

Ⅲ. 문제의 해결

1. 법령의 규정 형식과 취지

(1) 법령의 규정 형식

[관련조문] **지방자치법 제9조(지방자치단체의 사무범위)** ② 제1항에 따른 지방자치단체의 사무를 예시하면 다음 각 호와 같다. …
  5. 교육·체육·문화·예술의 진흥에 관한 사무
  가. 유아원·유치원·초등학교·중학교·고등학교 및 이에 준하는 각종 학교의 설치·운영·지도
지방교육자치에 관한 법률 제20조(관장사무) 교육감은 교육·학예에 관한 다음 각 호의 사항에 관한 사무를 관장한다.
  5. 학교, 그 밖의 교육기관의 설치·이전 및 폐지에 관한 사항

(2) 법령의 취지

지방자치법령상 초등학교의 폐지는 지방자치단체의 자치사무로 규정하는 것으로 보인다.

2. 사무의 성질

(1) 초등학교의 폐지에 관한 사무는 전국적으로 통일을 요하는 사무로 보기 어렵다.

(2) 설문의 초등학교 폐지는 재학생 수가 현저히 적은 경우로서 지역적인 특수성을 반영하여야 하는 지역적 사무로 볼 것이다.

3. 경비부담

⑴ 초등학교 폐지에 관한 관련 경비를 누가 부담하여야 하는가의 문제에 대하여 설문만으로 답하기는 어렵다.

⑵ 초등학교 폐지에 관한 사무를 자치사무로 보면, 해당 지방자치단체인 A도가 부담하아여 할 것이다.

4. 최종적인 사무처리·책임귀속의 주체

⑴ 지방교육자치에 관한 법률 제 2 조에 의하면, 지방자치단체의 교육·과학·기술·체육 그 밖의 학예에 관한 사무는 특별시·광역시 및 도의 사무이다.

⑵ 같은 법 제18조 제 1 항에 의하면, 이를 집행하는 기관은 교육감이다.

⑶ 설문에서 도립초등학교 폐지에 관한 사무의 귀속주체는 A도이며, 책임구속의 주체도 A도이다.

Ⅳ. 결   론

설문에서 도립초등학교 폐지에 관한 사무는 관련 법령의 규정 형식과 취지, 사무의 지역적 특수성 등에 비추어 자치사무에 해당한다.

[3-11] 제63회 5급공채(2019년) 자치사무·기관위임사무의 구분과 통제수단

〈제3문〉 A광역시 시장은 A광역시의 B구와 C구의 일대를 포함하는 P지역을 국제교류복합지구로 지정하였고, 「토지이용규제 기본법」 제8조 제2항에 따라 B구의 구청장과 C구의 구청장에게 지구단위계획 결정, 지형도면 고시에 관한 사항 및 고시예정일 등을 통보하였다. B구의 구청장은 통보받은 사항을 같은 조 제3항에 따라 국토이용정보체계에 등재하여 일반 국민이 볼 수 있도록 조치하였다. 그러나 C구의 구청장은 국토이용정보체계 등재를 보류·지연하고 있다. 이 경우 A광역시 시장이 C구 구청장의 등재 보류·지연에 대하여 「지방자치법」상 취할 수 있는 행정적 통제수단을 검토하시오.

참고조문 현행 법령을 사례해결에 적합하도록 수정하였음

「토지이용규제 기본법」
제8조(지역·지구등의 지정 등) ① 특별시장, 광역시장, 도지사가 지역·지구등을 지정하는 경우에는 지형도면을 작성하여 그 지방자치단체의 공보에 고시하여야 한다.
② 특별시장, 광역시장, 도지사는 제1항에 따라 지형도면등의 고시를 하려면 관계 시장·군수 또는 구청장에게 관련 서류와 고시예정일 등 대통령령으로 정하는 사항을 미리 통보하여야 한다.
③ 제2항에 따라 통보를 받은 시장·군수 또는 구청장은 그 내용을 국토이용정보체계에 등재하여 지역·지구등의 지정 효력이 발생한 날부터 일반 국민이 볼 수 있도록 하여야 한다.
제12조(국토이용정보체계의 구축·운영 및 활용) ① 국토교통부장관, 특별시장, 광역시장, 도지사는 국토의 이용 및 관리 업무를 효율적으로 추진하기 위하여 국토이용정보체계를 구축하여 운영할 수 있다.
② 국토교통부장관, 특별시장, 광역시장, 도지사는 국토이용정보체계를 통하여 지역·지구등의 지정에 관한 사항을 일반 국민에게 제공할 수 있다.
제23조(권한의 위임) 국토교통부장관, 특별시장, 광역시장, 도지사는 제12조 제1항의 국토이용정보체계의 구축·운영 및 활용에 관한 권한의 일부를 시장·군수·구청장에게 위임할 수 있다.

답안작성요령

1. 문제의 제기
지방자치단체가 처리하는 사무의 종류(자치사무, 단체위임 사무, 기관위임사무)에 따라 행정적 통제방식이 상이하므로, 국토이용정보체계 등재사무의 법적 성격부터 검토하고, 그에 따른 통제수단을 살펴보아야 한다.

2. 국토이용정보체계 등재사무가 자치사무인지 기관위임사무인지 여부
(1) 자치사무·기관위임사무의 의의
(2) 자치사무·기관위임사무의 구별
㈎ 실정법(지방자치법 제13조 제2항, 제15조)
㈏ 학설(개별법령상 권한주체, 지역적 특성 등에 따라 자율적 판단)
㈐ 판례(법률규정형식, 전국 통일적 사무 여부, 경 비부담, 최종적 책임귀속 등에 따라 판단)
(3) 소 결
토지이용규제 기본법 제12조 제1항 「국토교통부장관, 특별시장, 광역시장, 도지사는 …국토이용정보체계를 구축하여 운영할 수 있다」고 규정하고, 같은 법 제8조 제3항은 「…시장·군수 또는 구청장은 그 내용을 국토이용정보체계에 등재하여… 」라고 규정하고 있는바, 국토이용정보체계 등재사무는 기관위임사무로 볼 것이다.

3. C구청장의 등재 보류·지연에 대한 행정적 통제수단

(1) 논점의 정리 (직무이행명령, 기타 수단)

(2) 직무이행명령

(가) **일반론** (내용은 본 문 참조)

(나) **사례에 적용**

(3) 기타 수단 (지방자치법 제 184조, 제185조)

[3-11a] 제66회 5급공채(행정)(2022년) 지방자치단체장의 명령·처분의 시정제도

〈제2문〉 A도(道) B시(市) 인사과장 乙은 신임 시장의 취임 직후 B시에 소속된 모든 4급 이상 공무원에게 사직서 제출을 요청하였다. 다음 물음에 답하시오.

1) 생략—PART 4 [3-12a]를 보라

2) 乙의 일괄 사직서 제출 요청행위는 「지방공무원법」상 징계의결요구를 하여야 할 징계사유에 해당함에도 불구하고, B시 시장은 오히려 乙을 4급에서 3급으로 승진임용하였다. 행정안전부장관이 B시 시장의 乙에 대한 승진임용처분을 취소할 수 있는지 검토하시오.

참고조문 생략

 답안작성요령

1. 문제의 제기

행정안전부장관이 B시 시장의 乙에 대한 승진임용처분을 취소할 수 있는지 여부는 지방자치법 제188조가 정하는 시정제도에 따라 취소가 가능한지의 문제이다.

2. 시정제도의 의의$\binom{\text{본책 중 시정제}}{\text{도 부분을 보라}}$

3. A도 B시 시장의 처분에 대한 시정 명령의 주체는 A도 도지사이다.

4. 행정안전부장관이 시정 명령의 주체가 될 수 있는 경우$\binom{\text{지방자치법 제199조}}{\text{제2항, 제3항, 제4항}}$

5. 결   론

행정안전부장관은 지방자치법 제199조 제2항, 제3항, 제4항에 따르지 아니하고 B시 시장의 乙에 대한 승진임용처분을 취소할 수 없다.

[3-12] 제62회 5급공채(2018년) 공무원의 임용요건과 결격사유

〈제 3 문〉 甲은 2009. 9. 1. 징역 10월에 집행유예 2년을 선고받아 그 형이 확정되었다. 행정청 乙은 甲이 임용결격자임을 밝혀내지 못한 채 2013. 5. 1. 7급 국가공무원시보로 임용하였고, 그로부터 6개월 후인 2013. 11. 1. 정규공무원으로 임용하였다. 다음 물음에 답하시오.

1) 위 시보임용의 법적 효력에 대해 설명하시오.

참고조문

국가공무원법
제26조(임용의 원칙) 공무원의 임용은 시험성적·근무성적, 그 밖의 능력의 실증에 따라 행한다. …
제33조(결격사유) 다음 각 호의 어느 하나에 해당하는 자는 공무원으로 임용될 수 없다.
  4. 금고 이상의 형을 선고받고 그 집행유예 기간이 끝난 날부터 2년이 지나지 아니한 자

답안작성요령

1. 문제의 제기

⑴ 설문은 행정청 乙이 「甲이 임용결격자임을 밝혀내지 못한 채 甲을 국가공무원시보로 임용한 행위」의 효과를 묻고 있다. 이에 답하기 위해 공무원 임용요건에 대한 검토가 필요하다.

⑵ 임용요건은 정규공무원뿐만 아니라 시보공무원에게도 요구된다.

2. 공무원의 임용요건

⑴ 능력요건

㈎ 능력요건의 의의

결격사유를 규정하는 국가공무원법 제33조의 각호의 어느 하나에 해당하는 자는 공무원으로 임용될 수 없다. 이것은 공무에 대한 국민의 신뢰확보를 위한 것이다.

㈏ 능력요건 결여의 효과

능력요건이 결여된 자에 대한 임용은 무효가 된다(다수설). 취소사유로 보는 견해도 있다. 국가의 과실은 문제되지 아니한다.

⑵ 성적요건

㈎ 성적요건의 의의

공무원의 임용은 시험성적·근무성적, 그 밖의 능력의 실증에 따라 행한다(국가공무원법 제26조 본문). 신규채용의 경우, 공무원은 공개경쟁 채용시험으로 채용한다(국가공무원법 제28조 제 1 항).

㈏ 성적요건 결여의 효과

성적요건이 결여된 자에 대한 임용은 취소할 수 있는 행위가 된다. 다만 임용요건이 결여된 공무원이 행한 행위는 국민의 신뢰와 법적 안정성을 고려하여 사실상 공무원의 이론에 의하여 유효한 것으로 보아야 할 경우도 있다.

3. 문제의 해결

[3-12a] 제66회 5급공채(행정)(2022년) 의원면직

〈제 2 문〉 A도(道) B시(市) 인사과장 乙은 신임 시장의 취임 직후 B시에 소속된 모든 4급 이상 공무원에게 사직서 제출을 요청하였다. 다음 물음에 답하시오.

1) B시 4급 공무원 甲은 사직서를 제출하면서 자신은 사직 의사가 전혀 없다는 점을 乙에게 분명히 전달하였으나 사직서가 수리되어 의원면직(依願免職)되었다. 甲에 대한 의원면직처분이 적법한지 검토하시오.

2) 생략–PART 4 [3–11a]를 보라

참고조문 현행 법령을 사례해결에 적합하도록 수정하였음

「지방공무원법」
  제38조(승진) ① 계급 간의 승진임용은 근무성적평정, 경력평정, 그 밖의 능력의 실증에 따라 한다. 다만, 1급부터 3급까지의 공무원으로의 승진임용은 능력과 경력 등을 고려하여 임용한다.

「지방공무원 임용령」
  제34조(승진임용의 제한) ① 공무원이 다음 각 호의 어느 하나에 해당하는 경우에는 승진임용될 수 없다.
  1. 징계의결요구 또는 관계 행정기관의 장의 징계처분요구가 있거나, 징계처분, 직위해제, 휴직 또는 시보임용기간 중에 있는 경우

「민법」
  제107조(진의 아닌 의사표시) ① 의사표시는 표의자가 진의 아님을 알고 한 것이라도 그 효력이 있다. 그러나 상대방이 표의자의 진의아님을 알았거나 이를 알 수 있었을 경우에는 무효로 한다.

답안작성요령

1. 문제의 제기

갑에 대한 의원면직처분의 적법 여부는 타의(을)에 의한 갑의 사직의 의사표시의 유효 여부와 관련한다.

2. 사직의 의사표시의 성질(본책 중 의원면직 부분을 보라)

3. 소 결

⑴ 사직의 의사표시에 민법상 비진의의사표시에 관한 규정은 적용되지 않는바, 갑의 사직의 의사표시가 비진의의사표시라 하며 위법하다고 단언하기 어렵다.

⑵ 갑의 사직서의 제출이 시장과 을의 강박에 의한 것이라면, 갑에 대한 의원면직처분은 위법하다고 볼 것이나, 설문만으로는 시장과 을의 강박이 있었는지 여부를 판단하기는 어렵다.

[3-13] 제60회 5급공채(2016년) 판단여지, 징계의결요구의 성질, 행정심판의 전치

〈제3문〉 A중앙행정기관 소속 6급 공무원인 갑은 업무수행 중 근무지를 이탈하고 금품을 수수하는 등의 직무의무 위반행위를 하였다. 다음 물음에 답하시오.

(1) A중앙행정기관의 장은 갑의 행위가 「국가공무원법」상 징계사유에 해당한다고 판단됨에도 불구하고 징계위원회에 징계 의결을 요구하지 아니할 수 있는가?

(2) 갑의 행위에 대하여 징계위원회가 감봉 1월의 징계를 의결하였고 그에 따라 동일한 내용의 징계처분이 내려졌다. 갑은 그 징계처분에 대하여 취소소송을 제기하고자 한다. 이 경우 반드시 행정심판절차를 거쳐야 하는가?

📋 답안작성요령

Ⅰ. 징계의결요구의 기속성

1. 문제의 제기

(1) 근거법률의 규정내용　　국가공무원법은 "공무원이 '직무상의 의무(다른 법령에서 공무원의 신분으로 인하여 부과된 의무를 포함한다)를 위반하거나 직무를 태만히 한 때' 징계 의결을 요구하여야 하고 그 징계 의결의 결과에 따라 징계처분을 하여야 한다"고 규정하고 있다(동법 제78조 제1항).

(2) 요건부분과 효과부분　　국가공무원법 제78조 제1항은 요건부분과 효과부분으로 규정되어 있는바, 나누어서 살피기로 한다.

2. 국가공무원법 제78조 제1항 요건부분

(1) 요건의 기속성과 재량성

(가) 요건부분의 "업무수행 중 근무지를 이탈하고 금품을 수수하였다"는 표현은 그 자체로서 확정적인 내용이라 말하기 어렵다. 그것은 일종의 불확정개념을 사용한 표현이라 할 수 있다.

(나) 법치국가원리상 국가권력의 발동은 예측이 가능하여야 하기 때문에, 법규의 요건부분은 객관적이어야 한다. 따라서 행정청은 요건부분에 대한 해석·적용에 판단의 자유를 가질 수 없다. 다만 불확정개념의 해석·적용과 관련하여 한계적인 경우에 판단여지(일부 견해에 의하면 재량)의 문제가 나타난다.

(2) 불확정개념과 판단여지

불확정개념과 판단여지 일반론을 약술한다.

(3) 문제의 해결

(가) A중앙행정기관의 장이 갑의 행위가 「국가공무원법」상 징계사유에 해당한다고 판단한 것이 판단여지상 하자가 없다면, 징계의결요구의 요건은 구비되었다.

(나) 만약 판단여지상 하자가 있다면, 징계의결요구의 요건은 구비된 것으로 볼 수 없다.

3. 국가공무원법 제78조 제1항 효과부분

(1) 기속행위와 재량행위의 구분

특정한 행위가 기속행위인지 재량행위인지의 구분은 법문이 정한 바에 따라야 한다. 법문에서 정함이 없다면, 해석의 문제가 될 것이다.

(2) 기속행위와 재량행위의 구별기준

기속행위와 재량행위의 구별기준 일반론을 약술한다.

(3) 근거법률의 규정내용

⑺ 국가공무원법 제78조 제1항은 "공무원이 다음 각 호의 어느 하나에 해당하면 징계 의결을 요구하여야 하고"라고 규정하고 있다. 법문의 표현상 공무원에게 징계사유가 있다면 징계요구는 기속적(의무적)이라고 볼 수밖에 없다. 달리 해석할 여지가 없다.

⑻ 징계위원회가 어떠한 징계를 선택할 것인가는 별개의 문제이다.

4. 문제의 해결

A중앙행정기관의 장은 공무원 갑의 행위가 국가공무원법상 징계사유에 해당한다고 판단되면, 반드시 징계위원회에 징계 의결을 요구하여야 한다.

Ⅱ. 징계처분 취소소송요건으로서 필요적 심판전치 적용 여부

1. 문제의 제기

⑴ 행정소송법은 행정심판과 행정소송의 관계에 관하여, ① 임의적 심판전치를 원칙으로 하고$\binom{\text{동법 제18조}}{\text{제 1 항 본문}}$, 개별 법률에 필요적 전치의 규정이 있는 경우를 예외적인 것으로 하고 있다$\binom{\text{동법 제18조}}{\text{제 1 항 단서}}$.

⑵ 행정소송법은 개별 법률에 필요적 전치의 규정이 있는 경우라도 ① 행정심판의 재결을 거치지 아니하고 취소소송을 제기할 수 있는 경우와, ② 행정심판을 제기함이 없이 취소소송을 제기할 수 있는 경우를 규정하고 있다$\binom{\text{동법 제18조}}{\text{제 1 항 · 제 3 항}}$.

⑶ 국가공무원법 제16조 제1항은 "제75조에 따른 처분, 그 밖에 본인의 의사에 반한 불리한 처분이나 부작위(不作爲)에 관한 행정소송은 소청심사위원회의 심사·결정을 거치지 아니하면 제기할 수 없다"고 규정하고 있다.

⑷ 위의 ⑴, ⑵, ⑶의 관계를 밝히는 것이 논점이 된다.

2. 징계처분 취소소송에서 행정심판의 전치

(1) 필요적 전치의 원칙

국가공무원법 제16조 제1항은 행정소송법 제18조 제1항 단서의 특별한 규정에 해당한다. 따라서 징계처분 취소소송에서 행정심판의 전치는 필요적 전치이다.

(2) 임의적 전치의 예외

특히 행정소송법 제18조 제3항에 해당하는 사유가 있다면, 임의적 심판전치가 적용된다.

3. 문제의 해결

행정소송법 제18조 제3항의 사유가 없는 한, 공무원 갑은 징계처분에 대해 취소소송을 제기 하기 전에 반드시 소청심사를 청구하여야 한다.

[3-14] 제60회 5급공채(2016년) 공무원의 징계처분에 대한 불복절차, 소청, 행정심판의 전치

〈제 2 문〉 갑은 1995. 1. 18. 서울특별시 지방공무원으로 임용된 후 근무하고 있다. 갑이 지방공무원으로 근무하던 중 업무와 관련하여 청탁을 받고 뇌물을 수수하였다는 이유로 서울북부지방법원에 기소되었다. 다음 각각의 경우에 따라 물음에 답하시오.

2. 갑이 위 사안으로 2011. 7. 5. 무죄 선고를 받고 이후 그 판결이 확정되었다. 서울특별시장은 위 사실을 뒤늦게 알고 2013. 4. 9. 공무원의 품위손상 등의 이유로 적법한 절차를 거쳐 해임의 징계처분을 하였다. 이 경우 갑이 취할 수 있는 구제수단은? (징계시효 및 제소기간은 고려하지 아니함)

참고조문

지방공무원법
제13조(소청심사위원회의 설치) 공무원의 징계, 그 밖에 그 의사에 반하는 불리한 처분이나 부작위(不作爲)에 대한 소청을 심사·결정하기 위하여 시·도에 제 6 조에 따른 임용권자별로(임용권을 위임받은 자는 제외한다) 지방소청심사위원회 및 교육소청심사위원회(이하 "심사위원회"라 한다)를 둔다.
제18조(소청인의 진술권) ① 심사위원회가 소청사건을 심사할 때에는 대통령령으로 정하는 바에 따라 소청인 또는 그 대리인에게 진술 기회를 주어야 한다.
② 제 1 항의 진술 기회를 주지 아니한 결정은 무효로 한다.
제17조(심사위원회의 심사) ① 심사위원회는 이 법에 따른 소청을 접수하면 지체 없이 심사하여야 한다.
② 심사위원회는 제 1 항의 심사를 할 때 필요하다고 인정하면 사실 조사를 하거나 증인을 소환하여 질문을 하거나 관계 서류를 제출하도록 명할 수 있다.
③ 심사위원회가 소청사건을 심사하기 위하여 징계 요구 기관이나 관계 기관의 소속 공무원을 증인으로 소환하면 해당 기관의 장은 이에 따라야 한다.
④ 심사위원회는 필요하다고 인정하면 특별한 학식·경험이 있는 자에게 검증(檢證)이나 감정(鑑定)을 의뢰할 수 있다.
제19조(심사위원회의 결정) ⑤ 심사위원회의 결정은 다음 각 호와 같이 구분한다.
1. 심사청구가 이 법 또는 다른 법률에 적합하지 아니하면 그 청구를 각하한다.
2. 심사청구가 이유 없다고 인정되면 그 청구를 기각한다.
3. 처분의 취소 또는 변경을 구하는 심사청구가 이유 있다고 인정되면 처분을 취소 또는 변경하거나 처분행정청에 취소 또는 변경할 것을 명한다.
4. 처분의 효력 유무 또는 존재 여부에 대한 확인을 구하는 심사청구가 이유 있다고 인정되면 처분의 효력 유무 또는 존재 여부를 확인한다.
5. 위법 또는 부당한 거부처분이나 부작위에 대하여 의무이행을 구하는 심사청구가 이유 있다고 인정되면 지체 없이 청구에 따른 처분을 하거나 처분을 할 것을 명한다.
⑧ 심사위원회의 결정은 그 이유를 구체적으로 밝힌 결정서로 하여야 한다.
제20조(결정의 효력) 제19조에 따른 심사위원회의 결정은 처분행정청을 기속(羈束)한다.
제20조의2(행정소송과의 관계) 제67조에 따른 처분, 그 밖에 본인의 의사에 반한 불리한 처분이나 부작위에 관한 행정소송은 심사위원회의 심사·결정을 거치지 아니하면 제기할 수 없다.

답안작성요령

1. 문제의 제기
⑴ 공무원의 징계처분에 대한 구제수단으로 소청과 항고소송이 있다
⑵ 해임의 징계처분을 받은 공무원 갑은 당연히 소청과 항고소송을 제기할 수 있다.

2. 소청의 제기
⑴ 소청의 의의$\left(\substack{\text{지방공무원}\\ \text{법 제13조}}\right)$

(2) 소청심사의 주체$\binom{\text{지방공무원}}{\text{법 제13조}}$

(3) 소청심사방법$\binom{\text{지방공무원}}{\text{법 제17조}}$

(4) 소청심사결정$\binom{\text{지방공무원}}{\text{법 제19조}}$

(5) 소청결정의 효력$\binom{\text{지방공무원}}{\text{법 제20조}}$

(6) 소청인의 보호$\binom{\text{지방공무원법 제}}{\text{18조, 제20조의2}}$

(7) 소   결

공무원 갑은 해임처분사유설명서를 받은 날로부터 30일 이내에 소청심사위원회에 소청심사를 청구할 수 있다$\binom{\text{국공법 제76조 제1항,}}{\text{소청절차규정 제3조}}$.

3. 항고소송의 제기

(1) 해임처분이 무효인 경우

(개) 해임처분무효확인소송

(내) 무효선언을 구하는 의미의 해임처분취소소송

(2) 해임처분이 취소할 수 있는 행위인 경우

(개) 취소소송의 제소요건

(a) 취소소송의 제소요건 일반론을 약술한다.

(b) 통상의 취소소송과 달리 지방공무원 해임처분취소소송의 경우에는 대상적격, 심판전치에 관한 검토가 특히 필요하다.

(내) 대상적격$\binom{\text{원처분}}{\text{주의}}$

(a) 대상적격 일반론을 약술한다.

(b) 설문에 적용한다.

(i) 원처분을 소의 대상으로 한다.

(ii) 소청심사위원회의 결정에 고유한 위법이 있다면 그 결정을 소의 대상으로 한다.

(iii) 양자의 병합제기도 가능하다.

(대) 피고적격

(a) 원처분을 소의 대상으로 하는 경우에는 그 처분청이 피고가 된다.

(b) 소청심사결정을 소의 대상으로 하는 경우에는 소청심사위원회가 피고가 된다.

(래) 필요적 심판전치

(a) 행정심판의 전치 일반론을 기술한다.

(b) 지방공무원법상 소청심사전치를 기술한다.

4. 문제의 해결

(1) 공무원 갑은 소청심사의 신청을 통해 구제받을 수 있다.

(2) 공무원 갑은 소청심사결정에 불복하면, 행정소송의 제기를 통해 구제받을 수 있다.

(3) 제기할 수 있는 행정소송의 종류와 특징은 기술한 바와 같다.

[3–14a] 제39회 입법고시(2023년) 직위해제처분의 대상적격, 정년경과와 협의의 소의 이익, 공무원의 의무

甲은 A부에 근무하는 국가공무원(사무관)이다. 甲은 근무 중에 수시로 이석하였으며 주식투자에만 열중한 사실이 적발되어 직위해제를 당하고 감찰을 받게 되었다. A부 장관은 甲에 대하여 근무를 충실히 할 것과 업무에 필요 없는 일은 절대 하지 않도록 지시하였다. 그러나 甲은 지시를 어기고 계속하여 수차례 주식투자 사이트에 접속한 사실이 추후 밝혀졌다. 한편 甲은 A부 내에 자신이 소속한 종교동아리에 예산지원을 하는 등으로 다른 모임보다 특혜를 주는 것에 대하여 상사로부터 그런 행위를 중단할 것을 지시받았음에도 이를 거부한 채 계속적으로 예산지원을 하여왔다. 이와 같은 이유들로 인하여 甲은 직권면직처분을 받았다.

(1) 甲이 직위해제처분을 받은 후 곧바로 제소기간 내에 취소소송을 관할법원에 제기한 경우 그 소의 적법성 여부를 검토하시오.

(2) 甲이 직권면직처분에 대한 취소소송을 제기하였고, 해당 소송의 사실심 계속 중 정년이 경과한 경우 이 사건 직권면직처분의 취소를 구할 법률상 이익이 있는지 검토하시오.

(3) 甲이 종교동아리에 예산지원을 하고 이를 시정하라는 상사의 지시를 거부한 것은 공무원으로서 어떤 의무를 위반한 것인지 검토하시오.

답안작성요령

1. 제 1 문(직위해제처분에 대한 취소소송의 적법 여부)

(1) 문제의 제기

설문은 직위해제처분이 취소소송의 대상인지 여부를 쟁점으로 한다.

(2) 직위해제처분이 취소소송의 대상인지 여부

(가) 행정소송법상 처분개념의 검토

(나) 사례의 검토(직위해제처분의 성질-침익적 행정행위)

(3) 소결(설문의 직위해제처분은 취소소송의 대상이 된다)

2. 제 2 문(취소소송 계속 중 정년이 경과한 경우, 소의 이익이 있는지 여부)

(1) 문제의 제기

설문은 정년 경과 후에도 권리보호의 필요(협의의 소의 이익)가 있는지 여부를 쟁점으로 한다.

(2) 권리보호의 필요의 의의

(3) 권리보호의 필요가 인정되는 경우

(4) 정년 경과의 경우

3. 제 3 문(상사의 종교 관련 지시를 거부한 공무원의 의무 위반 내용)

(1) 문제의 제기

설문은 국가공무원법상 직무상 명령 복종의무, 직무상 명령으로서 종교중립의 의무 준수 여부를 쟁점으로 한다.

(2) 직무상 명령의 복종의무

(가) 직무상 명령의 의의와 요건

(나) 복종의무의 의의와 한계

(3) 종교중립의 의무

㈎ 의   의

㈏ 위반 여부(위반)

(4) 소   결

종교중립 의무위반에 대한 시정지시는 적법한 것이므로, 甲은 종교중립의 의무와 직무상 명령 복종의무를 위반하였다.

[3-15] **제57회 5급공채(일반행정)(2013년)** 경찰작용의 법적 근거, 경찰책임의 주체(경찰작용의 상대방)

〈제2문〉 A시는 문화예술 진흥을 목적으로 지역주민들을 위한 대규모 무료 콘서트행사를 시립 운동장에서 개최하였다. 행사 시작 전 이미 참석인원이 시설수용인원을 과도하게 초과하였음에도 A시에서는 안전요원의 배치 등 적정한 안전조치를 취하지 않은 채 무리하게 행사를 강행하였다. 이에 행사 참석자들의 안전에 대한 위험이 존재한다고 판단한 관할 경찰서장은 A시 시장에 대하여 행사중지명령을 발하고자 한다. A시 시장에 대한 경찰서장의 경찰처분은 적법한가?

답안작성요령

1. 문제의 제기
경찰서장의 A시 시장에 대한 행사중지명령의 적법요건으로 다음을 생각할 수 있고, 이를 차례로 검토한다.
⑴ 경찰서장이 A시 시장에 행사중지명령을 발령할 수 있는 법적 근거가 있어야 한다. 이것은 경찰작용의 법적 근거의 문제이다.
⑵ 경찰서장의 A시 시장에 대한 행사중지명령은 법적 근거의 범위 내에서 이루어져야 한다. 이것은 경찰권의 한계문제이다.
⑶ 경찰서장의 A시 시장에 대한 행사중지명령은 행정청인 A시 시장이 경찰책임이 있는 경우에 가능하다. 이것은 경찰책임의 주체의 문제이다.

2. 경찰작용의 법적 근거와 행사중지명령
⑴ 경찰작용의 법적 근거 일반론을 약술한다.
⑵ 경찰관 직무집행법 제5조 제1항은 일반경찰법상 특별수권이다.
⑶ 경찰서장은 경찰관 직무집행법 제5조 제1항을 근거로 행사중지명령을 발령할 수 있다.

3. 경찰작용의 법적 한계와 행사중지명령
⑴ 경찰작용의 법적 한계 일반론을 약술한다.
⑵ 설문의 경우, 특별한 문제점을 찾아보기 어렵다.

4. 경찰책임의 주체와 행사중지명령
⑴ 경찰책임의 주체 일반론을 기술한다.
⑵ 행정기관은 형식적 경찰책임을 부담하지 아니한다.

5. 문제의 해결
⑴ 경찰서장의 A시 시장에 대한 행사중지명령은 법적 근거나 법적 한계와 관련하여 문제가 없다. 그러나 A시 시장은 형식적 경찰책임을 부담하지 아니하므로 경찰서장은 A시 시장에 대한 행사중지명령을 발령할 수 없다.
⑵ 경찰서장은 안전을 위해 행사중지명령이 아니라, A시 시장의 임의적 협력을 기대하면서 A시 시장에게 행사중지의 협조를 요청하여야 할 것이다.

[3-16] 제58회 사법시험(2016년) 경찰상 즉시강제와 피해구제

〈제2문의 1〉 갑과 을은 병 소유의 집에 동거 중이다. 갑은 을의 외도를 의심하여 식칼로 을을 수차례 위협하였다. 이를 말리던 을의 모(母) 정이 112에 긴급신고함에 따라 출동한 경찰관 X는 신고현장에 진입하고자 대문개방을 요구하였다. 갑이 대문개방을 거절하자 경찰관 X가 시건장치를 강제적으로 해제하고 집 안으로 진입하였고, 그 순간에 갑은 을의 왼팔을 칼로 찔러 경미한 상처를 입혔다. 경찰관 X는 현행범으로 체포된 갑이 경찰관 X의 요구에 순순히 응하였기 때문에, 갑에게 수갑을 채우지 않았고 신체나 소지품에 대한 수색도 제대로 하지 않은 채 지구대로 연행하였다. 그 후 을이 피해자 진술을 하기 위해 지구대에 도착하자마자 갑은 경찰관 X의 감시소홀을 틈타 가지고 있던 접이식 칼로 을의 가슴부위를 찔러 사망하게 하였다.

(1) 경찰관 X의 강제적 시건장치 해제의 법적 성격은 무엇인가? 또한 대문의 파손에 대한 병의 행정법상 권익구제방법은 무엇인가?

(2) 사망한 을의 유일한 유가족인 정은 국가배상을 청구할 수 있는가? 경찰관 X가 배상금 전액을 정에게 지급한 경우 경찰관 X는 국가에게 구상할 수 있는가?

※ 병은 갑, 을과 가족관계에 있지 않음.

답안작성요령

Ⅰ. 설문 제2문의 1의 (1)의 해결

1. 문제의 제기

⑴ 강제적 시건장치 해제는 경찰상 실효성 확보수단으로서 경찰상 즉시강제와 관련한다.

⑵ 경찰상 손실보상에 관해서는 경찰관 직무집행법 제11조의2와 관련한다.

2. 강제적 시건장치 해제의 법적 성질

⑴ 경찰상 즉시강제

㈎ 의 의

경찰상 위험이 존재하거나 위험의 발생이 목전에 급박하여(광고물의 추락 위험) 성질상 개인에게 의무를 명해서는 경찰행정목적을 달성할 수 없거나 또는 미리 의무를 명할 시간적 여유가 없는 경우에 경찰행정청이 직접 개인의 신체나 재산에 실력을 가하여 경찰상 필요한 상태의 실현을 목적으로 하는 작용을 경찰상 즉시강제라 한다.

㈏ 법적 근거

경찰상 즉시강제는 의무자에 대한 침익적인 강제수단이므로 헌법 제37조 제2항 등에 비추어 당연히 법적 근거를 요한다. 직접강제에 관한 일반법은 없다. 경찰작용영역에서 일반법으로 경찰관 직무집행법이 있다.

㈐ 경찰관 직무집행법 제7조(위험 방지를 위한 출입) 제1항

① 경찰관 직무집행법 제7조 제1항의 긴급출입은 임박한 위해를 방지하거나 피해자를 구조하기 위하여 부득이 하다고 인정할 때에만 가능하므로, 다른 적절한 방법이 있으면 출입할 수 없다(보충성의 원칙). ② 출입은 다른 사람의 토지·건물·배 또는 차에 들어가는 것을 의미한다. 타인의 동의를 요하지 아니한다. ③ 현재의 위험을 방지하기 위한 것이기 때문에, 야간에도 출입이 가능하다. ④ 긴급출입은 즉시강제로서 대가택적 즉시강제의 성질을 갖는다.

⑵ 소 결

경찰관 X의 가적인 시건장치해제는 경찰관 X가 경찰관 직무집행법 제7조 제1항에 따라 위험방지를 위해

출입하는 과정에서 이루어진 것으로서, 출입의 한 부분으로 볼 수 있는바, 그것은 경찰상 즉시강제로서의 대가택적 즉시강제로서 적법하다.

3. 행정상 손실보상

(1) 경찰상 손실보상의 의의

(가) 손실보상의 의의를 기술한다.

(나) 경찰관 직무집행법 제11조의2 제1항이 경찰상 손실보상의 일반규정임을 기술한다.

(2) 경찰행정법상 손실보상의 요건

경찰관 직무집행법 제11조의2 제1항을 논술한다.

(3) 경찰행정법상 손실보상의 절차 및 내용

경찰관 직무집행법 제11조의2 제2항·제3항·제4항을 논술한다.

4. 문제의 해결

위의 2.와 3.의 요지를 간략히 정리한다.

Ⅱ. 설문 제2문의 1의 (2)의 해결

1. 문제의 제기

(1) 국가배상을 청구할 수 있는가의 여부는 국가배상청구권의 성립여부의 문제이다.

(2) 경찰관 X의 국가에 대한 구상은 배상책임의 귀속주체와 관련된 문제이다.

2. 국가배상책임의 성부

(1) 국가배상청구의 법적 근거와 요건

(가) 국가배상책임의 법적 근거로서 국가배상법 제2조 제1항을 언급한다.

(나) 국가배상책임의 성립요건으로 국가배상법 제2조 제1항을 논술한다.

(2) 경찰권 불행사와 국가배상책임

(가) 설문의 내용을 국가배상법 제2조 제1항의 요건마다 포섭한다.

(나) 경찰관의 직무권한 불행사, 즉 부작위 관련 논술이 특히 중요하다(대판 2016. 4. 15. 2013다20427).

3. 배상책임의 귀속 및 구상권의 행사

(1) 국가배상책임의 귀속(성질)

(가) 국가배상책임의 귀속(성질) 일반론을 약술한다.

(나) 판례 다수의견(절충설)의 논술이 특히 중요하다(대판 1996. 2. 15. 95다38677).

(2) 설문에서 배상책임자

(가) 경찰관 X에게 고의 또는 중과실이 있는 경우

(나) 경찰관 X에게 경과실이 있는 경우

(다) 국가에 대한 구상권 행사 시 경과실이 있는 구상권 취득(대판 2014. 8. 20. 2012다54478)

4. 문제의 해결

을의 사망은 경찰관 X의 경과실에 기한 직무집행으로 인한 것임에도 불구하고 X는 전액을 유가족에게 지급하였기 때문에 경찰관 X는 국가에게 구상권을 행사할 수 있다.

[3-17] 제58회 사법시험(2016년) 공물의 관리, 행정대집행, 변상금반환청구, 선결문제

〈제1문〉 갑은 A시 시청 민원실 주차장 부지 일부와 그에 붙어 있는 A시 소유의 유휴 토지 위에 창고건물을 건축하여 사용하고 있다. A시 소속 재산 관리 담당 공무원은 A시 공유재산에 대한 정기 실태조사를 하는 과정에서 갑이 사용하고 있는 주차장 부지 일부 및 유휴 토지(이하 '이 사건 토지'라 한다)에 관하여 대부계약 등 어떠한 갑의 사용권원도 발견하지 못하자 갑이 이 사건 토지를 정당한 권원 없이 점유하고 있다고 판단하여 관리청인 A시 시장 을에게 이러한 사실을 보고하였다. 이에 을은 무단점유자인 갑에 대하여 ① 「공유재산 및 물품 관리법」 제81조 제1항에 따라 변상금을 부과하였고(이하 '변상금 부과 조치'라 한다), ② 같은 법 제83조 제1항에 따라 이 사건 토지 위의 건물을 철거하고 이 사건 토지를 반환할 것을 명령하였다(이하 '건물 철거 및 토지 반환 명령'이라 한다).

(1) 을이 이 사건 토지를 관리하는 행위의 법적 성질을 검토하시오.

(2) 갑이 건물 철거 및 토지 반환 명령에 따른 의무를 이행하지 않는 경우 이에 대한 행정상 강제집행이 가능한가?

(3) 갑이 이미 변상금을 납부하였으나, 을의 변상금 부과 조치에 하자가 있어 변상금을 돌려받으려 한다. 갑은 어떠한 소송을 제기하여야 하는가?

참고조문

공유재산 및 물품 관리법

제2조(정의) 이 법에서 사용하는 용어의 뜻은 다음과 같다.

1. "공유재산"이란 지방자치단체의 부담, 기부채납(寄附採納)이나 법령에 따라 지방자치단체 소유로 된 제4조 제1항 각 호의 재산을 말한다.

제5조(공유재산의 구분과 종류) ① 공유재산은 그 용도에 따라 행정재산과 일반재산으로 구분한다.

② "행정재산"이란 다음 각 호의 재산을 말한다.

1. 공용재산
   지방자치단체가 직접 사무용·사업용 또는 공무원의 거주용으로 사용하거나 사용하기로 결정한 재산과 사용을 목적으로 건설 중인 재산

2. 공공용재산
   지방자치단체가 직접 공공용으로 사용하거나 사용하기로 결정한 재산과 사용을 목적으로 건설 중인 재산

3. 기업용재산
   지방자치단체가 경영하는 기업용 또는 그 기업에 종사하는 직원의 거주용으로 사용하거나 사용하기로 결정한 재산과 사용을 목적으로 건설 중인 재산

4. 보존용재산
   법령·조례·규칙에 따라 또는 필요에 의하여 지방자치단체가 보존하고 있거나 보존하기로 결정한 재산

③ "일반재산"이란 행정재산 외의 모든 공유재산을 말한다.

제81조(변상금의 징수) ① 지방자치단체의 장은 사용·수익허가나 대부계약 없이 공유재산 또는 물품을 사용·수익하거나 점유(사용·수익허가나 대부계약 기간이 끝난 후 다시 사용·수익허가나 대부계약 없이 공유재산 또는 물품을 계속 사용·수익하거나 점유하는 경우를 포함하며, 이하 "무단점유"라 한다)를 한 자에 대하여 대통령령으로 정하는 바에 따라 공유재산 또는 물품에 대한 사용료 또는 대부료의 100분의 120에 해당하는 금액(이하 "변상금"이라 한다)을 징수한다. 다만, 다음 각 호의 어느 하나에 해당하는 경우에는 변상금을 징수하지 아니한다(각 호 생략).

제83조(원상복구명령 등) ① 지방자치단체의 장은 정당한 사유 없이 공유재산을 점유하거나 공유재산에 시설물을 설치한 경우에는 원상복구 또는 시설물의 철거 등을 명하거나 이에 필요한 조치를 할 수 있다.

② 제1항에 따른 명령을 받은 자가 그 명령을 이행하지 아니할 때에는 「행정대집행법」에 따라 원상복구 또는 시설물의 철거 등을 하고 그 비용을 징수할 수 있다.

📋 **답안작성요령**

Ⅰ. 설문 제 1 문의 (1)의 해결

1. 문제의 제기

⑴ 시청 민원실 주차장 부지 일부와 시청 민원실 주차장 부지에 붙어 있는 A시 소유의 유휴 토지의 성질이 문제된다.

⑵ 시 소유의 토지는 공유재산 및 물품 관리법에서 규율된다.

2. 공유재산 및 물품 관리법상 재산의 분류와 공물

⑴ 공유재산

이 법률은 공유재산 및 물품 관리법은 지방자치단체 소유의 토지를 공유재산으로 분류한다.

⑵ 행정재산과 일반재산, 설문상 토지의 분류

⑺ 이 법률은 공용재산·공공용재산·기업용재산·보존용재산을 행정재산이라 하고, 행정재산 외의 모든 공유재산을 일반재산이라 부른다.

⑷ 시청 민원실 주차장 부지 일부는 공공용재산이고, 시청 민원실 주차장 부지에 붙어 있는 유휴 토지는 일반재산에 해당한다.

⑶ 공　　물

강학상으로 행정재산을 공물이라 부른다.

3. 시청 민원실 주차장 부지 일부 관리의 법적 성질

⑴ 행정재산으로서 공물의 관리

⑺ 공물의 관리 일반론을 약술한다.

⑷ 「공유재산 및 물품 관리법」 제3장 행정재산의 규정들의 적용을 받는다.

⑵ 문제의 해결

시청 민원실 주차장 부지 일부 관리의 성질은 공물관리에 해당한다.

4. 시청 민원실 주차장 부지에 붙어 있는 유휴 토지 관리의 법적 성질

⑴ 일반재산으로서 관리

「공유재산 및 물품 관리법」 제4장 일반재산의 규정들의 적용을 받는다.

⑵ 문제의 해결

⑺ 사법상의 물건의 관리와 다를 바 없다. 다만, 공유재산 및 물품 관리법에서 특별제한이 따른다.

⑷ 유휴토지의 관리는 소유권의 한 부분이다.

Ⅱ. 설문 제 1 문의 (2)의 해결

1. 문제의 제기

⑴ 건물 철거 및 토지 반환 명령에 따른 의무의 불이행이 있는 경우, 불이행된 의무가 행정상 강제집행의 대상이 될 수 있는가를 쟁점으로 한다.

⑵ 강제집행의 유형과 법적 근거를 언급한다.

⑺ 강제에는 법적 근거가 필요하다(행정기본법 제30조).

⑷ 행정대집행, 직접강제, 이행강제금, 강제징수의 법적 근거를 기술한다.

2. 행정대집행의 가능성

(1) 행정대집행법상 대집행요건을 기술한다.

(2) 특히 「대체적 작위의무의 불이행」요건에 관해 상론한다.

(3) 소   결

㈎ 건물철거의무는 대체적 작위의무이므로 대집행할 수 있다.

㈏ 토지의 반환의무는 대체적 작위의무가 아니므로 불이행에 대해 대집행을 할 수 없다.

3. 직접강제 · 이행강제 · 강제징수의 가능성

설문과 관련하여 법적 근거를 찾기 어려우므로 강제징수는 어렵다.

4. 문제의 해결

건물철거의무는 대집행이 가능하다. 그러나 토지반환의무는 대체적 작위의무가 아니어서 대집행을 할 수 없다. 설문만으로는 토지반환의무불이행에 대하여 직접강제·이행강제·강제징수도 어렵다.

Ⅲ. 설문 제 1 문의 (3)의 해결

1. 문제의 제기

(1) 행정행위의 하자에는 취소사유의 하자와 무효사유의 하자가 있다.

(2) 따라서 변상금반환청구소송은 하자의 유형별로 나누어 검토할 필요가 있다.

2. 변상금부과처분이 무효임을 전제로 변상금을 반환받기 위한 소송

(1) 변상금부과처분 무효확인소송 제기 없이 부당이득반환청구소송 제기하는 방법

㈎ 당사자 소송이다.

㈏ 변상금부과처분의 무효를 선결문제로 한다

(a) 선결문제 일반론을 약술한다.

(b) 설문에 적용한다.

㈐ 관할법원 (학설상 행정법원, 판례상 민사법원)

㈑ 반환받을 수 있다.

(2) 변상금부과처분 무효확인소송과 부당이득반환청구소송을 병합 제기하는 방법

㈎ 무효등확인소송의 소송요건을 약술한다. 특히 확인의 이익과 확인소송의 보충성에 중점을 둔다.

㈏ 관련청구소송의 병합 일반론을 약술한다.

㈐ 반환받을 수 있다.

3. 변상금부과처분이 취소할 수 있는 행위임을 전제로 변상금을 반환받기 위한 소송

(1) 변상금부과처분 취소소송과 부당이득반환청구소송을 병합 제기한다

(2) 취소소송의 소송요건을 약술한다.

(3) 관련청구소송의 병합 일반론을 약술한다.

(4) 취소소송이 인용되면, 반환받을 수 있다.

4. 문제의 해결

위의 2.와 3.을 간략히 요약한다.

[3-18] 제61회 5급공채(일반행정)(2017년) 공물의 사용관계

〈제3문〉 A시에서 B백화점을 경영하고 있는 甲은 A시의 乙시장에게 A시 소유 지하도에서 B백화점으로 연결하는 연결통로 및 에스컬레이터 설치를 위한 도로점용허가를 신청하였고, 乙시장은 위 시설물을 건설하여 이를 A시에 기부채납할 것을 조건으로 20년간 도로점용을 허가하였다. 甲은 위 시설물을 건설하여 A시에 기부채납하였고, 그 시설물은 일반 공중의 교통에도 일부 이용되었지만 주로 백화점 고객들이 이용하고 있다. 그 후 새로 A시 시장으로 취임한 丙은 A시 관할의 도로점용허가 실태에 대하여 조사를 실시한 결과 甲이 원래 허가받은 것보다 3분의 1 정도 더 넓은 면적의 도로를 점용하고 있을 뿐만 아니라 연결통로의 절반에 해당하는 면적에 B백화점의 매장을 설치하여 이용하고 있음을 확인하고 甲에게 「도로법」 제72조에 근거하여 변상금을 부과하였다. 다음 물음에 답하시오.

1) 甲은 위 시설물이 백화점 고객 외 일반 공중의 교통에도 사용되고 있으므로 처음부터 도로점용허가를 받을 필요가 없었다고 하면서 丙시장의 변상금부과처분이 위법하다고 주장한다. 甲의 주장은 타당한가?

2) 생략 – PART 4 [3-2]를 보라.

 답안작성요령

(1) 문제의 소재

사안은 공물의 사용관계에 관한 문제이며, 특허사용에 해당할 경우에는 도로점용허가가 필요함을 적시한다.

(2) 공물의 사용관계로서 일반사용과 특별사용

1) 일반사용

공물을 그 본래의 용법에 따라 사용하는 것으로, 사용을 위해 공물관리권자의 허가를 요하지 아니한다.

2) 특허사용

공물의 특정부분을 특정목적으로 어느 정도 배타적·계속적으로 사용하는 것으로, 공물관리권자로부터 허락(특허)을 받아야 한다.

(3) 도로점용에 있어서 일반사용과 특별사용의 구별기준

– 도로점용이 특허사용인 경우에도 그 사용목적에 따라서는 도로의 일반사용과 병존이 가능한 경우도 있다.

– 이러한 경우에는 도로점용 부분이 동시에 일반공중의 교통에 공용되고 있다고 하여 도로의 특허사용이 아니라고 말할 수 없고, 그 도로점용의 주된 용도와 기능이 무엇인지에 따라 가려져야 한다.

(4) 결 론

대판 1992. 12. 22. 92누1223 활용하여 정리한다.

> **[판례]** 지하연결통로의 주된 용도와 기능이 특정건물에 출입하는 사람들의 통행로로 사용하기 위한 것이고 다만 이에 곁들여 일반인이 통행함을 제한하지 않는 것뿐이어서, 일반시민으로서는 본래의 도로사용보다 불편함을 감수하면서 이를 사용하는 것에 불과하다면, 지하연결통로는 일반사용을 위한 것보다도 특정건물의 사용편익을 위한 특별사용에 제공된 것이어서 이를 설치·사용하는 행위는 도로의 점용이라고 보아야 할 것이나, 반대로 지하연결통로의 용도와 기능이 주로 일반시민의 교통편익을 위한 것이고 이에 곁들여 특정건물에 출입하는 사람들의 통행로로도 이용되고 있는 정도라면, 지하연결통로는 도로의 일반사용을 위한 것이고 건물 소유자의 특별사용을 위한 것이라고 보기 어려우므로 이를 설치·사용하는 행위를 도로의 점용이라고 볼 수 없다(대판 1992. 12. 22. 92누1223).

[3-18a] 제10회 변호사시험(2021년) 인접주민의 강화된 도로 이용권

〈제1문의2〉 甲은 2010. 6. 실시된 지방선거에서부터 2018. 6. 실시된 지방선거에서까지 세 차례 연속하여 A시의 시장으로 당선되어 2022. 6.까지 12년간 연임하게 되었다. (생략)

한편, 甲의 후원회 회장은 자신이 운영하는 주유소 확장 공사를 위하여 보도의 상당 부분을 점하는 도로점용허가를 신청하였고, 甲은 이를 허가하였다. A시의 주민 丙은 甲이 도로 본래의 기능과 목적을 침해하는 과도한 범위의 도로점용을 허가하였다고 주장하며, 이 도로점용허가(이하 '이 사건 허가'라 한다)에 대하여 다투고자 한다.

3. 丙은 이 사건 허가에 대하여 취소소송을 제기하고자 한다. 丙의 원고적격을 검토하시오.

참고조문

「도로법」

제61조 (도로의 점용 허가) ① 공작물·물건, 그 밖의 시설을 신설·개축·변경 또는 제거하거나 그 밖의 사유로 도로(도로구역을 포함한다. 이하 이 장에서 같다)를 점용하려는 자는 도로관리청의 허가를 받아야 한다. 허가받은 기간을 연장하거나 허가받은 사항을 변경(허가받은 사항 외에 도로 구조나 교통안전에 위험이 되는 물건을 새로 설치하는 행위를 포함한다)하려는 때에도 같다.

② 제1항에 따라 허가를 받아 도로를 점용할 수 있는 공작물·물건, 그 밖의 시설의 종류와 허가의 기준 등에 관하여 필요한 사항은 대통령령으로 정한다.

③ 도로관리청은 같은 도로(토지를 점용하는 경우로 한정하며, 입체적 도로구역을 포함한다)에 제1항에 따른 허가를 신청한 자가 둘 이상인 경우에는 일반경쟁에 부치는 방식으로 도로의 점용 허가를 받을 자를 선정할 수 있다.

④ 제3항에 따라 일반경쟁에 부치는 방식으로 도로점용허가를 받을 자를 선정할 수 있는 경우의 기준, 도로의 점용 허가를 받을 자의 선정 절차 등에 관하여 필요한 사항은 대통령령으로 정한다.

답안작성요령

Ⅰ. 문제의 제기

주민 丙이 원고적격을 갖는지 여부는 A시의 시장 甲이 甲의 후원회 회장에 대한 도로점용허가로 인해 주민 丙의 법률상 이익이 침해되었는지 여부를 논점으로 한다.

Ⅱ. 원고적격 일반론

Ⅲ. 도로사용의 권리가 침해되었는지 여부

1. 인접주민이 아닌 경우(자유사용의 권리가 침해되었는지 여부)

(1) 도로의 자유사용의 의의

(2) 도로의 자유사용의 성질

(3) 소결(권리가 침해되었다고 보기 어렵다)

2. 인접주민인 경우(인접주민의 강화된 이용권이 침해되었는지 여부)

(1) 강화된 이용권의 의의와 성질

(2) 강화된 이용권의 근거

(3) 강화된 이용권의 요건

(4) 강화된 이용권의 내용

(5) 소결(병의 토지가 도로점용허가가 있는 도로의 이용에 종속적인데, 도로점용허가가도로 본래의 기능과 목적을 침해하는 과도한 것이어서 병의 토지이용에 상당한 침해가 따른다면, 병의 강화된 이용권은 침해를 받는 것이 된다)

3. 사안에 적용

[3-19] 제64회 5급공채(2020년) 시립체육문화회관 사용허가의 법적 성질 등

〈제3문〉 甲은 A시가 주민들의 복리를 위하여 설치한 시립체육문화회관 내 2층에서 종합스포츠용품판매점을 운영하고자 「공유재산 및 물품 관리법」 제20조 제1항에 따라 사용허가를 신청하였다. 이에 A시의 乙시장은 甲에게 사용허가를 하면서, 스포츠용품 구매고객의 증가로 인해 회관 내 주차공간이 부족해질 것을 우려하여 회관 인근에 소재한 甲의 소유 토지 중 일부에 주차대수 규모가 5대인 주차장의 설치를 내용으로 하는 조건을 붙였다.

1) 乙시장이 甲에게 발급한 시립체육문화회관 사용허가의 법적 성질을 검토하시오.

2) 생략–PART 4 [1–32]를 보라. $\binom{행정행위의}{부관 관련}$

참고조문

공유재산 및 물품 관리법 제2조(정의) 이 법에서 사용하는 용어의 뜻은 다음과 같다.

1. "공유재산"이란 지방자치단체의 부담, 기부채납(기부채납)이나 법령에 따라 지방자치단체 소유로 된 제4조 제1항 각 호의 재산을 말한다

제5조(공유재산의 구분과 종류) ① 공유재산은 그 용도에 따라 행정재산과 일반재산으로 구분한다.

② "행정재산"이란 다음 각 호의 재산을 말한다.

1. 공용재산

지방자치단체가 직접 사무용·사업용 또는 공무원의 거주용으로 사용하거나 사용하기로 결정한 재산과 사용을 목적으로 건설 중인 재산

2. 공공용재산

지방자치단체가 직접 공공용으로 사용하거나 사용하기로 결정한 재산과 사용을 목적으로 건설 중인 재산

3. 기업용재산

지방자치단체가 경영하는 기업용 또는 그 기업에 종사하는 직원의 거주용으로 사용하거나 사용하기로 결정한 재산과 사용을 목적으로 건설 중인 재산

4. 보존용재산

법령·조례·규칙에 따라 또는 필요에 의하여 지방자치단체가 보존하고 있거나 보존하기로 결정한 재산

③ "일반재산"이란 행정재산 외의 모든 공유재산을 말한다.

제20조(사용·수익허가) ① 지방자치단체의 장은 행정재산에 대하여 그 목적 또는 용도에 장애가 되지 아니하는 범위에서 사용 또는 수익을 허가할 수 있다.

답안작성요령

1. 논술의 순서

공유재산 및 물품 관리법 제20조 제1항에 따른 시립체육문화회관 사용허가)의 법적 성질의 규명을 위해서는 시립체육문화회관의 성격을 먼저 검토할 필요가 있다.

2. 시립체육문화회관의 성격

시립체육문화회관은 A시가 주민들의 복리를 위하여 설치한 건물인데, 이 건물은 지방자치단체가 직접 사무용으로 사용할 수도 있고, 공공용으로 사용할 수도 있으므로, 시립체육문화회관은 A시의 행정재산에 해당한다$\binom{공유재산\ 및\ 물품\ 관}{리법\ 제5조\ 제2항}$.

3. 공유재산 및 물품 관리법 제20조 제1항에 따른 행정재산 사용허가의 성질$\binom{행정}{처분}$

(1) 학설$\binom{행정처분설,\ 사법상\ 계약}{설,\ 이원적\ 법률관계설}$

(2) 판례$\binom{행정처}{분설}$

(3) 검   토

4. 공유재산 및 물품 관리법 제20조 제 1 항에 따른 행정재산 사용허가의 성질$\binom{\text{허가}}{\text{처분}}$

자유로운 사용이 공물의 목적달성이나 유지·보전에 문제를 발새할 수 있는 경우를 예방하기 위하여 공물의 자유사용을 일단 금지하고 나서 사후에 사인으로 하여금 선별적으로 허가를 받아 사용하게 하는 것을 허가 사용이라 한다. 허가사용에서 허가는 사용금지의 해제이며, 독점권을 부여하는 권리설정행위가 아니다. 공유재산 및 물품 관리법 제20조 제 1 항에 따른 행정재산 사용허가는 이러한 허가사용에 해당한다.

5. 소결$\binom{\text{행정처}}{\text{분, 허가}}$

[3-20] 제56회 5급공채(2012년) 국유재산의 종류, 공물의 폐지

〈제1문〉 갑은 을로부터 면적 300㎡인 토지에 건축면적 100㎡인 가옥과 담장을 1980. 12. 31일자로 매수하여 등기한 후 소유하고 있었다. 갑은 그동안 해당 부동산에 대한 세금을 성실히 납부하였다. 그러나 토지가 소재하고 있는 지방자치단체 A시는 2012. 6. 1일자로 갑에게 도로를 침범하고 있는 담장을 철거하라는 통지서를 발부하였다. 철거통지서에는 갑이 점유하고 있는 토지의 30㎡는 A시소유의 도로로 현재 갑은 이를 불법점유하고 있으므로 2012. 7. 31일까지 위 담장을 철거하라고 기재되어 있었다.

(1) 갑은 아무런 하자 없이 을로부터 토지와 가옥을 매수하여 소유권이전등기를 마쳐 평온히 소유하여 왔으나, 30여 년이 지난 시점에서 A시는 토지의 일부가 A시소유의 도로인 토지라고 주장하고 있다. 갑은 어떻게 항변할 수 있겠는가?

👆 답안작성요령

1. 문제의 제기

(1) 사례에 답하기 위해 도로의 법적 성질에 대한 검토가 필요하다. 왜냐하면 국유재산법상 행정재산은 시효취득의 대상이 되지 아니하기 때문이다(동법 제7조 제2항).

(2) 도로가 행정재산으로서 공물이라면, 사례에서 도로가 공물의 성질을 유지하고 있는가의 여부를 검토할 필요가 있다.

2. 도로의 법적 성질

(1) 행정재산과 일반재산

㈎ 국유재산법은 지방자치단체 소유의 토지를 용도에 따라 행정재산과 일반재산으로 구분한다.

㈏ 행정재산은 강학상 공물이라 한다.

(2) 행정재산으로서 도로

㈎ 도로는 국유재산법상 행정재산에 속한다.

㈏ 도로는 공공이 사용하는 공공용재산이다.

3. 공물의 소멸

공물의 소멸 일반론을 논술한다.

4. 갑의 항변

(1) 해당 토지에 묵시적 공용폐지가 있었다는 항변을 할 수 있다.

(2) 해당 토지가 형태적으로 소멸되었다는 항변을 할 수 있다.

5. 문제의 해결

갑은 해당 토지가 공물의 소멸로 인해 일반재산이 되었으므로 시효취득의 대상이 되었고, 따라서 자신이 시효취득을 통해 정당한 소유자라는 항변을 할 수 있다.

[3-21] 제59회 5급공채(2015년) 사업인정 후 협의취득, 보상금증감소송

〈제1문〉 A주식회사는 Y도지사에게 「산업입지 및 개발에 관한 법률」 제11조에 의하여 X시 관내 토지 3,261,281m²에 대하여 '산업단지지정요청서'를 제출하였고, 해당지역을 관할하는 X시장은 요청서에 대한 사전검토 의견서를 Y도지사에게 제출하였다. 이에 Y도지사는 A주식회사를 사업시행자로 하여 위 토지를 '○○ 제2일반지방산업단지'(이하 "산업단지"라고 한다)로 지정·고시한 후, A주식회사의 산업단지개발 실시계획을 승인하였다. 그러나 Y도지사는 위 산업단지를 지정하면서, 주민 및 관계 전문가 등의 의견을 청취하지 않았다. 한편, 갑은 X시 관내에 있는 토지소유자로서 갑의 일단의 토지 중 90%가 위 산업단지 의 지정·고시에 의해 수용의 대상이 되었다. A주식회사는 갑소유 토지의 취득 등에 대하여 갑과 협의하 였으나 협의가 성립되지 아니하였다. 이에 A주식회사는 Y도(道) 지방토지수용위원회에 재결을 신청하였 고, 동 위원회는 금10억원을 보상금액으로 하여 수용재결을 하였다. 다음 물음에 답하시오.
(1) 만약 A주식회사가 수용재결을 신청하기 이전에 갑과 합의하여 갑소유의 토지를 협의취득한 경우, 그 협의취득의 법적 성질은?
(4) 갑은 자신의 위 토지에 숙박시설을 신축하려고 하였으나 수용되고 남은 토지만으로 이를 실행하기 어렵게 되었고, 토지의 가격도 하락하였다. 이 경우 갑의 권리구제수단을 검토하시오.

참고조문

산업입지 및 개발에 관한 법률

제22조(토지수용) ① 사업시행자(제16조 제1항 제6호에 따른 사업시행자는 제외한다. 이하 이 조에서 같다)는 산업단 지개발사업에 필요한 토지·건물 또는 토지에 정착한 물건과 이에 관한 소유권 외의 권리, 광업권, 어업권, 물의 사용에 관한 권리(이하 "토지등"이라 한다)를 수용하거나 사용할 수 있다.

② 제1항을 적용할 때 제7조의4 제1항에 따른 산업단지의 지정·고시가 있는 때(제6조 제5항 각 호 외의 부분 단 서 또는 제7조 제6항 및 제7조의2 제5항에 따라 사업시행자와 수용·사용할 토지등의 세부 목록을 산업단지가 지 정된 후에 산업단지개발계획에 포함시키는 경우에는 이의 고시가 있는 때를 말한다) 또는 제19조의2에 따른 농공단지 실시계획의 승인·고시가 있는 때에는 이를 「공익사업을 위한 토지 등의 취득 및 보상에 관한 법률」 제20조 제1항 및 같은 법 제22조에 따른 사업인정 및 사업인정의 고시가 있는 것으로 본다.

③ 국가산업단지의 토지등에 대한 재결(裁決)은 중앙토지수용위원회가 관장하고, 일반산업단지, 도시첨단산업단지 및 농공단지의 토지등에 대한 재결은 지방토지수용위원회가 관장하되, 재결의 신청은 「공익사업을 위한 토지 등의 취득 및 보상에 관한 법률」 제23조 제1항 및 같은 법 제28조 제1항에도 불구하고 산업단지개발계획(농공단지의 경우에는 그 실시계획)에서 정하는 사업기간 내에 할 수 있다.

⑤ 제1항에 따른 수용 또는 사용에 관하여는 이 법에 특별한 규정이 있는 경우를 제외하고는 「공익사업을 위한 토지 등의 취득 및 보상에 관한 법률」을 준용한다.

답안작성요령

Ⅰ. 설문 제1문의 (1)의 해결

1. 문제의 제기

⑴ 산업입지 및 개발에 관한 법률 제22조 제5항은 '이 법에 특별한 규정이 있는 경우를 제외하고는 「공익 사업을 위한 토지 등의 취득 및 보상에 관한 법률(토상법)」을 준용한다'고 규정한다.

⑵ 토상법 제26조는 사업인정 후 사업시행자와 토지소유자 등과의 협의절차를 규정하고 있는바, 사례의 A 주식회사와 갑의 협의취득에 토상법 제26조가 적용된다.

(3) 사례의 A주식회사와 갑의 협의취득의 법적 성질은 토상법 제26조에 따른 협의취득의 법적 성질의 문제이다.

2. 사업인정 후 협의취득의 법적 성질

(1) 사업인정

산업입지 및 개발에 관한 법률 제22조 제 2 항에 따라 사례의 산업단지 지정·고시로 사업인정은 있는 셈이다.

(2) 협 의

사업시행자는 토지 등에 대한 보상에 관하여 토지소유자 및 관계인과 성실하게 협의하여야 한다. 협의절차를 거치지 않고 재결을 신청할 수는 없다(판례). 협의는 일방적인 행위가 아니고 쌍방행위이며, 협의는 공익을 목적으로 하는 까닭에 전체로서 협의는 공법상 계약이라 할 것이다(전통적 견해). 실무상으로는 사법상 계약으로 다루어진다.

3. 문제의 해결

통설을 따르게 되면, 협의취득은 공법상 계약에 의한 취득이라 할 수 있다.

Ⅱ. 설문 제 1 문의 (4)의 해결

1. 문제의 제기

(1) 수용되고 남은 토지(잔여지)와 관련하여 잔여지수용청구를 검토할 필요가 있다.

(2) 잔여지수용청구가 거부되면, 행정소송으로 다투는 방법도 검토할 필요가 있다.

2. 잔여지의 수용청구

(1) 토상법 제74조 제 1 항 분석

토상법 제74조 제1항은 동일한 소유자에게 속하는 일단의 토지의 일부가 협의에 의하여 매수되거나 수용됨으로 인하여 잔여지를 종래의 목적에 사용하는 것이 현저히 곤란할 때에는 해당 토지소유자는 사업시행자에게 잔여지를 매수하여 줄 것을 청구할 수 있으며, 사업인정 이후에는 관할 토지수용위원회에 수용을 청구할 수 있다. 이 경우 수용의 청구는 매수에 관한 협의가 성립되지 아니한 경우에만 할 수 있으며, 그 사업의 공사완료일까지 하여야 한다고 규정한다.

(2) 소 결

갑은 Y도 지방토지수용위원회에 잔여지의 수용을 청구할 수 있다.

3. 행정소송

(1) 제소가능성

Y도 지방토지수용위원회에 잔여지의 수용을 거부하는 재결을 하면 행정소송의 제기가 가능하다.

(2) 소의 종류

판례는 잔여지의 수용을 거부하는 재결을 불복하여 다투는 소송을 토상법 제85조 제 2 항의 보상금증감에 관한 소송으로 본다.

> [판례] 공익사업을 위한 토지 등의 취득 및 보상에 관한 법률 제74조 제 1 항에 규정되어 있는 잔여지 수용청구권은 손실보상의 일환으로 토지소유자에게 부여되는 권리로서 그 요건을 구비한 때에는 잔여지를 수용하는 토지수용위원회의 재결이 없더라도 그 청구에 의하여 수용의 효과가 발생하는 형성권적 성질을 가지므로, 잔여지 수용청구를 받아들이지 않은 토지수용위원회의 재결에 대하여 토지소유자가 불복하여 제기하는 소송은 위 법 제85조 제 2 항에 규정되어 있는 '보상금의 증감에 관한 소송'에 해당하여 사업시행자를 피고로 하여야 한다(대판 2010. 8. 19., 2008두822).

[3-22] 제56회 사법시험(2014년) 공용환권, 도시 및 주거환경정비법상 주택재건축정비사업조합

A시의 X구(자치구 아닌 구) 주민들은 노후 주택재개발을 위하여 추진위원회를 구성하여 조합설립 준비를 하였다. 추진위원회는 토지소유자 4분의 3 이상의 동의를 받아 조합설립결의를 거쳐 설립인가를 신청하였다. 한편, A시 시장 을은 법령상 위임규정이 없으나, X구 구청장 병에게 조합설립인가에 관한 권한을 내부위임하고 이에 따라 병이 자신의 이름으로 조합설립인가를 하였다.

1) X구의 주민 갑 등은 추진위원회가 주민들의 동의를 받는 과정에 하자가 있음을 이유로 조합설립결의에 대해 다투고자 한다. 이 경우 조합설립인가 전에 제기할 소의 종류는 무엇이고, 조합설립인가 후에 제기할 소의 종류는 무엇인가?

참고조문

도시 및 주거환경정비법

제31조(조합설립추진위원회의 구성·승인) ① 조합을 설립하려는 경우에는 제16조에 따른 정비구역 지정·고시 후 다음 각 호의 사항에 대하여 토지등소유자 과반수의 동의를 받아 조합설립을 위한 추진위원회를 구성하여 국토교통부령으로 정하는 방법과 절차에 따라 시장·군수등의 승인을 받아야 한다.

제35조(조합설립인가 등) ② 재개발사업의 추진위원회(제31조 제4항에 따라 추진위원회를 구성하지 아니하는 경우에는 토지등소유자를 말한다)가 조합을 설립하려면 토지등소유자의 4분의 3 이상 및 토지면적의 2분의 1 이상의 토지소유자의 동의를 받아 다음 각 호의 사항을 첨부하여 시장·군수등의 인가를 받아야 한다.
1. 정관
2. 정비사업비와 관련된 자료 등 국토교통부령으로 정하는 서류
3. 그 밖에 시·도조례로 정하는 서류
③ 재건축사업의 추진위원회(제31조 제4항에 따라 추진위원회를 구성하지 아니하는 경우에는 토지등소유자를 말한다)가 조합을 설립하려는 때에는 주택단지의 공동주택의 각 동(복리시설의 경우에는 주택단지의 복리시설 전체를 하나의 동으로 본다)별 구분소유자의 과반수 동의(공동주택의 각 동별 구분소유자가 5 이하인 경우는 제외한다)와 주택단지의 전체 구분소유자의 4분의 3 이상 및 토지면적의 4분의 3 이상의 토지소유자의 동의를 받아 제2항 각 호의 사항을 첨부하여 시장·군수등의 인가를 받아야 한다.

답안작성요령

1. 문제의 제기

⑴ 사례를 해결하기 위해 먼저 노후 주택재개발을 위한 조합설립과정을 볼 필요가 있다.

⑵ 사례의 해결은 조합설립결의와 조합설립인가의 성질과 관련되므로, 이에 대한 검토가 필요하다.

2. 노후 주택재개발을 위한 조합설립과정

도시 및 주거환경정비법상 시장·군수 또는 주택공사 등이 아닌 자가 정비사업을 시행하고자 하는 경우에는 토지등소유자로 구성된 조합을 설립하여야 하는데, 그 과정은 「추진위원회 구성 → 추진위원회 구성승인처분 → 조합설립결의 → 조합설립인가신청 조합설립인가」로 이루어진다.

3. 조합설립결의와 조합설립인가의 성질

⑴ 조합설립결의의 성질

㈎ 조합설립결의는 조합설립인가 신청을 위한 절차적 요건이다(대판 2009. 9. 24, 2008다60568).

㈏ 조합설립결의는 추진위원회 구성승인처분 이후에 이루어진다.

㈐ 추진위원회 구성승인처분은 조합의 설립을 위한 주체인 추진위원회의 구성행위를 보충하여 그 효력을 부여하는 처분이다(대판 2013. 1. 31, 2011두11112).

㈜ 추진위원회가 주도하는 조합설립결의 그 자체는 사법적 성질을 갖는 토지소유자들의 의사이다.

(2) 조합설립인가의 성질

판례는 "행정청이 도시 및 주거환경정비법 등 관련 법령에 근거하여 행하는 조합설립인가처분은 단순히 사인들의 조합설립행위에 대한 보충행위로서의 성질을 갖는 것에 그치는 것이 아니라 법령상 요건을 갖출 경우 도시 및 주거환경정비법상 주택재건축사업을 시행할 수 있는 권한을 갖는 행정주체(공법인)로서의 지위를 부여하는 일종의 설권적 처분의 성격을 갖는다"고 한다(대판 2009. 9. 24. 2008다60568).

4. 조합설립인가 전에 제기할 소송

(1) 이 단계에서는 토지소유자등의 조합설립결의가 소의 대상이 된다.

(2) 피고는 조합이 존재하지 아니하므로 추진위원회로 하여야 한다.

(3) 토지소유자등의 조합설립결의는 민사소송으로 다툴 수 있다.

5. 조합설립인가 후에 제기할 소송

(1) 이 단계에서는 토지소유자등의 조합설립결의와 조합설립인가 중 어느 것이 대상인가의 문제가 발생한다.

(2) 조합설립결의를 조합설립인가의 한 요건으로 보아 조합설립인가를 다투어야 한다(대판 2009. 9. 24. 2008다60568).

(3) 피고는 법인격을 가진 조합으로 하여야 한다.

(4) 소송형식은 행정소송법상 당사자소송이 된다.

6. 문제의 해결

위의 내용을 간략히 요약·정리한다.

[3-22a] 제38회 입법고시(2022년) 도시관리계획

〈제2문〉 A광역시 B구에서 폐기물중간처리업을 운영하는 사업자 甲은 노후화된 기존 소각시설은 폐기하고 시설부지를 추가 편입하여 소각시설을 약 3배 규모로 신축하기 위해 B구의 구청장 乙에게 도시계획시설(폐기물처리시설) 결정(변경)에 관한 도시관리계획 입안제안서를 제출하였다. 이에 乙은 현재 B구에 각종 폐기물처리시설이 포화상태이며, 3배 규모의 소각장 증설시 주민의 생활환경이 심히 악화된다는 등의 사유로 甲의 도시관리계획 입안제안서를 반려하였다.

(1) 위 도시관리계획의 법적 성질을 검토하시오.
(2) 乙의 도시관리계획 입안제안서 반려에 대하여 甲이 취할 수 있는 행정소송법상 권리구제와 관련한 '대상적격'과 '가구제의 가능성'을 검토하시오.

참고조문

국토의 계획 및 이용에 관한 법률 제2조(정의) 이 법에서 사용하는 용어의 뜻은 다음과 같다.
4. "도시·군관리계획"이란 특별시·광역시·특별자치시·특별자치도·시 또는 군의 개발·정비 및 보전을 위하여 수립하는 토지 이용, 교통, 환경, 경관, 안전, 산업, 정보통신, 보건, 복지, 안보, 문화 등에 관한 다음 각 목의 계획을 말한다.
 가. 용도지역·용도지구의 지정 또는 변경에 관한 계획
 나. 개발제한구역, 도시자연공원구역, 시가화조정구역(市街化調整區域), 수산자원보호구역의 지정 또는 변경에 관한 계획
 다. 기반시설의 설치·정비 또는 개량에 관한 계획
 라. 도시개발사업이나 정비사업에 관한 계획
 마. 지구단위계획구역의 지정 또는 변경에 관한 계획과 지구단위계획
 바. 입지규제최소구역의 지정 또는 변경에 관한 계획과 입지규제최소구역계획

답안작성요령

Ⅰ. (1)문 (도시관리계획의 법적 성질)(상세는 본책 중 행정계획 부분을 보라)

1. 행정계획과 도시계획의 의의

2. 행정계획의 법적 성질
(1) 학 설
(2) 판 례

3. 도시관리계획의 법적 성질
(1) 분석(자유를 제한한다. 국민에 구속적이다. 위반 시 처벌 등이 따른다)
(2) 처분성을 갖는다.

Ⅱ (2)문 (행정계획입안 거부행위와 취소소송)

1. 도시관리계획 입안제안서 반려처분의 대상적격
(1) 대상적격의 의의
(2) 행정소송법상 처분개념
(3) 거부처분의 성립요건(본책 중 거부처분의 성립 요건 부분을 보라)
(4) 사례에 적용

2. 도시관리계획 입안제안서 반려처분에 대한 가구제

(1) 문제의 제기

집행정지의 적용이 가능한지 여부와 가처분이 인정되는지 여부를 논점으로 한다.

(2) 집행정지$\left(\substack{\text{본책 항고소송 부분중}\\\text{집행정지 부분을 보라}}\right)$

(개) 집행정지 일반론

(내) 거부처분이 대상이 되는지 여부

(대) 사례에 적용

(3) 가처분$\left(\substack{\text{본책 항고소송 부분중}\\\text{가처분 부분을 보라}}\right)$

(개) 가처분의 의의

(내) 가처분 인정 여부

(대) 사례에 적용

[3-22b] 제66회 5급공채(행정)(2022년) 관리처분계획, 관리처분계획안에 대한 쟁송방법

〈제 3 문〉 A주택재건축정비사업조합(이하 'A조합')은 B시(市) 소재 아파트의 재건축사업을 시행할 목적으로 관계 법령에 따라 조합설립의 인가 및 등기를 마쳤다. A조합은 조합총회에서 관리처분계획안을 의결하고, B시 시장에게 관리처분계획의 인가를 신청하였다. 다음 물음에 답하시오.

1) B시 시장은 위 관리처분계획에 대한 인가를 하였다. 이에 조합원 甲은 위 관리처분계획이 위법하다는 이유로 위 인가처분의 취소를 구하는 소송을 제기하였다. 협의의 소의 이익에 대하여 검토하시오.

2) B시 시장의 관리처분계획에 대한 인가 전에 조합원 乙이 위 관리처분계획안에 대한 조합 총회결의의 효력을 다투고자 한다면 어떠한 소송에 의하여야 하는지 검토하시오.

참고조문 현행 법령을 사례해결에 적합하도록 수정하였음

「도시 및 주거환경정비법」

제74조(관리처분계획의 인가 등) ① 사업시행자는 제72조에 따른 분양신청기간이 종료된 때에는 분양신청의 현황을 기초로 다음 각 호의 사항이 포함된 관리처분계획을 수립하여 시장·군수등의 인가를 받아야 하며, 관리처분계획을 변경·중지 또는 폐지하려는 경우에도 또한 같다.
  1. 분양설계
  2. 분양대상자의 주소 및 성명
  3. 분양대상자별 분양예정인 대지 또는 건축물의 추산액
  4. 분양대상자별 종전의 토지 또는 건축물 명세 및 사업시행계획인가 고시가 있은 날을 기준으로 한 가격
  5. 정비사업비의 추산액 및 그에 따른 조합원 분담규모 및 분담시기
  6. 그 밖에 정비사업과 관련한 권리 등에 관하여 대통령령으로 정하는 사항

답안작성요령

Ⅰ. 주택재건축정비조합의 관리처분계획에 대한 쟁송방법

1. 문제의 제기

주택재건축정비조합의 관리처분계획에 대한 인가처분 취소소송에서 협의의 소의 이익의 요부의 문제는 인가처분의 성질과 관련하여 검토를 요한다.

2. 관리처분계획에 대한 인가의 법적 성질(본책 중 관리처분계획인가의 법적 성질 부분을 보라)

(1) 학   설(인가설, 허가설, 사전절차설)

(2) 판   례(인가설)(대판 2001. 12. 11, 2001두7541)

(3) 소   결

3. 사례에 적용

관리처분계획에 대한 인가는 주택재건축정비조합의 관리처분계획에 대한 법률상의 효력을 완성시키는 보충행위로서 그 기본이 되는 관리처분계획에 하자가 있을 때에는 그에 대한 인가가 있었다 하여도 기본행위인 관리처분계획이 유효한 것으로 될 수 없으며, 다만 그 기본행위가 적법·유효하고 보충행위인 인가처분 자체에만 하자가 있다면 그 인가처분의 무효나 취소를 주장할 수 있다고 할 것이지만, 인가처분에 하자가 없다면 기본행위에 하자가 있다 하더라도 따로 그 기본행위의 하자를 다투는 것은 별론으로 하고 기본행위의 무효를 내세워 바로 그에 대한 행정청의 인가처분의 취소 또는 무효확인을 소구할 법률상의 이익이 있다고 할 수 없다.

Ⅱ. 주택재건축정비조합의 관리처분계획안에 대한 쟁송방법

1. 문제의 제기

설문에 답하기 위해서는 관리처분계획안이 법적 성질에 대한 검토가 필요하다.

2. 상반된 견해(본책 중 관리처분계획에 대한 조합 총회의결에 대한 소송 부분을 보라)

3. 사례에 적용

행정소송법상 당사자소송에 의한다.

[3-23] 제33회 입법고시(2017년) 토지거래허가의 법적 성질, 과징금의 법적 성질

〈제1문〉 2009년 1월 1일부터 토지거래허가지역으로 고시(해제일 : 2013년 1월 31일 0시부터)된 지역에 거주하는 자로서 거래허가를 받을 자격이 있는 A는 허가지역 내의 D 소유의 토지를 매입하고자 하였으나 돈이 부족하였다. A는 위 지역 내의 토지 소유를 원하나 자격이 없는 B와 C에게 'A:B:C=1:1:2'의 비율로 공동 소유할 것을 제안하여 2010년 2월 28일 공동소유계약서를 작성하고 그 비율에 따른 금원을 받은 A는 2010년 3월 1일 D와 해당 토지의 매매계약을 하였다. 2010년 3월 2일 관할청으로부터 해당 토지거래의 허가를 받은 A는 일단 자신의 이름으로 소유권등기를 마쳤다. 그리고 A명의로 된 토지에 대해 B와 C는 각각의 지분에 따른 근저당을 설정하였다. 2014년 7월 8일 B는 공동소유계약서에 근거하여 A의 협조 하에 자신의 지분에 대한 소유권 공유등기를 하였다. 그런데 A는 이 토지를 구입하는 과정에서 감정대립이 심하였던 C의 지분에 대한 공유등기 요구에 대해 협조를 거부하였다. C는 수차에 걸친 등기요구를 거부하는 A를 상대로 2016년 2월 7일 소송을 제기하여 2017년 3월 2일 법원 판결을 통해 자신의 공유등기를 하기에 이르렀다.

1. 현행법상 투기우려지역에서의 토지거래허가의 법적 성질을 논술하시오.

2. 위 사례에서 해당 토지에 대한 소유권 등기를 함에 있어 B와 C가 각각의 지분에 대한 공유등기를 동시에 할 수 없었던 이유를 설명하시오.

3. 생략 – PART [1 – 51]을 보라.

참고조문

부동산 거래신고 등에 관한 법률 제11조(허가구역 내 토지거래에 대한 허가) ① 허가구역에 있는 토지에 관한 소유권·지상권(소유권·지상권의 취득을 목적으로 하는 권리를 포함한다)을 이전하거나 설정(대가를 받고 이전하거나 설정하는 경우만 해당한다)하는 계약(예약을 포함한다. 이하 "토지거래계약"이라 한다)을 체결하려는 당사자는 공동으로 대통령령으로 정하는 바에 따라 시장·군수 또는 구청장의 허가를 받아야 한다. 허가받은 사항을 변경하려는 경우에도 또한 같다.

제12조(허가기준) 시장·군수 또는 구청장은 제11조에 따른 허가신청이 다음 각 호(생략)의 어느 하나에 해당하는 경우를 제외하고는 허가하여야 한다.

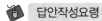 **답안작성요령**

[제1문의 1]

(1) 토지거래허가구역의 지정

국토교통부장관 또는 시·도지사는 국토의 이용 및 관리에 관한 계획의 원활한 수립과 집행, 합리적인 토지 이용 등을 위하여 토지의 투기적인 거래가 성행하거나 지가(地價)가 급격히 상승하는 지역과 그러한 우려가 있는 지역으로서 대통령령으로 정하는 지역에 대해서는 다음 각 호의 구분(생략)에 따라 5년 이내의 기간을 정하여 제11조 제 1 항에 따른 토지거래계약에 관한 허가구역(이하 "허가구역"이라 한다)으로 지정할 수 있다(부동산 거래신고 등에 관한 법률 제10조 제 1 항).

(2) 토지거래계약허가제의 의의

토지거래허가구역에 있는 토지에 관한 소유권·지상권을 이전하거나 설정하는 계약을 체결하고자 하는 당사자는 공동으로 대통령령으로 정하는 바에 따라 시장·군수 또는 구청장의 허가를 받아야 한다. 이러한 제도를 토지거래계약허가제라 부른다. 토지거래계약허가제는 토지의 투기적인 거래 등을 막기 위한 것이다.

(3) 토지거래계약허가제에서 허가의 성질

(개) 학설(허가설, 인가설, 양면설)

(내) 판례(인가설)

[판례] 구 국토이용관리법 제21조의3 제 1 항 소정의 허가가 규제지역 내의 모든 국민에게 전반적으로 토지거래의 자유를 금지하고 일정한 요건을 갖춘 경우에만 금지를 해제하여 계약체결의 자유를 회복시켜 주는 성질의 것이라고 보는 것은 위 법의 입법취지를 넘어선 지나친 해석이라고 할 것이고, 규제지역 내에서도 토지거래의 자유가 인정되나 다만 위 허가를 허가 전의 유동적 무효상태에 있는 법률행위의 효력을 완성시켜 주는 인가적 성질을 띈 것이라고 보는 것이 타당하다. 위와 달리 허가를 전제로 한 계약까지도 절대무효이고 당사자는 어느 경우에나 허가를 받은 후에 매매계약을 체결하여야 한다고 해석하는 것은 거래의 현실에 비추어 보아도 매우 불합리하여 받아들이기 어렵다(대판 1991. 12. 24, 90다12243 전원합의체).

(다) 검   토

[제1문의 2]

(1) B와 C의 소유권 취득불가

① 부동산 거래신고 등에 관한 법률 제11조 제 1 항의 내용을 기술한다. ② 설문에서 B와 C는 거래허가를 받을 수 없다고 하는바, B와 C는 소유권자가 될 수 없다는 내용을 기술한다.

(2) 공유등기의 성질

B와 C의 공유등기는 토지거래허가에 따른 것이 아니므로 무허가거래에 해당된다는 점, 그리고 무허가 거래 행위는 금지되고 있다는 점(부동산 거래신고 등에 관한 법률 제26조) 등을 기술한다.

[3-24] 제61회 5급공채(일반행정)(2017년) 조합설립추진위원회구성 승인과 조합설립인가의 성질 등

〈제1문〉 甲 등은 노후·불량건축물에 해당하는 공동주택이 밀집한 지역에 거주하고 있는데, 그 지역이 「도시 및 주거환경정비법」에 따라 정비구역으로 지정되어서 재개발사업을 추진하기 위해 재개발조합을 설립하기로 하였다. 그리하여 甲 등은 우선 그 정비구역에 위치한 건축물 및 그 부속토지의 소유자 과반수의 동의를 얻어 조합설립추진위원회를 구성하여 A시장의 승인을 받은 다음, 이 조합설립추진위원회가 상기 소유자 4분의 3 이상의 동의를 받아 A시장으로부터 조합설립인가를 받았다. 그 후 이 재개발조합은 A시장으로부터 재개발사업시행인가를 받았는데, A시장은 인가조건으로 '지역발전협력기금 10억 원을 기부할 것'을 부가하였다. 다음 물음에 답하시오.

1) 조합설립추진위원회구성 승인의 법적 성질을 검토하시오.

2) 조합설립인가의 법적 성질을 검토하시오.

3) 생략 – PART 4 [1–32]를 보라.

참고조문

「도시 및 주거환경정비법」 (현행 법령을 사례 해결에 적합하도록 수정하였음)

제8조(주택재개발사업 등의 시행자) ① 주택재개발사업은 조합이 이를 시행하거나 조합이 조합원 과반수의 동의를 얻어 시장·군수, 주택공사등, 건설업자, 등록사업자 또는 대통령령이 정하는 요건을 갖춘 자와 공동으로 이를 시행할 수 있다.

제13조(조합의 설립 및 추진위원회의 구성) ① 시장·군수, 지정개발자 또는 주택공사등이 아닌 자가 정비사업을 시행하고자 하는 경우에는 토지등소유자로 구성된 조합을 설립하여야 한다.

② 제1항에 따라 조합을 설립하고자 하는 경우에는 정비구역지정 고시 후 위원장을 포함한 5인 이상의 위원 및 운영규정에 대한 토지등소유자 과반수의 동의를 받아 조합설립을 위한 추진위원회를 구성하여 시장·군수의 승인을 받아야 한다.

제16조(조합의 설립인가 등) ① 주택재개발사업 및 도시환경정비사업의 추진위원회가 조합을 설립하려면 토지등소유자 4분의 3 이상의 동의를 얻어 다음 각 호의 사항을 첨부하여 시장·군수의 인가를 받아야 한다.

1. 정관

2. (이하 생략)

제28조(사업시행인가) ① 사업시행자는 정비사업을 시행하고자 하는 경우에는 사업시행계획서에 정관등과 그 밖에 국토교통부령이 정하는 서류를 첨부하여 시장·군수에게 제출하고 사업시행인가를 받아야 한다.

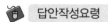 답안작성요령

(1) 조합설립추진위원회구성의 승인의 법적 성질

1) 허가, 특허, 인가의 본질에 관한 개관

2) 조합설립추진위원회구성의 승인에 관한 판례의 입장

강학상 인가, 대판 2013. 1. 31, 2011두11112, 2011두11129.

(2) 조합설립인가의 법적 성질

1) 허가, 특허, 인가의 본질에 관한 개관

2) 인가받은 조합의 법적 지위

3) 조합설립인가에 관한 종전 판례$\binom{대판\ 2000.\ 9.\ 5.}{99두1854}$의 입장$\binom{인가적}{접근}$

4) 조합설립인가에 관한 현행 판례$\binom{대판\ 2013.\ 6.\ 13.}{2011두19994}$의 입장$\binom{설권적\cdot특}{허적\ 접근}$

5) 강학상 인가의 특징

[3-24a] 제37회 입법고시(2021년) 건축물대장 용도변경신청 반려처분의 성질

〈제1문〉 甲은 자신이 소유하고 있는 서울특별시 소재 지상 5층 건물 중 지상 1층에서 정육식당을 운영하던 자인데, 식당 매출이 부진하자 업종을 변경하여 「게임산업진흥에 관한 법률」상 일반게임제공업을 운영하고자 한다. 해당 건물 인근에는 H고등학교가 있기 때문에 甲은 「교육환경 보호에 관한 법률」(이하 '교육환경보호법'이라 한다)에 따라 A교육지원청교육장 乙에게 금지행위 및 시설 금지 해제 신청을 하였고 乙은 A교육지원청 소속 지역교육환경보호위원회(이하 '지역위원회'라 한다)의 현장 실사 등을 거쳐 '금지행위 및 시설금지 해제' 결정을 하였다. 이후 甲은 관할 A구청장으로부터 「게임산업진흥에 관한 법률」에 따른 일반게임제공업 허가를 받았다.

(2) 甲은 일반게임제공업 허가를 받은 후 건축법령에 따라 건축물대장상 해당 5층 건물 중 지상 1층의 용도를 일반음식점에서 판매시설(게임제공업소)로 변경하여 기재해달라는 신청을 하였다. 그러나 게임장 개설사실을 알게 된 인근 주민들이 항의하자 A구청장은 甲의 건축물대장 용도변경신청을 반려하였다. 甲은 이 반려조치를 항고소송으로 다툴 수 있는가?

참고조문

건축법
제19조(용도변경) ② 제22조에 따라 사용승인을 받은 건축물의 용도를 변경하려는 자는 다음 각 호의 구분에 따라 국토교통부령으로 정하는 바에 따라 특별자치시장·특별자치도지사 또는 시장·군수·구청장의 허가를 받거나 신고를 하여야 한다.

③ 제4항에 따른 시설군 중 같은 시설군 안에서 용도를 변경하려는 자는 국토교통부령으로 정하는 바에 따라 특별자치시장·특별자치도지사 또는 시장·군수·구청장에게 건축물대장 기재내용의 변경을 신청하여야 한다. 다만, 대통령령으로 정하는 변경의 경우에는 그러하지 아니하다.

제38조(건축물대장) ① 특별자치시장·특별자치도지사 또는 시장·군수·구청장은 건축물의 소유·이용 및 유지·관리 상태를 확인하거나 건축정책의 기초 자료로 활용하기 위하여 다음 각 호의 어느 하나에 해당하면 건축물대장에 건축물과 그 대지의 현황 및 국토교통부령으로 정하는 건축물의 구조내력(構造耐力)에 관한 정보를 적어서 보관하고 이를 지속적으로 정비하여야 한다.

건축법 시행령
제14조(용도변경) ④ 법 제19조 제3항 단서에서 "대통령령으로 정하는 변경"이란 다음 각 호의 어느 하나에 해당하는 건축물 상호 간의 용도변경을 말한다. 다만, 별표 1 같은 표 제7호 다목 2)(게임제공업등 관련) … 경우는 제외한다.

📖 답안작성요령

1. 문제의 제기
(1) 설문은 건축물대장 용도변경신청 반려처분이 항고소송의 대상인지 여부를 묻고 있다.
(2) 설문에 답하기 위해서는 건축물대장 용도변경신청의 성질, 반려처분의 성질 등에 대한 검토가 필요하다.

2. 건축물대장과 용도변경신청의 성질
(1) 건축물대장은 국가가 건축물의 신축, 증축, 개축, 재축, 이전, 대수선, 용도변경 등을 관리하기 위해 작성하는 공적장부이다
(2) 건축물대장의 기재 내용은 소유권에 관한 등기 등 실체적 권리관계와 밀접한 관련을 가지는바, 그 변경신청은 법적 이익과 관련한다.
(3) 건축법 제19조 제2항이 허가와 신고라는 용어를 사용하고 있음에 비추어 사례와 관련 있는 건축법 제19조 제3항에서 말하는 신청은 제19조 제2항의 허가나 신고와 구별되어야 한다.

(4) 건축법 제19조 제 2 항의 신고는 수리를 요하지 않는 신고로, 건축법 제19조 제 3 항의 신청은 금지해제의 신청, 허가의 신청으로 볼 것이다.

> [참고] 행정기본법 제34조(수리 여부에 따른 신고의 효력) 법령등으로 정하는 바에 따라 행정청에 일정한 사항을 통지하여야 하는 신고로서 법률에 신고의 수리가 필요하다고 명시되어 있는 경우(행정기관의 내부 업무 처리 절차로서 수리를 규정한 경우는 제외한다)에는 행정청이 수리하여야 효력이 발생한다.

3. 행정소송법 제 2 조 제 1 항 제 1 호 건축물대장 용도변경신청 반려처분

(1) 반려처분은 행정청인 A구청장의 행위이다.

(2) 반려처분은 5층 건물 중 지상 1층의 용도를 일반음식점에서 판매시설($^{게임제}_{공업소}$)로 변경하는 사실, 즉 구체적 사실에 관한 것이다.

(3) 반려처분은 건축법 제19조 제 2 항의 집행, 즉 법집행행위이다.

(4) 반려처분은 행정청인 A구청장의 일방적 행위, 즉 공권력 행사이다.

(5) 반려처분은 원했던 용도로 사용할 수 없는 부작위의무를 발생시킨다. 즉 법적 행위이다.

4. 거부처분의 성립요건으로서 신청권의 존부와 건축물대장 용도변경신청 반려처분

(1) 학   설

(2) 판   례

(3) 검   토($^{신청권을}_{갖는다}$)

[참고판례] 구 건축법(2005. 11. 8. 법률 제7696호로 개정되기 전의 것) 제14조 등은 건축물의 용도변경을 하려는 자에게 그 변경에 대한 신청권을 부여하고 있다고 봄이 상당한 점, 건축물대장의 기재 내용은 소유권에 관한 등기 등 실체적 권리관계와 밀접한 관련을 가지는 점, 액화석유가스 판매사업의 허가를 얻기 위해서는 용기보관실 건물의 용도가 위험물저장 및 처리시설이 되어야 하는데 그 변경을 불허하는 것은 그러한 허가의 요건을 갖추는 것을 원천적으로 불가능하게 하는 것인 점 등을 고려하면, 건축물대장상 건축물의 용도를 창고시설에서 위험물저장 및 처리시설로 변경하는 건축물표시 변경신청을 거부하는 것은 항고소송의 대상이 될 뿐만 아니라 그 취소를 소로써 구할 이익도 인정된다($^{부산지판 2006. 9. 28.}_{2006구합1518}$).

5. 문제의 해결

[3-24b] 제40회 법원행정고등고시(2022년) 표준지공시지가와 하자의 승계

〈제2문〉 [사실관계] 피고($^{수원}_{시}$)는 도시계획시설사업을 위하여 원고 소유의 이 사건 토지를 수용하고자 하였다. 지방토지수용위원회는 손실보상금을 6억 원으로 하는 수용재결을 하였고, 이에 대해 원고가 이의신청을 하자 중앙토지수용위원회는 손실보상금을 7억 원으로 증액하는 이의재결을 하였다.

원고는 수용보상금의 증액을 구하는 소송을 제기하여, 이의재결의 기초가 된 감정평가 시 비교표준지로 선정된 토지에 대한 공시지가결정이 시세보다 현저히 낮게 잘못 평가되어 위법하다고 주장하였다.

1. 표준지공시지가결정이 항고소송의 대상이 되는 처분에 해당하는지 검토하시오.
2. 위 수용보상금 증액청구소송에서 이 사건 토지의 수용보상금 산정의 기초가 된 비교표분지공시지가결정의 위법을 독립한 사유로 주장할 수 있는지 검토하시오.

참고조문

부동산 가격공시에 관한 법률

제3조(표준지공시지가의 조사·평가 및 공시 등)

① 국토교통부장관은 토지이용상황이나 주변 환경, 그 밖의 자연적·사회적 조건이 일반적으로 유사하다고 인정되는 일단의 토지 중에서 선정한 표준지에 대하여 매년 공시기준일 현재의 단위면적당 적정가격($^{이하 "표준지공}_{시지가"라 한다}$)을 조사·평가하고, 제24조에 따른 중앙부동산가격공시위원회의 심의를 거쳐 이를 공시하여야 한다.

② 국토교통부장관은 표준지공시지가를 공시하기 위하여 표준지의 가격을 조사·평가할 때에는 대통령령으로 정하는 바에 따라 해당 토지 소유자의 의견을 들어야 한다.

③ 제1항에 따른 표준지의 선정, 공시기준일, 공시의 시기, 조사·평가 기준 및 공시절차 등에 필요한 사항은 대통령령으로 정한다.

④ 국토교통부장관이 제1항에 따라 표준지공시지가를 조사·평가하는 경우에는 인근 유사토지의 거래가격·임대료 및 해당 토지와 유사한 이용가치를 지닌다고 인정되는 토지의 조성에 필요한 비용추정액, 인근지역 및 다른 지역과의 형평성·특수성, 표준지공시지가 변동의 예측 가능성 등 제반사항을 종합적으로 참작하여야 한다.

⑤ 국토교통부장관이 제1항에 따라 표준지공시지가를 조사·평가할 때에는 업무실적, 신인도($^{信認}_{度}$) 등을 고려하여 둘 이상의 「감정평가 및 감정평가사에 관한 법률」에 따른 감정평가법인등($^{이하 "감정평가법}_{인등"이라 한다}$)에게 이를 의뢰하여야 한다. 다만, 지가 변동이 작은 경우 등 대통령령으로 정하는 기준에 해당하는 표준지에 대해서는 하나의 감정평가법인등에 의뢰할 수 있다.

⑥ 국토교통부장관은 제5항에 따라 표준지공시지가 조사·평가를 의뢰받은 감정평가업자가 공정하고 객관적으로 해당 업무를 수행할 수 있도록 하여야 한다.

⑦ 제5항에 따른 감정평가법인등의 선정기준 및 업무범위는 대통령령으로 정한다.

⑧ 국토교통부장관은 제10조에 따른 개별공시지가의 산정을 위하여 필요하다고 인정하는 경우에는 표준지와 산정대상 개별 토지의 가격형성요인에 관한 표준적인 비교표($^{이하 "토지가격}_{비준표"라 한다}$)를 작성하여 시장·군수 또는 구청장에게 제공하여야 한다.

제9조(표준지공시지가의 효력) 표준지공시지가는 토지시장에 지가정보를 제공하고 일반적인 토지거래의 지표가 되며, 국가·지방자치단체 등이 그 업무와 관련하여 지가를 산정하거나 감정평가법인등이 개별적으로 토지를 감정평가하는 경우에 기준이 된다.

답안작성요령

Ⅰ. 1문($^{표준지공시지가결}_{정의 처분성 유무}$)

1. 문제의 제기

설문은 표준지공시지가결정이 행정소송법상 처분에 해당하는가를 묻고 있다.

2. 행정소송법 제 2 조 제 1 호의 처분 개념

3. 표준지공시지가결정의 성질 검토 $\binom{\text{본책 부동산 가격의 공시 부분 중}}{\text{표준지공시지가의 성질 부분을 보라}}$

4. 결   론

처분에 해당한다.

Ⅱ. **2문** $\binom{\text{보상금 증액청구소송에서 비교표분지공시}}{\text{지가결정의 위법을 주장할 수 있는지 여부}}$

1. 문제의 제기

선행행위의 하자가 후행행위에 승계되는지 여부를 논점으로 한다.

2. 하자의 승계론 $\binom{\text{본책 중 행정행위의 하}}{\text{자의 승계 부분을 보라}}$

3. 결   론

양자는 하나의 효과의 발생을 목적으로 하는 것이 아니다.

그러나 수인성의 원칙을 근거로 수용보상금 증액청구소송에서 비교표분지공시지가결정의 위법을 독립한 사유로 주장할 수 있다.

[3-25] 제56회 사법시험(2014년)   국세환급금결정신청거부행위의 처분성

〈제1문〉 갑은 A시에서 개인 변호사 사무실을 운영하는 변호사로서 관할 세무서장 을에게 2010년부터 2012년까지 3년간의 부가가치세 및 종합소득세를 자진신고 납부한 바 있다. 병은 갑의 변호사 사무실에서 사무장으로 근무하다가 2013년 3월경 사무장 직을 그만두면서 사무실의 형사약정서 복사본과 민사사건 접수부를 가지고 나와 이를 근거로 을에게 갑의 세금탈루사실을 제보하였다.

이에 따라 을은 2013년 6월 갑에 대하여 세무조사를 하기로 결정하고, 갑에게 조사를 시작하기 10일 전에 조사대상 세목, 조사기간 및 조사 사유, 그 밖에 대통령령으로 정하는 사항을 통지하였다. 그런데 통지를 받은 갑은 장기출장으로 인하여 세무조사를 받기 어렵다는 이유로 을에게 조사를 연기해 줄 것을 신청하였으나 을은 이를 거부하였다.

4) 갑은 소득세부과처분에 대하여 취소소송을 제기하였으나 기각판결이 확정되었다. 만약 그 후 갑이 이전 과세처분상의 납부액이 법령상 기준을 초과하였다는 이유로 초과납부한 금액에 대한 국세환급결정을 신청하였지만 을이 이를 거부하였다면, 이에 대하여 갑이 권리구제를 받을 수 있는 방안은 무엇인가?

참고조문

구 「국세기본법」 [시행 2013. 1. 1.] [법률 제11604호, 2013. 1. 1. 일부개정]

제51조(국세환급금의 충당과 환급) ① 세무서장은 납세의무자가 국세·가산금 또는 체납처분비로서 납부한 금액 중 잘못 납부하거나 초과하여 납부한 금액이 있거나 세법에 따라 환급하여야 할 환급세액(세법에 따라 환급세액에서 공제하여야 할 세액이 있을 때에는 공제한 후에 남은 금액을 말한다)이 있을 때에는 즉시 그 잘못 납부한 금액, 초과하여 납부한 금액 또는 환급세액을 국세환급금으로 결정하여야 한다. 이 경우 착오납부·이중납부로 인한 환급청구는 대통령령으로 정하는 바에 따른다.

답안작성요령

1. 문제의 제기

(1) 먼저, 국세환급결정신청에 대한 거부행위를 다투는 행정소송을 검토할 필요가 있다. 국세환급결정신청에 대한 거부행위가 행정쟁송법상 대상적격(처분성)을 갖는가를 검토하는 것이 중요하다.

(2) 초과 납부한 금액에 대한 부당이득반환청구소송도 검토할 필요가 있다.

(3) 재심을 통한 구제의 방법도 검토할 수 있다.

2. 국세환급금결정신청거부행위에 대한 행정심판 · 항고소송

(1) 대상적격

(개) 행정심판이나 항고소송은 모두 처분을 대상으로 한다.

(내) 행정심판법·행정소송법상 처분개념을 기술한다.

(대) 판례가 보는 처분개념을 기술한다.

(2) 국세환급금결정신청거부행위의 법적 성질

판례는 "원천징수의무자가 원천납세의무자로부터 원천징수대상이 아닌 소득에 대하여 세액을 징수·납부하였거나 징수하여야 할 세액을 초과하여 징수·납부하였다면, 국가는 원천징수의무자로부터 이를 납부받는 순간 아무런 법률상의 원인 없이 부당이득한 것이 되고, 구 국세기본법(2006. 12. 30. 법률 제8139 호로 개정되기 전의 것) 제51조 제1항, 제52조 등의 규정은 환급청구권이 확정된 국세환급금 및 가산금에 대한 내부적 사무처리절차로서 과세관청의 환급절차를 규정한 것일 뿐 그 규정에 의한 국세환급금(가산금 포함) 결정에 의하여 비로소 환급청구권이 확정

되는 것이 아니므로, 국세환급결정이나 이 결정을 구하는 신청에 대한 환급거부결정 등은 납세의무자가 갖는 환급청구권의 존부나 범위에 구체적이고 직접적인 영향을 미치는 처분이 아니어서 항고소송의 대상이 되는 처분으로 볼 수 없다(대판 2010. 2. 25.,$\binom{}{}$ 2007두18284)"고 한다.

(3) 소   결

판례에 의할 때, 국세환급금결정신청거부행위는 행정심판법이나 항고소송법상 처분에 해당하지 아니하므로 국세환급금결정신청거부행위를 행정심판이나 항고소송으로 다툴 수 없다.

3. 초과 납부한 금액에 대한 부당이득반환청구소송

(1) 선결문제

국가의 이득이 부당할 때, 수소법원은 갑의 청구를 인용한다. 여기서 국가의 이득이 부당이득인지의 여부가 먼저 결정되어야. 갑의 청구의 인용 여부가 판단될 것이므로, 국가의 이득이 부당이득인지의 여부의 문제는 선결문제가 된다.

(2) 국가 이득이 부당이득인지 여부

(가) 소득세부과처분 취소소송에서 기각판결이 확정되었으므로 소득세부과처분은 유효하게 존속한다.

(나) 유효한 소득세부과처분이 존속하므로, 국가의 이득은 법률상 원인이 있고. 따라서 그 이득은 부당이득이 아니다.

(3) 수소법원이 법률상 원인을 제거할 수 있는지 여부

(가) 유효한 소득세부과처분의 효력이 제거되면, 국가의 이득은 법률상 원인이 없는 것이 되고 따라서 그 이득은 부당이득이 될 것이다.

(나) 행정행위의 공정력으로 인해 수소법원은 유효한 소득세부과처분을 직권으로 취소할 수 없다. 따라서 수소법원은 독자적으로 법률상 원인을 제거할 수 있다.

(4) 소   결

국가의 이득은 법률상 원인이 있고. 부당이득이 아니므로, 갑은 부당이득반환청구소송으로 반환을 구할 수 없다.

4. 재심을 통한 구제

예외적이긴 하지만 소득세부과처분취소판결에 재심사유가 있다고 하면, 갑은 재심의 소를 제기할 수 있다($\binom{민소법 제451}{조 제 1 항}$). 재심에서 승소하면, 국가의 이득은 부당이득이 될 것이므로, 갑은 부당이득반환청구소송을 통해 구제받을 수 있다.

5. 문제의 해결

갑은 국세환급금결정신청거부행위에 대한 행정심판·항고소송을 제기할 수도 없고, 부당이득반환청구소송으로 반환을 구할 수도 없다. 권리구제를 받을 수 있는 방안은 찾아보기 어렵다. 다만, 예외적으로 소득세부과처분취소판결에 재심사유가 있는 경우에는 구제받을 수 있다.

[3-26] 제57회 사법시험(2015년) 환경영향평가의 하자

〈제2문의 2〉 갑은 환경영향평가 대상사업인 X건설사업에 관한 환경영향평가서 초안에 대하여 주민들의 의견을 수렴하고 그 결과를 반영하여 환경영향평가서를 작성한 후 국토교통부장관에게 제출하였다. 국토교통부장관은 환경부장관과의 협의 등 「환경영향평가법」상의 절차를 거쳐 X건설사업에 대한 승인처분을 하였다. 그러나 이후 환경영향평가서의 내용에 오류가 있고 환경부장관의 협의 내용에 따르지 않았다는 사실이 드러났다.

(1) 주민 을은 위와 같은 환경영향평가의 부실을 이유로 국토교통부장관의 사업승인처분은 위법하다고 주장한다. 그 주장의 당부를 검토하시오.

답안작성요령

1. 문제의 제기

(1) 환경영향평가의 부실이 국토교통부장관의 사업승인처분의 위법사유인지를 논점으로 한다.

(2) 환경영향평가와 사업승인처분의 관계문제부터 살펴보아야 한다.

2. 환경영향평가와 사업계획승인처분의 관계

3. 환경영향평가의 하자의 종류

4. 국토교통부장관과 환경부장관의 협의

(1) 협의절차는 일반적으로 필수적인 절차이다.

(2) 명시적 규정이 없는 한, 국토교통부장관의 환경부장관과의 협의는 국토교통부장관이 환경부장관의 의견을 듣는 것이지, 환경부장관의 의견에 구속되는 것으로 보기 어렵다. 국토교통부장관과 환경부장관은 대등한 관계에 있기 때문이다.

5. 문제의 해결

(1) 환경영향평가 절차를 거쳤다면, 비록 그 환경영향평가의 내용이 다소 부실하다 하더라도, 그 부실의 정도가 환경영향평가제도를 둔 입법 취지를 달성할 수 없을 정도이어서 환경영향평가를 하지 아니한 것과 다를 바 없는 정도의 것이 아닌 이상 그 부실은 당해 승인 등 처분에 재량권 일탈·남용의 위법이 있는지 여부를 판단하는 하나의 요소로 됨에 그칠 뿐, 그 부실로 인하여 당연히 당해 승인 등 처분이 위법하게 되는 것이 아니다(대판 2001. 6. 29,/99두9902).

(2) 국토교통부장관이 환경부장관과 협의절차를 거친 이상 환경부장관과의 협의 내용에 따르지 않았다고 하여 사업승인처분이 위법하다고 말할 수 없다.

(3) 주민 을의 주장은 정당하지 않다.

[3-27] 제36회 입법고시(2020년) 환경권과 환경영향평가의 하자

〈제1문〉 K도에 소재하는 산악지역에 대규모 풍력발전단지 조성사업을 준비해오던 A주식회사는 「환경영향평가법」에 따라 풍력발전단지 조성사업을 위한 환경영향평가서를 작성한 후, 발전용량 250MW 규모의 풍력발전소를 개발하는 전원개발사업 실시계획 승인을 신청하였고, 산업통상자원부장관은 위 전원개발사업 실시계획을 승인하였다. 이에 지역주민 甲, 乙과 지역에 소재지를 둔 재단법인 丙은 산업통상자원부장관을 상대로 위 전원개발사업 실시계획 승인처분의 취소를 구하는 소를 제기하면서, 같은 처분의 집행정지를 구하는 신청을 하였다. 법원이 위 사건을 심리한 결과 다음과 같은 사실이 인정되었다.

가. 甲은 위 전원개발사업을 위한 환경영향평가 대상지역 내에 주소를 두고 거주하면서 그곳에서 목축업에 종사하고 있다. 乙은 위 전원개발사업을 위한 환경영향평가 대상지역 밖에 주소를 두고 거주하면서 그곳에서 농업에 종사하고 있다. 재단법인 丙은 위 전원개발사업을 위한 환경영향평가 대상지역 안에 소재하면서 과일 쨈을 생산하여 지역에 판매하고 있다.

나. 위 소송에서 甲은 풍력발전 과정에서 발생하는 저주파 공해로 사람의 신체와 사육하는 가축에 중대한 위해를 미친다고 주장하고, 乙은 「헌법」 제35조 제1항에서 정하고 있는 환경권을 침해당했다고 주장한다. 재단법인 丙은 위 승인처분으로 인해 법률상 보호되는 환경상 이익을 침해받았다고 주장하는 한편, 위 승인처분으로 환경에 영향을 주어 쨈 공장에 재산적 피해가 발생하고 재단법인의 존립에 위협을 받는다고 주장한다.

다. A주식회사가 제출한 위 환경영향평가서에 일부 항목의 미비점이 발견되는 등 환경영향평가의 내용이 다소 부실하였다.

(1) 위 취소소송에서 甲, 乙, 丙에게 각각 원고적격이 인정되는지 여부를 검토하시오.

(2) 위 환경영향평가의 내용상 부실이 전원개발사업 실시계획 승인처분의 효력에 어떠한 영향을 미치는가?

(3) 甲, 乙, 丙의 집행정지신청은 인용될 수 있는가?

참고조문

「전원개발촉진법」
제1조(목적) 이 법은 전원개발사업(電源開發事業)을 효율적으로 추진함으로써 전력수급의 안정을 도모하고, 국민경제의 발전에 이바지함을 목적으로 한다.
제2조(정의) 이 법에서 사용하는 용어의 뜻은 다음과 같다.
  1. (생략)
  2. "전원개발사업"이란 다음 각 목의 어느 하나에 해당하는 사업을 말한다.
  가. 전원설비를 설치·개량하는 사업
  나. 설치 중이거나 설치된 전원설비의 토지등을 취득하거나 사용권원(使用權原)을 확보하는 사업
  3. "전원개발사업 실시계획"이란 정부의 전력수급기본계획에 따른 전원개발사업의 실시에 관한 세부계획을 말한다.
제5조(전원개발사업 실시계획의 승인) ① 전원개발사업자는 전원개발사업 실시계획(이하 "실시계획"이라 한다)을 수립하여 산업통상자원부장관의 승인을 받아야 한다. 다만, 대통령령으로 정하는 전원개발사업에 대하여는 그러하지 아니하다.
「환경영향평가법」
제1조(목적) 이 법은 환경에 영향을 미치는 계획 또는 사업을 수립·시행할 때에 해당 계획과 사업이 환경에 미치는 영향을 미리 예측·평가하고 환경보전방안 등을 마련하도록 하여 친환경적이고 지속가능한 발전과 건강하고 쾌적한 국민생활을 도모함을 목적으로 한다.

제3조(국가 등의 책무) ① 국가, 지방자치단체 및 사업자는 정책이나 계획을 수립·시행하거나 사업을 시행할 때에 환경오염과 환경 훼손을 최소화하기 위하여 필요한 방안을 마련하여야 한다.
② 국가, 지방자치단체, 사업자 및 국민은 환경영향평가등의 중요성을 인식하고, 이 법에서 정하고 있는 절차가 적절하고 원활하게 추진될 수 있도록 노력하여야 한다.
제6조(환경영향평가등의 대상지역) 환경영향평가등은 계획의 수립이나 사업의 시행으로 영향을 받게 되는 지역으로서 환경영향을 과학적으로 예측·분석한 자료에 따라 그 범위가 설정된 지역에 대하여 실시하여야 한다.
제22조(환경영향평가의 대상) ① 다음 각 호의 어느 하나에 해당하는 사업(이하 "환경영향평가 대상사업"이라 한다)을 하려는 자(이하 이 장에서 "사업자"라 한다)는 환경영향평가를 실시하여야 한다.
3. 에너지 개발사업
제25조(주민 등의 의견 수렴) ① 사업자는 제24조에 따라 결정된 환경영향평가항목등에 따라 환경영향평가서 초안을 작성하여 주민 등의 의견을 수렴하여야 한다.

답안작성요령

[1] 제1문에 관하여 (甲, 乙, 丙에게 각각 원고 / 적격이 인정되는지 여부)

1. 문제의 제기
원고적격 인정 여부는 취소를 구할 법률상 이익이 있는지 여부의 문제이다.

[참고조문] 행정소송법 제12조(원고적격) 취소소송은 처분등의 취소를 구할 법률상 이익이 있는 자가 제기할 수 있다. 처분등의 효과가 기간의 경과, 처분등의 집행 그 밖의 사유로 인하여 소멸된 뒤에도 그 처분등의 취소로 인하여 회복되는 법률상 이익이 있는 자의 경우에는 또한 같다.

2. 법률상 이익
(1) 법률상 이익의 주체 (상대방, 제3자)
(2) 법률상 이익의 내용
(3) 법률상 이익 유무의 판단기준
(4) 환경소송 (영향권 내의 사람, 영향권 밖의 사람)

3. 갑의 원고적격 인정 여부
(1) 갑은 제3자이지만 법률상 이익의 주체가 될 수 있다.
(2) 갑이 주장하는 「갑의 신체와 사육하는 가축에 중대한 위해로부터 보호받아야 하는 건강권과 재산권 (가축 부분)」은 법률상 이익이다.
(3) 갑은 환경영향평가 대상지역 내의 주민인바, 환경상 이익에 대한 침해 또는 침해 우려가 있는 것으로 사실상 추정되어 갑에게 법률상 보호되는 이익이 있는 것으로 인정될 수 있는바, 원고적격이 인정된다.

4. 을의 원고적격 인정 여부
(1) 을은 제3자이지만 법률상 이익의 주체가 될 수 있다.
(2) 을이 침해당하였다고 주장하는 「헌법」 제35조 제1항에서 정하고 있는 환경권은 추상적 권리이다. 말하자면, 환경권의 내용과 행사에 관하여는 법률로 정한다.
(3) 을은 환경영향평가 대상지역 밖의 주민인바, 환경상 이익에 대한 침해 또는 침해 우려가 있는 것으로 사실상 추정되지 아니한다.
(4) 을은 해당 처분으로 인하여 그 처분 전과 비교하여 수인한도를 넘는 환경피해를 받거나 받을 우려가 있다는 자신의 환경상 이익에 대한 침해 또는 침해 우려가 있음을 증명하여야만 법률상 보호되는 이익을 갖는 것으로 인정될 때, 원고적격이 인정된다. 단순히 「헌법」 제35조 제1항에서 정하고 있는 환경권이 침해되었

다는 주장만으로 을에게 원고적격이 인정될 수 엇다.

5. 병의 원고적격 인정 여부

(1) 병은 법인으로서 제3자이지만 법률상 이익의 주체가 될 수 있다.

(2) 병이 주장하는「승인처분으로 환경에 영향을 주어 재단법인의 존립에 위협을 받을 정도로 쨈 공장에 발생한 재산적 피해」는 법률상 이익이다.

(3) 병은 환경영향평가 대상지역 내의 주민($^{자연인}_{+ 법인}$)인바, 환경상 이익에 대한 침해 또는 침해 우려가 있는 것으로 사실상 추정되어 병에게 법률상 보호되는 이익이 있는 것으로 인정될 수 있는바, 원고적격이 인정된다.

[2] 제2문에 관하여($^{환경영향평가의 내용상 부실이 전원개발사}_{업 실시계획 승인처분의 효력에 미치는 영향}$)

1. 환경영향평가의 절차는 전원개발사업 실시계획의 승인의 관계

에너지 개발사업을 위해서는 환경영향평가를 반드시 받아야 하는 절차이다. 따라서 환경영향평가의 절차는 전원개발사업 실시계획의 승인에 앞서서 거쳐야 하는 필수적인 절차이다.

2. 환경영향평가의 하자의 유형

(1) 환경영향평가 자체를 결한 경우

(2) 환경영향평가의 절차에 하자($^{형식상}_{하자}$)가 있는 경우

(3) 환경영향평가의 내용에 하자($^{실체상}_{하자}$)가 있는 경우

3. 문제의 해결

(1) 환경영향평가 절차를 거쳤다면, 비록 그 환경영향평가의 내용이 다소 부실하다 하더라도, 그 부실의 정도가 환경영향평가제도를 둔 입법 취지를 달성할 수 없을 정도이어서 환경영향평가를 하지 아니한 것과 다를 바 없는 정도의 것이 아닌 이상 그 부실은 당해 승인 등 처분에 재량권 일탈·남용의 위법이 있는지 여부를 판단하는 하나의 요소로 됨에 그칠 뿐, 그 부실로 인하여 당연히 당해 승인 등 처분이 위법하게 되는 것이 아니다($^{대판 2001. 6. 29,}_{99두9902}$).

(2) 설문의 내용상 부실의 정도가 블명하므로 환경영향평가의 내용상 부실이 전원개발사업 실시계획 승인처분의 효력에 어떠한 영향을 미치는지 답하기 어렵다.

[3] 제3문에 관하여($^{甲, 乙, 丙의 집행정지신청}_{이 인용될 수 있는지 여부}$)

[참고조문] **행정소송법 제23조(집행정지)** ② 취소소송이 제기된 경우에 처분등이나 그 집행 또는 절차의 속행으로 인하여 생길 회복하기 어려운 손해를 예방하기 위하여 긴급한 필요가 있다고 인정할 때에는 본안이 계속되고 있는 법원은 당사자의 신청 또는 직권에 의하여 처분등의 효력이나 그 집행 또는 절차의 속행의 전부 또는 일부의 정지(이하 "執行停止"라 한다)를 결정할 수 있다. 다만, 처분의 효력정지는 처분등의 집행 또는 절차의 속행을 정지함으로써 목적을 달성할 수 있는 경우에는 허용되지 아니한다.
  ③ 집행정지는 공공복리에 중대한 영향을 미칠 우려가 있을 때에는 허용되지 아니한다.
  ④ 제2항의 규정에 의한 집행정지의 결정을 신청함에 있어서는 그 이유에 대한 소명이 있어야 한다.

1. 집행정지의 의의

2. 집행정지의 요건

(1) 본안이 계속 중일 것

(2) 처분등이 존재할 것($^{거부처분의 경우 학설}_{의 대립, 판례는 부인}$)

(3) 회복하기 어려운 손해를 예방하기 위한 것일 것

(4) 긴급한 필요가 있을 것

(5) 본안청구의 이유 없음이 명백하지 않을 것

3. 주장 · 소명책임

4. 甲, 乙, 丙의 집행정지신청 인용 가부

(1) 갑의 건강권의 침해는 회복하기 어려운 손해에 해당한다. 인용될 수 있다(판례).

(2) 을이 주장하는 추상적인 환경권은 회복하기 어려운 손해에 해당하지 아니한다. 인용될 수 없다(판례).

(3) 병이 주장하는 재산상 피해는 회복하기 어려운 손해에 해당하지 아니한다. 인용될 수 없다(판례).

[3-28] 제41회 법원행정고등고시(2023년) 환경소송상 원고적격, 허가요건, 권리보호의 필요, 국가배상청구권의 성립요건

〈제1문〉 甲은 최근에 급증하는 반려동물 장례 수용에 부응하기 위해 동물화장시설을 건립하고자 하였다. 이에 甲은 자신이 소유하는 A시 근교의 토지 지상에 동물화장시설을 신축하기 위하여 A시 시장에게 2021.2.15. 개발행위허가가 포함된 건축허가를 신청하였다.

A시의 시장이 위 건축허가 신청에 대하여 심사를 하고 있던 중 A시 의회는 2021.4.15. A의 도시계획 조례를 개정하여 "10호 이상의 주민 거주하는 주거밀집구역 경계로부터 200미터 이내"에는 동물화장시설을 설치할 수 없다는 규정을 신철하였다. 위 개정조례의 부칙은 위 조례를 공포한 날에 시행한다고 규정하고 있다.

甲의 동물화장시설 설치예정지는 위 개정조례상의 주거밀집지역 경계로부터 200미터 이내에 위치하고 있는데, A시 시장은 위 개정 조례 규정에도 불구하고 2021.5.15. 원고의 동물화장시설 신축을 허가하는 처분을 하였다.

1. 甲의 동물화장시설 설치예정지로부터 200미터 내에 거주하고 있는 주민 乙이 A시 시장의 동물화장시설 신축 허가처분을 다툴 원고적격이 있는가? 乙이 甲의 동물화장시설 설치예정지로부터 300미터 떨어진 곳에 거주하고 있는 경우와 나누어 검토하시오.

2. 乙이 제기한 동물화장시설 신축허가처분 취소소송에서 위 동물화장시설 신축허가처분이 위법하다는 乙의 주장의 인용가능성에 대하여 검토하시오.

3. 위 소송 계속 중 甲이 A시장으로부터 받은 건축허가처분에 따라 건물이 모두 완공되었을 경우 乙의 청구의 인용가능성이 달라져야 하는지에 대하여 검토하고, 원고의 계속된 건축에 대하여 乙이 대응할 수 있는 수단이 무엇인지 검토하시오.

관계법령

▣ 국토의 계획 및 이용에 관한 법률

제56조(개발행위의 허가) ① 다음 각 호의 어느 하나에 해당하는 행위로서 대통령령으로 정하는 행위(이하 "개발행위"라 한다)를 하려는 자는 특별시장·광역시장·특별자치시장·특별자치도지사·시장 또는 군수의 허가(이하 "개발행위허가"라 한다)를 받아야 한다. 다만, 도시·군계획사업(다른 법률에 따라 도시·군계획사업을 의제한 사업을 포함한다)에 의한 행위는 그러하지 아니하다.

1. 건축물의 건축 또는 공작물의 설치

제58조(개발행위허가의 기준) ① 특별시장·광역시장·특별자치시장·특별자치도지사·시장 또는 군수는 개발행위허가의 신청 내용이 다음 각 호의 기준에 맞는 경우에만 개발행위허가 또는 변경허가를 하여야 한다.

4. 주변지역의 토지이용실태 또는 토지이용계획, 건축물의 높이, 토지의 경사도, 수목의 상태, 물의 배수, 하천·호소·습지의 배수 등 주변환경이나 경관과 조화를 이룰 것

③ 제1항에 따라 허가할 수 있는 경우 그 허가의 기준은 지역의 특성, 지역의 개발상황, 기반시설의 현황 등을 고려하여 다음 각 호의 구분에 따라 대통령령으로 정한다.

▣ **국토의 계획 및 이용에 관한 법률 시행령**

제56조(개발행위허가의 기준) ① 법 제58조 제 3 항에 따른 개발행위허가의 기준은 별표 1의2와 같다.

[별표 1의2] 개발행위허가기준(제56조 관련)

1. 분야별 검토사항

검토분야	허가기준
가. 공통분야	(3) 토지의 형질변경 또는 토석채취의 경우에는 다음의 사항 중 필요한 사항에 대하여 도시·군계획조례(특별시·광역시·특별자치시·특별자치도·시 또는 군의 도시·군계획조례를 말한다. 이하 이 표에서 같다)로 정하는 기준에 적합할 것 ㉮ 국토교통부령으로정하는 방법에 따라 산정한 개발행위를 하려는 토지의 경사도 및 임상(林相) ㉯ 삭제 〈2016.6.30.〉 ㉰ 표고, 인근 도로의 높이, 배수(排水)등 그 밖에 필요한 사항
라. 주변지역과의 관계	(1) 개발행위로 건축 또는 설치하려는 건축물 또는 공작물이 주변의 경관 및 미관을 훼손하지 아니하고, 그 높이·형태 및 색채가 주변건축물과 조화를 이루어야 하며, 도시·군계획으로 경관계획이 수립되어 있는 경우에는 그에 적합할 것 2) 개발행위로 인하여 당해 지역 및 그 주변지역에 대기오염·수질오염·토질오염·소음·진동·분진 등에 의한 환경오염·생태계파괴·위해발생 등이 발생할 우려가 없을 것. 다만, 환경오염·생태계파괴·위해발생 등의 방지가 가능하여 환경오염의 방지, 위해의 방지, 조경, 녹지의 조성, 완충지대의 설치 등을 허가의 조건으로 붙이는 경우에는 그러하지 아니하다.

2. 개별행위별 검토사항

검토사항	허가기준
가. 건축물의 건축 또는 공작물의 설치	(3) 특정 건축물 또는 공작물에 대한 이격거리, 높이, 배치 등에 대한 구체적인 사항은 도시·군계획조례로 정할 수 있다. 다만, 특정 건축물 또는 공작물에 대한 이격거리, 높이, 배치 등에 대하여 다른 법령에서 달리 정하는 경우에는 그 법령에서 정하는 바에 따른다.

▣ **2021.4.15. 조례 제000호로 개정된 A시의 도시계획조례 [시행 2021.4.15.]**

제17조(개발행위허가의 일반적 기준) ① 영 제56조 '별표 1의2' 제 1 호 가목 (3)에 따라 토지의 형질변경 또는 토석채취의 경우에는 다음 각 호의 요건을 모두 갖춘 경우에 한하여 개발행위를 할 수 있다(각 호 생략)

② 제 1 항에도 불구하고 동물화장시설은 다음 각 호의 지역에서 개발행위를 할 수 있다.

1. 10호 이상 주민이 거주하는 주거밀집지역내 경계 또는 자연취락지구로 결정된 지구의 경계로부터 200미터 이내

부칙 〈2021.4.15. 조례 제000호〉 이 조례는 공포한 날부터 시행한다.

🧳 **답안작성요령**

1. 제 1 문(환경상 이익이 법률상 이익으로 인정될 수 있는 기준)

(1) 문제의 제기

원고적격의 유무(개인적 공권의 성립 여부의 문제)(본서 PART 1. 제 3 장 제 2 절 제 1 항 부분 참조)를 쟁점으로 한다. 그 내용으로 乙의 환경상 이익의 성질(법률상 이익)의 검토를 요한다.

2021.4.15. 개정 도시계획 조례의 적법 여부는 논외로 하고 검토한다.

(2) 200미터 내 거주의 경우

조례에 의해 환경상 이익이 직접 보호되는 것으로 추론되는바, 乙의 원고적격은 인정된다.

(3) 300미터에 거주하는 경우

乙이 2021.4.15. 개정 도시계획 조례 전과 비교할 때, 수인한도를 넘는 환경상 이익의 침해가 있거나 있을 수 있음을 증명하면, 乙의 원고적격은 인정된다.

(4) 소   결

2. 제 2 문 (법령 개정의 경우, 처 분의 근거가 되는 법령)

(1) 문제의 제기

– 乙 주장의 인용가능성은 원고의 동물화장시설 신축을 허가하는 처분이 위법할 때 존재한다.

– 그 허가처분의 위법 여부는 「A의 건축허가 신청일(2021.2.15.) 후에 도시계획조례가 개정되었음에도 (2021.4.15.), 개정 전의 도시계획조례에 따라 허가처분을 한 것(2021.5.15.)이 적법한가?」의 문제가 된다.

– 이 문제는 행정기본법 제14조 제 2 항이 규정하는 「신청에 따른 처분에 대한 법 적용의 기준」의 문제가 된다.

(2) 행정기본법 제14조 제 2 항 검토

㈎ 처분 당시의 법령등 적용의 원칙

㈏ 처분 당시의 법령등 적용의 예외

(3) 사례에 적용

– 설문은 「처분 당시의 법령등 적용의 원칙」이 적용되지 않는 예외의 경우에 해당하는지 여부를 쟁점으로 한다.

– 개정 전 법령의 존속에 대한 A의 신뢰가 개정 법령의 적용에 관한 공익상의 요구보다 더 보호가치가 있다고 보기 어려운바, 설문의 경우는 「처분 당시의 법령등 적용의 원칙」이 적용되지 않는 예외의 경우에 해당한다고 보기 어렵다.

– 개정 전 법령의 적용을 회피하려는 행정청의 동기나 의도가 보이지 아니한다.

– 따라서 乙의 주장의 인용가능성은 크지 않아 보인다.

3. 제 3 문 (건축허가처분 취소청구소송 계속 중 건물이 완공된 경우, 소의 이익의 유무)

(1) 乙의 청구의 인용가능성

㈎ 문제의 제기

건축허가처분이 위법할지라도 건물이 완공된 경우, 인용판결(취소판결)이 가능한지 여부를 묻고 있다. 권리보호의 필요(협의의 소의 이익)의 유무를 쟁점으로 한다.

㈏ 권리보호의 필요(협의의 소의 이익)

1) 일 반 론

2) 판례 검토 (대판 2007. 4. 26. 2006두18409 등)

㈐ 소 결

(2) 乙의 대응수단

㈎ 문제의 제기

건축허가처분이 위법할지라도 건물이 완공된 경우, 행정법상 행정상 쟁송 외의 대응수단으로 국가배상법에 따른 손해배상청구 가능성에 대한 검토가 필요하다. 즉, 국가배상법 제 2 조 제 1 항의 적용 여부에 대한 검토가 필요하다.

㈏ 국가배상법 제 2 조 제 1 항의 적용 가부

㈐ 소 결 (요건구비의 경우, 손해배상청구가 가능할 수 있을 것이다)